나의 삶을 빚으시는
토기장이 이야기

나의 삶을 빚으시는 토기장이 이야기

초판 1쇄 발행 : 2022년 7월 15일
ISBN 979-11-91928-12-9

· 지은이 | 윤효정
· 삽　화 | 김아름

· 편집자 | 한서원
· 디자인 | 김효선
· 출판사 | 북샤인
· 메일 : book-shine@naver.com
· 홈페이지 : bookshine.co.kr

· 본문의 삽입된 성경 말씀은 '개역 한글'을 사용하였습니다.
· 127p, 153p, 165p의 성경 말씀은 아가페 쉬운 성경 5구절을 사용하였습니다.
· 이 책의 판권은 지은이와 출판사에 있습니다.
· 이 책 내용의 전부 또는 일부를 이용하려면 반드시 출판사의 동의를 받아야 합니다.
· 잘못 인쇄된 책은 서점에서 바꾸어 드립니다.

이 도서의 국립중앙도서관 출판예정도서목록(CIP)은 서지정보유통지원시스템 홈페이지
(http://seoji.nl.go.kr)와 국가자료종합목록 구축시스템(http://kolis-net.nl.go.kr)에서
이용하실 수 있습니다.

민통선 선교사님의 묵상 에세이

나의 삶을 빚으시는
토기장이 이야기

윤효정 지음

우리는 흙으로 지어진 존재라 빛을 발할 수 없지만,
주님을 만나면 주님의 빛을 반사하며 빛을 발할 수 있게 되지요.
달이 스스로는 빛을 내지 못하지만 태양빛을 받아 어두움을
밝히는 것처럼요. 주님을 만나면 우리와 함께해 주시는
임마누엘의 축복을 누릴 수 있게 됩니다. 이 세상에서 임마누엘의
축복보다 더 큰 축복은 없지요. 주님의 사랑을 덧입고 주님의
빛이 되어, 어둠과 고통 가운데 있는 자들을 구할 수 있게 되지요.

목차

010 · [서문] 나의 삶의 토기장이, 참 빛이신 예수 그리스도
016 · [서문] 그릇의 주인이 누구인가가 중요한 것입니다

1장 진흙 ··· 27p

"흙 더미의 주인 토기장이 하나님"

028 · 그분을 만나기까지 오랜 세월이 걸렸어요
030 · 아름다운 민통선으로
034 · 우리의 삶은 주님께 속해 있습니다

2장 반죽 ··· 39p

"하나님의 손길따라 인도되는 삶"

040 · 우리의 선교지, 아름다운 민통선의 작은 마을
043 · 뽕나무 밭 따뜻한 주님의 교회
048 · 순종한 자녀에게 주시는 하나님의 선물
051 · 가장 알맞게 만들어지는 하나님의 반죽

3장 모양 ··· 57p

"우리의 모양대로 빚어 가시고"

058 · 하나님의 뜻에 따른 만남과 이별
060 · 북한 땅을 바라보며 기도하다
064 · 필요에 알맞게 채워지는 사랑의 손길

4장 깨짐 ··· 71p

"깨어짐을 통해 새롭게 주님을 만나다"

072 · 불가능이 없으신 놀라운 주님의 치료의 손길
079 · 예수 그리스도의 보혈의 능력을 경험하다
085 · 고난을 통해 부어 주시는 은혜

목차

5장 건조 ⋯ 89p

"성령의 바람으로 식혀지다"

090 · 덤으로 받은 새로운 은혜의 선물
093 · 전심으로 기뻐하며 다윗처럼 춤추리
100 · 작은 마을이 온종일 북적이던 성탄절 전야행사
102 · 성령의 능력을 덧입고 하는 목회

6장 열처리 ⋯ 109p

"고통의 연단을 통해 단련되는 길"

110 · 1인 다역으로 살아가는 삶의 무게
115 · 투병의 끝으로 남편을 천국으로 부르심
123 · 주님께서 함께 해 주신 목사님의 장례식
128 · 고통의 연단을 통해 단련되는 길

7장 그릇 ··· 133p

"여전히 주님께 빚어지고 있습니다"

134 · 주님은 잊지 않으시는 우리의 기도제목
140 · 성경 읽기를 통해 채워주시는 새로운 힘
149 · 특별한 성탄절 선물
152 · 우리는 여전히 주님의 손길로 빚어지고 있습니다

---

160 · [맺음말] 깨어진 그릇, 새로운 그릇
168 · 책 속에 찾은 답

나의 삶을 빚으시는 토기장이 하나님

서문 : 저자의 글

나의 삶의 토기장이,
참 빛이신 예수 그리스도

이 글을 읽으시는 모든 분들이 주님을 만나시는 놀라운 일들이 일어나기를 소원합니다. 예레미야 29장 12~13절에 '너희는 내게 부르짖으며 와서 내게 기도하면 내가 너희를 들을 것이요. 너희가 전심으로 나를 찾고 찾으면 나를 만나리라'고 하셨거든요. 살아 계신 주님을 만나면 이 세상이 더욱 아름답고 새롭게 보입니다. 가끔 한강공원을 산책하는데 거기에서 만나게 되는 나무, 꽃, 새, 물고기 등 모든 자연 만물이 정말 신비롭고 오묘합니다. 산란을 준비하는 팔뚝 만한 은어 떼의 모습에서, 강물 위에서 다이빙 선수처럼 물 깊은 곳으로 자맥질하여 물고기를 잡는 가마우지 모습에서, 또 새끼들을 등에 태우고 한가롭게 헤엄치고 있는 자라들, 그리고 계절마다 각양각색의 옷을 입는 나무와 꽃들과 열매들을 보며 창조의 신비를 느낄 수 있지요. 인간의 삶의 방식과는 또 다른 그 나름의 질서와 규칙으로 살아가는 생물들을 바라보며 다시 한번 하나님의 놀라운 창조 섭리에 감탄하곤 합니다.

또한 주님을 만나면 우리 마음은 하나님께서 주시는 소망과 감사로 가득 차게 되어 행복을 느끼게 됩니다. 사람들의 조그만 친절에도 '고맙습니다'가 계속 튀어나오고요, 사람들의 단점보다는 장점이 크게 부각되어 보이지요. 아침이 되면 또 하루를 살아갈 수 있다는 것에 감사

나의 삶의 토기장이, 참 빛이신 예수 그리스도

하지요. 매일 생기는 일이 당연한 것이 아니라 주님의 은혜임을 마음 깊이 느낍니다. 또한 세상이 줄 수 없는 무한한 기쁨 속에서 살게 되지요.

하지만 그보다 더 주목해야 할 것은 주님을 만나 교제가 충만한 인생이 되면 그분의 전적인 인도하심을 받을 수 있다는 것이에요. 모든 일이 우연으로 생긴 것이 아니라 하나님의 깊으신 뜻과 섭리 속에서 우리의 인생을 인도하시고 있다는 것을 깨닫게 되지요. 주님은 주님께 순종하며 모든 발걸음을 그분이 이끄시는 대로 맡겨드리는 자들을 기뻐하시고 주님의 그릇으로 사용하십니다. 주님께서는 우리가 순종할 때 우리 안에서 일하신다는 것을 보여주시지요.

빛이 어둠을 밝히듯이 주님은 빛으로 오셔서 온 세상을 밝히셨습니다. 빛이신 주님을 만나면 우리 안에 그분의 사랑이 샘솟아 빛의 역할을 하지요. 그 빛은 임마누엘, 우리와 함께 해주시는 주님의 축복이랍니다. 이 세상에서 임마누엘의 축복보다 더 큰 축복은 없지요. 주님의 사랑을 덧입고 주님의 빛이 되어, 어둠 가운데 고통 가운데 있는 자들을 구할 수 있게 되지요. 우리가 세상의 빛으로 살면서 상황에 눌리고 섭섭함에 눌리고 억울함에 눌리고 분노에 눌린 자들에게 주님의 사랑을 전하며, 이 땅에서도 천국을 누리고 나중에 저 천국에서도 주님을 만나는 기쁨을 누리는 사람들이 되기를 소망합니다.

하나님은 토기장이시고, 우리는 그의 손으로 만드신 그릇이죠. 살아온 70평생이 과연 토기장이이신 주님 앞에 순종하며 합당한 토기가 되었는지 돌아보게 됩니다. 수차례 부서지고 깨졌던 그릇이 아니었는가 하는 생각도 듭니다. 좀 더 일찍 주님께 순종했더라면 더 젊은 시절에 멋진 그릇이 되었을 텐데 이제와 생각하니 어찌 그리도 교만하고 오만했던지요.

우리가 삶을 살아갈 때 하나님께 순종하여 하나님께서 기뻐 사용하시는 그릇으로 빚어지는 것이 우리를 향한 하나님의 뜻임을 잊지 말아야 하겠습니다.

나의 삶의 토기장이, 참 빛이신 예수 그리스도

서문 : 편집자의 글

그릇의 주인이 누구인가가
중요한 것입니다

로마서 9장 19절~23절

19 혹 네가 내게 말하기를 그러면 하나님이 어찌하여 허물하시느뇨 누가 그 뜻을 대적하느뇨 하리니
20 이 사람아 네가 뉘기에 감히 하나님을 힐문하느뇨 지음을 받은 물건이 지은 자에게 어찌 나를 이같이 만들었느냐 말하겠느뇨
21 토기장이가 진흙 한 덩이로 하나는 귀히 쓸 그릇을, 하나는 천히 쓸 그릇을 만드는 권이 없느냐
22 만일 하나님이 그 진노를 보이시고 그 능력을 알게 하고자 하사 멸하기로 준비된 진노의 그릇을 오래 참으심으로 관용하시고
23 또한 영광 받기로 예비하신 바 긍휼의 그릇에 대하여 그 영광의 부요함을 알게 하고자 하셨을찌라도 무슨 말 하리요

하나님은 토기장이요, 우리는 그분의 작품입니다. 각 사람이 전능하신 하나님의 작품이라니, 얼마나 경이롭고 감사한 일인지요. 이 문장은 우리의 정체성을 각인시켜 줍니다. 곧 하나님이 나를 지으신 창조주란 사실을 기억하는 것입니다.

여기에 더해서 내가 그 창조주의 존귀한 작품이라는 점을 잊지 않는 것입니다. 그럴 때 인간적이고 연약한 우리의 마음이 상황과 사람에 따라 휘둘리지 않을 수 있습니다. 다만 명심해야 할 것은 우리가 그분의 작품이라고 해서 하나님보다 높은 주인공으로 착각하지 않아야 한다는 점입니다.

작품이라는 단어 속 이미지는 '앞세워지는'의 느낌이

있습니다. 유명한 작가는 자신의 작품을 사람들에게 공개하고 명성을 얻습니다. 그 작품이 뛰어나기 때문에 작가가 이름을 알릴 수 있는 것이지요. 이런 상황을 익히 알고 있는 우리는 간혹 나로 인해서 하나님을 빛나게 하겠다는 교만한 착각에 빠질 때가 있습니다.

'하나님, 나를 성공시켜 주시면, 헌금도 많이 하고 봉사도 열심히 하겠습니다.'와 같은 기도를 하는 순간입니다.

하나님은 사람의 어떠한 열심 없이도 홀로 영광 받으시기에 충분한 존재이십니다. 그럼에도 내가 하나님의 작품이라면 당연히 멋진 주인공이 되어야 한다고 생각될 때가 있는 것입니다.

이런 사람들은 로마서 9장 19절~23절이 여간 불편한 묵상이 아닐 수 없습니다. 나는 하나님의 작품이요 멋진 그릇이 되어야 할 주인공인데, 천히 쓸 그릇이 될 수도 있다니 가당치 않기 때문입니다. 하나님의 주권을 인정한다고 하면서 정작 나는 특별하다고 여기고 있을지 모릅니다. 그 천히 쓸 그릇은 내가 아니라고 굳게 믿으면서 말이지요.

여러분은 어떠신가요?
이 말씀이 불편하셨나요?
아니면 감사함으로 아멘을 외치셨나요?

이 책은 민통선 선교사로 부르심을 받아 반평생 열심

히 사역하신 윤효정 선교사님의 삶의 간증 에세이입니다. 윤선교사님은 이 원고를 쓰실 때 '토기장이 하나님'의 주제가 떠나지 않으셨다고 합니다. 하나님이 각 사람을 창조하시고, 그들의 삶을 인도하시며, 그들이 쓰임 받기 가장 적합한 그릇으로 빚어가고 계심을 선교사님이 지나온 인생을 통하여 깊게 묵상하신 것입니다.

윤선교사님은 이 책에서 하나님을 순종하며 따를 때 우리의 인생을 온전히 인도하시는 그분의 놀라운 일들을 증거 하고자 했습니다.

때때로 찾아오는 고난과 어려운 상황 속에서도 주님을 믿고 의지할 때 채워주시는 그 은혜의 간증을 나누기 원하셨던 것입니다. 홀로 아프리카 선교를 마음에 품고 떠나셨지만, 이내 한국으로 돌아와야 했던 남편 목사님과 함께 민통선이라는 외진 마을에서 사역을 하게 된 일. 같은 한국이지만 도심과 멀리 동 떨어져 있어서 너무 다른 생활 문화에 적응하기 힘드셨던 일. 그 가운데서 열악했던 교회 건물을 주님의 은혜로 고쳐 주시고, 자녀 교육까지 성공적으로 채워주셨던 일. 육체의 질병을 얻어 고통의 시간을 보냈지만, 극적으로 주님께서 온전히 치유해 주신 일. 남편 목사의 장례를 치르고 혼자서 많은 사역을 감당하면서도 성령으로 강건했던 시간들.

  윤선교사님은 지나온 시간 동안 토기장이 하나님의 손길을 따라 반죽되고 모양이 잡히고 그릇으로 계속해서 빚어져 갔습니다.

그리고 이제는 토기장이 하나님 되심을 책을 통해 전하고자 합니다. 우리의 인생을 주님께 맡기면 온전히 각기 쓰임 받는 그릇으로 빚어지고 사용될 것임을 말이죠. 성경 말씀에 귀하게 쓸 그릇, 천히 쓸 그릇이라는 표현이 다소 상투적이지만 무엇보다 중요한 것은 모두 쓰임 받는 그릇이라는 것입니다.

하나님은 그릇의 모양에 따라 차별하지 않으시는 분이십니다. 귀하게 쓸 그릇으로 만들었다고 주님께서 귀하게 여기시고, 천하게 쓸 그릇으로 만들었다고 주님께서 천하게 여기시지 않습니다. 오히려 낮은 자를 높이시는 정의로운 하나님께서 어떤 모양이든 순종하는 당신의 자녀를 가장 존귀하게 여겨 주십니다.

그릇의 크기가 중요한 것이 아닙니다.
그릇의 모양이 중요한 것이 아닙니다.
그릇의 용도가 중요한 것이 아닙니다.
그 그릇의 주인이 누구인가가 중요한 것입니다.

바로 토기장이 하나님이 나의 인생의 주인이 되실 때, 우리의 삶은 놀랍게 빚어져 나갈 것입니다.

이 책의 마지막 장의 제목에 '여전히 빚어지고 있습니다.'라는 문장이 있습니다. 우리는 이 땅에서 생명이 다하는 순간까지 십자가의 연단의 길을 걸어가며 주님께 쓰임 받도록 빚어집니다. 하나님의 인도하심 따라 살아내길 독려하는 윤선교사님의 귀한 메시지를 전합니다.

그러나 여호와여 주는 우리 아버지시니이다
우리는 진흙이요 주는 토기장이시니
우리는 다 주의 손으로 지으신 것이라

「이사야 64장 8절」

토기장이 이야기

쓰임 받는 그릇으로 빚어지기 위해 토기장이의 손길이 필요합니다. 적정량의 진흙을 가져와 반죽을 하고 그릇의 모양을 잡습니다. 이 과정에서 더 좋은 그릇이 되기 위해 만들던 반죽을 뭉개서 다시 새롭게 빚는 과정을 반복하기도 합니다. 모양이 잡힌 그릇은 바람으로 식혀진 다음 단단해지기 위해 고온에서 구워집니다. 그렇게 토기장이의 손길로 하나의 그릇이 완성됩니다.

하나님은 우리의 토기장이십니다.
우리는 진흙이요, 우리는 다 주님의 작품입니다.
나를 가장 잘 아시는 토기장이 하나님이
나를 알맞은 모양으로 빚으시고 사용하십니다.

그릇으로 빚어져가는 단계가 때로는 내 마음에 들지 않을 때도 있고, 힘겨운 고난의 시기를 통과해야 하기도 하지만, 그 모든 시간을 통하여 하나님이 기뻐하시는 그릇이 되어 갑니다.
나는 주님의 손길 아래 어떻게 빚어지고 있을까요.

진흙으로 만든 그릇이 토기장이의 손에서 파상하매
그가 그것으로 자기 의견에 선한대로 다른 그릇을 만들더라

「예레미야 18장 4절」

진흙

1장

진흙

흙더미의 주인
토기장이 하나님

우리의 삶은 주님께 속해 있습니다

우리 삶은 주님께 속해 있습니다

그분을 만나기까지
오랜 세월이 걸렸어요

 단발머리 여중생이 세례를 받고 믿음 생활을 시작한 지 46년 만에 그분을 만났으니, 참으로 오랜 세월이네요. 하지만 이제 와서 생각하니 46년이란 세월은 눈 깜짝할 사이에 지난 것 같아요. 나름 힘겹기도 했지만, 그 세월 속엔 희로애락의 수많은 일이 있었습니다.
 '낙엽만 굴러가도 웃음이 끊이지 않는다'는 사춘기 소녀 시절도, 어린 시절부터 꿈꿨던 성악가의 꿈을 접고 다른 전공을 선택해야만 했던 대학시절도, 7년간 나를 아내로 삼고자 기도했던 사람과의 결혼도, 내 인생의 보석인

두 딸과의 아름다운 삶도, 두 눈망울이 초롱초롱 빛나는 학생들과 22년간의 만남도, 에티오피아 사람들과 정겹던 짧은 만남도, 화살처럼 지나가버린 그 세월 속에 녹아 있지요.

또 강화도 민통선에서 사역하던 당시, 겨울이면 50cm 이상씩 발이 빠지는 눈 속에서 새벽기도회에 오시느라 지푸라기를 꼬아서 신발 위에 감고 오셨던 어떤 신실하신 권사님, 미끄러져 눈 속에 빠져서 "목사님! 사모님! 나

여기 있어요."하고 외쳐대시던 안타깝고도 웃지 못할 어르신들, 주말이 되면 가까운 목욕탕에 노인들을 모시고 가서 등을 밀어드리며 정을 나누던 일, 그리고 자녀들을 도회지로 보내 놓고 우리 목사 부부를 많이 의지하셨던 그분들의 모습까지 그 세월 속에 들어있습니다.

　이제 와서 생각하니 그런 귀한 분들을 만났던 강화에서의 삶은 참으로 소중한 시간이었습니다. 그분들과의 만남으로 내 영혼이 단단해졌다고나 할까요?

아름다운 민통선으로

　어릴 적의 꿈이었던 '성악가의 길을 갔더라면 어땠을까?' 하는 생각을 가끔 해 봅니다. 만약 그랬다면 지금쯤 성악가로서 음악 작업을 하며 지내고 있었겠지요? 사모가 되지 않고서요. 하지만 여러 가지 상황들이 성악가의 길을 막아섰지요.

우리 남편 목사님과의 결혼도 그랬었습니다. 대학 1학년 때 단짝 친구가 있었어요. 그 친구가 남자 친구를 사귀었는데, 그 남자 친구는 나중에 목사가 되는 것이 꿈일 정도로 믿음이 엄청 좋았어요. 그래서 어느 날 단짝 친구에게 얘기했죠. '너 사모 역할이 얼마나 힘든 일인지 모르는구나. 나중에 어려운 일 당하기 전에 아예 지금 교제를 그만두는 것이 좋을 것 같아.'라고요. 그래서 결국 그 친구는 그 남자 친구와의 교제를 그만두게 되었어요. 그런데 나중에 와서 보니 내가 목사 사모가 되어 있는 거예요. 그토록 만류했던 내가 오히려 그 길에 서있다니, 정말 내 마음대로 되는 세상 일이 없더라고요.

우리 부부는 강화의 민통선에 들어가기 전에 아프리카 에티오피아 선교사로 가려고 준비를 했었고, 남편은 NGO단체 이웃사랑회와 대한예수교장로회 총회의 파송으로 먼저 에티오피아에 가서 혼자 사역을 하고 있었죠. 그 당시 학교 교사였던 나는 퇴직을 준비하며 우리 아이들과 함께 에티오피아에 갈 준비를 하고 있었습니다. 아이들이 다녀야 할 학교와 우리 식구가 거처할 집을 알아보기 위해 그해 방학 중에 에티오피아에 가게 되었죠.

  비행기가 착륙 준비로 에티오피아 상공을 비행하고 있을 때, 에티오피아 모습이 창문을 통해 환히 보였어요. 그런데 상공에서 보니 어디를 둘러봐도 물이 보이지 않더라고요. 순간 소스라치게 놀라서 '하나님, 전 주님이 가라고 하시는 곳이면 어디에도 갈 수 있지만 물이 없는 곳은 갈 수가 없는데요. 어떻게 하죠?' 하고 기도했어요.

  비행기에서 내려 숙소로 가려고 택시를 탔는데, 차창이 깨져 있고 의자를 덮어 씌운 커버도 다 찢어져 있고 택시 상태가 형편이 없었어요. 차가 도로를 달리다가 횡단보도에 서게 되었는데 순식간에 걸인들이 차 창가로 와서 손을 내밀고 있었어요. 모두 맨발로 온 거리에 나와 있었습니다. 비누, 치약 등과 같은 생필품도 살 곳이 마땅치 않고 은행은 있지만 군인들이 장총을 들고 빽빽하게 서 있었습니다. 인터넷을 하려면 우체국에 있는 컴퓨터 몇 대를 줄을 서서 기다려 사용해야 했고요. 아무리 어려운 환

진흙

경이라도 선교를 가겠다고 마음은 먹었으나 과연 여기서 잘 살아갈 수 있을지, 아이들은 잘 적응할 수 있을지 내심 걱정을 하면서도 준비는 계속 이어갔어요. 우리 부부는 가족 비자가 나오기를 기다리고 있었는데 1년이 넘어도 나오지 않았어요. 결국 가족이 다 같이 가지 못하게 되어 버렸죠. 먼저 에티오피아에 혼자 가서 사역을 하고 있던 신랑은 비자 문제로 결국 한국으로 돌아오게 되었어요. 그 후에 우리 부부는 경로를 바꿔 강화 민통선 지역으로 들어가게 되었습니다.

 민통선으로 들어갈까 말까를 결정하는 데는 많은 시간이 필요하지 않았어요. 이미 1년 전에 물이 말라버린 에티오피아를 눈으로 직접 목격했기에 쉽게 결정할 수 있었지요. 에티오피아와는 다르게 강화도는 사면이 바다라 물도 많고 아름다운 풍광을 지닌 선교지였죠. 이럴 땐 주님이 정말 재미있으신 분이란 생각도 듭니다. 우리가 쉽게 결정할 수 있도록 한참 전에 다 경험하게 하셨으니까요. 모든 발걸음을 다 주님께서 계획하시고 이루십니다.

우리가 이미 태에서 조성될 때부터 하나님은 각 사람에게 맞는 뜻과 계획을 갖고 계십니다.

『사람이 마음으로 자기의 길을 계획할지라도

그 걸음을 인도하는 자는 여호와시니라』

: 잠언 16장 9절

우리의 삶은
주님께 속해 있습니다

『여호와 하나님이 흙으로 사람을 지으시고 생기를

그 코에 불어 넣으시니 사람이 생령이 된지라.』

: 창세기 2장 7절

『진흙으로 만든 그릇이 토기장이의 손에서 파상하매

그가 그것으로 자기 의견에 선한대로 다른 그릇을 만들더라.』

: 예레미야 18장 4절

진흙

하나님께서 태초에 천지를 창조하셨을 때 빛과 어둠, 하늘과 땅을 나누시고 각종 생물들을 만드시며 마지막으로 땅의 흙으로 사람을 빚으시고 그 코에 생기를 불어넣어 사람을 생명체로 만드셨죠. 너무나도 유명한 선악과 사건으로 아담과 하와는 죄를 짓고 에덴동산에서 쫓겨납니다. 이렇게 우리 인간은 하나님의 형상대로 보시기에 좋게 빚어졌으나 죄로 인해 타락함으로써 하나님의 형상을 훼손하게 되었어요. 하지만 하나님은 성육신 하신 예수님을 우리에게 보내주셔서 죄값을 치르게 하시고 우리를 구원하여 하나님과 다시 화목하게 하셨습니다. 마치 잘 만들어진 토기가 훼손되었을 때 토기장이가 그 토기를 깨뜨려 다시 새롭고 좋은 토기로 빚는 것처럼요.

이렇게 우리는 하나님의 손에서 성령에 의해 다시 빚어지는 것입니다. 이것을 '거듭남'이라 하는데 성령을 통해서 거듭나는 것이지요. 진흙이 자신의 모양을 정해 만들 수 없는 것처럼 인간 스스로는 자기를 빚을 수 있는 능력이 없지만 토기장이이신 하나님께서 성령님을 통해 우리를 하나님의 계획에 합당한 그릇으로 다시 빚어 만드시지요. 다혈질의 어부였던 베드로가 예수님을 만나 새 사람이 된 것처럼, 포악한 사울이 예수님을 만나 대(大)사도바울이 되었듯이 우리의 삶은 성령님을 통해 주님이 쓰실 만한 멋진 그릇으로 다시 빚어집니다. 너희가 내 손에 있다고 주님이 말씀하신 것처럼 우리의 삶은 주님께 속해 있습니다.

진흙

인간 스스로는 자기를 빚을 수 있는 능력이 없지만
토기장이이신 하나님께서 성령님을 통해
우리를 하나님의 계획에 합당한
그릇으로 다시 빚어 만드시지요

흙 더미의 주인 토기장이

너희는 먼저 그의 나라와
그의 의를 구하라 그리하면
이 모든 것을 너희에게 더하시리라

「마태복음 6장 33절」

반죽

2장

반죽

하나님의 손길따라
인도되는 삶

가장 알맞은 자리로
인도하시고 사용하십니다

우리를 가장 알맞은 자리에 인도하시고 사용하십니다

우리의 선교지,
아름다운 민통선의 작은 마을

새들은 자유로이 철책을 날아다니지만 사람은 자유롭게 갈 수 없는 땅, 북한이 바라다 보이는 민간인 통제구역(민통선)! 민통선 마을은 논과 들이 끝없이 펼쳐져 있는 인적이 드문, 한 번도 상상해본 적 없는 곳이었어요. 우리

---

* **민통선** : 비무장지대 바깥 남방한계선을 경계로 남쪽 5~20km에 있는 민간인통제구역으로, 민간인출입통제선이라고도 부른다. 1953년 7월 27일 미국·중국·소련에 의해 155마일 휴전선이 그어지고, 양측 군대의 접촉선을 군사분계선으로 해 이 선에서 남북이 똑같이 2km씩 뒤로 물러나 이 지역을 비무장지대로(DMZ)로 정하였다. 민통선이 그어진 후 이 구역 안에는 민간인의 출입이 철저히 통제되어 오다가 1990년대 들어 국방부가 민통선의 범위를 대폭 북쪽으로 상향 조정함으로써 총 111개 마을 3만 7천여 명 가운데 51개 마을 1만 9천여 명의 통행이 자유롭게 되었다. 2001년 현재 민통선 안에서도 인근 주민들이 군사시설보호법에 따라 일정한 절차를 거치면 농사도 지을 수 있도록 통제가 완화되었다. _ 출처 〈두산백과 두피디아, 두산백과〉

반죽

부부가 처음 그곳에 갔을 땐 대남, 대북 방송이 밤낮으로 계속되었던 때였지요. 거의 몇 달 간은 잠을 설쳤던 것으로 기억됩니다.

그러나 강화도 민통선은 참으로 아름다우며 깨끗하고 멋진 곳이었어요. 붉은 동이 트며 강물에 쭉 뻗어 이글거리는 새벽노을의 장관, 트랙터로 땅을 고르는 논에 백색의 황새 떼와 재두루미가 우아한 몸짓으로 펼치는 봄의 향연, 처마 밑 둥지의 갓 나온 새끼들에게 연신 먹이를 날라주는 물 찬 제비들, 시베리아 먼 곳으로부터 줄지어 찾아 날아오는 가을 하늘의 멋진 기러기 떼, 끝없이 펼쳐진 들녘의 황금색 물결, 껑충껑충 뛰어다니는 빈들의 고라니 떼, 강 넘어 이북의 먼 산까지 펼쳐진 백색의 설경, 눈을 감고 있어도 그곳의 아름다운 풍경이 마음속에 그려집니다.

그곳은 철책이 생기기 전엔 강화에서 제일 번화했던 마을이었다고 하더라고요. 어르신들의 말씀에 의하면 지금처럼 도로와 교통수단이 발달하지 않았던 시절엔 강화

민통선 안에 있는 월곶 나루터에서 서울 마포나루까지 쌍 고동을 울리며 검은 연기 내뿜던 똑딱선을 타고 사람들이 다녔다고 합니다.

  밀물, 썰물 때를 잘 맞추어야 하루 안에 갈 수 있고 그때를 맞추지 못하는 날엔 배에서 모두 잠을 자고 그 이튿날에 도착했다더군요. 물이 들어올 때면 여럿이 그물을 쳐서 숭어도 많이 잡고, 돌멩이를 이곳저곳 뒤져서 장어도 많이 잡아 그곳 나름의 어시장을 형성하여 사람들이 많이 모이던 번화했던 곳이라네요. 홍수 때 북한에서 소도 떠내려 오고 큰 나무들도 떠내려 와서 그걸 건져다가 집들을 많이 지었답니다.

반죽

뽕나무 밭
따뜻한 주님의 교회

 북한이 한강 너머로 바로 보이는 철책 옆, 뽕나무 밭 한 편에 버스보다 작은 교회에서의 목회의 삶이 시작되었지요. 남편은 선교사로 파송되어 아프리카 에티오피아에서 사역을 하다가 돌아온 뒤에, 우리 부부가 함께 강화도

에 있는 민통선 마을, 월곳리에 있는 교회에서 사역하게 되었습니다. 저는 사랑하는 두 딸, 함께 웃고 울었던 동료 교사들과 학생들도 모두 뒤로 한 채 낯설고 물 선 강화 땅에 들어가게 되었지요.

그곳에서의 첫 시작은 상상도 못 했던 문화충격을 겪어내는 것이었어요. 40여 년 동안 도시형 사람으로 문을 꽁꽁 걸어 잠그고 살다가 이제는 늘 대문을 개방해 놓고 살아야 했고, 아무 때나 문을 열고 들어오시는 분들 때문에 마음에 어려움을 겪었던 것이 기억납니다. 도시와는 또 다른 삶의 방식에 적응하는 것은 절대로 쉽지 않은 일이었어요.

어느 날 새벽이었죠. 새벽기도를 끝내고 사택 내실에 들어와 쉬고 있었는데 현관 문이 드르륵 열리는 소리가 들리더니 우당탕 문을 여는 소리와 함께 어떤 여자 성도분이 "목사님, 나 좀 숨겨 주셔요!" 하고 내실 문을 급히 열고 뛰어들어오는 게 아니겠어요. 사택 내실은 현관문부터 3개의 문을 열고 들어와야 하는 위치였거든요. 무

반죽

슨 일인가 알고 보니 그 성도분의 신랑께서 뒤쫓아오고 있었더라고요. 부부싸움을 하시고 사택으로 피신하려고 오신 것이었어요. 다행히 침대 옆 공간에 숨어 계셔서 발각은 되지 않았지만 문을 다 열어놓고 사는 시골마을이라 이런 웃지 못할 해프닝도 생겼던 것 같아요.

우리의 사택은 교인들이 모이시는 날이면 다 함께 쓰는 식당이자 부엌, 성가대 연습실, 친교실이 되었죠. 집 냉장고는 교회에서 주일 친교시간에 사용하다 남은 여러 식품들을 보관하는 냉장고로 교회와 함께 사용하게 되었는데, 처음에는 여러 사람들이 마음대로 집 냉장고를 열고 닫고 하니 적응이 되지않아 정말 견디기 힘들었습니다. 그뿐 만이 아니었어요. 설거지를 다 끝낸 식기 건조대가 지저분하다고 전부 다시 설거지를 하시는 분들도 있었죠. 그런 분들께는 고마운 마음보다 자존심이 상하기도 하고 속앓이를 하던 때도 생각이납니다.

하지만 그때부터 하나님께서 본격적으로 모난 부분들을 다듬으셨다고나 할까요? 그러저러한 여러 가지 일들을 겪으며 세월이 지나는 사이에 소극적이고 내성적이던 성격이 조금씩 바뀌기 시작했거든요.

어린 시절 교회를 다닐 때는 사람들과 인사하는 것이 싫어서 축도가 끝나기도 전에 살짝 혼자 먼저 빠져나오고 남의 눈에 띄는 것조차 힘들어했는데, 강화도에서 수년간 살다 보니 먼저 가서 인사를 건네고 적극적으로 교회일도 나서서 해낼 수 있게 되었지요.

그런데 문화충격보다 더 마음이 아팠던 것은 비 오는 날이면 교회 천장이 샌다는 사실이었습니다. 그 당시 교회 재정이 마이너스 400만 원 상태인지라 수리를 하지 못해 비가 올 때면 매번 큰 양동이를 이곳저곳 가져다 놓아야 했어요. 그 당시 20여 년 동안 일하던 교사직을 그만두면서 퇴직금을 타서 빚을 정리하고 천만 원을 손에 들고 있는 상태였지요. 그것도 큰 딸과 작은 딸의 대학 입학금으로 겨우 남겨 놓았던 돈이었어요.

그런데 교회 천장이 새니 그것부터 고쳐야겠다는 생각이 들었고, 기도하는 가운데 500만 원을 헌금했어요. 천장 수리 담당자들께서 천장 수리비가 600만 원이 든다고 하셨거든요. 그러나 교회 수리가 끝나니 2600만 원이 들었다는 거예요. '수리하는 결에 이것저것 손봐서'라고 하더군요. 그 당시 교인 분들께서는 참으로 어려운 형편에 계시거나 신앙 연조가 적은 분들이라 그것을 감당하기 어려운 때였죠.

그러나 있던 빚 400만 원까지 합쳐서 3000만 원이란 돈을 거뜬히 해결할 수 있었어요. 신기하게도 교회 수리한다고 광고한 적도 없는데, 지인들이 교회로 많은 헌금들을 보내주셔서 무사히 교회 천장 공사와 이곳저곳에 약간의 수리를 할 수 있었던 거예요.

딸들의 대학입학금으로 준비했던 돈을 주님께 헌금으로 드렸더니 하나님께서 기뻐 받으신 거죠. 그리고 교회에 큰 기적을 허락해 주셨으니 우리 교회 모든 식구들은 하나님께 그저 감사할 수밖에요!

순종한 자녀에게 주시는
하나님의 선물

큰 딸 대학 입학식 날, 딸과 함께 대학교 교정을 거닐다가 우연히 옛 친구를 만나게 되었어요. 그런데 그 친구가

우리 딸이 입학하는 그 대학의 학생과장으로 일하고 있다는 거예요. 우리를 학생과로 안내하더니 이것저것 묻고는 장학금을 탈 수 있는 길이 있는지 알아봐 주었지요. 결국 우리 큰 딸은 장학금을 받을 수 있게 되어 학자금의 부담을 덜 수 있었어요. 그다음 해에는 액수가 더 많은 장학금을 추천해주었고요.

한 번은 어떤 기독교 방송을 보다가 농촌 목회자 자녀에게 해외 연수를 지원해준다는 광고를 보고 응모를 해 봤어요. 전국에서 10명을 선발하여 뉴질랜드 영어 연수를 무료로 보내주었는데 좋은 기회가 될 것 같았거든요. 그런데 정말 큰 딸이 선발되어 학비를 전액 무료로 영어 연수를 다녀오게 된 거예요! 할렐루야!!

사실 교회 수리를 위한 헌금을 할 때 결정이 당연히 쉽지 않았습니다. 아이들 등록금으로 겨우 남겨놓은 일천만 원 중 반을 헌금했던 것이니까요. 대학 4년 공부할 돈도 아니고 대학 입학금인데 그것을 바치는 것은 아이들에게 너무 무책임한 부모가 되는 것이라 생각했죠. 그러나 기도하는 가운데 예배당 수리를 하는 것이 맞다는 마음의 결단을 하게 됐어요. 아마 목사라는 책임감 때문에 그런 결정을 하지 않았나 생각됩니다. 나중에 감사하게도 학비 전액을 주님께서 준비해 주셨으니 그보다 더 좋은 선물이 어디 있겠어요?

「아브라함이 그 땅 이름을 여호와이레라 하였으므로
 오늘까지 사람들이 이르기를
 여호와의 산에서 준비되리라 하더라」
 : 창세기 22장 14절

우리 재정의 공급처이신 주님께서 우리가 기뻐 헌신하고 자원하는 마음을 가질 때 우리의 기대보다 더 넘치게 채워 주신다는 것을 다시 한번 경험하게 되었습니다. 시골 미자립 교회로 가면서 자녀들 교육 문제로 근심 걱정이 태산인 우리였는데 말이죠. 하나님을 의지하고 나아갈 때 모든 것을 책임져 주시며 선물 보따리를 준비하고 계시는 우리의 아버지이심을 다시 한번 깨닫게 되었습니다. 현실의 문제에 부딪히면 믿음으로 결단하기란 여러 모로 쉬운 일이 아니지요. 나의 가진 것을 단번에 내려놓을 수 있는 사람이 얼마나 될까요. 그렇지만 하나님께서는 우리가 그분을 신뢰할 수 있도록 발판을 하나씩 만들어 놓고 기다리고 계십니다.

가장 알맞게 만들어지는 하나님의 반죽

어떻게 하면 목숨을 다해서
하나님을 사랑할 수 있을까요?
어떻게 하면 내 이웃을
내 몸처럼 사랑할 수 있을까요?
어떻게 하면 하나님 나라를 구하는 것일까요?
어떻게 하면 그의 의를 구하는 것일까요?

이러한 질문을 자신에게 물으며 기도하면서 인생을 걸어간다면 주님은 분명히 우리를 가장 알맞은 자리로 인도해 주실 것입니다. 또한 주님의 뜻에 맞게 사용하실 것입니다.

「너희는 먼저

그의 나라와 그의 의를 구하라

그리하면 이 모든 것을 너희에게 더하시리라」

: 마태복음 6장 33절

우리 남편 목사님은 젊은 청년시절부터 아프리카를 마음에 품고 기도했었어요. 늘 아프리카에 대한 얘기가 나오면 눈이 초롱 초롱해지고 신나게 대화를 나누곤 했지요. 강화에서 사역할 당시, 한 번은 국제구호활동가 한비야 님이 나온 TV 토크쇼를 함께 시청할 기회가 있었는데 한비야 님께서 구호활동을 하신 에피소드를 이야기하시자 그것을 보면서 아프리카에 다시 가고 싶다는 말을 할 정도로 아프리카 땅을 사랑했지요. 우리 목사님이 너무나 사랑했던 아프리카 땅이었지만 에티오피아 선교를 계속할 수 있는 가족 비자가 나오지 않아 결국 남편은 아프리카 선교를 접고 한국으로 돌아오게 되었지요.

그리고 우리 부부는 주님의 기쁘신 뜻에 따라 철책 가까이에 있는, 참으로 아름다운 민통선의 작은 마을, 작은 뽕밭 위에 지어진 교회로 가게 된 거예요. 그곳에서 북한을 품고 기도하는 지체들을 모으시고 애끓는 마음으로 합심하여 주님께 기도하게 하셨어요. 또한 외롭고 힘들게 사시는 노인들을 가족처럼 부모처럼 생각하며 주님의 사랑을 나누게 하셨습니다.

비록 그토록 열망하던 아프리카 땅에서 선교하지는 못했지만 우리에게 맡겨 주신 자리가 바로 우리에게 가장 알맞은 곳이 아니겠어요? 때때로 내가 생각한 방향으로 흘러가지 않더라도 완전하신 하나님을 신뢰하며 따르면 하나님은 그의 손길 따라 우리를 반죽하시며 삶을 인도하십니다. 그리고 가장 알맞은 자리에서 우리를 사용하시죠. 이 모든 과정이 하나님의 계획 속에 있었다는 것을 믿을 때 기쁨과 평안이 임할 것입니다.

하나님은 그의 손길 따라 우리를 반죽하시며
토기장이 되신 주님께서 우리의 삶을 인도하십니다
그리하여 가장 알맞은 자리에서
우리를 사용하시는 것입니다

하나님의 손길따라 인도되는 삶

그러므로 누구든지 이런 것에서 자기를 깨끗하게 하면
귀히 쓰는 그릇이 되어 거룩하고 주인의 쓰심에 합당하며
모든 선한 일에 예비함이 되리라

「디모데후서 2장 21절」

모양

3장

모양

우리의 모양대로
빚어가시고

나를 잘 아시는 주님이
그 모양에 맞게 빚어가십니다

나를 잘 아시는 주님이 그 모양에 맞게 빚어가십니다

하나님의 뜻에 따른
만남과 이별

우리 부부가 섬겼던 강화 교회 교인들은 평균 연령이 70세였지요. 그래서인지 섬기는 동안 장례를 자주 치르게 되었어요. 계속되는 장례로 마음에 큰 어려움을 만나게 되었습니다. 천국에 보내 드리는 일은 좋은 일이지만, 정들었던 교인들의 장례를 한 번씩 치르고 나면 우리 내외는 마음 앓이를 많이 하게 되었거든요.
한 번은 5월 8일 어버이날이었는데, 한 권사님께서 심장 질환으로 병원에 입원해 계셔서 카네이션을 가져다 드리며, "권사님, 오늘은 어버이날이네요, 이 꽃 받으시고 빨리 건강해지셔서 댁에 가셔야 해요." 하고 말씀드리며 기도해드렸더니 권사님께서 "그래야죠. 목사님, 사모님 참 감사합니다. 기도해주시고 꽃까지 갖다 주시니 정말 감사합니다. 빨리 건강해서 집으로 가야죠. 감사합니다. 감사합니다." 하시며 말씀하셨는데 며칠 후에 돌아가시고 말았어요. 어제까지 함께 했던 분이 하루아침에 뼛가루가 되어 조그마한 단지에 담겨 교회에 와서 예배하고 묘소로 가실 때의 그 상실감은 참 견디기가 힘들었습니다.

그래서 한 번은 장례식 치른 후에 이런 기도를 드렸어요. 교인들을 하늘나라에 보내 드릴 때 저희의 아픔이 너무 크니까 좀 건강히 오래오래 사시게 해 달라고요. 그랬더니 그 후엔 몇몇 교인 분들은 미국에 계신 자녀들에게 가셔서 그곳에서 사시다가 몇 년 후에 하늘나라로 가시더라고요. 종들의 아픔을 헤아려 주시는 그분께 어찌 감사드리지 않을 수 있겠어요.

북한 땅을 바라보며
기도하다

강화도에 가서 초반 2~3년은 기도할 때마다 눈물범벅이 되어 기도했어요.

"주님, 왜 이리도 한적한 곳으로 우리를 보내셨나요? 여기는 인적이 너무나 뜸해요. 사람들이 많으면 전도하기도 좋고 이렇게 외롭지도 않을 텐데요."

하지만 점점 세월이 지나면서 그곳에서의 사명을 깨닫기 시작했습니다. 하루는 우리 둘째 딸이 건넨 어떤 기도 집회 전단지를 보고 그 집회에 참석하게 되었어요. 그 집회는 나라와 민족, 세계 복음화와 북한을 놓고 3~4일씩 금식하며 총 5일간 기도하는 모임이었어요. 전국에서 모인 1,500명 이상의 사람들이 온 힘을 다해 중보기도 했죠. 국내외 많은 현지 전문가들이 오셔서 새벽부터 밤늦은 시간까지 현지 사정 등 여러 상황들을 알려주고 함께 기도하였습니다.

모양

이렇게 열심히 철야와 금식으로 나라와 민족, 북한과 세계 복음화를 위해 혼신을 다해 기도하며 수고하고 애쓰는 분들이 계심을 보고 우리 부부는 신선한 충격을 받았지요. 그동안 너무 안일하게 살아왔다는 반성도 들고요. 그 집회를 참석한 후에 왜 우리 부부를 북한 땅이 보이는 이 한적한 민통선으로 보내셨는지 깨닫게 되었습니다. 눈앞에 가까이 보이는 철책선 넘어 고통 중에 살고 있는 우리 형제와 자매들을 위해 기도해야 할 사람들이 바로 우리 자신인데, 그동안 깨닫지 못하고 살아온 미련함에 직면하게 된 거죠. 집회를 통해 하나님께서 우리의 사명을 일깨워 주셨습니다.

그 이후 우리는 한 달에 한 번씩 북한을 품고 기도하는 모임을 만들게 되었어요. 서울, 일산, 김포, 부천, 부평, 인천 등지에서 북한을 마음에 품고 사랑으로 기도하는 사람들이 우리 교회로 와서 기도하는 모임이 생기게 되었지요. 교회에 북한을 바라보며 기도할 수 있는 기도 처소도 지었어요. 교회가 북한이 바로 눈앞에 보이는 곳이라

많은 분들이 참석을 원하셨죠. 많은 분들이 오셔서 통일의 종을 세차게 울리며 기도의 목소리를 높였습니다. 탈북한 새터민들도 많이 오셨습니다. 그리운 땅, 부모와 형제, 자매들이 아직도 살고 있는 그 땅을 보며 하루속히 평화 통일이 이뤄져 가족들을 만나고 함께 살 수 있기를 주님께 울부짖으며 기도했어요.

새터민들은 남한 땅으로 건너오기까지 북한과 중국에서 겪었던, 차마 입에 담기조차 민망하고 끔찍한 그곳에서의 비참했던 삶을 나눠주었고 우리는 모두 한마음이 되어 주님께 기도하는 시간을 가졌습니다.

기도회에 강사로 오셨던 새터민께서 하는 고백을 듣고 너무나 놀란 적도 있어요. 그분은 탈북 전에 우리 교회 앞쪽 강 건너에 있는 북한 경비초소에서 근무했었는데 우리 교회에서 새벽마다 울리는 종소리를 들었다고 하더라고요. 그런데 바로 그 교회에 와서 본인이 강연을 하게 되었다니 감개무량하다고 말이죠. 교회 종소리를 들으며 남한에 대한 모든 것이 궁금해졌고 몇 년 후 2명이 탈북

하다가 1명은 죽고 자기만 죽을 고생을 하며 살아 넘어왔다고 말했습니다. 그리고 남한에 정착한 뒤 박사과정까지 공부하여 북한 전문가가 되었고 교회 강연자로서 북한의 실정에 대해 알려주는 일을 하게 되신 것이죠. 그분들과 함께 기도하면서 뜨거운 기도회 시간을 갖게 되었습니다.

> 『내 이름으로 일컫는 내 백성이 그 악한 길에서 떠나
> 스스로 겸비하고 기도하여 내 얼굴을 구하면
> 내가 하늘에서 듣고 그 죄를 사하고 그 땅을 고칠찌라』
> : 역대하 7장 14절

그런 일들을 보며 하나님께서는 이런 새터민들을 북한과 남한 그리고 전 세계로 나갈 수 있는 선교사로 만들고 계시는 것을 깨닫게 되었어요. 지금도 눈에 선하네요. 강 건너 그리운 고향 마을을 향하여 목놓아 부르짖던 그분들이, 그리고 새벽기도 후에 북한이 바라다 보이는 그 처

소에서 북한을 향해 두 손을 들고 간절히 중보기도 했던 때도...

필요에 알맞게 채워지는
사랑의 손길

세월이 흘러 교회가 군데군데 낡아 이곳저곳에서 칼바람이 새어 들어왔어요. '바늘구멍으로 황소바람이 들어온다'는 말처럼 정말 새벽마다 기도하는 교인들의 발이 꽁꽁 얼어붙고 담요를 몸에 둘러야 하는 상황에 이르러 보수가 꼭 필요했어요. 민통선 안에 있는 작은 시골 교회로서는 작은 보수 공사조차도 어려운 일이라 참으로 난감했지요.

하지만 얼마 후 우리 교회는 아름다운 모습으로 탈바꿈하게 되었답니다. 겨울이 오면 다 함께 김장을 하곤 했는데, 식사 교제뿐 아니라 추위에 떨지 않고 실내에서 김장도 할 수 있는 식당을 짓고, 목사님 가족이 거처할 수 있는 사택도 지었어요. 교회도 좀 더 확장하여 미니 2층으로 나름 예쁘게 지었습니다.

재정적으로 연약했던 우리 교회가 수리와 증축을 감당할 수 있었던 것은 하나님께서 다양한 방법으로 때마다 기적의 역사를 쓰시며 재정을 비롯한 모든 것을 채워 주셨기 때문입니다.

우리 부부와 교회를 위해 늘 기도하며 사랑해 주시던 어떤 권사님이 계셨어요. 그 권사님은 서울 충현교회를 섬기시던 분이셨지요. 그 당시 권사님은 시골에 산을 가지고 계셨어요. 그런데 그 산을 팔고자 했지만 잘 팔리지 않아 오랫동안 기도하시던 중이었어요. 마침 우리 교회가 공사를 시작하려던 바로 그 시기에 권사님의 산이 팔리게 되었고, 권사님은 하나님께 감사하는 마음으로 우리 교회에 3500만 원의 거금의 헌금을 하셨습니다. 이 헌금은 교회 증축에 큰 도움이 되었어요.

어찌나 감사했던지요! 우리 교회 교인들은 본인들께서

하시던 일들을 일정기간 멈추고 교회 증축을 직접 감당하셨어요. 모두들 주님의 교회를 짓기 위해 무던히도 애를 쓰셨죠. 90세 노인께서 본인도 돕고 싶다고 가끔씩 오셔서 벽돌을 10장씩 가지런히 쌓아 가져 가기 쉽게 만들어 공사를 도와주시기도 하고요, 연로하신 원로 사모님께서는 건축하는 교인들을 격려하시느라 온종일 현장을 지키시며 간식을 제공하셨어요. 권사님들과 여자 집사님들도 건축하는 분들을 위해 계속 식사 준비를 해 주셨고, 장로님과 남자 집사님들은 그 어려운 마당 공사까지도 직접 감당하셨어요. 교인들이 다 함께 마음을 합하여 주님의 교회를 세워가는 과정 가운데는 분명 힘든 일도 많았지만, 교인들의 사랑의 섬김과 수고로 기쁨과 감사함이 얼마나 넘치던지요! 그곳에서의 사역을 돌아보면 정말 세심한 부분까지도 하나님의 손길로 만지시고 채우셨단 생각이 듭니다.

　우리의 기질과 성품까지도 창조하신 주님께서는 나를 정이 유난히도 많은 사람으로 빚으셨습니다. 그래서 그 외로운 땅 민통선으로 보내셨던 것 같습니다.

  주님은 내게 긍휼의 마음을 듬뿍 부어 주셔서 아프고 외로운 사람들을 보면 너무도 마음이 짠해서 저절로 그들을 섬기고자 하는 마음이 들었거든요. 그래서 그분들과 병원도 가고 시장도 가고 목욕탕도 함께 가곤 했죠. 그럴 때면 마음이 너무 기뻤답니다. 그렇게도 정이 들고 자식 된 마음도 들었었는데 그분들을 하늘나라로 보내는 이별을 해야 할 때는 견딜 수 없이 마음이 아플 수 밖에 없었습니다. 주님은 저들을 나의 형제자매이며 또한 부모가 되게 하셨습니다.

  또 놀라운 것은 우리 가족의 지난날들을 돌아보면 그 속에서도 하나님의 인도하심을 보게 된다는 것이에요. 남편 목사님의 선조들은 이북 황해도 해주가 고향이라고 하더라고요. 선조들과 남편의 사촌들 중에는 목사님이 여러 명 계시죠. 1951년 1월 4일, 1 4 후퇴 때 교회에서 새벽기도회를 마치고 나오시다가 인민군 총에 피살된 목사님도 계셨는데, 그분은 우리 민족의 수난기인 일제 강점기에 중국, 시베리아, 일본까지 776회의 부흥회를 인도하셨으며 150개 처에 교회를 건축하였고, 구령 사업의 최선봉에 서있던 분이었다고 합니다.

성령의 능력을 힘입어 수많은 이적을 일으키기도 하셨다는군요. '벙어리가 말하고 앉은뱅이가 걸어감'이라는 제목으로 신문에 보도되기도 했답니다. 집안 선조들의 고향이 해주이니 북한을 놓고 더 간절히 기도하라 하시는 주님이 뜻이었던 것 같아요.

주님께서는 우리를 너무도 잘 아시기에 그 모양에 맞게 빚어, 우리 부부는 북한 땅을 바라보며 저들을 위해 애끓어 기도하는 자들로 삼으셨습니다.

우리의 기질과 성품까지도 창조하신 주님은
나를 정이 유난히도 많은 사람으로 빚으셨습니다
그래서 그 외로운 땅 민통선으로 보내셨던 것 같습니다

우리의 모양대로 빚어 가시고

고난 당한 것이 내게 유익이라
이로 인하여 내가 주의 율례를 배우게 되었나이다

「시편 119편 71절」

깨짐

4장

깨짐

깨어짐을 통해
새롭게 주님을 만나다

주님과 인격적이고 완전한 연합을 위해
고난을 허락하십니다

주님과 인격적이고 완전한 연합을 위해 고난을 허락하십니다

불가능이 없으신
놀라운 주님의 치료의 손길

2014년 8월, 60세 되던 해에 저는 마른기침을 계속하게 되었어요. 물론 그 전 해에도 몸이 좋지 않아 고생하기는 했었죠. 평소에는 약 먹는 것을 별로 좋아하지 않아 한의원에 가서 침으로 치료를 하곤 했습니다. 예전에는 한의원에서 치료를 받고 오면 그때마다 바로 괜찮아지곤 했는데 그 해에는 기침을 더 자주, 심하게 해서 할 수 없이 교회 근처 종합병원에 입원하여 치료를 하게 되었습니다.

하지만 입원 치료를 하여도 오랫동안 기침이 멎지 않

깨짐

앉지요. 저의 병명은 폐렴이었습니다. 의사 선생님은 잘 낫지 않는다고 하면서 항생제 단위를 높이셨는데, 그래도 여전히 기침이 가라앉지 않았어요. 치료를 받은 지 한참이 지나도 차도가 없어서 결국 병원에서 퇴원하게 되었어요. 다른 치료방법을 찾아보는 게 좋겠다는 생각이었어요. 그리고는 한방치료를 받기 위해 다시 한의원에 갔더니 한의원 선생님께서는 어떻게 손을 쓸 수 없는 상태라고 말씀하시더라고요. 심장이 쿵하고 내려 앉는 기분이었답니다. 꼭 사형선고받은 느낌이었어요. 손을 쓸 수 없다는 말은 '당신 병은 치료할 수 없어요'라는 말이 아니겠어요? 강화도에 살면서 폐렴으로 돌아가시는 어르신들을 많이 보았거든요. 그 일이 저에게도 찾아오고 있던 것이죠. 결국 낙심하여 교회로 돌아와 주님 앞에 무릎을 꿇고 부르짖었습니다.

"주님, 저를 데려가시겠다는 말씀인가요? 전 아직 시집가지 않은 딸도 있고, 도와줘야 할 남편도 있는데요. 주님, 오라시면 갈 수밖에 없으나 지금은 아닌 것 같아요.

할 일이 아직 많이 남아있어요. 저를 살려주세요. 하나님 앞에 지은 모든 죄를 용서해 주시고 평생을 주님을 위해 살아온 저를 보셔서라도 살려주세요. 주님께서 저를 살려주시면 주님 부르시는 날까지 충성할 것입니다. 저를 불쌍히 여겨주세요."

피를 토하는 심정으로 눈물, 콧물이 뒤범벅이 되어 기도하며 또 기도했지요.

『너희는 내게 부르짖으며 와서 내게 기도하면
내가 너희를 들을 것이요.』
: 예레미야 29장 12절

그런데 주님께서 이 애끓는 기도를 들어주셨습니다! 어느 날 놀라운 일이 일어났습니다. 안방에 엎드려 혼자 기도하기를 마쳤는데, 갑자기 누군가가 몸을 일으키는 것처럼 몸이 쑥 일어나지는 것을 느꼈어요. 그리고는 '차려' 자세로 서게 되고 두 손바닥으로 머리부터 발끝까지,

위아래로 수 차례 왔다 갔다 하면서 두드리고 있었습니다. '내가 왜 이러지?' 스스로도 이런 행동이 이해되지 않더라고요. 온몸이 후끈후끈해지더니 급기야는 땀이 나기 시작했어요. 한참 후에 큰 박수를 치고 그 행동이 끝이 났지요. 흐른 땀을 닦아내고는 시계를 보니까 두 시간이 훌쩍 지났더라고요. 도대체 이게 무슨 일일까 고심하던 끝에 '아, 주님께서 내 몸을 치료하고 계셨던 것이구나.'라고 생각하게 되었어요.

그날 밤에 다시 엎드려 기도하며 '주님, 맞지요? 제 생각이 맞는 거죠? 저를 치료해 주시는 거죠? 살려주려고 하시는 거죠?' 하고 오랜 시간 감격의 눈물을 흘리며 '감사합니다 주님, 주님께서 원하시는 대로 더 충성할 거예요.' 하며 기도하고 소망을 갖게 되었어요. 기도의 응답임이 분명하다는 확신이 들었거든요.

그렇게 기쁨과 감격에 찬 마음으로 잠이 들었는데 새벽 1시경 잠에서 깼습니다. 이번에는 제 의지와 상관없이 손가락이 스스로 온 몸을 누르기 시작했어요. 머리부터 발까지 왔다 갔다 하면서 말이에요. 지금 생각하면 몸의 중요한 경락을 누르고 있었던 것 같아요. 거의 1시간가량 그 행동이 지속되었지요. 저는 마음속으로 '주님 감사합니다. 정말 감사합니다.' 되뇌일 뿐이었습니다.

이런 일이 3일간 지속되었습니다. 아무래도 남편에게 말해야겠다고 생각하고 그간의 이야기를 들려줬어요. 그랬더니 남편은 갑자기 심각해지며 얼굴이 어두워지더니 이런 말을 하는 게 아니겠어요.

"여보, 성령의 아홉 가지 열매 중 제일 마지막 열매가 뭔지 알지? 아무래도 절제하는 것이 좋겠어."

그 말을 듣는 순간 참 섭섭하더라고요. '아, 나는 혼자구나. 남편도 소용없어. 그 오랜 세월 고생을 하며 다 도왔는데, 병든 내 몸을 주님이 고치시고 있다는 얘기를 해도 기뻐하지도, 믿지도 않네. 나를 마치 미친 사람처럼 취급하다니 내 남편 맞아?' 하는 생각이 들었어요. 마음에 미움, 섭섭함, 분노 등 여러 감정이 교차했죠.

한참이 지나고 화가 진정되니 '만약 사모가 예배시간

도중에 벌떡 일어나 머리부터 발끝까지 몸을 두드린다면 교인들이 사모가 정신이 나갔다고 할 테고, 또 이런 상황은 지금 나 스스로도 이해하기 힘든 상황이니 아까 남편이 그렇게 말하는 게 무리도 아니지.'라는 생각이 들며 그 나름의 입장을 이해할 수 있게 되었어요.

그다음 날 새벽기도를 마치고 교인들이 다 돌아가신 후 교회에서 다시 똑같은 일이 또 일어났어요. 그런데 주님의 치료하시는 손길에 몸을 맡긴 후 사택에 들어오는데 갑자기 윗입술과 아랫입술이 안으로 말리며 이로 꼭 고정이 되어서는 입을 벌릴 수가 없었습니다. 그 순간 '아, 남편에게도 얘기하지 말라는 주님의 신호구나'하고 깨닫자, 바로 입술이 풀렸습니다. 참으로 놀라운 일이 아닐 수 없었습니다.

『이에 그 입이 곧 열리고 혀가 풀리며
말을 하여 하나님을 찬송하니.』
: 누가복음 1장 64절

세례 요한의 아버지 사가랴가 천사 가브리엘의 '네 아내 엘리사벳이 네게 아들을 낳아 줄 것이라'는 말을 듣고 믿지 못해서 세례 요한을 낳을 때까지 말 못 하는 자가 되었다는 말씀처럼, 물론 잠깐의 경험이었지만 비슷한 상황을 겪으니 너무 놀라웠어요. 요 며칠 사이 벌어진 일들이 사람의 이성으로는 다 이해할 수 없는 일들이었기에, 신비로운 주님의 영적 세계 체험이 한편으론 혼란하면서도 경이로움으로 마음이 벅차올랐죠.

이런 일을 겪으면서 새벽기도 후 혼자 묵상하고 기도하는 장소를 다른 곳으로 옮기게 되었습니다. 그 당시 교회 예배당을 리모델링한 상태라 예배당 현관 위쪽에 다락방처럼 작지만 예쁜 공간이 생겼는데, 새벽기도가 끝나면 그곳으로 올라가 혼자서 마음껏 기도하며 치료하시는 주님의 손길에 몸과 마음을 맡기고 매일매일 기쁘고 행복하게 보냈어요. 그때 느꼈던 참 기쁨과 행복을 어느 누가 알까요? 그렇게 몇 개월이 지나자 건강이 몰라보게 좋아졌어요. 정말 기적 같은 일이었지요.

예수 그리스도의
보혈의 능력을 경험하다

'이적과 기사' 이런 단어는 성경에서 예수님이 소경, 앉은뱅이, 귀머거리를 고치시고 살리실 때 주로 사용되는 단어입니다. 그동안 가끔 성경을 보거나 목사님들의 말씀을 들을 때 정말 그런 일이 일어날 수 있을까? 하고 의심이 들기도 했었어요.

중학교 시절, 교회에서 부흥회를 한다고 해서 가본 적이 있어요. 그때 당시 유명하셨던 현신애 권사님께서 교회에 오셨는데, 실제로 많은 환자들이 고침을 받는 것을 보고 '참 이상한 일도 다 있네' 하고 생각한 적도 있거든요. 얼마 전 작고하신 순복음교회 故조용기 목사님께서 설교 후에 치유기도를 하시면 수많은 사람들이 병이 낫는 것을 보고 이상한 일이라고 생각한 적도 있고요. 그런데 그런 일이 실제로 내게 벌어지니 너무 신기하고 이상했어요.

하나님은 삶과 죽음의 기로라는 절망 속에 있던 내게 역전의 드라마를 쓰고 계셨던 거예요. 인생의 슬픔과 실패와 좌절까지도 합력하셔서 선을 이뤄 가시는 주님을 체험하게 하신 것입니다.

『우리가 알거니와 하나님을 사랑하는 자,
곧 그 뜻대로 부르심을 입은 자들에게는
모든 것이 합력하여 선을 이루느니라.』
: 로마서 8장 28절

그리고 그 일 이후 큰 변화가 생겼어요. 좀 망신스러운 이야기이지만, 예전에는 사람들 앞에서 기도하는 것을 굉장히 싫어했죠. 아니, 싫어했다기보다 능력이 없어서 할 수조차 없었어요. 남편에게 이런 협박 아닌 협박을 말하기도 했어요.

"나를 사람들 앞에서 기도시키면 난 다른 교회를 다닐 거예요."

성격이 워낙 내성적이고 수줍음이 많아서 남 앞에서 발표하는 것을 정말 힘들어 했었거든요. 그렇다보니 사람들 앞에서 기도하는 것은 제게 더 어려운 일이었습니다. 두세 마디 하면 할 말이 없어지고 하니 사모 역할하기가 힘들었어요.

심방을 가서도 목사님 뒤편에 앉아 숨을 죽이고 혹시 날 시키면 어쩌나 하고 불안해하기도 했죠. 나보다 더 기도도 잘하고 전도를 잘하는 평신도 앞에 서면 창피해서 '이래서 목회를 할 수 있을까?' 하고 다 내려놓고 싶을 때도 많았습니다. 목사님이 계시지 않으면 저 혼자 성도를 신앙적으로 챙기지 못했고, 남편 목사를 잘 돕지 못하는 상태로 오랜 시간 살았었습니다.

제 성격 상 주변 사람들로부터 받은 상처를 풀어내지 못하고 그렇다고 스스로 승화시키지도 못한채 오랜 시간을 속으로 삭이다 보니 결국은 몸에 병이 들었던 것입니다. 의사 선생님이 못 고치겠다고 선언할 때까지는 주님 앞에 목놓아 기도하지 않았던 지난 날도 참으로 어리석었습니다. 죽음의 문턱에 와서야 화들짝 놀라 주님께 바짝 엎드렸던 것입니다.

하지만 육신의 연약함이라는 고난은 주님과 만나는 통로가 되게 해주셨어요. 배부르고 등이 따듯할 때는 교만으로 가득 차서 무엇이든지 '내 뜻대로, 내 생각대로'하며 나를 주장하고 살았던 것이지요. 교만으로 똘똘 뭉친 자아를 내려놓고 주님을 나의 주인으로 모신다는 것이 얼마나 어려운 일인지요.

『사람의 마음의 교만은 멸망의 선봉이요
　겸손은 존귀의 앞잡이니라.』

: 잠언 18장 12절

강화도에 들어와 홀로 생활하시는 노인들을 돌보며 나름 열심히 사역을 하고 있다는 '나의 의'로 가득 찬 오만 덩어리였던 것을 깨닫는데 육신의 연약함이라는 고난이 큰 도움이 되었던 것입니다. 그 고난은 주님께로 온전히 시선을 고정하고, 인생 최고의 축복인 주님을 만나는 길이 되었지요. 그렇게 주님의 은혜로 치료를 받은 후 성령님과 인격적으로 만나 동행하면서 저의 소극적인 신앙생활은 많은 변화를 얻게 되었습니다.

제일 확연한 변화는 담대함이 생겼다는 것이지요. 예전에는 목사님 뒤에 숨기 바빴었지만 이제는 심방을 원하는 가정이 있다면 목사님 부재시나 병환 중이실 때 심방할 집에 혼자 찾아가 심방할 수 있게 되었습니다.

그것은 내 힘이 아니요, 내 안에서 역사하시는 성령님의 가르침과 인도하심으로 그렇게 된 것임을 고백합니다. 성령님께서 할 말을 시시때때로 마음에 부어 주셔서 지혜와 담대함으로 모든 문제를 돌파할 수 있는 힘을 주셨습니다. 이렇게 주님을 인격적으로 만나는 일은 참 중요합니다. 삶과 죽음의 기로에서도 좌절하지 않고 온 힘을 다해 주님을 찾고 매달릴 때 주님은 그 만남을 허락해 주시는 사랑의 아버지이십니다.

『내 영혼아 네가 어찌하여 낙망하며
어찌하여 내 속에서 불안하여 하는고
너는 하나님을 바라라 그 얼굴의 도우심을 인하여
내가 오히려 찬송하리로다.』

: 시편 42편 5절

하지만 마음 한편에 아쉽게 느껴지는 부분은 주님을 60세라는 너무 늦은 나이에 만났다는 거예요. 교만한 마음이 낮아질 때까지 기다리셨다는 생각이 들어요. 조금 더 젊었을 때 주님을 깊이 만났더라면, 더 일찍 주님의 뜻에 맞게 잘 살았을 것도 같습니다. 그러나 우리 시간과 생명은 주님께 달려 있는 것이니까 언제 어느 때에 주님의 그릇으로 보배롭고 존귀하게 사용될 것인가는 아무도 모르는 일이죠. 아쉬워하지 말고 이제부터라도 최선을 다해 남아있는 시간을 주님 보시기에 '착하고 충성된 종'으로 살고자 합니다.

고난을 통해
부어 주시는 은혜

『왕이여 그 해석은 이러하니이다 곧 지극히 높으신 자의 명정하신 것이 내 주 왕에게 미칠 것이라.』

: 다니엘 4장 24절

다니엘 4장에는 다니엘이 느부갓네살 왕의 꿈을 해석해주는 이야기가 나옵니다. 다니엘은 왕에게 꿈 이야기를 듣고 그가 사람에게서 쫓겨나서 들짐승과 함께 살며 소처럼 풀을 먹으며 이슬에 젖어 일곱 때를 지낼 것이며, 하나님께서 이 세상을 다스리시는 줄을 깨달은 후에야 그의 나라가 굳게 설 것이라고 말합니다. 또 왕이 가난한 사람에게 자비를 베풀고 죄악을 벗어버리면 그가 오래도록 계속 살게 될지도 모르겠다고도 했습니다.

1년 후 실제로 그 일이 일어나 왕은 쫓겨나서 소처럼 풀을 먹고 몸이 이슬에 젖고 머리털이 독수리 털과 같이 자랐고 손톱은 새 발톱과 같이 되었어요. 그리고 7년이 지나 하나님이 사람의 나라를 다스리신다는 것을 깨달았을 때 그의 총명이 다시 돌아왔답니다. 하나님은 그가 철저하게 낮아지는 것을 통해 겸손함을 배울 수 있게 하셨습니다.

 하나님께서 사랑하는 자녀들에게 매를 드시고 고난과 아픔을 겪게 하심은 자녀를 사랑하시기에 교만함을 다듬어서 회복시키시기 위한 것이지요. 교만하므로 징계하시지만 고난 후에 또 회복시키셔서 인격적이고 완전한 연합을 이루시며 예수님의 은혜와 사랑을 자랑하는 사람으로 거듭나게 하시지요. 예수님의 십자가만 바라보며 저 천국으로 힘차고 행복하게 그리고 감사하며 행진하는 사람으로요.

 죽음에 직면한 내게도 깨어짐을 통해 주님을 만나게 하셨지요. 주님과 인격적이고 완전한 연합을 위해 고난을 허락하시며 회복시키셔서 다시 새롭게 하셨습니다. 성령님을 통해 새 그릇으로 빚어지도록 말입니다.

깨짐

하나님이 사랑하는 자녀들에게
매를 드시고 고난과 아픔을 겪게 하심은
자녀를 사랑하시기에 교만함을 다듬어서
회복시키시기 위한 것이지요

오직 성령이 너희에게 임하시면 너희가 권능을 받고
예루살렘과 온 유대와 사마리아와 땅 끝까지 이르러
내 증인이 되리라 하시니라

「사도행전 1장 8절」

건조

5장

건조

성령의 바람으로
식혀지다

주님과 인격적으로 만난 자에게
강하게 성령의 임재하시는 축복이 옵니다

주님과 인격적으로 만난 자에게 강하게 성령의 임재하시는 축복이 옵니다

덤으로 받은
새로운 은혜의 선물

신앙생활을 오랜 세월 동안 해왔음에도 방언을 못한다는 것이 마음 한편에 창피함으로 있었습니다. 초신자들도 방언기도를 잘하는 경우가 많은데 사모인 내가 방언기도를 못하니 정말 망신스러운 일이라 생각했어요.

2015년 5월 함께 모여 중보기도를 하던 사모님들이 우리 교회를 방문하시는 일이 있었지요. 그래서 그분들께 기도회 마치고 "저를 위해 기도해 주실 수 있을까요?" 하고 부탁을 드렸어요. 그랬더니 십여 명의 사모님들께서 나를 중심으로 동그랗게 둘러서서 항아리 모양이 되어

건조

소위 '항아리 기도'라고 불리는 중보기도를 열심히 해 주셨습니다. 그런데 시간이 조금 흘렀을 때 갑자기 혀가 말리면서 나도 모르게 함께 방언 기도를 하고 있는게 아니겠어요. 평생소원이던 방언을 주님께 선물 받은 역사적인 날이었지요. 그 후로는 너무 기뻐 매일매일 시간이 가는 줄도 모르고 아침, 점심, 저녁 방언 기도를 했어요. 예전엔 기도하는 것이 참 어렵고 5분 기도하기도 힘들었는데 정말 신기한 일이었어요. 그렇게 한 달여간 방언기도를 뜻도 모르고 그저 기쁨으로 기도하고 있었어요. 더 감사한 일은 한 달이 지난 어느 날부터는 그 방언 기도의 내용이 무엇인지를 알게 해주셨습니다. 그렇게 성령님의 인도하심으로 시간 가는 줄 모르고 기도를 하게 되었지요.

물론 말씀과 기도 가운데 주님께서 우리에게 원하시는 뜻을 알려주시니 방언이 신앙생활에 필수조건은 아니지요. 그러나 제 경우에는 방언 기도를 통해 주님과의 교제가 더 깊어지게 된 거예요. 성령님의 인도하심을 강하게 느끼며 주님의 임재를 깊이 체험할 수 있었습니다. 신앙생활을 해오며 회개의 중요성을 알고 기도할 때마다 '주님, 이거 잘못했어요. 용서해주세요.'하고 기도하곤 했지요. 그러나 방언을 선물 받은 다음날 기도하는데 갑자기 어렸을 때 저지른 잘못들이 주마등처럼 스쳐 지나가는 거예요. 자동적으로 눈물과 콧물이 뒤범벅되어 장시간 회개했지요. 성령님께서 방언을 통해 회개 기도하게 하심을 느낄 수 있었습니다.

> 『베드로가 이 말 할때에 성령이 말씀 듣는 모든 사람에게 내려오시니 베드로와 함께 온 할례 받은 신자들이 이방인들에게도 성령 부어 주심을 인하여 놀라니 이는 방언을 말하며 하나님 높임을 들음이러라.』
> : 사도행전 10장 44~46절

어떤 사람들은 방언을 훈련을 통해서 받을 수 있다고 얘기하는데, 그것은 위험한 발상 같습니다. 방언은 주님

건조

께서 주시는 선물이니까요. 선물은 주는 자 마음인데, 주지도 않은 것을 훈련해서 받을 수 있을까요?

주님을 사모하는 마음으로 주님과 함께하는 시간을 많이 갖는다면 필요한 사람에게 방언의 선물을 주신다고 생각합니다. 부모를 사랑하여 꼭 붙어서 잘 따르는 아이들에게 선물을 더 주고 싶은 그런 마음이 아닐까요?

전심으로 기뻐하며
다윗처럼 춤추리

성령의 담대함이 채워지자 계속해서 신기한 변화들이 생겼습니다. 어느 날 찬송을 틀어 놓고 기도하던 중, 나도 모르게 몸이 움직여지고 급기야는 춤을 추게 되었습니다. 영육의 치유함을 받고 인격적으로 주님을 만나니 마음에 기쁨이 가득차고 온 몸으로 주님을 송축하게 되었지요. 사무엘하 6장 14절에 보면, 다윗 왕이 여호와의 언약궤를 다윗 성으로 옮길 때 너무 기쁜 마음에 사람들의 시선을 신경쓰지 않고 오직 여호와를 송축하는 춤을 췄던 것처럼요.

2015년 11월 초의 일이었어요. 어느 날 기도하는 가운데 이상한 주님의 음성을 듣게 되었어요.

"너 날 위해 춤을 출 수 있겠니? 성탄절 전야행사에."

나는 깜짝 놀라, "아니요, 저는 사람들 앞에서는 할 수 없는데요. 주님, 제 성격을 잘 아시잖아요?"하고 말씀드렸더니 기도가 거기서 멈췄어요. 주님의 침묵에 놀라서 급히 "잘못했어요. 한번 해 보도록 하겠습니다. 그런데…, 무슨 곡으로 해야 할까요?"하니, 박종호의 <하나님 사랑(Amor Dei)>이라는 찬양이 마음에 들어왔어요.

사실 그동안 가스펠 가수 박종호 씨의 CD를 틀어 놓고 기도하며 워십을 드리곤 했거든요. 2015년 8월에 우리 교회에서 열린 북한을 위한 기도회에 오셨던 주안 장로교회 집사님으로부터 박종호 씨의 CD를 5장이나 선물 받았는데, 그중 1집 첫 곡에 수록된 <하나님 사랑>이란 곡을 참 좋아하게 되었죠. 그 후 주님의 명령을 받고는 그 곡으로 성탄절 이브에 할 워십 연습을 시작했지요. 며칠을 연습하다 보니 내 생각이 들어가기 시작했어요. '이런 가사엔 이렇게, 여긴 이렇게, 이곳은 저렇게' 그러자 이상하게도 마음에 기쁨이 사라지고 걱정과 근심, 불안이 쌓여 갔지요.

2015년 12월 23일, 저녁을 먹고 아무도 없는 교회에서 음악을 틀어 놓고 24일 저녁에 할 워십을 위해서 주님 앞에서 리허설을 했지요. 리허설을 다 끝낸 뒤에 다시 엎드려 기도하기 시작했어요. '주님, 이렇게 하면 될까요?'라고 하니 이런 마음을 주셨어요.

"사랑하는 딸아, 내가 가르쳐 주는 대로 할 순 없겠니?"

그래서 '아, 잘못했어요 주님! 제 생각, 교만이 들어갔네요. 그래서 제 마음속에 기쁨이 사라진 거였군요. 내일 점심 식사 후 다시 주님 앞에 리허설을 하겠어요. 힘을 빼고 있겠으니 주님께서 지도해주세요.'라며 기도했지요.

24일 점심 식사 후 다시 드레스를 입고 발레 슈즈를 신고 음악을 틀어 놓고 힘을 빼고 서 있었어요. 음악이 시작되니 몸이 서서히 움직이기 시작했습니다. 음악이 흐르는 3~4분여 이상을요.

지금 생각하면 어떻게 워십을 했는지 기억이 잘 나지 않습니다. 다만 주님께서 이끄시는 대로 너무 기쁘게, 새털처럼 가볍게 했던 것 같아요. 음악이 멈추자 동작도 멈춰졌지요. 다시 엎드려 기도하며 '주님 기쁘신가요?' 하고 물었더니, 주님께서는 "그래, 그래, 참 기쁘구나."라는 마음을 주셨습니다. 예전엔 한 번도 겪어보지 못한, 앞으로도 평생 잊지 못할 성령님께서 인도하신 순간이었죠.

하나님은 왜 마음 가운데 워십을 하도록 인도하셨을까요? 은혜로 치유받고 이제는 더욱 담대하게 주님께 예배하는 자로 변화되길 원하셨던 것 같습니다. 그렇게 다윗처럼 오직 주님을 위한 워십을 통해 기쁨을 얻기 원하신 것입니다.

『그 기쁘신 뜻대로 우리를 예정하사
예수 그리스도로 말미암아 자기의 아들들이 되게 하셨으니.』
: 에베소서 1장 5절

하나님이 사람을 만드신 목적은 하나님의 아들들이 되게 하시고 우리로 인해 기쁨을 받으시기 위함이죠. 창조된 우리 인간은 하나님의 자녀이자 가족인 것이죠.

『내가 날 때부터 주께 맡긴바 되었고
모태에서 나올 때부터 주는 내 하나님이 되셨사오니.』
: 시편 22편 10절

하나님은 모태에서 우리를 창조하시고 가족으로 삼아주셨습니다. 하나님의 가족인 우리는 하나님의 거룩한 세대를 이어가고 이 땅에 하나님의 거룩한 나라를 세워가는 사명을 부여받은 것이죠. 하나님은 각자 고유의 특성에 맞게 우리를 성장시키시고 기뻐하십니다.

성령의 바람으로 식혀지다

며칠 전에 우리 손자들이 다녀갔어요. 로봇 변신을 잘하는 큰 손자 성현이에겐 로봇 변신을 시켰더니 1분도 안 되어 척척 변신을 시키더라고요. 작은 손자 성준이에겐 태권도 시범을 시켰더니 신나서 멋있게 태권도를 선보이고요. 두 손자가 얼마나 큰 기쁨을 선사했는지 몰라요. 이처럼 주님께서는 각자의 고유한 특성을 사용하십니다. 어릴 때 발레를 배우고 방송국에 출연했던 때가 있었는데, 하나님께서는 어려서부터 춤추는 것을 좋아했던 그 특성을 사용하셔서 워십을 올려드리는 모습을 통해 기쁨을 얻기 원하셨다는 생각이 들었습니다.

주님께서 내게 춤추라는 마음을 주셨을 때, 사람들의 시선보다 온전히 주님께 순종하며 몸에 힘을 빼고 주님께서 알려주시는 대로 다 따랐더니 정말로 기뻐하시는 것을 느끼게 되었죠. 죽음에 직면해 있을 때 성령께서 내게 임하셔서 영과 육을 고치시고 방언도 선물해 주시며 기름 부으셔서 기쁘게 워십을 하도록 인도하신 거예요.

『너의 하나님 여호와가 너의 가운데 계시니

그는 구원을 베푸실 전능자시라 그가 너로 인하여 기쁨을

이기지 못하여 하시며 너를 잠잠히 사랑하시며

너로 인하여 즐거이 부르며 기뻐하시리라 하리라.』

: 스바냐 3장 17절

주님을 인격적으로 만나니 더 큰 순종과 감사를 할 수 있는 능력이 생깁니다. 주께 영광 돌리고 주님을 사랑하며 이후에는 더 큰 순종과 감사로 주님께서 내게 뜻하신 바를 이루는 자 되기를 소원합니다.

『주께서 나의 슬픔을 변하여 춤이 되게 하시며

나의 베옷을 벗기고 기쁨으로 띠 띠우셨나이다.』

: 시편 30편 11절

작은 마을이 온종일 북적이던
성탄절 전야행사

보통 성탄절 전야에는 온 교인부터 어린아이들, 동네 어르신들, 외부 손님들까지 한자리에 모여 성극도 하고 찬양으로 주님께 올려 드리곤 했지요. 크리스마스 전야 행사 끝나고는 아이들 선물도 주고 그 후에는 식당에 모여 앉아 권사님들, 집사님들께서 준비하신 떡국을 비롯한 여러 가지 음식을 나눠 먹는 즐거운 시간을 보냅니다. 그 후엔 삼삼오오 나누어서 집집마다 새벽송을 돌기도 하고요.

2015년 성탄절 전야행사에는 교회가 생긴 이래로 제일 많은 분들이 참석했죠. 동네 어르신들, 온누리교회 구역 팀들, 광현교회 색소폰팀들 그리고 우리 교인들까지 가득 모였던 성탄절 전야 행사였어요.

동네 믿지 않으시는 어르신들께 찬송가 2곡을 가르쳐 드리고 교회에 오셔서 발표하게 해 드렸거든요. 바로 그 성탄절 전야행사에서 주님의 미션이 떨어져 앞서 애기한 워십을 하게 된 거였죠. 실전에서도 리허설처럼 무사히 잘 끝냈죠. 우리 교인들은 모두 놀라서 눈이 휘둥그레 지셨어요.

평소엔 조용한 사모가 갑자기 워십을 하는 모습이라니, 무척 생경스러웠던 것 같아요. 이런 일이 생길지 아무도 몰랐고 나 조차도 상상도 못 했던 일이었으니까요.

그런데 이런 특별한 체험의 기쁨을 함께 나누고 싶어도 자칫 잘못하면 여러 오해와 비난을 살 수 도 있고 혹 이런 간증을 하면 사람들이 약간 이상하게 느끼는 것을 잘 알고 있지만 분명한 하나님의 임재를 느끼고 겪고 있는 한 어쩔 수 없는 일이에요. 살아서 역사하시는 하나님을 말하지 않고 지나친다면 살릴 수 있는 사람을 놓칠 수 있고, 나중에 주님께서 부르셔서 하늘나라에 갔을 때 내 책임을 다하지 못했다고 하실 까 봐 두렵기도 했어요.

남유다의 멸망을 계속 알렸지만 비난받고 엄청나게 고난 받았던 눈물의 선지자 예레미야 같은 분도 있었는데,

이 정도야 아무것도 아니지요. 혹 이상하게 보일 수도 있겠으나 주님의 살아 계심을 증거함으로써 생명으로 옮겨질 사람이 몇 사람이라도 있다면 주님께 큰 칭찬을 들으리라 생각해요. 모든 일을 선하게 하실 주님을 믿고 사랑합니다.

성령의 능력을 덧입고 하는 목회

주님의 능력을 덧입고 하는 목회는 이전보다 수월했어요. 성령님께서 인도하시는 목회는 어느 때보다 힘이 있었지요.

교회 집사님들 가운데 유독 마음에 많이 남아 생각나는 분이 있어요. 정직하고 강직하신, 그야말로 근면 성실하시고 또 교회 일에도 무척 열심이신 집사님이셨죠. 집사님은 눈이 오면 어두컴컴한 새벽에 누구보다 먼저 달려오셔서 교회 마당에 수북이 쌓인 눈을 쓸어 치우시고, 교회 건축 일이 있으면 제일 먼저 달려오셔서 목사 내외를 도우셨어요.

오랜 기간 땀 흘려 농사한 감자 중 제일 크고 똘망똘망한 것으로 골라 첫 수확은 주의 종 드려야 한다면서 정성스레 갖다 주시기도 하고 추수감사절이 되면 한 해 동안 열심히 농사한 맛있는 쌀을 제일 먼저 강단에 바치셨던 집사님이셨어요.

그러나 어려서부터 마음에 상처가 많으셨던 집사님은 주변 분들과 갈등을 잘 해소하시기 어려워 분노 속에서 한참 동안이나 자유스럽지 못한 때도 있으셨지요. 술의 힘을 의지하시기도 하며 우리 목사 내외의 속을 끓게도 하셨습니다.

하지만 주님께서는 우리 부부에게 그런 분들과 함께 울며불며 기도하는 시간들을 많이 갖게 하셨어요. 우리는 오로지 주님의 입술 되고 손발 되어서 그런 분들의 아픔을 어루만지고자 노력했고, 그럴 때마다 함께 우시며 기도하시는 주님을 경험했지요.

『내가 네 사업과 사랑과 믿음과 섬김과 인내를 아노니
네 나중 행위가 처음것보다 많도다.』
: 요한계시록 2장 19절

　이제 집사님께서는 가정 예배까지 드리시며 믿음 안에 든든히 서서 흔들리지 않으시는 가정을 이루셨는데, 그 가정을 볼 때 주님께서 얼마나 기쁘실까 생각하게 된답니다.
　성령의 능력은 정말 놀랍습니다. 수줍고 내성적인 성격이었던 나 역시도 성령님을 통해 마치 다른 사람처럼 변화되었으니까요. 기쁘게 춤추고, 병 고침을 받았으며, 전에는 못하던 방언을 할 수 있게 된 일과 또 어려움에 빠진 성도를 도울 수 있었던 지난 모든 일들이 성령님을 만나 그 능력을 받아 이루어진 것이죠.

건조

『오직 성령이 너희에게 임하시면
너희가 권능을 받고 예루살렘과
온 유대와 사마리아와 땅 끝까지 이르러
내 증인이 되리라 하시니라』

: 사도행전 1장 8절

위 말씀은 예수님께서 십자가에서 돌아가시고 3일 만에 부활하신 후 승천하시기 전에 제자들에게 예루살렘을 떠나지 말고 약속된 성령을 기다리라고 말씀하신 내용입니다. 그 후 제자들에게 성령이 임했을 때 그들은 권능 즉, 성령의 능력을 받고 예수님의 증인이 된 것입니다. 철저히 성령의 능력에 의한 것이죠. 성령이 오시고 복음이 퍼져 나가고 교회가 세워진 것입니다.

성령님이 하시는 일은 진리의 빛으로 예수님이 그리스도, 즉 구세주라는 것을 알게 하시는 것이지요. 담대한 복음 선포는 예수님에 대한 확고한 믿음이 없이는 불가능합니다. 성령을 통해 믿음이 확고해진 제자들은 언제 어디서나 흔들림 없이 복음을 전할 수 있었습니다.

토기장이 하나님께서는 우리 각 사람을 고유의 특성을 살려 성령의 바람으로 잘 건조하시고 주님과 인격적으로 만나도록 허락 해 주십니다. 더불어 각 사람이 감당할 수 있는 일을 하도록 성령의 능력이 임재하는 축복을 누리게 해 주시는 것이죠.

우리 각 사람을 고유의 특성을 살려
성령의 바람으로 잘 건조하시고
주님과 인격적으로 만나도록 허락 해 주십니다

내가 사망의 음침한 골짜기로 다닐찌라도
해를 두려워하지 않을 것은 주께서 나와 함께 하심이라
주의 지팡이와 막대기가 나를 안위하시나이다

「시편 23편 4절」

열처리

6장

열처리

고통의 연단을 통해
단련되는 길

**강한 고통과 연단을 통해
하나님은 우리를 단련하십니다**

강한 고통과 연단을 통해 하나님은 우리를 단련하십니다

1인 다역으로
살아가는 삶의 무게

교회 사역을 하다 보면 많은 일들이 일어나는데, 한 번은 어떤 권사님께서 연탄가스를 마시고 의식을 잃어가다 살아나신 적도 있었습니다. 너무 긴급한 상황이라 이불에 권사님을 눕혀 네 귀퉁이를 잡아들고 간신히 차로 응급실에 모셔갔죠.

어떤 날은 새벽 2시에 한 교인께서 "목사님, 우리 아내 좀 살려주세요! 죽어가고 있어요!"하고 연락하셔서서 깜짝 놀라 응급차를 불러 놓고 우리가 먼저 가서 열 손가락, 열 발가락 끝에 침을 놓아 드리니 의식이 돌아온 적도 있었어요. 또 김장 철에 한 집사님이 배추 배달을 해야 한다고 하셔서 함께 가서 배추 나르는 일을 돕기도 했고요. 정말 시골에서는 목사 내외 역할이 다양했어요.

목회 초반에 아직 마을에 익숙하지 않고 동네분들을 잘 몰랐을 때의 일이에요. 한 교인의 남편이 돌아가셔서 장례식을 치를 때 목사님께서 장례를 주관하셨어요. 그런데 마을 어른들과 장례절차에 대한 부분을 결정하는 것이 서로 마음이 맞지 않아 큰 갈등을 했어요. 마을 어른들께서는 발인 시에 상여가 장지로 가는 도중 길거리에서 노제를 지내겠다고 하셨거든요. 상주 및 가족과 친지들이 길거리에 제사상을 차려서 영정사진과 여러 음식을 놓고 그곳에 재배한다는 거였죠. 우리 목사님은 기독교 예식에서는 그렇게 할 수 없다고 옥신각신해서 많은 갈등이 생겼던 적이 있었습니다. 그 이후 마을 분들과 갈등을 수습하느라 오랜 세월이 걸렸고 서로 마음 앓이를 하고 괴로웠지요.

뿐만 아니라 동네에서 때마다 하는 전통적인 제사가

있었습니다. 교인들 중에서 그곳에 참석하는 분이 계셨어요. 신앙 교육을 통해 성도님들이 오직 하나님 한 분만 섬기기를 바랐지만 이미 익숙해진 문화 속 행동의 변화가 쉽지 않았고 그것을 참고 바라보는 시간은 길고 마음이 아팠어요.

또 한 번은 교인들이 서로 싸움이 나서 한 가정이 교회를 나오지 않겠다며 떠나간 적도 있죠. 어떤 가정은 부부끼리 다투고는 온 가족을 교회에 나가지 못하게 하는 일도 있어서 몇 날 며칠을 울고불고 주님께 기도하며 매달린 적도 있고요. 교회 식당 증축 때는 식당에 기둥을 세우는 일 때문에 기둥을 세운다 만다 서로 교인들끼리 언성을 높이며 아수라장이 된 적도 있고요. 교인들과 동네 사람들이 마찰을 빚어서 그런 교인이 다니는 교회는 다닐 수 없다며 전도의 길이 막힌 때도 많았고요.

그리고 또 한 여성도 님은 모든 면에서 모범이 되는 참으로 신앙심이 돈독하고 신실한 분이셨는데 그 남편분은 교회를 핍박하는 분이셨어요. 그래서 아내가 예배시간에 빠지지 않고 참석하는 것을 못 견뎌하셨고, 급기야는 예배시간에 찾아와 예배드리는 아내를 끌어내 교회 앞마당에서 아내를 마구 구타하며 눈두덩이가 시퍼렇게 멍들게 하셨어요. "너 교회 좋아하는 놈 있냐?"하고 고래고래 소리를 지르며 온 마을을 시끄럽게 하셨죠.

어떤 집사님은 오랜 신앙생활을 했음에도 술을 끊지 못해서 큰 어려움에 빠지실 때가 많았죠. 아내와의 여러 가지 갈등으로 부부 싸움을 종종 하셨는데 늦은 밤 잠들어 있는 목사 내외에게 전화하셔서 '우리 집에 와서 누가 옳은지 판단해 달라'고 호출을 하시기도 하고, 싸움을 중재하는데 그 중재안이 본인 마음에 들지 않으면 부부가 교회 출석을 않겠다며 잡수시던 술잔을 깨시거나 부엌에서 식칼을 들고 나오기도 하시는 등 참으로 절제되지 못한 행동을 하신 적도 있죠. 우리 부부는 그분으로 인해 불안에 떨며 위협을 느낀 적도 있었어요. 그러나 이런 분들도 하나님이 사랑하시니 주님의 마음으로 저들을 품었어야 했는데 쉽지 않더라고요. 지금 생각하면 말이 안

통하는 해외도 아닌 같은 한국 땅에서 긴장의 연속과 애간장이 타는 시간들을 많이 보냈습니다.

우리 부부는 결국 둘 다 건강을 해쳐 몸이 아주 많이 나빠지게 되었어요. 하지만 이제 와서 생각하니 무엇보다도 저희가 인간적인 시각으로 바라봤던 것이 회개가 됩니다. 진작에 주님의 심장, 주님의 눈, 주님의 귀로 바꿔야 했던 거죠. 그러나 그렇게 부족하고 불충했던 종들이라도 불쌍히 여기시며 품어 주시는 그 무한하신 주님의 사랑에 감격할 수 밖에 없는 인생입니다. 이러한 연약함들을 지금이라도 깨닫게 하신 것에 감사하는 마음으로 주님께서 인도하시는 대로 한 걸음, 한 걸음 충성하며 가야겠지요. 주님이 가라면 가고, 서라면 서면서요. 존 파이퍼 목사님은 '우리의 인생 목적은 하나님 은혜의 영광과 위대함을 높이는 것'이라 말씀하셨습니다.

목회자들의 은퇴시기는 하늘나라에 들어갈 때라고 생각해요. 그 목적을 꼭 달성해 천국에 입성하는 날, "사랑하는 종아, 수고했구나 그동안 참으로 애썼어." 하시며 꼭 안아 주실 주님을 기대합니다. 또 그 말씀을 꼭 들을 수 있도록 부르시는 그날까지 열심히 살 것을 다시 한번 마음에 다져봅니다.

『내가 예수 그리스도의 심장으로 너희 무리를
어떻게 사모하는지 하나님이 내 증인이시니라』
: 빌립보서 1장 8절

투병의 끝으로 남편을 천국으로 부르심

남편 목사님은 매일매일 새벽마다 새벽기도회에 참석하길 원하시는 교인들을 차로 모셔오느라 새벽 4시면 교회 승합차를 타고 이 구역, 저 구역으로 전 구역을 다니며 목사님을 기다리고 계신 교인들을 모시고 교회로 오곤 했습니다.

2016년도 초겨울, 어느 추운 날이었어요. 늘 새벽 3시면 자리에서 일어나던 남편이 그날은 새벽 3시 30분이 지나도록 자리에 누워 있길래 어디 아프냐고 물었더니 그날은 차 운행하기가 힘들다는 거였어요. 그래서 남편 대신 직접 차 운행을 했습니다.

감기 증세와 비슷하고 워낙 건강하던 사람이라 별로 걱정을 하지 않았죠. 그런데 이런 날이 계속되었어요. 여러 날이 지나도 몸이 낫지 않아 읍에 있는 종합병원에 입원하게 되었어요. 급기야는 며칠 후에 서울에 있는 대형 종합병원으로 옮겨야 하는 상황이 되었습니다. 그리고 병원에서 췌장암으로 판정받게 되었습니다.

제가 주님께 치유를 받고 나니 이번에는 남편에게 고난이 찾아왔습니다. 남편은 거의 1년 동안 투병 생활을 하게 되었고, 참으로 힘겨운 시간을 보내게 되었습니다. 처음에는 걸어서 병원에 입원했던 사람이 1차 항암 치료 후에는 아예 몸져눕게 되었어요. 항암제는 암세포만 없애는 것이 아니라 좋은 세포도 같이 없애는 것이기 때문에 1차 항암 치료 후에는 식사한 것들을 거의 설사로 다 쏟고 힘을 차리지 못했기 때문이지요.

2차, 3차 항암 후에 상태가 좋으면 수술하자는 의사의 말이 있었지만, 거의 먹지 못해 힘없이 누워 있는 날이 늘어만 갔습니다. 남편이 고통스러워 하는 모습을 바라보기만 해야 하는 것은 정말 안타깝고 힘겨운 일이었어요. 병원에서는 항암제 투여하기를 겁내는 우리 부부에게 방사선 치료를 대안으로 제시하여 27번의 방사선 치료를 하게 되었어요.

하지만 이미 약해진 몸으로 제대로 식사를 못했던 남편은 체력이 없어서 방사선 치료 조차 계속 받을 수 없었습니다. 이런 상황을 들으시고 아는 분의 권유로 쑥뜸 치료와 병행하게 되었어요. 감사하게도 쑥뜸 치료를 받으면 한 끼 정도는 마음껏 식사할 수 있었지요. 그 후로 남편을 차에 태워 서울과 강화를 아침, 저녁으로 왔다 갔다 하며 왕쑥뜸 치료와 방사선 치료를 함께 받도록 했어요. 그러나 방사선 치료도, 쑥뜸 치료도 남편의 암을 없애기에는 역부족이습니다.

　남편은 결국 1년 동안의 암 투병 끝에 주님의 부르심을 받았습니다. 병도 없고 슬픔도, 고통도 없는 천국으로 가게 되었어요. 남편이 하늘 나라 가기 하루 전 날, "집에 잠깐 다녀올게요." 하고 인사하니 평소에 볼 수 없었던 함박꽃 웃음을 웃어 주었습니다. 우리에게 그것은 작별 인사가 되었습니다. 그 이후로 의식을 잃은 남편은 하루 뒤에 주님 계신 곳으로 가게 되었습니다.

　나중에 알게 된 일이지만 우리 부부를 위해 기도해 주시던 사모님들은 목사님께서 돌아 가시기 일주일 전에 곧 목사님이 하늘나라에 가실 것을 이미 짐작하고 계셨더라고요. 일주일 전 사모님들 기도회 중에 대표기도 하시던 분이 우리 목사님을 위해 기도하는데 갑자기 하늘 문이 열리더니 환한 빛이 하늘로부터 땅으로 쏟아지는 환상을 보셨답니다. 그래서 그날 주님께서 우리 목사님을 부르실 것을 예감하셨다고 하더라고요. 지금 생각하면 주님께서 우리에게 맡기신 일을 잘하지 못했는데도 불구하고 주의 종을 하늘나라로 입성하게 해 주셨으니 그저 감사와 찬송을 올릴 뿐입니다.

사실 목사님이 편찮으실 때 교회 사역이 쉽지 않았죠. 지금도 마음속 깊은 곳에 큰 아픔이 씻기지 않은 채 자리하고 있는 것이 있어요. 주님께 평생 엎드려 통곡할 수밖에 없는 그런 이야기예요.

목사님이 병원에 입원해 계실 때, 한 여성도 분이 스스로 삶을 내려놓으셨어요. 정말 우리 내외를 좋아하시고 교회의 온갖 궂은일은 혼자 도맡아 하다시피 하시던 분이었는데 한 날은 병원에 입원해 있는 우리에게 전화를 하셔서 혼자서 병원에 오시고 싶다고 하시더라고요. 너무 연세도 높으시고 교회부터 병원까지 거리가 너무 멀기도 해서 혼자 오기는 위험하시니 다른 교인들이 오실 때 함께 오시면 좋겠다고 말씀을 드렸죠. 그런지 며칠 안 되어 사건이 일어났습니다. 우리는 엄청난 충격을 받았고 마음이 한동안 안정을 찾지 못했어요. 아마 의지했던 목사님이 암으로 병원에 입원하고 또 본인 스스로의 여러 가지 문제를 이겨내지 못하셔서 그런 일이 벌어진 것 같아요. 그분을 끝까지 잘 지켜드리지 못해 너무 죄송하고 안타까운 마음이지요. 목자가 양의 어려움을 지켜내지 못했으니 두고두고 가슴이 아릴 거예요.

또 목사님이 병이 나시기까지 식생활 관리, 심적 관리 등등 아내가 지혜롭게 도왔어야 했는데 내조가 불충분했구나 하는 생각이 들었습니다.

열심히 살고 있다고 생각했지만 이제와 보니 실수 연발에 잘못 살았다고 후회되는 것이 많아요. 목사 아내는 목사의 여당이 되지 말고 야당이 되어 목사의 단점을 알려주고 도와주어야 한다는 생각을 하고 있었거든요. 그러니 교회 문제로 의견이 다른 것이 많이 생기더라고요. 그럴 때 목사님의 생각에 제동을 거는 때가 있었죠.

어떤 때는 의견이 너무 달라 서로의 속을 끓일 때가 있었는데, 하루는 교회에 가서 무릎을 꿇고 '하나님, 이것은 너무 말이 안 되는 얘기 아닌가요?' 하고 마음을 주님께 털어놓았죠. 그때 주님께서 마음에 주신 말씀은 '난 너의 남편을 내 종으로 삼은 것이다. 네 남편이 하는 대로 따라 줄 수 없겠니? 시행착오를 겪는다 해도 내가 그의 마음을 만질 것이다.' 하시는 것이었어요.

그 순간 '주님, 잘못했어요. 이제는 주의 종에게 순종할게요.' 하고 회개했어요. 그 이후로는 남편이 하는 일에 제동을 걸지 않게 되어 가정이 화평해지게 되었어요. 이런 것들이 다 교만에서 비롯된 일이었습니다.

우리 목사님께서 결국 그렇게 일찍 주님 품으로 가시게 된 것은 여러 가지 교회일의 어려움 때문이기도 하지만 내 어리석음도 크게 한몫을 했구나 하고 죄송한 마음이 큽니다. 그런데 하나님은 남편을 왜 그리도 일찍 데려가셨을까요? 우리가 잘하지는 못했지만 일평생을 주의 일 하느라고 열심을 내며 자녀들과도 멀리 떨어져서 살면서까지 충성한다고 생각했는데 말이에요.

하지만 성경 말씀 속에서 어느 정도 답을 찾을 수 있었어요. 구약 성경 룻기의 이야기처럼 룻의 시어머니 나오미는 고향 땅에 기근이 심해서 남편과 함께 두 아들을 데리고 모압 지방으로 이주하게 되었는데 안타깝게도 그곳에서 남편과 두 아들을 잃게 되고 며느리 룻만 데리고 고향 베들레헴까지 다시 돌아오게 됩니다. 나오미의 며느리 룻은 이방 여인이지만 선한 마음으로 시어머니에게 축복받고 보아스와 결혼하여 결국 다윗의 자손 예수의 직계 조상으로 존경을 받게 되었지요.

하나님은 당신의 주권적 목적을 위해 인간의 행복과 비극 전체를 역사하시며 기근과 죽음, 고독과 가난, 흔들리지 않는 충성이 모두 하나로 어우러지게 하여 하나님의 뜻을 성취하고 계십니다. 어느 것 하나도 거룩한 뜻을 거스를 수 없지요.

이삭을 줍는 겸손한 룻의 성품을 통해 보아스와 만나게 하시고 보아스는 오벳을 오벳은 이새를 낳고 이새는 다윗을 출생하게 하십니다. 그 후 다윗의 자손으로 예수님이 이 땅에 오셨지요. 룻의 이야기는 하나님 나라의 계보에서 심판이 아니고 버리지 않으시는 하나님의 손길이셨음을 알게 합니다.

고난은 주님의 손안에 있습니다. 주님의 놀라운 계획을 다 알 수 없지요. 나중에서야 그 고난의 의미와 섭리를 발견하게 됩니다. 모든 것들이 하나님의 손안에 있으며, 하나님의 필연적인 섭리이며 고난당한 것이나 심판당한 것은 아닙니다. 오히려 이후에 더 주님 앞에 가까이 나가는 것을 볼 수 있게 되기도 하지요. 이러한 고난을 통해 또 돌이키게 하시고 결국은 승리로 이끄시니까요. 남편을 일찍 데려가신 주님의 섭리를 지금은 알 수 없지만, 나중에 천국 가는 날에는 하나님의 필연적인 섭리를 알 수 있게 되겠지요.

주님께서 함께 해 주신
목사님의 장례식

2017년 9월 29일, 남편은 그 힘겹던 투병을 끝내고 가족과 정겹던 친구 목사님들, 그리고 오래 돌보던 성도들과 작별을 했어요. 그런데 그 시간엔 특별한 주님의 돌보심의 은총이 있었습니다.

먼저는 치료비가 걱정이었어요. 시골 목사님으로선 도저히 감당이 안 되는 치료비가 나왔기 때문이죠. 하지만 그 많던 치료비는 예전에 친구의 권유로 들어놓은 질병보험으로 무사히 치를 수 있었어요. 주님의 예비하심이라고 할 수밖에요!

입관식도 참 인상적이었어요. 오래전부터 알고 지냈던 목사님께서 우리 남편 목사님이 설교 때 입으시던 성례복과 구두를 갖고 오라고 하셔서 가져다 드렸더니 손수 그 성례복을 남편 목사님께 입히시고 구두를 신겨드리고 입관 예배를 아름답게 진행해 주셨어요.

장례 둘째 날에도 놀라운 일이 있었어요. 서울의 대형병원이라 장례비가 걱정되어 조문객들이 뜸해진 밤 11시에 우리 아이들에게 지금까지 들어간 비용을 다 계산해보고, 또 그날 들어온 부의금도 정리해보라고 했는데 두 금액이 정확하게 일치하는 것이에요. 우리 가족 모두는 소스라치게 놀랐습니다. '이런 일도 다 있나' 하고 말이에요. 주님께서 하시는 일은 너무도 정확하십니다.

할렐루야!

우리 남편 목사님은 금요일에 임종하셨기에 3일장으로 하자면 주일날 발인하는 것이 통례였으나 우리 가족은 하루 뒤인 월요일에 발인을 하게 되었어요. 발인날을 결정하려고 얘기하는 중에 주일 오후에 하면 어떻겠냐는 의견이 나왔으나 월요일에 하겠다고 말씀드렸는데 주일 오후에는 비가 많이 내렸지 뭐예요. 만약 주일 오후에 발인을 했다면 어려웠을 뻔했어요.

발인 날 새벽에 기도를 하는데 마음 한편에 취토 하는 시간에 큰 슬픔이 와서 사람들 앞에서 통곡하진 않을까 걱정이 되어 그 마음 그대로 주님께 말씀드렸더니 마음에 이런 응답을 주셨어요.

"영혼은 벌써 하늘나라에 와 있단다. 몸은 흙에 불과하지. 아무것도 아니란다."

그 말씀에 의지하여 조금 용기를 낼 수 있었고, 아무 어려움 없이 발인식을 끝낼 수 있었습니다. 장례식에는 가족과 친척 여러분들, 교회 성도님들, 귀국 선교사 목사님들과 노회 목사님들, 시찰회 목사님들, 북한을 위한 기도회 목사님들, 내가 예전에 근무했던 학교의 선생님들, 어릴 때 친구들, 우리 아이들의 여러 친구들, 회사 동료들까지 정말 많은 분들이 오셔서 큰 위로를 해 주셨어요. 그 전날 내린 비로 미세먼지가 다 씻겨 내려가 파란 하늘에 따뜻한 햇살이 비치며 최고로 아름답고 깨끗한 가을 날씨였지요. 장지에도 정말 많은 분들께서 오셔서 우리 유족들을 위로해 주셨어요.

장례식 할 때 제일 힘든 일은 관의 운구인데 이것 마저도 사랑하는 조카들과 막내딸의 친구들이 많이 와서 어렵지 않게 관을 잘 운구하여 안장했어요. 주님께서 한 걸음 한 걸음 인도하시는 것을 우리 모두가 체험할 수 있었던 참으로 아름답고도 감사한 장례식이었지요. 이렇게 외롭지 않고 아름다운 장례식을 치르게 해 주신 주님, 감사합니다!

『주 예수님을 죽은 자 가운데서 다시 살리신 하나님께서
예수님과 함께 우리도 살리셔서 여러분과 함께
하나님 앞에 서게 하실 것을 알기 때문입니다.』

: 고린도후서 4장 14절 (아가페, 쉬운 성경)

고통의 연단을 통해 단련되는 길

시23편 4절에서 다윗은 어린 시절 양을 치던 때를 떠올리며 주님을 목자로, 인간은 양으로 비유했던 것 같습니다. 다윗은 주님께서 우리의 목자이시며 부족함이 없다고 노래합니다. 우리와 함께 하심을 나타내지요.

『내가 사망의 음침한 골짜기로 다닐찌라도
　해를 두려워하지 않을 것은
　주께서 나와 함께 하심이라
　주의 지팡이와 막대기가 나를 안위하시나이다.』
　: 시편 23편 4절

그림으로 보면 참으로 귀엽고 예쁜 양이 사실은 시력이 너무 나쁘고 고집도 세다고 하죠. 시력이 너무 나쁘니 눈에 보이는 것이 있으면 졸졸 따라다니고요. 털을 깎아주지 않으면 병이 들기 때문에 목자가 없으면 살아남기가 참 힘들다고 합니다. 그리고 목자들은 험한 골짜기를 다닐 때에는 어린양들은 초장에 두고 큰 양들만 데리고 다닌답니다. 험한 골짜기에선 말을 잘 듣지 않는 양들도 목자에게 바짝 귀를 기울이고 목자 또한 양들에게 정신을 집중해서 인도하고요. 그런 험난한 곳에서 목자와 양이 더 한마음이 된다고 하더라고요. 더 친밀해지죠. 이렇게 양은 목자에게 전적으로 의지할 때 험한 골짜기도 무사히 건널 수 있는 것이죠.

양이 정말 고집이 세고 미련하여 험한 골짜기가 나타나야 목자를 찾는 것처럼, 사람도 자기 의를 내세울 때는 잘못된 길로 가고 있다는 것을 깨닫지 못하다가 고난이 닥쳐서야 주님을 찾곤 하지요.

그래서 주님은 시련을 통과할 수 있는 믿음을 가진 자에게 '어려움'이라는 훈련을 통해 성장시키십니다. 그런 과정 가운데 주님과 더 가까워지고 한마음이 됩니다. 인생의 험난한 골짜기를 통과할 때는 우리를 망치려고 하는 것이 아니라 단련시키며 복 주시고 큰 은혜를 더하여 주기 위해 준비하고 계신 것이죠. '고난은 변장된 축복'이라고들 하잖아요. 사실 사람의 본성은 건강할 때, 경제적으로 부할 때, 인간관계가 좋을 때, 모든 일이 잘 될 때에는 주님을 잘 찾지 않게 되니까요. 삶의 험한 골짜기에서 주님을 찾을 때 우리는 더 주님과 가까워지고 깊은 은혜로 채워지는 것을 경험합니다. 하나님은 강한 고통과 연단을 통해 우리를 단련시킵니다.

돌이켜 생각해보면 지난 세월 속에서 여러 가지 쏟아지는 어려운 일들을 혼자서 감당해야 했고 급기야는 남편을 잃고 고난을 당했으나, 하나님은 그 고난의 과정을 잘 감당하게 하시며 어두운 골짜기를 건너게 하셨음을 고백하게 됩니다.

『너희에게 인내가 필요함은

너희가 하나님의 뜻을 행한 후에 약속을 받기 위함이라』

: 히브리서 10장 36절

인생의 험난한 골짜기를 통과할 때는
우리를 망치려고 하는 것이 아니라
단련시키며 복주시고 큰 은혜를 더하여 주기위해
하나님이 준비하고 계신 것이죠

나의 가는 길을 오직 그가 아시나니
그가 나를 단련하신 후에는 내가 정금 같이 나오리라

「욥기 23장 10절」

그릇

7장

그릇

여전히 주님께
빚어지고 있습니다

천국가기 전까지 주님이 사용하는 그릇으로
계속 빚어지고 있다

천국가기 전까지 주님이 사용하는 그릇으로 계속 빚어지고 있다

주님은 잊지 않으시는 우리의 기도제목

예전에 남편 목사님과 함께 교회 생활을 하던 때 주님으로부터 동일한 감동을 받아 오랜 시간 같은 기도제목으로 기도하던 때가 있었어요. 그것은 새터민 고아와 과부들에 대한 마음이었어요. 새터민 고아들을 잘 키워 북한과 세계로 나가서 일할 선교사들로 교육시키는 비전이었지요. 오랜 시간 기도해온 제목이었는데 암 투병중인 남편 목사님을 보살피느라 그 기도제목을 까맣게 잊어 버렸었지요.

2017년 5월 어느 날, 병으로 앓고 있던 목사님의 요양

차 양평에 있는 친구 선교사님 댁에 한 달쯤 가서 있게 되었는데, 그 선교사님의 아내께서 함께 기도하는 시간을 갖자고 권유하셨어요. 그분은 젊은 시절부터 오랜 기도 생활로 영적으로 깊은 경지에 있었지요.

 하루는 함께 기도하는 중에 그분은 내가 오래도록 기도하던 기도제목을 잊고 있다고 말씀하셨어요. 바로 새터민 고아와 과부들에 관한 이야기였지요. 너무 깜짝 놀라기도 했고, 예전에 그들을 위해 기도하던 것을 주님께서 여전히 기억하고 계심을 깨닫게 되었습니다.

 남편의 병이 완치되지 않으면 교회도 사직해야 하니, 예전에 품었던 사역의 기도들은 멈춰지게 됐다고 생각하고 있었거든요. 혼자 감당할 수 없는 일이었기 때문이지요. 그러나 그 일을 행하시는 분은 내가 아니라 주님이심을 다시 한번 상기시켜 주셨어요. 나는 순간 놀라서 "아 제가 그렇게 기도했었죠. 잊고 있었네요. 죄송합니다. 주님"하고 다시 마음을 붙잡을 수 있었죠. 주님은 우리의 모든 기도를 잊지 않고 기억하고 계십니다.

남편 목사님이 암 투병으로 인해 교회를 사임하고 난 이후부터는 서울에 살고 있던 막내딸과 함께 살게 되었습니다. 그리고 2017년 9월 남편을 하늘나라로 떠나보낸 후의 일이에요. 그동안 손대지 못했던 여러 가지 살림을 정리 정돈하고 있었는데, 시집올 때 해왔던 솜이불 2채를 다시 틀어서 새 이불을 만들게 되었어요. 새롭게 만들어진 이불이 부피가 몹시 커서 벽 한쪽에 붙여서 쌓았는데 마음속에 갑자기 "이사 준비 다 되었다"하는 울림이 들어왔어요. 그 당시 이사는 전혀 생각도 안 하고 있었던 터라 마음의 그 울림을 이상스럽게 생각했어요.

그 일을 잊고 한 달쯤 지났을 무렵 우리 집의 보일러가 터져서 아랫집과 그 밑의 아랫집까지 물이 샌다고 난리가 난 것이에요. 그동안 살던 집을 떠나 이사를 해야 하는 상황이 되었죠. 다른 집을 알아보고 값이 조금 싼 집으로 이사를 갔고, 전세금 차액으로 시골에 땅을 사서 조그맣게 집을 짓고 주님께 오래전에 약속드렸던 새터민 사역을 해야겠다고 계획했어요.

새터민 사역을 시작 한다는 것은 쉬운 일이 아니었어요. 새터민 사역이라 하면 북한에서 탈출해서 남한으로 넘어온 사람들을 품고 같이 생활해야 하는 것이죠. 특별히 혼자된 여성들과 청소년들을 잘 교육해서 전 세계 선교사로 파송해야 되겠구나 하는 생각을 했었습니다.

그러나 남편이 없으니 혼자 모든 일을 감당해야 했고 시골에 센터를 지으려고 했었지만 자금 문제도 만만치 않았습니다. 제일 걸림돌이 된 것은 목사님을 잃고 건강이 완전히 나빠져서 저 역시 힘을 쏟기가 힘들었다는 점이였습니다. 2년간 부지를 사려고 여기저기 알아봤지만 살 수도 없었고요.

민수기 9장 15절~23절에 보면 이스라엘 백성이 애굽에서 나와 홍해를 건너 광야생활을 하던 때에 하나님께서 어떻게 그들을 인도하셨는가에 대한 이야기가 나옵니다. 그들은 성막 위에 구름을 따라 움직였다는 거예요. 구름이 성막 위에서 떠오를 때면 길을 떠났고, 구름이 성막 위에 머물러 있으면 진을 쳤습니다. 곧 그들은 낮에는 구름기둥을 밤에는 불기둥을 보며 여호와 하나님의 명령을 따라 길을 떠나기도 했고 진을 치기도 했던 것이죠.

이스라엘 백성이 광야에서 하나님이 가라면 가고 서라면 서는 순종 훈련을 받았던 것처럼, 그동안 나도 순종 훈련을 받았다는 생각이 듭니다. 남편의 병과 죽음으로 오랜 기간 기도해오던 것을 다 내려놓게 되고 심지어 잊어버리기까지 했지만 친구 사모님을 통해서 다시 기억하게 하셨습니다. 그 기도를 하나님은 잊지 않고 계신 것을 알고는 회개하며 다시 그 약속을 지키려고 여러 가지 어려운 상황이었지만, 자녀들과 함께 센터 부지 매입을 위해 부단히 애썼어요. 그동안 목사님이 하시던 신앙교육도 직접 해야 하니 그 일을 잘 해내기 위해 신대원 입학을 하려고 공부하면서 너무도 바쁘고 벅찬 생활을 했습니다.

부지를 알아보기 위해 수차례 여기저기를 왔다 갔다 하며 노력했지만 혼자 도맡아 진행하기에 어려움이 많았습니다. 그러던 중 2020년 5월에 저의 건강이 극도로 나빠져서 급기야는 미리 유언장까지 써 놓는 사태까지 벌

그릇

어지게 되었어요. 주님께 예전에 올려드렸던 기도, 그 새터민 사역에 대한 기도를 말씀드리며 "주님 제가 몸이 이렇게 아파서 결국 주님께 약속드린 기도를 지키지 못할 것 같습니다. 죄송합니다. 주님"하고 기도했더니, 주님께서는 "내가 너의 기도를 다 받았고 네 마음을 다 받았고 너의 물질도 다 받았고 너의 노력도 다 받았다. 수고했다. 고맙구나."라고 위로해 주셨습니다.

주님은 구약성경 창세기 22장에 이삭을 번제로 드리라 하셨던 하나님께서 아브라함에게 "네 아들 독자까지도 내게 아끼지 아니하였으니 내가 이제야 네가 하나님을 경외하는 줄을 아노라"하신 그 말씀을 떠올리게 하셨어요. '아, 이것은 나를 향한 주님의 순종 훈련이셨구나.'하고 깨닫게 되었지요.

건강이 어려운 가운데서도 버티면서 센터 건립을 위해 여러 가지 준비하던 그때가 순종 훈련 기간으로, 주님과의 약속을 지키려고 수고하고 애썼던 과정과 마음을 귀히 보셨다는 생각이 듭니다. 하나님 나라에 가기까지 순종하는 주님의 용사되어 세상을 두려워하지 않도록 훈련하시는 주님의 마음을 생각해 봅니다.

그 마음은 자식을 향한 부모의 마음과 참으로 흡사하지요. 앞으로 살아가며 어두운 곳에 손을 내밀고 그들을 주님께 인도하며 그곳을 밝혀줄 수 있는 사람이 되고 싶습니다.

성경 읽기를 통해
채워주시는 새로운 힘

한 날은 어떤 교회 모임에 갔다가 한동안 연락이 끊긴 어떤 여자 목사님을 우연히 만나게 되었어요. 우리는 반갑게 인사를 나눴는데, 그분을 통해 영어 성경 읽기 소모임에 초대받게 되었습니다. 그 목사님께서 다른 목사님들과 함께 하고 있던 영어 성경 읽기 소모임이었지요.

나는 '주님의 초대로구나' 하는 마음이 들어 곧 응하게 되었어요. 그분들과 함께 나눈 1년 반이라는 시간은 참으로 유익한 시간이 되었어요. 서로 목회생활의 어려움과 여러 가지 기도제목들을 나누었고 영어성경과 가까워지는 은혜로운 시간을 보내게 되었어요. 특별히 레위기의 내용 중 성막에서 수행되는 각종 제사 제도를 비롯하여 성결한 삶에 대한 율례, 특히 죄악 된 세상에서 살아가는 인간이 어떻게 거룩하신 하나님 앞에서 죄 사함을 받고 정결하게 살 수 있는지를 보여주는 말씀들을 보며 성경에 깊이 빠져들게 되었지요.

『깊도다 하나님의 지혜와 지식의 부요함이여,
 그의 판단은 측량치 못할것이며
 그의 길은 찾지 못할 것이로다.』
: 로마서 11장 33절

성경은 하나님의 마음과 풍성한 지혜와 지식을 선물로 받는 통로가 되지요. 하나님의 길은 참으로 재밌고 다양합니다.

부끄러운 모습입니다만, 오랜 세월 사모로 살아왔으나 성경 읽기를 참 게을리했습니다. 어린 시절부터 노래하고 춤추고 피아노 치고 친구들과 놀러 다니는 것을 참 좋아했어요. 젊은 시절 <작은 별>이라는 극단에도 가입해서 전국에 다니며 <흥부놀부전> 연극도 하고 다녔죠. 그 당시 라디오 방송국에 <흥부놀부전>을 녹음하러 간 적이 있었어요. 방송 앞 뒤에 나오는 시그널 뮤직을 부르게 되었는데 엉터리로 불러서 선생님께 혼나고 나서야 제대로 불렀던 기억도 나고요, 유치원 때도 방송국에 가서 발레복을 입고 춤을 추기도 하고요.

그 당시 이화 여전 나오신 할머님의 지도로 열심히 공부했던 때도 있었으나 지금 생각하면 공부보다는 그런 예술분야를 더 좋아했던 것 같습니다. 결국 커서 목사 부인이 되었지만 선머슴처럼 여기저기 다니며 활동하는 것을 더 좋아했습니다. 그런 옛날과 다르게 주님의 초대로 여자 목사님들께 둘러싸여 꼼짝없이 얌전히 앉아 영어 성경을 보고 읽고 해석해야 하는 시간을 보냈습니다.

2020년 초부터는 한 기독교 방송국에서 제작한 큐티와 성경통독 프로그램을 보게 되었는데 너무 재미있는 거예요. 그 프로그램을 즐겨보다 보니 어느새 그 통독 스케줄에 맞춰 함께 성경통독을 하고 있더라고요. 세 달 반 정도를 했을 때 우리 막내딸이 아빠 책을 정리하다가 성경통독에 참고하라며 90일 동안 읽는 성경 통독 책을 갖다 주었어요. 그 책을 보자마자 이 책으로 성경 읽기를 해야 되겠다는 생각이 마음에 쏙 들어왔지요.

90일 성경 통독 책을 읽기 시작한 첫날부터 참 신기한 일들이 생겼어요. 한동안 남편을 잃고는 누구와도 연락을 하지 않았거든요. 지인들 모임에 전혀 참석 안 하고 심지어 친구들과도 만나지 않았어요. 몸이 안 좋은 상태라 자연스럽게 연락이 끊긴 것이지요. 그래서 제 전화기는 오랜 시간 잠을 자고 있었고요.

90일 성경 통독을 시작하는 날, 예전에 교사생활을 하던 당시 첫 해에 가르쳤던 학생으로부터 전화가 와서 반갑게 통화를 했어요. 그다음 날도, 또 다음 날도, 매일 1통에서 2통 어떤 날은 3통식 안부 전화가 오는 것이었어요. 심지어는 오랫동안 연락이 끊겼던 친구에게 43년 만에 전화가 오기도 했지요. 90일이 끝나는 마지막에는 예전에 알던 권사님께서 당신 손녀가 간에 문제가 생겨 병원에 입원했는데 전화 심방을 해 줄 수 있냐고 부탁하시기까지 했어요.

2년여 동안 잠자던 전화기가 다시 울리기 시작하며 매일매일 반가운 목소리들을 들을 수 있게 되었지요. 사람의 마음을 움직여 연락하게 하시고 여러 사람들과 통화를 하며 교류할 수 있도록 하신 분 또한 살아 계신 하나님이심을 깨닫고 감사하는 기간이 되었어요. 그리고 매일매일의 성경 읽기를 통해 기도할 때마다 하나님께서 부어 주시는 신학대학원 입학이라는 비전을 향해 달려갈 수 있었습니다.

큐티와 성경통독뿐 아니라 시간이 좀 더 지난 후에는 성경 문제집을 사서 문제를 풀며 다시 성경을 깊이 읽게 되었어요. 기출문제를 중심으로 영어도 다시 공부하고요. 그러나 공부하는 과정 중에 몸에 무리가 되어 책을 보면 몸이 더 많이 힘들어져 포기해야겠다는 생각이 계속 올라왔어요. 체력이 받쳐주지 않으면 아무것도 할 수 없으니 말이에요. 그때마다 마음에 '내게 능력 주시는 자 안에서 내가 모든 것을 할 수 있다'는 빌립보서 4장 13절 말씀을 묵상했지요.

하나님께서 주신 비전을 성취하는 과정에 당면한 어려움이 많았으나 이것 또한 주님의 뜻이라면 공부하다가 하늘나라에 가는 한이 있더라도 끝까지 해보겠다는 마음으로 도전했습니다. 급기야는 신학대학원에 지원하여 필기시험과 면접 과정을 모두 거쳐 합격통지서까지 받는 기쁜 결실을 얻을 수 있었습니다.

『복 있는 사람은 악인의 꾀를 좇지 아니하며

죄인의 길에 서지 아니하며

오만한 자의 자리에 앉지 아니하고

오직 여호와의 율법을 즐거워하여

그 율법을 주야로 묵상하는 자로다

저는 시냇가에 심은 나무가 시절을 좇아 과실을 맺으며

그 잎사귀가 마르지 아니함 같으니

그 행사가 다 형통하리로다.』

: 시편 1편 1~3절

그릇

말씀을 주야로 묵상할 때 우리는 하나님과 인격적으로 더욱 친밀한 관계를 맺고 복된 삶을 사는 축복을 누릴 수 있지요. 복 있는 사람이란 여호와의 말씀을 주야로 읽고 묵상하는 사람입니다. 하나님과 친밀한 관계 속에서 복된 삶을 누리는 것보다 더 큰 축복이 있을까요? 하나님의 완전한 지혜인 성경 말씀을 마음판에 새기고 의지하며 따라가는 의인들의 삶을 하나님께서는 인정해주시고, 말씀보다 세상의 지식을 따라가는 악인들의 삶은 바람에 나는 겨와 같이 결국 망하게 된다고 성경은 말합니다. 불완전한 세상에서 살아갈 때 완전한 주님의 말씀을 신뢰함으로 힘과 용기와 소망을 얻을 수 있으니 우리의 생명을 살리는 성경은 참으로 보배로운 것이죠. 유대인들은 하나님의 말씀을 잊지 않고 기억하기 위해 성경 말씀을 문설주와 문인방, 그리고 이마와 손목에 붙여 놓고 늘 말씀을 묵상하며 사는 오랜 전통이 있다고 합니다.

유대인들은 2014년 기준 세계 인구 가운데 0.2%를 구성하고 있는데, 1901년~2014년까지 전 세계 노벨상 수상자 총 860명 가운데 유대인이 22.6%를 차지했다고 합니다. 미국의 정치, 경제, 사회, 문화 등에서 유대인들의 영향력이 닿지 않는 곳이 없고요.* 이렇게 유대인들이 두각을 나타낼 수 있는 것은 어린 시절부터 말씀을 통해 하나님과 친밀한 관계를 맺으며 하나님이 주신 지혜로 살아가기 때문이죠.

고대 팔레스타인 지역의 길은 좁고 험했기 때문에 구멍에 빠지거나 여기저기 깔린 돌에 걸려 넘어지는 일이 많았다고 하네요. 그래서 밤길을 다닐 때는 꼭 작은 등불을 가지고 다녀야 해서 사람들은 발목에 작은 등불을 가죽 끈으로 매달거나 손에 큰 등불을 들고 다녔답니다. 시편 기자는 이러한 정황을 배경으로 해서 하나님의 말씀은 어두운 밤길에 필요한 등불처럼 험한 세상을 살아가는데 빛이 되어준다고 노래했답니다.* 앞으로는 성경을 더 많이 묵상하고 살아야겠다는 다짐을 하게 됩니다.

* 4차 산업혁명 시대 창의 인재를 만드는 미래의 교육, 예문 아카이브 | 2019년, 김경희
* [일러스트 우리말 성경] 본문 해설 참고

그릇

특별한 성탄절 선물

『우리의 년수가 칠십이요 강건하면 팔십이라도

그 년수의 자랑은 수고와 슬픔 뿐이요

신속히 가니 우리가 날아가나이다.』

: 시편 90편 10절

　이제 와서 돌아보니 시편 90편 10절 말씀처럼 날아가는 인생을 살았습니다. 어떻게 이렇게도 빨리 지나갔는지 인생 순례길이 얼마 남지 않았음을 보며 과연 주님 앞에 칭찬받을 만한 시간을 보냈는지 마음이 무거워집니다.

『토기장이가 진흙 한 덩이로 하나는 귀히 쓸 그릇을,

하나는 천히 쓸 그릇을 만드는 권이 없느냐.』

: 로마서 9장 21절

여전히 주님께 빚어지고 있습니다

하나님은 토기장이시고 우리는 그릇이죠. 살아온 70평생이 과연 토기장이이신 주님 앞에 순종하며 합당한 토기가 되었는지 돌아보게 됩니다. 수차례 부서지고 깨졌던 그릇이 아니었는가 하는 생각도 들고요. 좀 더 일찍 순종을 했더라면 더 젊은 시절에 멋진 그릇이 되었을 텐데 이제와 생각하니 어찌 그리도 교만하고 오만했던지요. 하지만 주님은 이런 결점투성이인 제게 예상치 못한 선물들로 기쁨을 안겨 주시기도 했지요.

특별히 2020년 12월 25일은 잊지 못할 너무도 감사한 성탄절이 되었어요. 오랜 세월 연락이 끊어졌던 친구들에게 귀한 선물을 받았기 때문이죠. 한 친구에게는 직접 출판한 영어책을 선물로 받았어요. 또 한 친구는 지금 독일에 계신 집사님인데, 9년여 동안 만나지 못하고 연락이 끊겼다가 갑자기 연락이 닿았어요. 집사님은 건강에 큰 도움이 되는 귀한 선물을 보내주셨죠. 두 친구에게 이 자리를 빌어서 감사의 마음을 전하고 싶어요.

지인들에게 선물을 받았다는 사실이 혹 누군가에는 특

별하게 느껴지지 않을 수도 있겠지만, 이 두 친구에게 받은 귀한 선물들을 깊이 생각해보면 하나님께서 이들을 통하여 특별히 주신 선물임을 부인할 수 없기 때문에 더더욱 감사하고 특별하게 느껴져요. 오랫동안 교류하지 못했던 친구들이 갑자기 연락이 닿아 귀한 선물들을 보내주다니 하나님의 세심한 보살핌임을 인정할 수밖에 없었어요. 그 선물들은 2년간 준비했던 새터민 사역과 신학대학원 도전이라는 2가지 명령에 나름 힘겨운 상황임에도 불구하고 미력하나마 끝까지 순종하려고 애썼던 그 마음과 노력에 박수를 쳐주시며 칭찬하시는 주님의 손길이라 생각돼요.

순종 훈련을 통과하기까지 힘주시고 어루만지시며 주저앉지 않게 일으켜 주신 주님께, 살아계셔서 나와 같이 보잘것없는 인생도 살피시고 이끌어 가시며 뜻을 이뤄가시는 주님께, 지금까지 생명을 연장시켜 주시고 앞으로도 주님 나라 가기까지 한걸음 한걸음 인도하실 주님께, 감사와 찬송과 존귀와 영광을 올려드립니다.

우리는 여전히 주님의 손길로
빚어지고 있습니다

『사무엘이 가로되 여호와께서 번제와 다른 제사를
그 목소리 순종하는 것을 좋아하심 같이 좋아하시겠나이까
순종이 제사보다 낫고 듣는것이 수양의 기름보다 나으니.』
: 사무엘상 15장 22절

사울은 아말렉 전쟁에서 전리품을 절대 취하면 안 됐지만 하나님 말씀에 순종하지 않고 제사를 핑계로 가장 좋은 소와 양을 남겨 두었지요. 그리고 그것은 사울의 실패 이유가 되었어요. 하나님께서 진정으로 기뻐 받으시는 올바른 제사는 하나님이 명하신 규례에 따라 마음의 중심을 담는 제사였는데 사울은 그렇게 하지 않은 것입니다.

하나님은 순종하지 않은 사울 대신에 마음에 맞는 사람을 찾으셨습니다(삼상13:14). 다윗은 사울과 마찬가지

로 여러모로 죄가 많은 사람이지만 하나님의 마음에 맞는 사람이라는 칭함을 받았어요. 다윗이 하나님의 마음에 맞는 사람이라는 칭함을 받을 수 있었던 것은 흔들리지 않는 믿음과 순종 때문이었어요. 다윗은 어렸을 때 하나님을 향한 믿음으로 거인 골리앗을 물리쳤고 왕이 되었을 때도 하나님께 먼저 묻고 그대로 행하는 믿음과 순종이 있었기 때문입니다.

『그 후에 다윗이 여호와께 기도드렸습니다.

다윗은 "유다의 한 성으로 올라갈까요?" 하고 여쭈었습니다.

여호와께서 다윗에게 "올라가거라"하고 말씀하셨습니다.

다윗이 다시 여쭈었습니다. "어디로 갈까요?" 여호와께서

대답하셨습니다. "헤브론으로 가거라."

그리하여 다윗은 자기 아내 두 명과 함께

헤브론으로 올라갔습니다.』

: 사무엘하 2장 1절~2절 (아가페, 쉬운 성경)

또한 다윗이 어려서 목동이었을 때 선지자 사무엘을 통하여 기름부음을 받았으나 이스라엘의 왕이 되기까지 오랜 시절을 광야에서 믿음과 순종의 훈련을 받았다고 사무엘상 16장~30장에 기록되어 있지요.

그러면 과연 나는 하나님께서 기뻐 쓰시는 그릇으로 빚어졌는가 매 순간 돌아보며 주님 앞에 무릎을 꿇게 됩니다. 삶을 살아갈 때 믿음으로 순종하여 하나님께서 사용하시는 그릇으로 빚어지는 것이 우리를 향한 하나님의 뜻입니다.

하나님 말씀은 능력입니다. 우리는 그 말씀을 믿고 고백하며 하나님을 붙잡으면 하나님의 능력이 나타나 믿음의 날개를 펴고 창공을 날도록 창조되었지요. 독수리가 바람을 타고 온 세상을 굽어보며 창공을 나는 것처럼 우리도 하나님의 은혜의 바람을 타고 믿음의 날개를 펴고 힘차게 날 수가 있지요. 여호와를 앙망하는 자는 새 힘을 얻으며 독수리가 날개 치며 올라감 같을 것이라고 하셨거든요.

『소년이라도 피곤하며 곤비하며 장정이라도 넘어지며 자빠지되

오직 여호와를 앙망하는 자는 새 힘을 얻으리니 독수리의

날개치며 올라감 같을 것이요 달음박질하여도

곤비치 아니하겠고 걸어가도 피곤치 아니하리로다.』

: 이사야 40장 30~31절

또 다윗은 시편 116편 12절에서 '내게 주신 모든 은혜를 내가 여호와께 무엇으로 보답할까'라고 했지요. 하나님의 꿈이 나의 꿈이 되고 하나님 나라가 나의 나라가 되고 하나님의 소원이 나의 소원이 되어서 주님의 위대한 계획에 동참하여 이 땅에 하나님 나라가 세워질 수 있도록 한걸음 한걸음 나아갈 것입니다.

『나의 달려갈 길과 주 예수께 받은 사명

곧 하나님의 은혜의 복음 증거하는 일을 마치려 함에는

나의 생명을 조금도 귀한 것으로 여기지 아니하노라.』

: 사도행전 20장 24절

여러 차례 선교여행으로 복음을 전하고 교회를 많이 세운 사도바울은 예루살렘을 가고자 했을 때 결박과 환란이 있을 것임을 성령을 통해 알았고 믿음의 동역자들을 통해 재확인했습니다. 그러나 그는 기꺼이 그 길을 가고자 하며 "예수님을 위해 생명조차도 아끼지 않겠다"라고 했지요. 사도바울에게 사명은 곧 생명이었죠.

성육신하신 예수님께서 십자가에 달려 죄를 대속해 주심으로 우리들을 구원하셨으니 이 사랑보다 더 큰 사랑이 어디에 있겠습니까? 천국에 가기까지 죄악으로 얼룩진 옛사람을 십자가에 못 박고 주님의 사랑을 마음 가득히 담으며 살아야겠습니다. 그래서 상처와 고통으로 힘들어하는 사람들에게 용기를 더해주며 천국의 소망을 전하는 주님의 그릇으로 계속 빚어지기를 소망합니다.

우리는 여전히 빚어지고 있습니다.

천국에 가기까지.

과연 나는 하나님께서 기뻐 쓰시는 그릇으로 빚어졌는가
매 순간 돌아보며 주님 앞에 무릎을 꿇게 됩니다
삶을 살아갈 때 믿음으로 순종하여
하나님께서 사용하시는 그릇으로 빚어지는 것이
우리를 향한 하나님의 뜻입니다

주님의 사랑을 나의 마음에 가득담아 천국가기까지
죄악으로 얼룩진 옛사람은 십자가에 못 박아버리고
죽음에서 자유함을 얻어서 상처와 서러움과 고통안에서
힘들어하는 사람들에게 용기를 주고
희망을 갖게 하여 살아나게 하는 주님이 사용하시는
그릇으로 계속 빚어지기를 소망합니다.

여전히 주님께 빚어 가고 있습니다

맺음말

깨어진 그릇
새로운 그릇

먼저 이 글을 쓰게 하신 주님께 영광을 돌립니다. 누에고치에서 실을 뽑아 비단을 만들 듯 꽁꽁 닫힌 내 마음에서 한올한올 글이 나와 책이 되었다니 이것은 정말 기적 중에 기적입니다.

왜냐하면 그동안 참으로 내성적이고도 소극적으로 살아왔는데 온누리에 삶의 여정을 나눌 수 있게 되었으니 주님의 은혜가 아니고는 어떻게 이런 일이 있을 수 있겠습니까?

예전부터 존경하던 목사님과 전화 상으로 기도 중에

살아온 이야기를 책으로 쓰라고 말씀하셔서 처음엔 머리가 하얘지고 말도 안되는 소리라고 생각했으나, 이 일이 정말 하나님의 뜻이라면 순종해야 한다는 마음으로 목사님과 통화한지 3일 후에 책상에 앉아 '주님의 뜻이라면 생각나게 해주십시오'하고 기도한 뒤에 펜을 잡고 가만히 앉아 있었더니 실마리가 풀리더라구요.

이 글을 쓰는 동안 아주 행복했지요. 주마등처럼 스쳐 지나가는 지난 삶을 되돌아보며 모든 것이 하나님의 은혜였음이 느껴졌어요. '하나님께서 지금까지 내 삶을 이끌어 오시며 나란 그릇을 빚으셨구나, 주님께서는 놀라우신 토기장이셨구나'하는 생각이 들었습니다.

며칠 전에 차마 보기조차 힘든 영상을 하나 접했어요.

깨어진 그릇, 새로운 그릇

전쟁 중에 점령군들에게 윤간을 당한 한 여성의 끔찍한 영상이었습니다. 그녀는 옷이 다 벗겨진 채 공포와 두려움으로 벌벌 떨고 있었는데, 점령군인들은 그 여성에게 온갖 희롱을 하고 모욕을 주고도 성이 차지 않았는지 군화발로 차고 때려 온통 피범벅이 되었고, 또 머리칼은 라이터로 불붙고 그것도 모자라 오랜 시간 동영상으로 촬영하며 이곳 저곳에 유포한 그런 영상이었어요.

 말로 하기도 끔찍한데 짐승도 하지 않을 그런 짓을 서슴지 않고 저지르는 인간의 포악하고도 잔인한 행동에 몹시 마음이 아프고 오랫동안 오열하게 되었습니다. 같은 사람을 자신들의 욕구를 푸는 대상으로, 물건보다 못한 것으로 생각하며 학대하는 말할 수 없이 잔인한 그들에게 힘없이 당한 그 여성이 일평생 엄청난 트라우마에 갇혀 고통 속에 살아갈 생각을 하니 지금까지 마음이 아파오고 어렵습니다. 그러나 이런 사건이 비단 그들만이 행하는 악이 아니란 생각이 들었지요.

2000년 전, 이스라엘 갈보리 언덕에서 아무 죄가 없는 사람을 십자가에 달아 가시 면류관을 씌우고 손과 발에 대못을 박아 죽이는 엄청난 악을 행한 것도 우리 사람들이 저지른 일이니까요. 만약 그 당시에 살았다면 나도 그 무리 중의 한 명이 아니었을까 하는 생각이 들기도 합니다. 주님은 이런 흉악하고 끔찍한 우리를 위해 오셔서 그 모진 고난과 고초를 겪으시면서도 '저들이 하는 죄를 알지 못하니 저들을 사해 주십시오'라고(눅23:34) 말씀하시며 십자가에서 죽으셨으나 사흘만에 부활하셔서 잠자는 자들의 첫 열매가 되어 주셨습니다. 죄로 죽을 수밖에 없는 우리 인류의 흉악한 결박을 십자가에서 고초를 겪으시며 죽으심으로 풀어주셨지요. 우리의 죄를 대속하여 구원에 이르게 하시며 영원한 생명을 주신 하나님의 사랑이 정말 놀랍습니다.

「우리가 하나님과 원수가 되었을 때도,
  그리스도의 죽음을 통해 하나님과 화해하게 되었다면,
  이렇게 하나님과 화목을 누리고 있는 사람들이
  그분의 생명으로 말미암아 구원을 받게 될 것은
  더욱 확실합니다.

맺음말

이뿐만 아니라, 우리는 이제 우리 주 예수 그리스도를
통해 하나님 안에서 즐거워합니다.
예수 그리스도로 말미암아 이제 우리는
하나님과 화해하게 되었습니다.」
: 로마서 5장 10~11절 (아가페, 쉬운 성경)

   이 구원의 기쁜 소식을 들으신 분들마다 부디 살아 계신 주님을 만나는 귀한 은혜와 축복을 누리시고 생명이 살아나는 역사가 일어나기를 기도합니다.
   그동안 책이 나오기까지 수고해주신 북샤인의 김효선 대표님께 특별히 감사드립니다. 또한 기도로 뒷받침해 주신 목사님과 가족, 친지분들 그리고 친구들께 진심으로 감사의 말씀을 드립니다. 책의 삽화 등 제작과정에 여러가지로 애써준 우리 막내딸에게 특별히 고맙다고 말하고 싶어요.

모든 분들께 하나님의 크신 사랑이 흘러 넘치시기를 소원하며 평소에 좋아하는 찬송 가사를 함께 나누고자 합니다.

Have Thine own way, Lord
한영새찬송가(개역개정) 425장

Have Thine own way, Lord!
Have Thine own way!
Thou art the Porter; I am the clay.
Mold me and make me after Thy will,
While I am waiting, yielded and still.

주님의 뜻을 이루소서 고요한 중에 기다리니
진흙과 같은 날 빚으사 주님의 형상 만드소서.

깨어진 그릇, 새로운 그릇

책 속에 찾은 답　　　　　　　　　　　　　　1장 : 진흙

"나는 너무 부족하고 모난 모습투성인데 하나님께 쓰임 받을 수 있을까요?"

> 하나님은 이 세상을 창조하신 전능하신 분입니다.
> 하나님은 사람을 그의 형상에 닮게 지으셨습니다.
> 천지의 창조주가 나의 아버지이시며
> 나를 사랑하신다는 사실을 잊지 않는다면,
> 우리의 자존감은 늘 충만하게 채워집니다.
> 내 모습이 보잘것 없고, 가진것 없고,
> 모난 모습뿐이라 누구에게도 사랑받을 수 없다는
> 생각이 들 때도 하나님은 비교할 수 없는 큰 사랑으로
> 나를 새로운 그릇으로 회복할 준비를 하십니다.

우리는 하나님의 손에서 성령에 의해 다시 빚어지는 것입니다. 이것을 '거듭남'이라 하는데 성령을 통해서 거듭나는 것이지요. 진흙이 자신의 모양을 정해 만들 수 없는 것처럼 인간 스스로는 자기를 빚을 수 있는 능력이 없지만 토기장이이신 하나님께서 성령님을 통해 우리를 하나님의 계획에 합당한 그릇으로 다시 빚어 만드시지요.

우리의 삶은 주님께 속해 있습니다.

책 속에 찾은 답　　　　　　　　　　　　　　　2장 : 반죽

"나의 현실과 상황이 너무 답답해서
하나님의 인도하심을 믿기가 너무 어렵습니다."

> 우리가 절망에 빠져 낙심하고 있을 때도
> 하나님의 일하심은 멈추지 않습니다.
> 우리가 기도를 잊지 않고 고난 가운데 주님을 붙잡으면
> 하나님은 준비하신 때에 새 길을 열어 주십니다.
> 하나님의 방법은 인간의 생각을 뛰어넘습니다.
> 그분을 신뢰하며 나아갈 때 놀라운 은혜를 경험하며
> 주님을 높이고 영광을 돌릴 수 있게 됩니다.
> 하나님의 손길에 맡기는 훈련과 신뢰의 시간이 늘수록
> 어떤 상황에서도 담대해지는 변화가 있을 것입니다.

때때로 내가 생각한 방향으로 흘러가지 않더라도 완전하신 하나님을 신뢰하며 따르면 하나님은 그의 손길 따라 우리를 반죽하시며 삶을 인도하십니다. 그리고 가장 알맞은 자리에서 우리를 사용하시죠. 이 모든 과정이 하나님의 계획 속에 있었다는 것을 믿을 때 기쁨과 평안이 임할 것입니다.

가장 알맞은 자리로 인도하시고 사용하십니다.

책 속에 찾은 답　　　　　　　　　　　　　　　　　　3장 : 모양

"내가 무엇을 좋아하는지, 어떤 일을 해야 하는지
잘 모르겠습니다. 나의 길을 알고 싶습니다."

아무리 가까운 사람이나 가족이라도
타인은 나를 전적으로 알지 못합니다.
또한 나 자신 역시 스스로를 잘 알고 있다고 생각해도
때때로 낯선 나의 모습에 당황하기도 합니다.
하지만 하나님은 나를 완전히 잘 아시는 분입니다.
사랑이 많으신 나의 아버지를 신뢰하며
나의 길을 위해 기도할 때 응답하시고 인도하십니다.
또한 나에게 맡겨진 작은 일에도 최선을 다할 때
그 노력의 순간들이 연결되어 길이 되어 있을 것입니다.

집안 선조들의 고향이 해주이니 북한을 놓고 더 간절히 기도하라 하시는 주님이 뜻이었던 것 같아요. 주님께서는 우리를 너무도 잘 아시기에 그 모양에 맞게 빚어, 우리 부부는 북한 땅을 바라보며 저들을 위해 애끓어 기도하는 자들로 삼으셨습니다. 나를 가장 잘 아시는 주님은 우리의 모양대로 사용하십니다.

나를 잘 아시는 주님이 그 모양에 맞게 빚어가십니다.

"현재 주어진 고난이 너무 힘듭니다.
믿음을 지키기 힘든 순간에 어떻게 해야 할까요?"

> 예수님을 따르는 그의 제자는 이 세상의 고난을
> 피할 수 없습니다. 예수님은 '너희도 고난을
> 받을 것이지만, 내가 세상을 이긴 것처럼 담대하라.'
> 고 말씀 하셨습니다. 그리고 그 고난은 우리를 끝없이
> 낙담하고 패배하도록 하기 위해 찾아온 것이 아닙니다.
> 고난은 우리를 단련시켜 더욱 정금같이 빚어지도록
> 만드는 좁은 길입니다. 고난이 찾아올 때 꼭 기억해야
> 할 것은 '예수님은 이미 승리하셨다.'입니다. 그리고
> 그 승리가 나에게도 주어졌음을 믿는 것입니다.

하나님께서 사랑하는 자녀들에게 매를 드시고 고난과 아픔을 겪게 하심은 자녀를 사랑하시기에 교만함을 다듬어서 회복시키시기 위한 것이지요. 교만하므로 징계하시지만 고난 후에 또 회복시키셔서 인격적이고 완전한 연합을 이루시며 예수님의 은혜와 사랑을 자랑하는 사람으로 거듭나게 하시지요. 성령님을 통해 새 그릇으로 빚어지도록 말입니다.

깨어짐을 통해 새롭게 주님을 만납니다.

책 속에 찾은 답   5장 : 건조

"예수님을 당당히 전하고 그리스도인으로
세상에 휘둘리고 싶지 않은데 잘되지 않습니다."

> 예수님의 제자들은 예수님과 동행하던 때는
> 여전히 연약한 이들이었습니다.
> 누가 더 높은지 우열을 가리기 원했고,
> 예수님이 하시는 사역을 이해하지 못할 때도 있었고,
> 예수님 없이는 귀신을 내 쫓지도 못했습니다.
> 그런 그들이 오순절 마가의 다락방에서 성령을 받고
> 담대하게 복음을 전하며 순교까지 두려워하지 않게
> 되었습니다. 매 순간 성령이 충만하길 기도하십시오.
> 복음을 전하는 자에게 그에 맞는 능력을 채워주십니다.

성령을 통해 믿음이 확고해진 제자들은 언제 어디서나 흔들림 없이 복음을 전할 수 있었습니다. 토기장이 하나님께서는 우리 각 사람을 고유의 특성을 살려 성령의 바람으로 잘 건조하시고 주님과 인격적으로 만나도록 허락 해 주십니다. 더불어 각 사람이 감당할 수 있는 일을 하도록 성령의 능력이 임재하는 축복을 누리게 해 주시는 것이죠.

주님과 인격적으로 만난 자에게 성령의 임재하시는 축복이 옵니다.

적용

책 속에 찾은 답   6장 : 열처리

"예수님을 믿으면 고난을 꼭 겪게 되나요?
평탄한 신앙생활을 원하면 안 되는 건가요?"

> 우리는 앞 날을 알 수 없습니다. 언제 어떻게 시련이
> 찾아와 고통을 받을지 알지 못합니다.
> 고난을 받기 좋아하는 사람은 아무도 없을 것입니다.
> 만일 평탄한 생활을 하며 주님과 더욱 깊이 교제하고
> 있다면 그 자체가 하나님의 축복입니다.
> 하지만 시련을 통해 단련되고 믿음이 성숙해지는
> 과정 역시 하나님의 동일한 축복입니다.
> 고난에 초점을 맞추기 보다 나에게 주어진 상황 안에서
> 하나님과 더욱 깊어지는 관계에 시선을 돌려야 합니다.

주님은 시련을 통과할 수 있는 믿음을 가진 자에게 '어려움'이라는 훈련을 통해 성장시키십니다. '고난은 변장된 축복'이라고들 하잖아요. 사실 사람의 본성은 건강할 때, 경제적으로 부할 때, 인간관계가 좋을 때, 모든 일이 잘 될 때에는 주님을 잘 찾지 않게 되니까요. 삶의 힘한 골짜기에서 주님을 찾을 때 우리는 더 주님과 가까워지고 깊은 은혜로 채워지는 것을 경험합니다.

강한 고통과 연단을 통해 하나님은 우리를 단련하십니다.

나의 삶을 빛으시는 토기장이 이야기

책 속에 찾은 답   7장 : 그릇

"주님께 쓰임 받는 그릇이 되고 싶습니다.
그 마음을 잃지 않고 싶습니다."

> 토기장이이신 하나님은 그릇을 용도에 따라 다양하게
> 사용하십니다. 어떤 그릇은 과일을, 어떤 그릇은 밥을,
> 어떤 그릇은 막 쓰기 위한 용도로 만들 수 있습니다.
> 더 멋지고 귀하게 쓰임 받고 싶은 마음이 크다면,
> 그 교만을 부서질 때까지 하나님은 계속해서 깨뜨리고
> 다시 빚어가시며 우리를 정금과 같이 하실 것입니다.
> 그때에 비로소 우리는 어떤 그릇이냐가 중요하지
> 않음을 깨닫게 됩니다. 오직 내가 하나님께 빚어지고
> 있다는 사실 자체에 기쁨을 잃지 않게 됩니다.

나는 하나님께서 기뻐 쓰시는 그릇으로 빚어졌는가 매 순간 돌아보며 주님 앞에 무릎을 꿇게 됩니다. 삶을 살아갈 때 믿음으로 순종하여 하나님께서 사용하시는 그릇으로 빚어지는 것이 우리를 향한 하나님의 뜻입니다. 상처와 고통으로 힘들어하는 사람들에게 용기를 더해주며 천국의 소망을 전하는 주님의 그릇으로 계속 빚어지기를 소망합니다.

여전히 주님께 빚어지고 있습니다.

그릇의 크기가 중요한 것이 아닙니다.
그릇의 모양이 중요한 것이 아닙니다.
그릇의 용도가 중요한 것이 아닙니다.
그 그릇의 주인이 누구인가가 중요한 것입니다.

나의 삶을 빚으시는 토기장이 이야기

We are Missionary in Gospel

출판·콘텐츠 선교, 북샤인
북샤인에서 제작되는 복음 콘텐츠는 필요한 선교지에 공유해 드립니다.
교회&기관에서 단체 구매가 필요할 시 북샤인 메일로 문의 주세요.

國際化時代의 한국과 일본의 文化的 對應

한국국제교류재단·한일문화교류기금 편

경인문화사

| 책을 내면서 |

  이 책은 한국국제교류재단과 한일문화교류기금이 공동주최한 2024년 한일국제학술회의 '國際化時代의 한국과 일본의 文化的 對應'에서 발표된 내용을 단행본으로 엮은 것이다.
  이번 학술회의는 한일문화교류기금 창립 40주년을 맞이하여, 1965년 국교정상화 이후 그동안 양국에서 추진해 온 각종 문화교류사업에 대한 종합적인 평가와 향후 문화교류사업에 대한 전망과 진로를 모색하고자 했다. 특히 21세기 국제화시대 속에서의 한일문화 비교와 교류에 대한 전망을 심도 있게 논의하여, 상호이해와 신뢰를 심화시켜 나가고자 했다.
  학술회의는 먼저 柳明桓이사장의 개회사에 이어 가와세 가즈히로[川瀨和廣] 주한일본 공보원장과 이종국 한국교제교류재단 교류이사가 축사를 했다. 이어서 金秀雄 한일문화교류기금 사무국장이 '한일문화교류기금 40년을 말한다. -한일문화교류기금 회고와 전망-'에 대해 기조 발표를 했다. 그리고 주제발표에 들어가, 선문대학의 다사카마사노리[田阪正則]교수의 사회로 7개의 주제를 발표했다.
  제1주제 음악분야로 장유정(단국대학교)교수가 '한일 대중음악의 교류: 트로트와 엔카를 통한 문화적 공감과 변용'을 발표했고, 나카무라 시즈요[中村静代] 홍익대학교 교수가 토론했다. 제2주제 영화분야로 함충범(한국영상대학교)교수가 '국제화 시대 한일 영화 교류·관계사의 변곡 양상 : 일본 대중문화 개방을 중심으로'를 발표했고, 나리가와 아야[成川 彩] 전 아사이신문기자가 토론했다. 제3주제 음식분야로 '한일 食文化의 비교 연구

-『料理物語』와 『음식디미방』을 중심으로-'를 김수성(부산외국어대학교) 교수가 발표했고, 도리우미 유타카[[鳥海豊] 대구 카톨릭대학교교수가 토론했다. 제4주제 체육분야로 '한일전 축구 관련 내셔널적인 담론에 관한 고찰'을 오현석(서울신학대학교)교수가 발표했고, 김영근(고려대학교)교수가 토론했다. 제5주제 종교분야는 '근현대 한일 종교문화의 교류양상과 그 의미'에 대해 제점숙(동서대학교)교수가 발표했고, 예영준(중앙선데이 편집국장)기자가 토론했다. 제6주제 교육분야는 '한반도(韓國)由來文化財」를 韓日友好의 새로운 아이템으로-文化財敎育이 육성하는 市民意識의 변용과 恒久的 和解實現에 대한 기대-'를 오사와 분고[大澤文護](전 마이니치신문 서울지국장)이 발표했고, 엄태봉(대진대학교)교수가 토론했다. 마지막 제7주제 문학분야는 '한일 양국 言語文化를 매체로 하는 상호이해 촉진에 관한 연구'를 나카가와 아키오[中川明夫] 쇼케이[尙絅]대학교 교수가 발표했고, 안수현(부산대학교)교수가 토론했다. 그리고 손승철 강원대 명예교수의 사회로 종합토론을 통해 발표된 주제를 중심으로 약정 토론 및 자유토론을 질의 응답식으로 진행했다.

　물론 이 자리에서 한일 수교이후 모든 분야의 교류실태가 충분히 다루어졌다고는 생각하지 않는다. 그러나 지난 60년간의 문화교류의 큰 흐름과 특징은 파악할 수는 있었다. 한일문화교류는 1965년 한일 수교이후 시작되었고, 본격적으로 교류의 급물살을 탄 것은 역시 1998년에 문화 개방이었다. 그리고 그동안 뭘 지양했나를 생각해보면 역시 한일문화교류기금에서 기금을 설립할 때 내건 목표, 즉 '한일 간의 친선과 우호 증진, 양국민의 문화교류 확대, 공통의 이념추구와 신뢰관계 심화, 공동의 평화와 안전 및 번영에 대한 기대' 라는 것을 확인 할 수 있었고, 한일문화교류기금이 교류의 축을 담당했던 것을 알 수 있었다. 그리고 교류(交流)라는 것은 물이 흐르는 것처럼 이루어져야 한다는 진리를 확인할 수 있었다. 따라서 양국민의 문화교류에는 민족감정이나 정치가 관여해서는 안된다는 것도 확인할 수 있었다.

　아무쪼록 이 책에 실린 글들이 한일관계와 상호이해를 위해 지혜를 모으는 밑거름이 되었으면 좋겠다.

　끝으로 이 학술대회를 위해 수고해 주신 한일문화교류기금의 김수웅국장, 문진옥님, 그리고 한국국제교류재단의 이방복부장, 정은실과장, 그리고 종합토론 녹취와 정리에 수고해 준 신태훈학예사, 김호철, 김채운님에게 감사한다.

2024년 10월
한일문화교류기금 이사 손승철

| 개회사 |

    오늘 국제 학술회의에서는 2025년 한일 수교 60주년을 앞두고 "국제화시대의 한국과 일본의 문화적 대응" 이라는 주제하에 한일 문화를 비교하고 이를 바탕으로 향후 60년의 미래 한일 문화 교류에 대한 전망을 해보고자 합니다.

    양국간의 문화적 유사점을 바탕으로 문화교류를 활발히 추진하여 상호 이해와 신뢰를 구축을 할 수 있다면, 이것은 한일관계의 역사 갈등을 풀어가는데 큰 도움이 될 것입니다. 이런 점에서 오늘의 모임은 매우 의미 있는 학술회의가 될 것으로 기대됩니다.

    지난 40년 동안 우리 한일 문화교류기금은 국제학술회의에서 발표된 논문 등을 묶어서 모두 단행본으로 출판하였고, 이를 한일 양국에 있는 여러 도서관 등에 배포하여 널리 참고토록 하였습니다. 오랜 동안 침체의 수렁에 빠져 헤어 나오지 못했던 한일관계는 작년 윤석열 대통령의 어려운 정치적 결단으로 개선의 돌파구를 찾게 되었습니다. 지난주 기시다 총리의 방한으로 한일관계는 이제 정상적인 관계로 완전히 회복된 것으로 보입니다.

    지정학적으로 불확실한 한반도 주변 정세를 감안할 때 한일관계의 회복은 우리에게 매우 중요한 외교적 및 안보적 의미를 갖고 있으며, 작년 8월 캠프 데이비드에서 합의한 한미일 3국간 협력을 더욱 강화해야 나가야 할 것입니다.

오늘 학술회의에 참석하여 발표와 토론을 맡아주신 한일 양측의 학자 여러분께 감사의 말씀을 전하고자 합니다. 특히 금년 국제학술회의는 한국 국제교류재단과 공동으로 주최하는 것이며 앞으로도 많은 지원을 기대하고 있습니다. 그러면 오늘 회의 참석하여 주신 여러분께 다시 한번 감사드리며 인사말을 마치겠습니다.

2024년 9월 13일
한일문화교류기금 이사장 유명환

| 축 사 |

내외 귀빈 여러분 안녕하십니까?

한국국제교류재단 교류이사 이종국입니다.

유명환 한일문화교류기금 이사장님, 가와세 가즈히로 주한 일본공보문화원장님, 그리고 참석해 주신 모든 분들께 깊은 감사의 인사를 드립니다.

특히 올해 한일문화교류기금 설립 40주년을 맞이한 것을 축하드립니다.

오늘 세미나는 한일 양국이 수교한 이후 쌓아온 문화 교류의 발자취를 되돌아보고, 앞으로 나아갈 방향을 논의하기 위한 뜻깊은 자리입니다.

이번 회의는 학술적 논의를 넘어, 양국 간 상호 이해와 신뢰를 심화하고 문화 교류의 새로운 비전을 제시하는 논의의 장이 될 것으로 기대됩니다.

2025년 우리는 한일수교 60주년이라는 또 다른 중요한 이정표를 맞이하게 됩니다.

한일 관계는 긴 시간동안 정치와 역사의 변화로 인해 많은 도전과 어려움을 겪기도 했습니다만, 그 속에서도 끊임없이 문화 교류를 이어오며 서로에 대한 이해와 신뢰를 쌓아왔습니다. 이러한 지속적인 노력은 오늘날 양국의 관계를 더욱 굳건하게 만드는 원동력이 되었습니다.

어느덧 일본 영화와 J팝이 한국에서 유행하던 90년대를 지나, 한국 드라마와 K팝이 인기를 누리고 있는 것만 봐도 양국 문화 교류의 꽃이 피어나고 있음을 실감합니다.

한국국제교류재단 또한 1991년 설립된 이래로 한국과 일본 간 다양한 교류협력 사업을 진행하며 굳건한 한일 관계를 위해 노력하고 있습니다.

일본의 여러 대학교 내에 한국학 프로그램을 지원하고, 도쿄대, 게이오대, 와세다대, 일본경제연구센터 등의 정책연구기관과 협력하여 한일 공동연구를 진행할 뿐만 아니라, 다양한 문화적·인적 교류를 통해 양국 국민들의 상호 이해를 강화하는 등 다층적인 차원에서의 사업들을 추진하고 있습니다.

특히 한일수교 60주년인 내년을 위해 우리 재단에서는 2030 한일비전그룹, 2050 세계문제해결 한일공동포럼, 한일대학생교류 등 여러 교류협력 사업을 지원하고 있으며, 한국과 일본 간 문화교류 증진에 힘쓰고 있습니다.

금번 국제학술회의에 KF가 함께하여 양국 문화 교류의 가교 역할을 할 수 있게 되어 매우 기쁘게 생각합니다.

일본의 대표적인 하이쿠 시인 마츠오 바쇼(松尾芭蕉)는 "말은 마음의 그림자다"라는 말을 했습니다.

진실한 마음을 담은 말과 토론이 오고가는 세미나를 통해, 양국이 더욱 풍요로운 미래를 함께 만들어 나갈 수 있기를 바랍니다.

다시 한번, 오늘의 행사를 진심으로 축하드립니다.

감사합니다.

2024년 9월 13일
한국국제교류재단 교류이사 이종국

| 차 례 |

책을 내면서 · 4
개회사 · 7
축 사 · 9

기조발표

한일문화교류기금 40년을 말한다 - 회고와 전망 - _ 김수웅 17

주제발표

한일 대중음악의 교류: 트로트와 엔카를 통한 문화적 공감과 변용
　　　_ 장유정 51
　1. 머리말 51
　2. 트로트와 엔카의 형성과 전개 52
　3. 일본에 도착한 한국 가수들 59
　4. 맺음말 67
　　「토론문」_ 나카무라 시즈요 中村 靜代 71

국제화 시대 한일 영화 교류·관계사의 변곡 양상
　　: 일본 대중문화 개방을 중심으로 _ 함충범 75
　1. 들어가며: 논의의 대상 및 목적 75
　2. 한일 영화 교류·관계사의 흐름과 전환점들 78
　3. 일본 대중문화 개방의 배경 및 과정 82

4. 개방 직후 일본영화의 흥행 결과 및 요인 ································ 87
   5. 나오며: 이후의 경향과 앞으로의 기대 ································ 92
    「토론문」_ 나리카와 아야成川 彩 ································ 98

한일 식문화 비교연구 -「요리물어(料理物語)」와 「음식디미방」을 중심으로 -
   _ 김수성 ································ 101
   1. 들어가기 ································ 101
   2. 조리서의 시대적 배경 ································ 103
   3. 조리서의 구성과 내용 ································ 107
   4. 조미료 ································ 119
   5. 젓갈(なし物)과 해(醯) ································ 124
   6. 국(汁)과 탕(湯) ································ 131
   7. 나마스・사시미・회 ································ 135
   8. 요리주(料理酒)와 가양주(家釀酒) ································ 138
   9. 면(麵)과 떡(餠) ································ 142
   10. 맺는말 ································ 147
    「토론문」_ 도리우미 유타카鳥海豊 ································ 150

한일전 축구 관련 내셔널적인 담론에 관한 고찰 _ 오현석 ································ 155
   1. 들어가며 ································ 155
   2. 한국의 내셔널리즘과 한일전 축구 ································ 157
   3. 한일전 축구에 나타난 셀러브리티 ································ 166
   4. 나가며 ································ 172
    「토론문」_ 김영근 ································ 176

근현대 한일 종교문화의 교류 양상과 그 의미 _ 제점숙 ································ 179
   1. 들어가며 ································ 179
   2. 한국 내 일본계 종교문화의 교류 양상 ································ 181

3. 일본 내 한국계 종교문화의 교류 양상 ················· 195
4. 나가며 ·· 211
「토론문」_ 예영준 ·· 215

「한반도(韓國)由來文化財」를 日韓友好의 새로운 아이템으로
 - 文化財教育이 육성하는 市民意識의 변용과
   恒久的 和解実現에 대한 기대 - _ 오사와 분고 大澤 文護 ········· 219
1. 文化財問題를 둘러싼 日韓과 國際社會의 現狀 ············· 220
2. 國際公共財로서의 문화재 ·· 228
3. 文化財教育을 통한 異文化共生에의 도전 ····················· 237
4. 한일 학생교류와 향후 전개 ·· 239
「원문」_ 大澤 文護 ·· 251
「토론문」_ 엄태봉 ·· 286

한일 양 언어문화를 매체로 하는 상호이해 촉진에 관한 연구
        _ 나카가와 아키오 中川明夫 ···································· 291
1. 머리말 ·· 292
2. 언어표현과 내재문화의 관련성 ···································· 295
3. 맺음말 - 언어문화에 대한 이해를 통한 상호이해 촉진을 위하여 ···· 329
「원문」_ 中川明夫 ·· 333
「토론문」_ 안수현 ·· 373

종합토론

종합토론 녹취록 ·· 379

기조발표

한일문화교류기금 40년을 말한다
- 회고와 전망 -

김수웅 | 한일문화교류기금 사무국장 겸 상임이사

1. 기금 40년의 회고를 시작하면서

한일문화교류기금이 창설 된지 올해로 만 40주년이 된다. 40년이라면 상당히 긴 세월이라고 할 수 있겠다. 발족의 첫 번째 계기는 일본 역사 교과서 왜곡 기술의 시정을 위해 한국과 일본에서 동시에 관련단체를 만들기로 한일 양측 관계자들 사이에 이루어진 합의였다. 여기서 관련 전문 학자들간의 연구를 통해 교과서 문제를 해결해 보려고 시도했던 것이다.

1984년 당시만 해도 한일간에 있어서 문화교류란 상상도 할 수 없는 생소한 용어였다. 과거 35년간의 식민지 지배로부터 받은 국민들의 피해의식이 반일 사고로 이어져서 결코 이를 받아들일 수는 없는 것이었다. 일본 문화라고 하면 먼저 퇴폐 저질 문화를 떠올렸던 것이 현실이었다. 거기다 칼싸움이나 하고 사람의 생명을 초개(草芥)같이 여기는 사무라이 영화에 대한 나쁜 선입견이 일반대중들에게 뿌리깊게 각인되어 있었다. 때문에 양국간 문화교류라는 용어 자체에 일부의 지식인조차 강한 거부 반응을 보였다. 양국간 문화교류가 성사되면 일본의 퇴폐적 왜색 문화가 범람하여 우리 문화계가 초토화될 것이라는 패배 의식조차 팽배하였던 것이 불과 40년 전의 일이다. 기껏해야 대마도에서 중계하여 부산지방에서 시청할 수 있었던 일본 흑백 TV 방송이나, 지하에서(앙그라) 은밀하게 거래되었던 JPOP의 카세트 테이프의 유통이 고작이었다.

 그러한 사회 분위기에서 창설 되었던 문화교류기금이었던 만큼 초창기에는 일본의 자본으로 일본의 문화침탈에 앞장서는 것이 아닌가 하는 일부의 의구심이 있었던 것도 사실이다. 때문에 기금에서는 대중문화의 교류에는 일절 관여하지 않았다. 그러한 냉랭한 환경 속에서도 한일 양측 기금 간에는 서로 방일단, 방한단을 조직하여 인적 교류를 계속하는 한편 전문학자들 간에 교과서 문제 해결을 위한 학술회의도 20여 차례 매년 중단없이 진행하였다. 지금은 교과서 문제 등은 동북아역사재단에서 주로 담당하고 있으나 우리 기금도 현재까지 전문 분야의 학술회의를 매년 쉬지 않고 계속하고 있다.

 한일 양국간에 문화교류가 본격적으로 이루어진 데는 1998년에 성사된 「21세기 새로운 한일 파트너십 공동 선언(金大中, 小渕 선언)」이 중대한 전기를 마련했던 것이다. 지금이야 겨울연가(冬のソナタ)를 시작으로 한국의 드라마와 영화, K팝 등이 일본에서 높은 인기를 끌고 있으며 뉴진스 등 많은 아이돌 그룹들이 일본 음악 시장에도 활발히 진출하고 있다.

 최근에는 양국간에 1년간 천만명 가량의 사람들이 양국을 서로 왕래하고 있으며 각종 문화 단체 간에도 통계를 작성할 수 없을 만큼 전시, 공연 등의 각종 교류를 하고 있는 상황이다. 초창기 일본 문화의 한국 잠식을 심각하게 염려했던 것과는 반대로 현재 문화교류 측면에서만 보면 한국측의 일본 시장 진출이 훨씬 활발할 뿐만 아니라 수익면에서도 출초현상을 지속하고 있으니 정말 격세지감이 들지 않을 수 없다.

 오늘 이 자리에서는 지난 40년간의 기금의 발자취를 다시 한번 회고해보는 의미에서 개인적 감상이나 소회는 가급적 자제하고 팩트 위주로 설립 경위를 살펴보고 이어서 40년간의 사업 실적 등을 소개하고자 한다. 강산이 네 번이나 변하는 세월 등은 수많은 개인적 일화 등이 없을 수 없겠으나 여기서 장황하게 늘어놓을 계제는 아니기 때문이다.

2. 基金 창설 경위와 배경

한일문화교류기금은 꼭 40년 전인 1984년 5월 19일자로 외교부 장관의 법인설립인가를 받고 재단법인으로 출범하게 된 것이다. 1965년 한국과 일본 두 나라는 광복 후 단절되었던 국교를 정상화하고 양국의 관계를 회복하였다.

한·일 양국은 지리적으로 가장 가까운 이웃의 하나이며 고대로부터 人的·文化的으로 수많은 교류가 자연스럽게 이루어져왔다. 따라서 뜻있는 양국의 지식인들간에 양국민간의 마음의 벽을 허물기 위해서는 문화교류를 통한 우의증진과 선입견 해소가 첩경이라는 의식들이 높아지면서 차츰 여론을 형성하기에 이르렀다.

이와같은 상황하에서 먼저 정치권에서 움직이기 시작했다. 한일 양국의 국회의원들이 여기에 박차를 가하였다. 1981년 9월 17일 서울에서 개최된 제9차 韓日·日韓의원연맹 합동총회에서 양국의원간의 공동발의로 ①한일간의 친선우호증진, ②양국 국민간의 문화교류 확대, ③공동의 이념추구와 신뢰관계 심화, ④공동의 평화와 안전 및 번영에 대한 기여라는 목적달성을 위해 한국과 일본에 각각 이러한 제반사항의 성취를 위한 재단설립에 합의하였던 것이다.

그런 가운데 일본의 歷史敎科書 歪曲 記述 波動으로 인한 국민감정의 악화로 基金 설립을 위한 움직임은 한동안 답보상태를 면치 못했다. 이에 우리 국내에선 일본의 태도를 성토하는 反日 시위가 연일 계속되었다. 이에 따라 일본 정부는 이의 수습을 위해 "近隣 아시아 여러 나라와 관련된 近現代의 歷史的事象을 記述함에 있어 국제 이해와 협조의 견지에서 필요한 배려를 한다"는 소위 「敎科用圖書 檢定基準의 近隣條項」이라는 것을 신설하는 등으로 그들 나름의 성의표시를 하였다. 이렇게하여 어느 정도의 시간이 흐른 뒤 교과서 기술 파동이 서서히 진정 기미를 보이자 1982년 12월

22일 東京에서 개최된 한일·일한의원연맹 합동총회에서 1983년 봄 무렵에 양국에 基金을 설립하기로 합의하였으며 한국측은 그해 5월 9일 대통령의 재가를 받고 곧이어 준비위원회를 구성하여 11월 17일 힐튼호텔에서 설립 발기인 총회에 이어서 설립준비 위원회의 주관으로 드디어 1984년 2월 16일 창립 총회를 개최함으로써 財團法人 韓日文化交流基金이 정식으로 발족하게 된 것이다. 그 당시 어떤 인사들이 기금의 임원으로 참여하게 되었는지를 소개하기 위해서 基金의 제1기 임원진의 명단을 밝혀두기로 한다.

會　　長 : 具 滋 曝 (럭키금성그룹 會長, 蓮庵文化財團 理事長)
理事長 : 李 漢 基 (前 監査院長, 서울法大 敎授)
理　　事 : 姜 永 奎 (韓進觀光 社長)
　　　　　朴 鳳 煥 (證券監督院長, 前動資部長官)
　　　　　孫 世 一 (國會議員)
　　　　　兪 問 根 (明知學園 理事長)
　　　　　李 大 淳 (國會議員)
　　　　　李 相 禹 (西江大學 敎授, 常任理事)
　　　　　李 爽 銘 (韓日議員聯盟 事務總長)
　　　　　李 埈 銘 (大林産業 社長)
監　　事 : 金 鳳 鶴 (濟州銀行長)
　　　　　徐 成 煥 (太平洋化學 會長)
顧　　問 : 金 相 鴻 (三養社 會長)
　　　　　金 宇 中 (大宇그룹 會長)
　　　　　朴 泰 俊 (韓日經濟協會長)
　　　　　李 秉 喆 (三星그룹 會長)
　　　　　李 載 瀅 (韓日議員聯盟 會長)
　　　　　鄭 周 永 (全經聯會長, 現代그룹 會長)

趙 重 勳 (韓進그룹 會長)

그리고 韓日文化交流基金은 국내의 여러 企業體의 出資로 이루어진 公益財團法人으로서 基金助成에는 LG, 三星, 現代, 大宇, 韓進, 浦項製鐵, 東亞建設, 大林産業, 雙龍, 三養社, 太平洋化學, 濟州銀行과 같은 여러 企業體와 明知學園 그리고 全經聯 等이 참여하였다.

3. 韓日合同 學術會議

이 사업은 기금의 주요 설립 배경 중 하나였던 일본의 歷史 敎科書 歪曲 記述의 是正을 위해 양측기금이 주최가 되어 개최지를 한국과 일본에서 번갈아가며 열기로 한 합의에 따른 것이었다. 제1차 회의는 일본 東京에서 「韓日 近代化 比較연구」라는 주제를 가지고 한국측에서 여섯편 일본측에서 일곱편의 논문 발표를 하고, 각기 상대측에서 지정 토론을 하는 방식으로 진행하였다.

이 회의에서 한국측에서는 고병익, 이광린 두 분 교수님이 일본측에서는 에토 신키치(衛藤 瀋吉), 하가 도루(芳賀 徹) 두 분 교수님이 회의를 리드 하셨다. 처음 회의 때부터 양측에서 매우 권위있는 학자들이 논문 발표를 하고 지정 토론을 하는 등 진지하게 회의를 진행하였던 기억이 있다. 그 뒤 2차는 「한일 고대문화의 제문제」, 3차는 「한일 근세사회의 정치와 문화」, 5차는 「역사 교과서 서술의 제문제」를 주제로 다루었다. 5차까지의 회의는 당시 문교부의 국고 보조금의 지원으로 교과서 문제 해결을 위한 내용을 주로 취급하였다.

그 뒤에도 학술회의는 한일·일한 두 기금이 번갈아 주최하면서 16차까지 계속하였으나 일본기금측 사정으로 17차 이후는 한일기금이 한일관계사학

제3차 한일합동 학술회의 참가자 기념촬영, 1987.12.4.~6

회, 한림대학교 일본학연구소, 동북아역사재단 등과 공동주최 형식으로 2023년까지 37차례 회의를 진행하였으며, 오늘 회의는 통산 38차 회의로 한국국제교류재단과 공동개최한다. 그동안 학술회의 결과를 21권의 단행본으로 출간하여 국회 도서관 등 관계 기관이나 관련자들에게 배포하였다. 숫자로 정확히 계량화 할 수는 없으나 나름대로 관련 학계에 격려가 되고 학자들에게도 연구 기회를 제공하는 등의 성과를 거두었다고 자부하고 있다.

이 회의가 전문학술회의로 정착하는데는 초창기 고병익, 이광린, 전해종 세 분 원로 교수님의 조언과 직접 참여가 크게 주효하였다. 거의 모든 회의는 우리나라에서는 톱클라스의 동시통역으로 진행하였기 때문에 학자들간의 의사소통에는 전혀 문제가 없었다. 그동안 37차례까지의 회의에는 한국측에서 115명, 일본측에서 61명에 달하는 많은 학자들이 직접 참여하였다.

제7차 한일합동 학술회의, 1993.7.24.~26

4. 韓日文化講座

본 기금에서는 1987년도부터 정기적으로 한일문화강좌를 개최하고 있으며 2024년 9월 현재까지 128차의 강좌를 시행하였다. 이 강좌의 개최 취지는 평범한 일반시민을 대상으로 일본을 좀 더 올바르고 정확하게 알기 위함이었다. 첫시작 당시만 해도 일본에 대한 일반인들의 지식이 장님 코끼리 만지기식이어서 일본 3일 여행한 사람이 3년간 일본 생활을 체험한 사람보다 일본 사회를 더 많이 안다는 우스개 소리가 있을 정도였다. 그래서 한일문화교류기금의 창설 목적에 부합하는 사업을 구상하던 중 초대 이한기 이사장님이 「한일문화강좌」라는 아이디어를 내서서 좋은 반응을 얻으며 현재까지 진행하고 있다.

발표자로는 대부분 사계의 전문가였는데 학자, 언론인, 문학인, 화가, 음악인 등 다양한 분야에서 활약하는 인사들을 초빙하고 있다. 여기서 발표된 글들을 묶어 현재까지 다섯권의 단행본을 출판하였다.

제1차 때는 「일본改新敎會의 한국침투와 維新會사건」이라는 주제를 가지고 고병익 교수님의 사회로 이광린 교수님이 발표해주셨다. 9차 때 와서 「群倭와 琪花瑤草－조선통신사의 일본관－」을 주제를 가지고 이번에는 반대로 이광린 교수님이 사회를 하시고 고병익 교수님이 발표를 하셨다.

제1차 한일문화강좌(왼쪽부터 이한기 이사장, 고병익, 이광린 교수)

특히 기억에 남는 강좌 중 몇가지를 꼽는다면, 7차에서 이어령 교수님이 발표하신 「춘향전과 忠臣藏을 통해서 본 한일문화의 비교」, 李良枝 작가가 발표하고 李根三 교수님이 사회를 보신 「나에게 있어서의 母國과 日本」이었다. 이양지 작가는 재일동포 여성작가로서는 처음으로 일본에서 芥川(아쿠타가와)文學賞을 수상한 바 있다. 아쿠타가와상은 일본에서 신인 작가의 등단 문학상 중에서 가장 권위 있는 상으로 한국 문학계에서도 널리 알려져 있다. 그 외 17차에서 「앞으로의 한일관계에 바란다」를 발표한 일본 여

류작가 角田 房子(쓰노다 후사코) 여사의 글이 기억에 남는다. 쓰노다 작가는 사하린 동포문제를 다룬 『悲しみの島サハリン(슬픈 섬 사하린)』을 비롯하여 『閔妃暗殺-朝鮮末期의 國母』와 『わが祖國-禹博士의 運命의 種』 등 한일간의 역사 문제와 관련된 여러 권의 저서를 출판한 바 있다.

제17차 한일문화강좌(왼쪽에서 두 번째가 발표자 角田 房子 작가)

지금까지 강좌 중 가장 청중이 많이 모여서 기억이 생생한 것은 12차에서 여류작가 이영희 선생이 발표하신 「日本古典 萬葉集은 우리말 노래」였다. 대한상공회의소 2층 회의실에 약 300명 가량의 일반 시민이 경청하는 대성황을 이루었다. 그 외 발표자로서 최정호, 이태진, 최상룡, 박춘호, 유재천, 田中 宏(다나카 히로시), 林 建彦(하야시 다케히코), 이도형, 이원복, 지명관, 이장호, 김용덕, 공로명, 박유하, 손승철 교수 같은 그 당시 한국 사학계나 문화계에서 쟁쟁한 분들이 직접 발표자로 참여함으로써 강좌의 질과 명성을 한층 높였다고 할 수 있겠다.

강좌의 발표장소로는 여러곳의 회의장을 옮겨다녔다. 1차부터 25차까지는 프레스센터 19층 기자회견장, 그 뒤 대한상공회의소 2층 제2회의실 그리고 나서 전경련회관 3층 제2회의실을 주로 이용하다가 중소기업 중앙회관 2층 회의실로 옮겼으며 코로나 팬데믹 기간에는 비대면 줌으로 진행하였으나 127차부터는 다시 대면 강좌로 변경하였다.

5. 日本文化視察團 派遣

이 사업을 시작할 당시만 해도 대부분의 참여 인사들이 일본을 피상적 혹은 간접적으로만 알고 있었던 것이 현실이었다. 따라서 한국 사회의 각 분야에서 활약하고 있는 관련인사들로 하여금 일본을 몸소 보고 느끼게 함으로써 관련분야의 활동이나 저술에 도움을 제공하려는 것이 목적이었다. 지금이야 많은 사람이 비자 없이 무시로 일본을 왕래하고 있으나 그때만 해도 일본 여행이 지금 같이 자유롭지는 않았기 때문이다.

이 사업은 2019년까지 31차례에 걸쳐 시행하였다. 2020년부터는 코로나 팬데믹으로 이 사업을 일시적으로 중단한 상태로 현재에 이르고 있다. 31차례 시행하는 동안 일본 전국의 유명한 문화 관련 시설과 한반도 영향으로 전래문화의 흔적이 남아있는 역사 유적지도 두루두루 답사하였다.

대표적인 방문 유적지를 몇 곳만 꼽아 본다면, 福岡의 太宰府, 豐臣秀吉이 조선 침략의 전진기지로 선택한 九州의 名古屋城, 고려청자 등 한국의 국보급 도자기들을 다수 보유하고 있는 大阪의 동양도자미술관, 임진왜란 때 끌려간 조선 도공의 원조라 할 수 있는 李參平 기념비, 흔히 한국에서 일본 국보 1호라고 알려진(일본 국보에는 번호가 없음) 京都 廣隆寺의 목조반가사유상, 그 외 奈良의 法隆寺, 조선통신사의 마지막 기착지인 日光의 東照宮 등등 열거하기 어려울 정도의 문화 유적들을 들수 있다.

위에 열거한 유적지 등을 탐방하는 코스 개발을 위해 이광린 교수님과 사무국장이 사업시작 전에 일본 현지를 직접 답사하였다. 그 뒤 몇 곳이 추가되는 등 약간의 변동은 있었으나 제1차 때부터 대체로 이 코스를 한동안 유지하였다. 지금 모신문사에서 계속 하고 있는 역사교수 일본탐방 일정도 기금에서 개발해 놓은 이 코스를 대체로 답습하고 있는 것으로 알고 있다.

한편으로는 일본을 방문하는 동안 그곳의 관계자들과 간담회 등을 개최하여 양국의 관심사 등에 대해 허심탄회한 의견 교환을 하였다. 특히 1세대 재일교포 사학자 겸 작가 중에서 김달수, 강재언, 이진희 선생 등 세 분 원로들을 명기하지 않을 수 없다. 이분들이 일본 내 한반도 도래 문화와 유적지 등에 대해서 많은 조언을 해주셨다. 이 세 분 모두 타계하였으니 세월의 무상함을 절감한다.

제1차 때는 이광린 교수님이 인솔 단장으로 전국의 고교 역사담당 교사들을 선발하여 앞에서 소개한 유서깊은 일본 내 여러 곳을 탐방하였다.

그 뒤 역사 교사들의 일본 현지 답사 여행은 위에서 소개한 국내 모 신문사에서 좀 더 사업의 규모를 확장해야 한다는 명분으로 기금의 이 사업을 승계하여 지금까지 활발하게 진행하고 있는데 기금의 이사인 손승철 교수가 직접 해설자로 매번 이들을 인솔하고 있다. 그런데 지금도 이 신문사에서 시행하고 있는 교사들의 일본 탐방 일정은 한일기금에서 개척해 놓은 코스를 대체로 답습하고 있는 것으로 알고 있다. 2차 때는 이한기 이사장님과 이광린 교수님이 시찰단을

제1차 일본문화시찰단 오오사카성 앞에서,
(1988.8.3)

인솔하였으며 여러 대학교의 역사 전공 교수들이 참여하였다. 고려대 민현구, 세종대 오성, 동국대 이기동, 이화여대 이배용, 서강대 이종욱, 서울대 이태진, 전북대 정두희 교수 등이 시찰단의 주요 구성원들이었다. 훗날 이분들이 대학 총장이나 국사편찬위원장 등으로 사학계에서 크게 활약하신 분들이다.

제2차 일본문화시찰단 나고야성에서(1889.8.1.~10)

지금까지 시행하였던 일본 탐방 사업에는 한국 사회에서 활약하고 계시는 그야말로 기라성 같은 분들이 참여하였다. 특히 제23차 때의 시찰단이 기억에 남는다. 해방 100년이 되는 2045년의 한일관계를 미리 전망해보는 한일 양국의 지식인 집담회가 그것이다. 여기에 한국에서는 김재순 전 국회의장, 이홍구 전 총리, 공로명 전 외교장관, 이상우 기금 이사장, 최병렬 한나라당 전 대표, 김대중 조선일보 주필 같은 분들이 직접 참석하였다. 그리고 일본측의 참석자로는 河野 洋平(고오노 요헤이) 전 중의원의장, 中井 洽(나카이 히로시) 중의원위원, 森本 敏(모리모토 사토시) 拓殖 대학 교수, 山本 正(야마모토 타다시) 일본국제교류센터 이사장, 若宮 啓文(와카미야 요시부미) 아사히 신문 칼럼니스트, 船橋 洋一(후나바시 요이치) 아사히 신문 주필 등이었다.

제23차 일본문화시찰단(한일원로회의)의 참석자 기념촬영

6. 出版社業

기금의 창설 이후 2023년까지 개최하였던 「한일합동 국제학술회의」와 「한일문화강좌」에서 발표되었던 글들을 간추려서 단행본으로 출판하여 유관 단체나 관련 인사들에게 배포하였다. 출판된 서적들은 학술회의 관련 21권, 문화강좌 관련 5권 등 총 26권을 헤아린다.

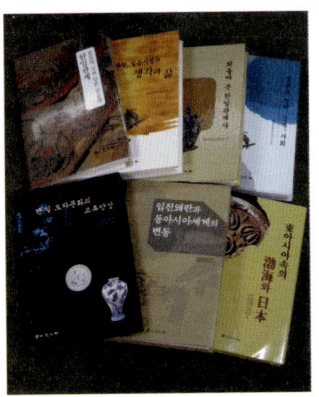

기금에서 출간한 서적들

7. 有關團體 支援事業

한국과 일본간의 교류 활동 단체나 학술 단체 등에게 매년 약간씩의 지원을 시행하고 있다. 한일 양국 대학생단체들간에 활발히 교류를 진행하고 있는「한일학생회의」와「한일학생포럼」그리고「아시아법학생연합(ALSA)」이 대표적이다. 학생회의와 학생포럼은 각기 일본의 카운터파트와 매년 여름 방학을 이용하여 보름간씩 한국과 일본을 1년씩 번갈아서 서로 방문하여 세미나를 개최하거나 유적지 탐방 등의 착실한 성과를 올리고 있다. 그리고 학술 단체로는「한일관계사학회」의 학술대회에 정기적으로 보조금을 지원해오고 있는데 재정적 여유가 있다면 이러한 단체 외에 다른 문화 관련 단체들에도 협조를 한다면 더욱 의미가 있을 것이다.

8. 箕堂 韓國 硏究 基金

기금의 초대 이사장으로 10여 년간 봉직하셨던 故箕堂 이한기 선생님의 유지를 받들어 일본 학자 혹은 재일동포 2세 학자들이 한국에 와서 연구할 수 있는 기회를 제공하기 위해 기당 한국 연구 기금을 설립하여 1997년부터 매년 1명씩 수혜자를 선발하여 연구 활동을 위한 약간의 체재비와 연구공간 알선 등의 편의를 제공하여 왔는데 코로나 팬데믹 이후 중단된 상태에 있다.

참고로 기금의 카운터파트인 일한문화교류기금에서는 한 해에 10~15명 이상의 한국 연구자들에게 펠로십을 제공하고 있어서 인기가 매우 높다. 재정적 제약이 있어서 지금까지 기당 연구 기금의 수혜자는 총 12명에 그치고 있다.

기당한국연구기금 발족식
(오른쪽부터 이종웅 기당선생 장남, 이상우 이사장, 나응찬 신한은행장,
1997.5.6.)

9. 日韓文化交流基金 訪韓團 受容

일한문화교류기금에서는 창설 초기부터 「일한문화교류기금 한국 방문단」을 조직하여 매년 한국을 방문하고 있다. 코로나19 사태 기간 중을 제외하고 지금까지 총 36차례 방한하였다. 이들이 방한하면 기금에서 회장 주최의 환영 만찬 모임을 베풀고 이들과 양측 기금 간의 현안 등에 대해 의견 교환의 기회를 가지고 있다. 기금의 사무국에서는 이들의 방한 기간 중에 각종 편의를 제공하고 있다.

1차 방한단의 단장으로 이 단체를 인솔한 花村 仁八郎 회장은 일한기금 창설과 방한단 인솔 등으로 한일간 우의 증대와 친선에 기여한 공로를 인정받아 한국 정부로부터 수교 훈장 광화장을 수상한 바 있다. 그 뒤 한일기금에서는 같은 공로로 이홍구 전 회장님이 일본 정부로부터 旭日大綬章을 받으신 바 있다.

10. 회고를 마치면서

　40년이란 긴 세월동안 기금의 설립 경위부터 시작하여 그동안 기금에서 시행해오고 있는 사업들에 대해 개괄적으로 훑어보았다. 기금의 활동 시작과 동시에 40代 초에 사무국장의 직을 맡고나서 어느덧 傘壽의 나이로 접어들었다. 光陰如矢라고 하였던가? 인생의 황금기를 거의 기금과 같이 하였다고 해도 지나치지 않을 것이다. 과거 70년대 일본 유학 경험을 바탕으로 일본측 카운터파트인 일한문화교류기금과의 관계에서도 대과없이 친선 관계를 유지해왔다고 생각한다.

　양기금의 초대 이사장이신 이한기 선생님과 須之部 量三(스노베 료조) 선생님은 일제 시대 東京大學 法學部의 동문이라는 인연도 있어서 별 문제없이 좋은 관계를 가질 수 있었다고 믿는다. 나는 특히 사무국장으로서 이한기 이사장님을 10여년간 보좌하면서 인생의 교훈적인 행동거지에 대해 많은 것을 듣고 배웠다. 그분 가신 후 10주기를 전후해서 고향의 선산에 추모비를 세우는 일에 나는 실무적으로 관여하면서 조금이나마 그분의 은혜에 보답이 되었다고 스스로 위로해보았다. 그뒤에도 기금의 임원들은 우리 사회에서 매우 높은 식견과 양식을 가진 인사들이 대부분이었다. 그중 많은 분들이 이미 故人이 되었거나 기금과의 관계는 사라졌으나 이 회고를 통해서 소개를 해보려고 한다. (직책은 당시의 현직)

　회장으로는 구자경 LG회장, 이홍구 총리, 이사장으로는 이한기 총리, 이상우 한림대 총장, 유명환 외교부 장관 등이다. 지금 현재는 이상우 총장님이 회장직을 맡고 계신다. 그 외 이사직을 거쳐간 분들은 다음과 같다.

　강영규, 이석용, 이헌조, 이대순, 신동호, 손세일, 이태원, 최병렬, 박효성,

김용덕 선생 등이다. 현재는 이상우 회장, 유명환 이사장 그리고 이재춘, 손승철, 신각수 대사 외에 김수웅 등 여섯분이 이사로 계시며 구본학, 박광희 교수는 감사직을 맡아주셨다. 모든 분께 감사하고 있다. 이 가운데 이대순, 손세일 두 분은 기금의 창설에 많은 기여를 하신 분들이다. 그리고 특히 이상우 회장님과 나의 관계를 이 자리에서 언급하지 않을 수가 없다. 40년간 회장님을 모시고 기금의 사무국에서 심부름을 하는 동안 참으로 많은 것을 보고 배웠다. 때로는 인생의 스승으로서 또 어떤 의미에서는 동업자로서의 관계를 지속해왔다. 심심한 감사의 마음을 가지고 있다. 또 손승철 교수와는 지난 20여년 동안 학술회의와 문화강좌에 대해서 협조하고 때로는 박주를 나누면서 깊은 우정을 쌓았다. 그리고 40년 동안 세 사람의 여직원과 같이 사무국을 지켜왔는데 지금의 문진옥 차장에게서는 업무에 많은 도움을 받았다. 감사의 뜻을 전한다.

한일간에 문화교류라는 용어조차 생소하였던 시절에 기금이 창설되고 40 星霜이 흐른 지금은 너무나 많은 문화적 교류가 활발하게 이루어지고 있다. 최근의 발표(조선일보 7월 25일자)에 따르면 K팝의 해외 매출이 2023년에 처음으로 1조원을 넘었다고 하는데 이 중 많은 부분이 일본에서 들어온 것으로 추정하고 있다. 문화란 항상 높은 곳에서 낮은 곳으로 흘러가는 것이기에 이를 인위적으로 통제할 수는 없는 것이다.

최근 TV 방송에서는 일본의 대중가요인 演歌를 일본어로 부르고 있는데도 별 거부 반응이 나오지 않는 것을 보고 모든 장르에 걸친 한일간의 문화교류에 이제 마지막 금기의 벽마저 사라지고 있음을 실감할 수 있다. 일본에 대한 모든 한국 국민의 인식의 심연에는 아직도 반일의식이 완전히 없어진 것은 아니라고 본다. 그럼에도 불구하고 수많은 사람이 서로 왕래하고 교류하면서 이런 의식도 점차 희석되어가는 것이 아닐까?

한국과 일본은 흔히 一衣帶水의 관계라고 하지 않는가. 지리적으로 가장 가까운 두 나라가 여러 가지 구원으로 그동안 많은 우여곡절을 겪으면서도 현재 여기까지 왔다. 작금의 격변하는 국제 정세하에서 이제 문화면뿐만 아니라 경제, 외교, 안보 분야에서도 적극적으로 협조해 나가지 않을 수 없는 숙명을 짊어지고 있는 것이 사실이다.

한일 양국은 자유민주주의 이념과 자본주의 시장 경제의 가치를 공유하고 있는 사이다. 문화교류기금의 40년 역사 속에서 양국 관계의 개선과 우의 친선 증대에 미력이나마 기금의 기여가 있었다면 참으로 다행이겠다. 개인적 소망이 하나 있다면 이 기금이 앞으로도 명맥을 이어 영속하는 것이다.

양국 관계 갈등 원인의 원죄가 일본에 있다는 사실이야 누구도 부인할 수는 없다. 그럼에도 불구하고 문화교류와 같은 소프트한 분야에서 중단없이 이를 헤쳐나가야 한다고 믿는다.

위안부 문제, 독도 영유권을 둘러싼 갈등 등 곳곳에 뇌관이 잠재해 있는 것도 현실이지만 이런 문제는 전문가들에게 맡기고 이제 이를 슬기롭게 극복해나가야 하지 않을까? 작금의 국제 정세 하에서 내년이면 한일국교정상화 60주년을 맞이하는데 언제까지나 여기에 얽매어 나라의 장래를 제대로 개척해 나가지 못한다면 우리의 후손들에게도 크게 죄를 짓는 것이다.

이것이 현재를 살고 있는 우리 모두의 사명이라고 믿고 싶다. 끝으로 많은 사람들이 즐겨 暗誦하는 도연명의 勸學文중 한 구절을 소개하면서 회고를 마치고자 한다.

연못가 방축의 풀은 아직 봄 꿈을 깨지 못했는데
섬돌앞의 오동잎은 벌써 가을 소리를 내는구나.
(未覺池塘春草夢 階前梧葉已秋聲.)

〈부 록〉

〈韓日國際學術會議의 主題〉

제1차 : 韓日近代化 比較 硏究
제2차 : 韓日古代文化의 諸問題
제3차 : 韓日近世社會의 政治와 文化 (韓國)
제4차 : 韓日近世社會의 政治와 文化 (日本)
제5차 : 歷史敎科書 技術의 諸問題
제6차 : 19世紀에 있어서 外來思想과 傳統의 葛藤
제7차 : 19世紀 韓日兩國의 傳統社會와 外來文化-受容과 摩擦
제8차 : 韓日兩國에 있어서의 中國文化의 受容
제9차 : 18-19世紀의 歐美 科學技術 導入 - 韓日兩國의 比較
제10차 : 近代史에 있어서의 韓日相互認識
제11차 : 韓日의 近代敎育導入과 改革
제12차 : 韓國과 日本에 있어서의 市民意識의 形成過程
제13차 : 韓國의 아시아認識, 日本의 아시아認識
제14차 : 世界속의 東아시아文化
제15차 : 世界속의 東아시아文化 Ⅱ
제16차 : 世界속의 東아시아文化 Ⅲ
제17차 : 『조선왕조실록』속의 한국과 일본
제18차 : 韓日陶磁文化의 交流 樣相 - 朝鮮陶磁와 壬辰倭亂 -
제19차 : 韓國人과 日本人의 美的情緒와 社會生活
제20차 : 近現代의 日本의 社會構造와 變動
제21차 : 東아시아 속의 渤海와 日本

제22차 : 蒙古의 高麗·日本 侵攻과 韓日關係
제23차 : 壬辰倭亂과 東아시아世界의 變動
제24차 : 1910年-그 以前 100年 : 韓國과 日本의 西洋 文明 受容
제25차 : 韓日關係 속의 倭館
제26차 : 朝鮮時代의 韓國과 日本-같은 점과 다른 점, 交流와 葛藤의 歷史-
제27차 : 大韓帝國과 韓日關係
제28차 : 韓國人과 日本人의 삶과 죽음
제29차 : 韓·日 兩國人의 相互認識과 善隣의 길
제30차 : 韓日兩國, 서로를 어떻게 記錄했는가?
제31차 : 조선통신사 기록물의 'UNESCO 세계기록 문화유산' 등재
제32차 : 壬辰倭亂에서 朝鮮通信使의 길로-戰爭의 傷處와 治癒, 그리고 和解-
제33차 : 近世 韓日關係의 實像과 虛像-不信과 共存, 戰爭과 平和-
제34차 : 日本人의 韓國, 韓國人에 대한 認識
제35차 : 韓國人의 日本, 日本人에 대한 認識
제36차 : 韓半島의 日本人, 日本列島의 韓國人
제37차 : 韓國人과 日本人의 삶-人物로 본 韓日交流史

〈韓日文化講座의 主題와 發表者〉

1) 日本改新敎會의 韓國浸透와 維新會事件
  (發表: 西江大敎授 李光麟)
2) 日本의 再軍備- 그 實像과 意圖에 대한 하나의 分析
  (發表: 朝鮮日報論說委員 李度珩)

3) 日本人의 原形과 企業意識
　　(發表: 漢陽大敎授 金容雲)
4) 日本의 敎科書 歪曲是非에 부치는 旁註 – 독일 現代史에 관한 論議를 中心으로
　　(發表: 延世大敎授 崔禎鎬)
5) 日本의 近代化를 생각한다.
　　(發表: 高麗大敎授 崔相龍)
6) 日本의 企業經營과 勞使關係
　　(發表: 全經聯專務 曺圭河)
7) 春香傳과 忠臣藏을 통해서 본 韓日文化의 比較
　　(發表: 梨花女大敎授 李御寧)
8) 韓國과 日本의 古代音樂
　　(發表: 서울大敎授 韓萬榮)
9) 「群倭」와 琪花瑤草 – 朝鮮通信使의 日本觀 –
　　(發表: 翰林大敎授 高柄翊)
10) 日本의 戰後責任과 在日韓國人 問題
　　(發表: 日本愛知縣立大敎授 田中 宏)
11) 韓日文化의 範型比較 – 佛敎를 주축으로 –
　　(發表: 서울大敎授 沈在龍)
12) 日本古典 萬葉集은 우리말 노래
　　(發表: 韓國女流文學人會長 李寧熙)
13) 韓國人의 對日觀: 韓日關係를 中心으로
　　(發表: 高麗大敎授 吳澤燮)
14) 지는법을 몰랐던 日本
　　(發表: 日本東海大敎授 林 建彦)

15) 나에게 있어서의 母國과 日本
    (發表: 在日同胞作家 李良枝)
16) 다시 日本과 獨逸과 그리고 우리
    (發表: 延世大敎授 崔禎鎬)
17) 앞으로의 韓日關係에 바란다.
    (發表: 日本女流作家 角田 房子)
18) 日本말의 뿌리는 우리말이다.
    (發表: 日本島根綜合硏究所客員硏究委員 朴炳植)
19) 東아시아地域에 있어서의 領土紛爭의 特徵 - 日蘇北方領土를 中心으로 -
    (發表: 高麗大敎授 朴椿浩)
20) 8.15以後 日本에서의 韓國文學受容의 발자취
    (發表: 在日同胞文學評論家 安宇植)
21) 金石銘文을 통해서 본 武寧王의 世界 -大王의 世界-
    (發表: 圓光大敎授 蘇鎭轍)
22) 韓國音樂과 日本音樂의 比較
    (發表: 서울大敎授 徐友錫)
23) 日本의 戰後補償處理와 戰後處理를 생각한다
    (發表: 日本愛知縣立大敎授 田中 宏)
24) 美占領當局의 言論政策과 戰後 日本의 政治發展
    (發表: 外國語大敎授 金政起)
25) 純宗勅令僞造手決 發見經緯와 그 意義
    (發表: 서울大敎授 李泰鎭)
26) 또 다른 얼굴, 內向化하는 日本
    (發表: 作家 韓水山)

27) 朝鮮朝後半期의 韓日關係 - 새로운 善隣關係 構築을 위해 -
    (發表: 在日史學者 李進熙)
28) 日本은 변하지 않는다.
    (發表: 한국논단발행인 李度珩)
29) 어떤 日本知識人의 對韓觀
    (發表: 國民大敎授 韓相一)
30) 金石銘文을 통해서 본 百濟武寧王의 世界
    (發表: 圓光大敎授 蘇鎭轍)
31) 특별한 日本人의 특별한 歷史意識
    (發表: KBS記者 田麗玉)
32) 日本의 地域文化政策
    (發表: 서울大敎授 金文煥)
33) 世紀末의 現代日本文學
    (發表: 漢陽大敎授 윤상인)
34) 韓國大衆歌謠의 發生과 變遷-日本大衆歌謠와의 關係를 中心으로
    (發表: 韓國藝術綜合學校 韓國藝術硏究所 硏究委員 閔庚燦)
35) 우리나라 洋畫導入過程에 미친 日本의 影響
    (發表: 서울女大敎授 崔景漢)
36) 韓日漫畵比較論
    (發表: 德成女大敎授 李元馥)
37) 日本에 건너간 우리 飮食文化
    (發表: 仁荷大敎授 金光彦)
38) 日本을 어떻게 볼 것인가?
    (發表: 高麗大敎授 崔相龍)
39) 日本의 高等學校 敎育改革에 관하여
    (發表: 養正高等學校長 嚴圭白)

40) 日本의 國際化와 내셔널리즘 - 韓日間의 比較視覺에서 -
    (發表: 梨花女大教授 金龍瑞)
41) 韓日政治體制 比較
    (發表: 翰林大教授 金永明)
42) 日本의 對韓文化政策과 日本文化의 流入
    (發表: 翰林大教授 劉載天)
43) 歷史속의 記憶과 忘却 - 韓日關係: 어제와 오늘 -
    (發表: 서울大名譽教授 李相禧)
44) 美·日 新安保共同宣言과 防衛協力指針
    (發表: 韓國國防研究院日本研究室長 宋永仙)
45) 韓國抒情詩人들과 나
    (發表: 東京大名譽教授 今道 友信)
46) 在日朝總聯의 過去, 現在, 未來
    (發表: 聯合通信東北亞情報文化센터所長 李旺世)
47) 東아시아 經濟危機와 日本의 役割
    (發表: 中央大國際大學院長 安忠榮)
48) 文化로 본 韓日關係
    (發表: 翰林大日本學研究所長 池明觀)
49) 近代日本에 있어서 對外的 自立의 水準과 危機意識
    (發表: 서울大教授 金容德)
50) 親子唄(오야코우타)와 慶尙道 모노래
    (發表: 文化財管理局專門委員 李素羅)
51) 韓日映畵의 理解
    (發表: 映畵監督 李長鎬)
52) 韓國民謠와 관련되는 日本民謠에 대하여
    (發表: 日本民謠研究·評論家 山田 親弘)

53) 韓日파트너십 어떻게 展開될 건인가?
    (發表: 東國大 日本學硏究所長 孔魯明)
54) 韓日關係의 現況과 바람직한 方向
    (發表: 外交通商部 本部大使 金奭圭)
55) 近世韓日法律交流史
    (發表: 서울大法科大學 敎授 崔鍾庫)
56) 日本의 敎育改革 -韓日比較의 觀點에서-
    (發表: 名古屋大學 敎授 馬越 徹)
57) 韓日語의 差等話法
    (發表: 文化財委員會 委員長 高柄翊)
58) 日本의 侵略主義的 歷史敎科書를 批判한다.
    (發表: 東京學藝大學敎育學部 敎授 君島 和彦)
59) 朝鮮通信使와 21世紀 韓日關係
    (發表 : 江原大學校 敎授 孫承喆)
60) 日本出版漫畵·애니메이션의 문화비즈니스전략
    (發表: 청강문화산업대학 교수 朴仁河)
61) 日本朱子學과 朝鮮의 儒學
    (發表: 翰林大學校 敎授 梁一模)
62) 『海東諸國紀』에 나타난 中世 朝日間의 相互理解
    (發表: 東京大學 敎授 村井 章介)
63) 朝鮮後期 韓日關係와 人蔘
    (發表: 世宗大學校 敎授 吳 星)
64) 日本과 이슬람世界와의 만남
    (發表: 高麗大學校 講師 鄭守一)
65) 함께 살아가는 아름다움 - 日本 組合住宅의 實例
    (發表: 京東大學校 敎授 李允熙)

66) 동북아 경제통합과 한일FTA
   (發表: 對外經濟政策硏究院 院長 安忠榮)
67) 조선史料 속의 東아시아 海域세계
   (發表: 나고야대학대학원교수 高橋 公明)
68) 문호 나쓰메 소세키와 근대일본
   (發表: 세종대학교 교수 朴裕河)
69) 한·일 전통사회의 비교 – 일본인 한국사 연구자의 입장에서 –
   (發表:성균관대학교 동아시아학술원 교수 宮嶋 博史)
70) 고려와 일본의 상호인식 – 몽골의 일본 침략과 관련하여 –
   (發表: 한림대학교 교수 南基鶴)
71) 외교와 문화교류
   (發表: 와세다대학정경학부 교수 平野 健一郎)
72) "神國"사상, 군사주의, 그리고 히데요시의 조선침략
   (發表:브리티시 콜럼비아대학교수 허남린)
73) 동아시아에서의 한일 고대도시의 전개
   (發表: 동경대학대학원교수 佐藤 信)
74) 한국과 일본의 전통주택 공간
   (發表: 서울대학교 교수 김광현)
75) 조선 전기의 세계관과 일본인식
   (發表: 전북대학교 교수 하우봉)
76) 일본농촌사회의 결혼난 – '이에(家)'에서 '개인', 그리고 '사회'로 –
   (發表: 계명대학교 교수 황달기)
77) 독도문제와 한일관계
   (發表: 세종대학교 교수 保坂 祐二)
78) '일본 밖 일본': 회고록을 통해서 본 식민지기 在朝일본인사회
   (發表: 서울대학교 교수 권숙인)

79) 江戶(에도)시대부터 明治(메이지)期에 걸쳐 日本에서 사용된 한국어학습서
   (發表: 한림대학교 교수 齊藤 明美)
80) 對馬島로 떠나는 한국지명 여행
   (發表: 한림대학교 교수 심보경)
81) 근세 조·일 양국의 무기와 전술: 임진왜란을 중심으로
   (發表: 전쟁기념관 학예연구관 박제광)
82) 韓日關係 - 相互理解를 위한 미디어의 역할과 시민교류 -
   (發表: 北海道신문동경지국장겸 논설위원 靑木 隆直)
83) 朝鮮時代 韓日 사신 접대음식 문화
   (發表: 대전보건대학 교수 김상보)
84) 일본문화를 이해하는 통로, 神道
   (發表: 성균관대 인문과학연구소 연구조교수 정혜선)
85) 일본과 일본 사상
   (發表: 성균관대학교 교수 이기동)
86) 일본 전쟁 기념관과 기억의 정치
   (發表: 국가경영전략연구원 수석연구원 여문환)
87) 조선 백자와 일본
   (發表: 명지대학교 교수 윤용이)
88) 명치유신과 일본의 근대화
   (發表: 서울대학교 교수 박 훈)
89) 정체하는 일본 어디로 가는가?
   (發表: 외교안보연구원 교수 윤덕민)
90) 도요토미 히데요시(豊臣 秀吉) 다시 보기
   (發表: 서울대학교 교수 박수철)
91) 왜구 - 약탈의 시대에서 공존의 시대로 -

(發表: 九州大學 강사 마쯔오 히로키(松尾 弘毅))
92) 동일본 대지진 후의 일본정치·사회의 현상과 전망
    (發表: 아사히 신문 서울지국장 하코다 데쓰야(箱田 哲也))
93) 대마도 조선어 통사가 본 조선 - 오다 이쿠고로(小田幾五郎)의 경우 -
    (發表: 경희대학교 교수 미노와 요시쓰구(箕輪 吉次))
94) 야마자 엔지로(山座 圓次郞)와 독도
    (發表: 중앙일보 기자 예영준)
95) 일본의 문화교류정책과 대중문화
    (發表: 광운대학교 부교수 강태웅)
96) 메세나와 봉사
    (發表: 수림문화재단 이사장 하정웅)
97) 조선전기 일본인 왜구, 교류자와 위조(僞造)교류자에 대하여
    (發表: 동북아역사재단 초빙교수 케네스 로빈슨(Kenneth R. Robinson))
98) 나의 하이쿠(俳句) 기행
    (發表: 전남대학교 일어일문학과 교수 김정례)
99) 한일음악교류와 '동요(童謠)'
    (發表: 한국예술종합학교 음악원 음악학과 교수 민경찬)
100) 한국인이 보는 일본인
    (發表: 국립외교원 원장 윤덕민)
101) 국제법을 통해 본 한일관계 150년
    (發表: 국제법센터소장 신각수)
102) 일본인의 기원연구와 한국인
    (發表: 가천대학교 교수 세키네 히데유키(關根 英行))
103) 후쿠시마 원전사고 이후 일본의 우경화와 시민사회의 변화
    (發表: KBS 수신료 현실화 추진단장 임병걸)
104) 한일 양국의 언어문화에서 보는 일본어 교육

(發表: 강원대학교 일본학과 교수 나가하라 나리카쓰(長原 成功))
105) 오타쿠문화를 통해 본 한일문화교류
   (發表: 서울대학교 일본연구소 교수 김효진,)
106) 일제의 문화재 수탈과 수난 : 조선총독부박물관과 관련하여
   (發表: 청암대학교 교수 김인덕)
107) 한일 언어 행동 문화 비교론 : 한일 차이를 넘어선 아름다운 동행
   (發表: 극동대학교 일본어학과 교수 겐코 히로아키(檢校 裕朗))
108) 후쿠자와 유키치(福澤 諭吉)와 김옥균(金玉均)
   (發表: 동북아역사재단 연구위원 김민규)
109) 한국 대학교의 일본어 교육과 연구의 현황
   (發表: 한밭대학교 일본어과 교수 조남성)
110) 식민지시기 일본 재류 조선인을 묘사한 미술작품
   (發表: 리쓰메이칸(立命館)대학 문학부 객원교수 미즈노 나오키(水野 直樹))
111) 『신찬성씨록(新撰姓氏錄)』과 고대일본의 도래인
   (發表: 고려대학교 글로벌일본연구원 부원장 겸 교수 송완범)
112) 이토 히로부미(伊藤 博文)와 안중근
   (發表: 고려대학교 아세아문제연구소 연구교수 방광석)
113) 조선전기의 한일관계 - 본격적인 한일 경제 교류의 시작 -
   (發表: 일본국립역사민속박물관 준교수 荒木 和憲)
114) 아버지 신기수와 나
   (發表: 프리랜스 리서처 신이화)
115) 젠더의 시점에서 본 혐한주의와 그 역사적 배경
   (發表: 아오야마가쿠인대학 명예교수 송연옥)
116) 조선통신사를 통해 본 필담창화의 문학세계
   (發表: 연세대학교 국문과 교수 허경진)

117) 아리랑, 일본에서 유행하다
　　　(發表: 아리랑박물관장 진용선)
118) 근대시가를 통해 본 한국인과 일본인의 정서
　　　(發表: 인덕대학교 부교수 하야시 요코(林 陽子))
119) 나의 한일고대사 유적 답사
　　　(發表: 건국대학교 글로컬캠퍼스 교양대학 교수 홍성화)
120) 세계유산 오키나와 구스크와 고려기와
　　　(發表: 공주대학교 명예교수 윤용혁)
121) 트로트가 엔카(演歌)에서 왔다는 말 : 트로트의 형성, 전개, 미학
　　　(發表: 단국대학교 교수 장유정)
122) 고대한일문화교류 - 목간문화를 중심으로
　　　(發表: 와세다대학 교수 이성시(李成市))
123) 한일 영화 교류의 역사와 현재
　　　(發表: 프리랜서, 전 아사히신문 기자 나리카와 아야(成川 彩))
124) 엽서로 보는 임진왜란
　　　(發表: 부산대 명예교수 김동철)
125) 만엽집(萬葉集)은 향가(鄕歌)였고, 우리말로 불렀다
　　　(發表: 동국대학교 세계불교학 연구소 교수 김영회)
126) 일본 근대 미술의 조선 이미지(표상)
　　　(發表: 동아대학교 고고미술사학과 교수 김정선)
127) 조선전기 한일 교류와 갈등의 현장, 한양
　　　(發表: 서울역사편찬원 원장 이상배)
128) 경성 백화점 상품으로 본 근대의 이모저모
　　　(發表: 국민대학교 겸임교수 최지혜)
129) 소가씨(蘇我氏) 어떻게 100년 왕국을 이루었나 - 일본 천황가와의 관계
　　　(發表: 건국대학교 사학과 교수 羅幸柱)

〈출판 사업 : 지금까지 출판한 단행본〉

1) 『한일고대문화의 연계』(서울프레스)
2) 『조선왕조실록속의 한국과 일본』(경인문화사)
3) 『되돌아본 한일관계사』(경인문화사)
4) 『일본의 정치·경제·사회』(경인문화사)
5) 『한국사람, 일본사람의 생각과 삶』(경인문화사)
6) 『한일도자문화의 교류양상』(경인문화사)
7) 『동아시아속의 발해와 일본』(경인문화사)
8) 『몽골의 고려·일본 침공과 한일관계』(경인문화사)
9) 『임진왜란과 동아시아세계의 변동』(경인문화사)
10) 『1910년-그 이전 100년 : 한국과 일본의 서양문명 수용』(경인문화사)
11) 『한일문화교류기금 25년사』(경인문화사)
12) 『한일관계 속의 왜관』(경인문화사)
13) 『조선시대의 한국과 일본』(경인문화사)
14) 『대한제국과 한일관계』(경인문화사)
15) 『일본을 말하다』(경인문화사)
16) 『한일관계, 과거와 현재』(경인문화사)
17) 『한국인과 일본인의 삶과 죽음』(경인문화사)
18) 『한일 상호인식과 선린의 길』(경인문화사)
19) 『한일양국, 서로를 어떻게 기록했는가?』(경인문화사)
20) 『조선통신사 기록물의 'UNESCO 세계기록 문화유산' 등재』(경인문화사)
21) 『임진왜란에서 조선통신사의 길로』(경인문화사)
22) 『근세 한일관계의 실상과 허상』(경인문화사)
23) 『일본인의 한국, 한국인에 대한 인식』(경인문화사)

24) 『한일관계, 갈등을 넘어 동행으로』(경인문화사)
25) 『한국인의 일본, 일본인에 대한 인식』(경인문화사)
26) 『한반도의 일본인, 일본열도의 한국인』(경인문화사)
27) 『한국인과 일본인의 삶 - 인물로 본 한일교류사』(경인문화사)

주제발표

한일 대중음악의 교류
트로트와 엔카를 통한 문화적 공감과 변용

장유정 | 단국대학교

1. 머리말

　2023년 11월 28일부터 2024년 2월 13일까지 MBN에서 방송한 '현역가왕'은 '한일 트롯 가왕전'에 나갈 최정상급 여성 현역 트로트 가수 Top7을 뽑는 서바이벌 음악 예능 프로그램이다. 흥행을 예상할 수 없었으나 닐슨코리아 조사 최고 시청률 17.3%를 기록하며 호응을 얻더니 2024년 4월에는 한국과 일본의 트로트 국가대표 TOP 7이 펼치는 한일 음악 국가 대항전인 '한일 가왕전'으로 인기가 이어졌다. 6부작으로 이루어진 이 프로그램은 최고 시청률 11.9%로 선전하였다. 그 인기는 한일 국가대표 현역 가수들이 명곡 대결을 벌이는 '한일 톱텐쇼'로 지속되었고, 그 기세를 몰아 2024년 하반기에 '현역가왕-남자 편'이 방송 예정이다.

　1965년 한일수교 이후에도 일본 대중문화의 수입과 유통은 한국에 허용되지 않았다. 그러다가 1998년 10월, 김대중 정권에서 일본 대중문화의 유입을 허용하였다. 그런데도 방송에서 일본 가수를 본다든지 그들의 노래를 듣는다든지 하는 일은 거의 이루어지지 않았다. '현역가왕'은 그러한 금기를 깬 첫 번째 방송이기도 하다. 비록 이에 대해서는 여전히 논쟁적이지만 방송의 시청률이 높다는 것은 대중의 달라진 인식을 증명하기도 한다.

　이 글에서는 한국과 일본에서 비슷한 시기에 형성되어 오늘날에 이르고 있는 대표적인 대중음악 장르인 트로트와 엔카를 중심으로 한일 대중음악의 교류 양상을 살펴보기로 한다. 일본에서 활동한 한국 가수들의 전반적인 모습을 통해 그 교류의 일단을 볼 수 있을 것이다. 이를 위해 2장에서 트로트와 엔카의 정의와 형성 배경 등을 알아본다. 3장에서는 한일수교 이전과 이후로 나누어 일본에서 활동한 한국 가수들의 면면을 대략 살펴보기로 한다. 2장을 별도로 설정한 것은 여전히 존재하는 트로트에 대한 편견을 조금이라도 해소하기 위해서다. 문화의 교류는 어느 한쪽의 일방적인 영향으로 이루어지지 않는다. 트로트와 엔카에서도 이를 확인할 수 있다.

2. 트로트와 엔카의 형성과 전개[1]

한국의 트로트가 일본의 엔카(エンカ)에서 왔다는 말이 있다. 그 때문에 트로트의 왜색을 문제 삼기도 한다. 오랜 시간 동안 이러한 인식은 정설처럼 받아들여졌다. 그런데 여기서 의문이 생긴다. 서양 대중음악의 영향을 받아서 형성된 한국 대중음악 장르는 서양 대중음악의 장르명을 그대로 따르곤 한다. 포크(folk)・록(Rock)・팝(pop)・소울(soul)・힙합(hiphop)・재즈(jazz) 등이 모두 그러한 예다.

그런데 트로트는 달랐다. 리듬 또는 춤을 지칭할 때 사용하는 트로트(trot)가 1950년대 이후 널리 사용되다 어느 날 장르명으로 자리하게 된 것이다. 트로트가 엔카에서 왔다면 트로트 대신 엔카라고 불러야 할 텐데 그러지 않은 이유는 무엇일까? 그건 오늘날 우리가 대중음악의 한 장르로 칭하는 엔카를 일본에서 애초에 엔카라 부르지 않았기 때문이다. 엔카라는 말이 있기는 하였으나 그때의 엔카는 오늘날 우리가 생각하는 대중음악으로서의

---

[1] 2장의 글은 장유정・서병기, 『한국 대중음악사 개론』, 성안당, 2015와 장유정, 『트로트가 무어냐고 물으신다면』, 도서출판 따비, 2021에서 발췌・수정・보완하여 작성한 것임을 밝혀둔다.

엔카와는 거리가 있었다.

일본에서 엔카는 〈소우시엔카(壯士演歌)〉처럼 1880년대 자유 민권 운동가들이 부른 정치나 사회에 대한 비판을 담은 노래를 뜻했다. 말하자면 초기에 엔카라는 용어는 우리가 익히 알고 있는 일본 대중음악 장르를 지칭하지 않았다. 서양의 음악을 적극적으로 수용한 일본에서는 1910년대에 근대적인 의미의 대중음악이라 할 수 있는 것들이 등장하였다. 1914년에 마쓰이 스마코(松井須磨子, 1886-1919)가 번역극 「부활」에서 부른 〈카추샤의 노래〉(カチューシャの唄)는 근대적 의미의 일본 최초의 대중가요로 일컬어지곤 한다.

어느 나라든지 근대적 의미의 대중가요는 외래에서 유입된 새로운 형태의 음악이 고유의 음악과 만나 형성된다. 일본에서 형성된 대중가요도 일본의 음악이 서양의 음악을 만나 새롭게 출현하였으므로 일본 고유의 음악이라 할 수 없다. 새로운 형식의 이러한 노래들이 대중의 호응을 받아 유행하면서 일본에서 류코카(流行歌)라 불렸다.[2]

당시 한국의 상황도 비슷했다. 일본의 식민지 지배를 받게 된 한국에는 당시 일본에서 유행하던 많은 노래가 유입되었다. 이때 오늘날 우리가 트로트라고 할 수 있는 노래들이 한국에 들어와 유행하였고, 이러한 노래들을 유행가(流行歌)라 불렀다. 한국에서 '유행가'는 두 가지 의미로 사용되었는데, 하나는 당시 유행하는 노래 전반을 지칭하는 큰 의미의 유행가이고, 다른 하나는 일본 대중음악의 영향을 받아 새롭게 형성된 노래를 지칭하는 좁은 의미의 유행가다. 이 중 후자가 광복 이후에 트로트라는 장르명을 부여받아 오늘날에 이르렀다.

요컨대 한국의 트로트는 1910년대 일본에 형성된 대중음악의 영향을 받아 형성되었다. 그렇다면 한국 트로트의 시작은 일본 유행가의 번안곡에서

---

[2] 이 글에서 언급한 엔카 관련 기술은 대부분 고바야시 다카유키 지음, 박진수 옮김, 『한국의 트로트와 일본의 엔카』, 역락, 2022를 참고하였음을 밝혀 둔다.

부터 언급하는 것이 마땅하다. 앞서 언급한 번역극 「부활」은 1915년 11월 7일 부산을 통해 우리나라에 들어온 일본의 극단 '예술좌'를 통해 우리나라에 소개되었다. 이에 자극을 받아 한국에서도 1916년에 윤백남과 이기세가 이끄는 '예성좌(藝星座)'에서 「부활」을 「카추샤」라는 이름으로 공연했다. 『매일신보』 1916년 4월 23일 자에는 '예성좌의 근대극'이라는 제목으로 이 연극을 소개하면서 주제가 〈카추샤〉의 악보를 함께 실었다. 〈카추샤〉를 시작으로 오늘날 〈희망가〉라 칭하는 〈이 풍진 세월〉을 비롯한 많은 일본 유행가의 번안곡이 한국에서도 유행했다.

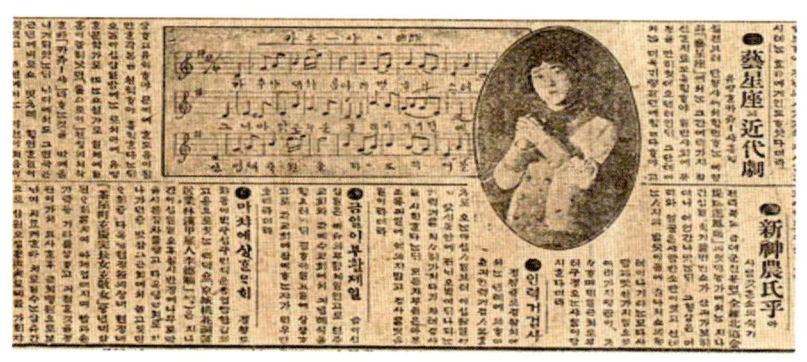

〈그림 1〉 「예성좌의 근대극」, 『매일신보』 1916년 4월 23일

여기서 의문이 생긴다. 트로트가 일제강점기 일본 유행가의 번안곡으로 시작했다고 해서 트로트를 왜색의 노래로 간주하는 것이 합당한가 하는 의문 말이다. 한국에서는 1960년대, 1980년대, 1990년대에 굵직한 트로트의 왜색 논쟁이 벌어졌다.[3] 트로트의 왜색을 문제 삼은 대부분이 트로트가 엔카에서 비롯했기 때문에 트로트는 왜색을 지니고 있다며 이 장르를 부정적으로 바라보았다. 사실 어떤 장르의 기원을 찾아가는 게 그 장르의 정체성

---

[3] 굵직한 세 번의 트로트 논쟁은 장유정, 앞의 책, 2021, 30~81쪽에서 상세하게 다루었다.

을 온전하게 말해주지는 못한다. 한일 음악의 교류사는 한국의 백제시대까지 거슬러 올라갈 수 있기 때문이다.[4]

한국에서 벌어진 세 개의 트로트 논쟁에서 간과한 것이 있다. 즉 트로트가 엔카에서 비롯했다면 일본의 엔카는 어디서 왔느냐를 물었어야 한다. 트로트를 왜 엔카라고 부르지 않는지도 따져봤어야 한다. 만약 엔카가 일본의 전통음악이고, 그 영향을 받아 형성된 트로트를 일본에서 강압적으로 한국인에게 전파하였다면 문제가 될 수 있다. 하지만 그런 증거는 찾기 어렵다. 왜냐하면 거의 동시대에 한국과 일본에서 형성된 대중음악 산업은 기본적으로 경제적 논리에 따라 이윤 추구를 목적으로 하기 때문이다. 물론 1940년대 초반 일본이 전시 체제로 바뀌면서 음반 산업을 정치적으로 이용하기도 했으나 그전까지 음반 산업의 최대 목표는 이른바 팔릴 만한 음반을 만들어서 이윤을 남기는 거였다. 트로트와 엔카는 음반 회사가 이윤을 추구하는 과정에서 선택된 노래들이라 할 수 있다. 그리고 이는 당대 대중이 좋아한 음악이기도 하다.

한편 엔카도 한국의 트로트만큼이나 어느 하나로 정의하기 어려운데, 그러다 보니 엔카를 지칭하는 한자도 다양하게 존재한다.[5] 이 글에서 한자 대신 엔카를 가타카나로 표기한 건 대중음악 장르로써의 엔카를 강조하기 위해서다. 크리스틴 야노(Christine R. Yano)[6]와 와지마 유스케(輪島裕介)[7]를

---

4 『일본서기(日本書記)』에는 "스이코[推古] 천황 20년(612)에 백제인 미마지(味摩之)가 건너와 나라[奈良]현 사쿠라이[櫻井]에서 살며 소년들을 모아 기악무를 가르쳤다"라는 내용이 적혀 있다. 미마지는 중국 오나라에서 기악무(伎樂舞)를 배우고 돌아온 뒤 612년(무왕 13) 일본으로 건너가 기악무를 전수한 백제 무왕 때의 음악가이자 무용가이다. 이미 오래전부터 중국, 한국, 일본은 음악으로 교류했으며, 이 과정에서 문화적·음악적 친연관계가 자연스럽게 형성되었다고 볼 수 있다.
5 일본에서 엔카도 다양한 한자어로 표기된다. 일본어 발음은 '엔카'로 동일하지만, 演歌, 艶歌, 怨歌, 援歌, 宴歌, 縁歌 등 다양하게 표기할 수 있다. 이 글에서는 고바야시 다카유키의 견해를 따라 대중음악의 한 장르를 지칭하기 위해 엔카(エンカ)를 가타카나로 표기하기로 한다(고바야시 다카유키, 앞의 책, 10쪽).

비롯한 일본의 대중음악 학자들은 엔카를 서양 대중음악의 영향을 받아서 형성된 대중음악의 한 장르라 정의한다. 그러면서 1960년대 이후 일본이 국가 정체성을 확립하는 과정에서 기존 노래에 '엔카'라는 장르명을 부여하고 이러한 노래들을 전통의 노래로 추앙하였다고 한다.

요컨대 서양의 음악이 일본의 음악과 만나는 과정에서 새롭게 출현한 대중음악이 일본의 엔카이고, 이것이 동시대 한국에 들어와 새롭게 형성된 대중음악이 트로트다. 한국에서 트로트는 동시대에 유행한 신민요, 만요(comic song), 재즈송과 더불어 유행하였다.[8] 하지만 트로트도 어느 하나로 정의하기 어려울 정도로 다양한 모습으로 존재한다. 초기 트로트가 주로 4음과 7음이 빠진 오음 음계에 단조, 2박자로 이루어졌던 것과 다르게, 지금의 트로트는 7음 음계에 장조는 물론이고 다양한 리듬을 사용하여 한국의 초기 연구자들이 음악적으로 왜색이라며 비판했던 모습에서도 탈피하였다.

트로트는 한국에서 비교적 빨리 토착화에 성공하였는데, 이는 일차적으로 우리나라가 '궁상각치우'같은 동양 음악의 오음에 익숙한 민족이다 보니 주로 오음 음계를 사용한 트로트가 친숙하게 다가온 것에서 그 이유를 찾을 수 있다. 또한 트로트는 한국인이 한국어로 한국인의 정서를 잘 드러낸 노래로 대중의 호응을 얻었다. 일제강점기의 트로트는 주로 떠난 임에 대한 그리움의 정서를 담고 있는데, 이것이 식민지 시기 우리 민족의 현실을 반영하면서 당대인의 호응을 얻었다. 임의 의미가 고향과 고국으로 확장되면서 식민지 민족의 슬픔을 위로해 준 것이 주효했다.

---

6 Christine R. Yano, *Tears of Longing: Nostalgia and the Nation in Japanese Popular Song*, Harvard University Press, 2002.

7 Yusuke Wajima, *Creating EnKa: "The soul of Japan" in the Postwar Era*, Public Bath Press, 2018.

8 일제강점기에 형성된 대표적인 한국 대중음악 장르의 형성과 전개는 장유정,『오빠는 풍각쟁이야: 대중가요로 본 근대의 풍경』, 민음in, 2006과 장유정·서병기, 앞의 책을 참고할 수 있다.

한국의 트로트는 여전히 논쟁적인 장르이면서 대중의 호응을 얻고 있는 현재 진행형의 장르다. 이 글에서는 트로트라고 지칭하고 있지만 어떻게 리듬 명을 장르명으로 사용할 수 있느냐며 '트로트'라는 용어 자체에 거부감을 드러내는 사람들이 있다. 즉 용어에서부터 이견이 존재하는 셈인데, 그러다 보니 트로트를 지칭하는 용어도 다양하다.

먼저 트로트를 '뽕짝'이라고도 부른다. '뽕짝'은 트로트의 리듬을 재미있게 표현한 말로도 볼 수 있다. 하지만 보통 '뽕짝'은 트로트를 속되게 표현하거나 비하해서 말할 때 사용하는 용어라서 객관적으로 어떤 노래를 지칭해야 하거나 학술적으로 언급할 때는 '뽕짝'이라는 용어를 사용하지 않는 것이 낫다. 트로트 외에 성인가요, 전통가요, 애가(哀歌), 심지어 아리랑으로 부르자는 의견도 있었다. 하지만 성인가요는 특정 연령대만 즐기는 노래로 트로트를 한정한다는 단점이 있다. 게다가 현재 트로트는 다양한 연령대의 사람들이 향유하고 있어서 '성인가요'로만 보기 어려운 측면이 있다. 특정 시기의 트로트가 '성인가요'로 향유된 적은 있으나, 오늘날의 트로트 전부를 '성인가요'로 보기는 어렵다.

다음으로 '전통가요'는 사후(事後)에 획득되는 용어다. 처음부터 어떤 노래가 '전통가요'일 수 없기 때문이다. 예를 들어, 오늘날 전통음악으로 불리는 판소리나 민요가 처음부터 전통가요는 아니었다. 오히려 그 시기에는 당대인들이 누리던 일종의 유행가였다. 그러던 것이 오랜 시간이 흐르면서 이 노래들이 점차로 '전통가요'의 지위를 부여받게 되었다. 세월이 더 지나면 트로트 또한 '전통가요'로 불릴 수 있다. 이미 누군가는 트로트를 전통가요라 부르기도 한다. 하지만 여전히 인기를 얻으며 활발하게 생성되고 있는 트로트를 '전통가요'로 지칭하는 것은 시기상조일 수 있다.

'슬픈 심정을 읊은 노래'를 의미하는 '애가(哀歌)'라는 용어도 있다. 초창기 트로트를 '애가'라 하는 것은 맞을 수 있다. 초창기 트로트 중에는 단조의 애상적인 노래들이 많았기 때문이다. 하지만 현재 유행하는 '명랑' 트로트마저 '애가'로 칭하는 데는 한계가 있다. 마지막으로 '아리랑'은 '전통가요'와 비슷한 맥락에서 가수 나훈아가 제안했던 용어다. 의도는 충분히 공감하나, '아리랑'이라 명명한 노래가 이미 있으므로 트로트까지 아리랑이라고 할 이유도, 필요도 없다. 최근에는 「미스트롯」과 「미스터트롯」, 「트롯신이 떴다.」, 그리고 「보이스 트롯」에 이르기까지 '트로트' 대신 '트롯'이라는 표기를 사용한다. '트로트'와 비교해서 상대적으로 '트롯'을 발음할 때 경쾌하기도 하고 힘도 느껴진다.

하지만 필자는 대중음악 장르로서의 '트로트'라는 표기를 고수하기로 한다. 왜냐하면 『표준국어대사전』에 대중가요 갈래명으로 '트로트'가 등재되어 있기 때문이다. 게다가 2021년에는 『옥스퍼드 영어사전』에 '트로트'가 신규로 등재되었다. 이 사전에 등재된 트로트의 정의는 주목할 필요가 있다.

"A genre of Korean popular music characterized by repetitive rhythms and emotional lyrics, combining a traditional Korean singing style with influences from Japanese, European, and American popular music. (반복적인 리듬과 감정적인 가사가 특징인 한국 대중음악의 한 장르로, 한국 전통 창법과 일본, 유럽, 미국 대중음악의 영향을 결합했다)"

위의 정의는 트로트를 "정형화된 리듬에 일본 엔카(演歌)에서 들어온 음계를 사용하여 구성지고 애상적인 느낌을 준다"라고 정의한 『표준국어대사전』의 정의보다 훨씬 현실에 맞는다고 본다. 게다가 트로트를 한국 대중음악의 한 장르로 인정했다는 점에서 진일보한 측면이 있다.

3. 일본에 도착한 한국 가수들

1965년에 있었던 한일수교(한일기본조약)는 한국과 일본 간의 공식적인 외교 관계를 수립한 중요한 사건이다. 한국과 일본 간의 국교 정상화, 경제 협력, 과거사 문제를 골자로 하는 이 조약은 나라 경제에 도움이 되었으나 과거 식민지 지배에 대한 일본의 사과와 배상이 충분치 않았다는 점에서 우리나라 국민의 반발을 불러왔다. 그런데도 한일수교는 양국의 문화 교류를 가능하게 했다는 점에서 의미가 있다.

이 글에서는 한일수교를 중심으로 그 이전과 이후로 나누어 일본에 진출한 한국인 가수들의 면면을 살펴보기로 한다. 한일수교를 중심으로 한다고는 하지만 한일수교 이전 일본에 진출한 가수들은 결국 광복 이전에 활동한 가수들이 대부분이다. 1945년 광복 이후부터 1965년 한일수교 이전까지 일본과의 문화적 교류는 공식적으로 이루어지지 않았기 때문이다.

1) 한일수교 이전의 가수들

일제강점기 일본에 진출했던 한국 가수들의 면면을 대략 살펴보기로 한다. 일본의 식민지였으나 당시 한국의 가수들이 음반이나 공연을 통해 일본에 진출했던 흔적을 여러 곳에서 찾을 수 있다. 그들의 이름을 나열해 보면 다음과 같다. 강석연(姜石燕)·강영철(康永喆)·김안라(金安羅)·김영길(金永吉)·김용환(金龍煥)·김준영(金駿泳)·나선교(羅仙嬌)·남인수(南仁樹)·왕수복(王壽福)·이규남(李圭南)·이난영(李蘭影)·이애리수(李愛利秀)·이옥란(李玉蘭)·전옥(全玉)·조영은(曺永恩)·채규엽(蔡奎燁) 등이 있다.[9]

---

9 일제강점기 일본에서 음반을 발매한 가수들의 이름은 이준희, 「1945년 이전 일본 대중가요 음반에 나타난 조선인의 활동」, 『대중음악』 7호, 한국대중음악학회, 2011에서 확인할 수 있다.

이 밖에도 도월색(都月色)·김산월(金山月)·이계월(李桂月)·윤백단(尹白丹)·김문보(金文輔)·박경희(朴景嬉)·최남용(崔南鏞)·이기영(李基英)·박세환(朴世煥)·염석정(廉石亭)·김연월(金蓮月)·선우일선(鮮于一扇)·최승희(崔承喜) 등의 이름을 일본 대중가요 음반에서 찾아볼 수 있다.

이 중에서 이난영과 나선교를 중심으로 그들의 일본 활동을 살펴보기로 한다. 먼저 1916년 목포에서 출생한 이난영은 1933년 9월 태평 음반 회사에서 〈시드는 청춘〉과 〈지나간 옛꿈〉을, 같은 해 10월 오케 음반 회사에서 〈향수〉를 발표하며 가수로 데뷔하였다. 1935년에 발매한 〈목포의 눈물〉(문일석 작사, 손목인 작곡)이 상당한 인기를 얻으면서 그 해 실시한 레코드 가수 인기투표에서 여자 가수 부문 3위에 선정되기도 하였다.[10]

1936년에 우리나라 최초의 음악 영화로 일컬어지는 「노래 조선」에 출연한 이난영은 일본 데이치쿠 음반 회사에서 오카란코(岡蘭子)라는 예명으로 1936년과 1938년 두 차례 일본어 음반을 발매하였다. 현재까지 10곡의 목록을 확인할 수 있다.[11]

〈春の歡喜〉(데이치쿠 50287. 원곡 〈봄맞이〉)
〈アリランの唄〉(데이치쿠 50344. 원곡 〈본조 아리랑〉)
〈別れの船唄〉(데이치쿠 50344. 원곡 〈목포의 눈물〉)
〈海のふるさと〉(데이치쿠 50440)
〈夕波歌えど〉(데이치쿠 50440. 원곡 〈어촌낙조〉)
〈螢草の唄〉(데이치쿠 50484)
〈感傷の秋〉(데이치쿠 50494. 원곡 〈감상의 가을〉)
〈合歡の木蔭で〉(데이치쿠 N153)
〈白薔薇の乙女〉(데이치쿠 N172)
〈月見草の歌〉(데이치쿠 N175)

---

10 이난영의 삶과 노래는 장유정, 「행(幸)과 불행(不幸)으로 보는 가수 이난영의 삶과 노래」, 『한국고전여성문학연구』 33호, 한국고전여성문학회, 2016을 참고할 수 있다.
11 이준희, 앞의 글, 144쪽.

이상이 이난영이 일본어로 발표한 노래 중 지금까지 확인되는 것들의 목록이다. 여기서 이난영이 일본어로 어떤 노래를 불렀는지에 주목할 필요가 있다. 이난영은 일본 작곡가의 작품뿐만 아니라 한국 노래를 일본어로 번역해서 부르기도 했는데, 그 비율이 10곡 중 5곡으로 반 수에 이른다. 한국 노래를 일본어로 번역해서 불렀다는 것으로 한국 노래가 일본에 영향을 주었다고 주장하는 건 아니다. 다만 경제적인 논리에 따라 전개되는 음반 산업에서 한국 노래의 일본어 번역곡이 경쟁력을 획득했던 정황만은 확인할 수 있다.

이난영이 일본어로 번역해서 부른 노래는 〈봄맞이〉, 일명 '본조 아리랑'이라고도 하는 나운규의 〈아리랑〉, 〈목포의 눈물〉, 〈어촌 낙조〉, 〈감상의 가을〉이다. 이난영의 초기 대표작 중 하나인 〈봄맞이〉는 아동문학가로도 유명한 윤석중이 작사하고 문호월이 작곡하여 1934년에 발표한 노래다.

1926년 영화 「아리랑」의 주제가로 사용되어 큰 인기를 얻은 〈아리랑〉은 그 인기에 힘입어 일본에까지 유행하였고, 1936년에는 이난영의 목소리로 일본에서 발표되었다. 일본인 작곡가 스키타료 죠(杉田良造) 편곡하였고 작사는 시마다 긴야(島田馨也)가 하였다. 일본 데이치쿠 오케스트라와 합창단이 참여해서 후렴을 함께 불렀다. 일본 샤쿠하치(尺八)를 사용하였다는데, 한국의 퉁소나 단소와도 유사하게 들려 샤쿠하치를 사용했다고 해서 일본색이 느껴진다고 하긴 어렵다. 미국 일리노이 대학교의 역사학과 교수인 테일러 엣킨스(E.Taylor Atkins)는 한국에서 유래한 〈아리랑〉이 일본 제국에서 가장 친숙한 음악이 된 것을 두고 국민 민요이면서 저항의 노래였던 것이 식민지 경험 속에서 초국적 팝송이 되었다고 언급하기도 했다.[12]

〈와카레노 후네우타(別れの船唄)〉는 이난영의 대표곡인 〈목포의 눈물〉

---

[12] Atkins, E. Taylor, The Dual Career of "Arirang": The Korean Resistance Anthem That Became a Japanese Pop Hit, *The Journal of Asian Studies* 66(03), Duke University Press, 2007, p.646.

을 일본어로 번역한 것이다. 〈목포의 눈물〉이 고국에 대한 절개를 표현한 노래라는 사실을 상기하면 이는 매우 아이러니한 상황이 아닐 수 없다. 음악적으로 오음 음계, 2박자, 단조를 사용한 전형적인 초기 트로트 형식을 따른 것과 노래에서 느껴지는 보편적인 감성이 일본인에게도 주효한 것으로 보인다.

〈유우나미 우타에도(夕波歌えど)〉의 원곡은 차몽암이 작사하고 염석정이 작곡하여 1935년에 발표한 〈어촌낙조〉(차몽암 작사, 염석정 작곡)이고, 〈칸쇼오노 아키(感傷の秋)〉의 원곡은 박팔양이 작사하고 염석정이 작곡하여 1935년에 발표한 〈감상의 가을〉이 원곡이다.

일본어로 번역한 한국어 원곡의 면면을 보면 어느 하나로 말할 수 없을 정도로 다소 복잡한데 가장 민족적인 노래라 할 수 있는 〈아리랑〉과 〈목포의 눈물〉이 일본에 수용되어 소비되는 양상은 흥미로운 현상이라 할 수 있다.

다음으로 한국에서도 제대로 조명되지 않았으나 그 활동에서 중요하게 언급할 수 있는 가수로 나선교를 들 수 있다. 생몰연대마저 정확하게 밝혀지지 않았으나 1915년경에 평양에서 출생한 나선교는 본명이 나순화(羅順嬅)로 독립운동가이자 3.1운동 때 민족 대표 33인 중 한 명이었던 나용환(1864~1936)의 딸이다. 어려서 어린이 운동의 창시자인 방정환과 동요 작곡가 정순철에게 노래를 배운 나선교는 1933년에 시에론 음반회사에서 〈처녀십팔세〉(이고범 작사, 백파 작곡, 시에론90-B)를 발표하며 가수로 데뷔하였다. 당시 나선교를 소개한 광고를 보자.

"미스시에론 나선교(羅仙嬌) 양(孃)! 혜성(彗星)같이 나타난 미성(美聲)의 가희(歌姬)! 나선교 양! 명가의 작은 아씨의 대중적(大衆的) 진출(進出)! 애조(哀調)와 특색(特色)을 띤 소프라노올시다. 〈처녀십팔세(處女十八歲)〉 하늘에 뜬 구름 속 달도 손짓을 한답니다! 시에론이 세상(世上)에 새로이 자랑하는 자타(自他)가 공인(共認)하는 명가수(名歌手)"(현대어역은 인용자)[13]

위의 광고에서 알 수 있듯이, 시에론 음반회사에서는 나선교를 "혜성같이 나타난" '미스시에론'이라며, "세상에 새로이 자랑하는 자타가 공인하는 명가수"라는 표현으로 조금은 과장되게 그녀를 홍보하였다. 특히 '명가의 작은 아씨'라는 표현에서 나선교가 천도교 원로의 딸인 것도 은연중에 홍보에 이용하기도 하였다. 시에론 음반회사에서 데뷔한 나선교는 1936년에 소녀로만 구성된 악극단 '낭랑좌'에서 활약했고,[14] 1937년에는 태평 음반회사에서도 음반을 발표하였다.

나쓰메 후미코(夏目芙美子)라는 예명으로 1938년에 일본 킹레코드사에서 데뷔한 나선교는 그때부터 2년여 동안 13여 곡을 음반으로 발표하였다. 박찬호는 나선교가 킹레코드사에 스카우트 되기 전 남동생을 일본 대학에 유학시키려고 일본 고베의 나이트클럽에서 일했다고 하였으나 그 외 정보가 부족해서 그녀의 행적을 더 이상 추적하기 어렵다. 1940년에는 같은 킹레코드사에서 '라센쿄'라는 이름으로 〈하타오루 오토메(機織る乙女)〉를 비롯하여 몇 곡을 더 발표했다. 이후 도쿄 이타바시(板橋)에서 살았다고 하나 그 행적을 알 수 없다.[15] 1938년부터 1941년까지 나선교가 일본어로 발표한 노래의 목록을 제시하면 다음과 같다.[16]

〈故鄕のあの唄〉(킹, 20103)
〈城ヶ島夜曲〉(킹, 20118)

---

13 인용문의 원문은 다음과 같다.
"미스시에론 羅仙嬌 孃! 彗星갓치 낫하난 美聲의 歌姬! 羅仙嬌 孃! 명가의 자근 아씨의 大衆的 進出! 哀調와 特色을 씩운 쏘프라노올시다. 〈處女十八歲〉 하늘에 쓴 구름 속 달도 손짓을 한담니다! 시에론이 世上에 새로히 자랑하는 自他가 共認하는 名歌手"
14 소녀 악극단 '낭랑좌'에 대한 소개와 나선교의 삶과 음악 활동에 대해서는 장유정, 「소녀악극단 '낭랑좌(娘娘座)'의 구성과 활동 연구」, 『구비문학연구』제72집, 한국구비문학회, 2024를 참고할 수 있다.
15 박찬호 지음, 안동림 옮김, 『한국가요사1』, 미지북스, 2009, 561~564쪽.
16 이준희, 앞의 글, 147쪽.

〈紅痕〉(킹, 30042)
〈娘々祭〉(킹, 30075)
〈支那夜曲〉(킹, 30087)
〈宵の窓邊で〉(킹, 30100)
〈廣東夜曲〉(킹, 30112)
〈夢ならぬ戀〉(킹, 30126)
〈夢の並木路〉(킹, 40007)
〈長鼓叩いて〉(킹, 40027)
〈蘇州の娘〉(킹, 40028)
〈嘆きの姉妹…鳥〉(킹, 40041)
〈滿洲祭り〉(킹, 47012)
〈機織る乙女〉(킹, 57006)
〈夜のランプは暗くとも〉(킹, 57033)
〈黃河の夢唄〉(킹, 57070)

현재까지 총 16곡의 일본어 노래 목록을 작성할 수 있다. 노래의 면면을 더욱 상세하게 살펴봐야겠으나 이난영이 발표한 노래들과 비교하여 한국어 노래를 번역한 것보다 애초에 일본 곡을 불렀던 비중이 높다. 단 두 명의 사례를 놓고 결론을 내릴 수는 없겠으나, 일본에서 활동한 한국 가수들을 일률적으로 평가하거나 일반화시키긴 어렵다. 한국 노래의 일본어 번안곡인 경우, 원곡과 번안곡의 대조가 필요하고, 일본어 창작곡의 경우 일본에서 그 노래와 한국인 가수가 지닌 위상을 종합적으로 검토할 필요가 있다. 이난영과 나선교의 경우만 들었으나, 한국 가수들의 일본 진출은 식민지 시대였어도 문화 교류가 일방적으로 이루어진 것만은 아니라는 걸 알려준다. 앞으로 일본에서 활동한 한국 가수들의 이질적인 측면과 동질적인 측면 중 어떤 것이 더 두드러졌는지를 살펴볼 필요가 있다.

2) 한일수교 이후의 가수들

1965년 한일 수교 이후 얼마 안 된 1966년 7월에 이미자가 일본 빅타레코드사와 계약을 맺고 일본에서 일본어로 음반을 발매하였다. 이미자의 대표곡인 〈동백아가씨〉를 〈코이노아카이히(戀の赤い燈)〉로, 〈황포돛대〉를 〈와카레노히카(別れの悲歌)〉로 발표한 걸 시작으로 이후에도 많은 노래를 일본어 음반에 수록하였다. 하지만 일본에서 '이미자' 대신 '리 요시코'라고 소개하여서 한국 여론이 좋지 않았다. 그 때문인지 이미자의 일본 진출은 성공적이었다고 단정하기 어렵다.

일본에서 엔카 가수로 성공한 대표적인 가수는 이성애다. 1952년 부산에서 태어나 단국대학교를 졸업한 이성애는 클럽에서 주로 팝송을 부르다 1971년에 데뷔하였고 1973년 〈기다리는 마음〉이 인기를 얻어 MBC 10대 가수 가요제 신인상을 받았다. 1977년에 그녀가 일본에서 남진이 불러 히트한 〈가슴 아프게〉를 불러 큰 인기를 얻자, 엔카의 원류가 한국이라는 말마저 등장하였다. 일본의 모리 아키히데(森彰英)는 이성애의 노래가 유행한 걸 두고 일본인의 발성과 달라 흥미를 끄는 것과 노래에 과도한 꾸밈이 없어 오히려 듣는 사람의 심금을 울린다고 한 바 있다.[17] 비록 이성애가 일본에서 활동한 기간이 1년 반 정도로 짧았어도 일본인 팬덤이 형성되었을 정도로 그녀의 인기는 상당했다.

이성애는 자신의 노래는 아니지만 한국에서 크게 유행한 〈가슴 아프게〉, 〈노오란 샤쓰의 사나이〉, 〈목포의 눈물〉 등을 일본어로 번역해서 불렀다. 본인 곡으로는 〈노삿푸곶(納沙布岬)〉이 상당한 인기를 얻었는데, 이 노래의 한국어 제목은 〈바람에 부치는 편지〉다. 신동운이 작사하고 황문평이 작곡하여 1977년에 발표된 〈바람에 부치는 편지〉는 사할린 거주 한국인 문제를

---

17 모리 아키히데(森彰英), 『演歌の海峡』, 少年社, 1981, pp.93~94(고바야시 다카유키, 앞의 책, 216쪽에서 재인용).

소재로 한 노래다. 즉 제2차 세계대전 말에 사할린으로 징용된 한국인들이 전후에 고국으로 돌아가지 못한 상황을 노래로 읊은 것이다. 하지만 사할린에 남겨진 한국인을 주제로 하여 창작된 이 노래는 일본에서 남녀의 사랑을 다룬 노래가 되었다. 한국에서 역사적 사건을 다룬 노래가 일본에서는 개인적인 감정에 집중하는 노래로 바뀐 셈이다.

한일 대중음악 교류의 상징적인 인물이 된 이성애는 일본 엔카 시장에서 활동하며, 트로트 음악이 일본 대중에게도 깊이 사랑받을 수 있다는 것을 입증하였다. 이성애의 일본 진출은 단순한 개인의 성공을 넘어 한국 가수들이 일본 시장에서 가능성을 발견하게 하는 계기가 되었다. 덕분에 한국 가수들의 일본 진출이 확대되었다. 이성애가 결혼으로 은퇴하면서 계은숙, 김연자, 장은숙, 정재은 등의 한국인 여성 가수가 일본에서 활약하였다. 요컨대 이들은 일본에서는 엔카 가수로, 한국에서는 트로트 가수로 활동한 셈이다.

일본에서 '엔카의 여왕'이란 칭호마저 들은 김연자도 일본에서 활발하게 활동한 대표적인 가수다. 김연자의 일본 진출이 처음부터 성공했던 것은 아니다. 1959년 광주에서 출생한 김연자는 그녀 나이 14세에 가수가 되겠다는 일념으로 서울에 왔다. 1974년 오아시스레코드에서 〈말을 해줘요〉, 〈너 무해〉 등 김학송이 작곡한 노래로 데뷔하였다. 하지만 3년이 되어도 여전히 생활이 어려워지자, 오디션을 보고 일본에서 활동하게 되었다. 이렇다 할 성과를 내지 못하던 중 비자 문제로 한국에 와 있던 김연자는 일본 소속사로부터 전속 계약 해지 통보를 받았다.

그러다가 일본에 다시 진출한 것이 1988년이다. 서울 올림픽 폐막곡으로 김연자가 노래한 〈아침의 나라에서〉가 선정되었는데, 이 노래가 일본에서까지 큰 인기를 얻으면서 그녀는 일본 활동을 다시 시작하였다. 1989년에는 일본의 유명한 가수들만 출연하는 일본 연말 가요제인 '홍백가합전'에서 이 노래를 불렀다. 일본에서 18년간 정상의 자리를 계속 차지하였고, 30여 년 동안 일본에서 발매한 음반이 100여 장에 달했다고 하니 김연자의 일본 진출은 대성공이었다. 이성애와 비교해서 김연자는 무대에서 강렬한 퍼포먼스를 보여주고 감정을 격렬하게 표현하는 창법을 구사하는 것이 특징적이다.

남자가수로는 조용필이 일본에서 널리 이름을 알렸다. 그는 일본에서 NHK '홍백가합전'에도 출연하고 공연도 하였다. 특히 〈돌아와요 부산항에〉가 큰 인기를 얻었는데, 아쓰미 지로(渥美二郞)를 비롯한 많은 일본인 가수가 〈부산항에 카에레(釜山港へ歸れ)〉라는 제목으로 다시 불렀다. 한국어 가사로는 그리운 내 형제가 다시 부산으로 돌아오길 바라는 마음을 그리고 있다. 하지만 일본어 가사로는 장소가 크게 중요하지 않는다고 볼 수 있다. 다만 이 노래가 인기를 얻은 건 1975년 조총련계 재일 동포 700여 명이 고국을 방문한 것과도 관련이 있다. 1972년에 나왔던 노래의 노랫말 중 2절을 바꾸고 '그 사람'과 '내 임'을 '형제'로 바꿔 1976년에 다시 발표했는데, 이 노래가 어린이에서 노인에 이르기까지 전국적으로 인기를 얻었기 때문이다. 그리고 그 인기는 일본을 비롯해 아시아로 확대되었다.

1990년대 일본에 진출했던 트로트 가수로 이박사(본명 이용석)도 특이한 사례로 언급할 수 있다. 테크노 트로트라 불리는 이박사의 트로트는 트로트 메들리에 이박사의 추임새가 재밌게 어우러져 흥겨움과 경쾌함을 불러오는 것이 특징인데, 일본에서 큰 인기를 얻었다. 일본에서 그의 트로트가 인기를 얻은 건 빠른 비트와 흥겨운 리듬이 일본 대중음악 시장에 색다른 경험을 제공했기 때문이다. 또한 라이브 공연에서 그가 보여주는 특유의 유쾌하고도 과장된 퍼포먼스가 강한 인상을 남겨서 일본 대중에게 신선한 즐거움을 선사했기 때문이다.

4. 맺음말

새로운 문화의 유입은 몇 가지 단계를 거쳐 토착화에 성공한다. 수학자

이자 철학자인 김용운은 『카오스의 날갯짓』에서 새로운 문화의 창발을 외래문화 유입-요동-카오스의 가장자리(분기)-원형의 자기조직화-새로운 문화의 창발로 설명한 바 있다. 새로운 문화의 생성 배경에는 강압이나 이식으로는 설명할 수 없는 복잡한 상황이 놓여 있다. 대중문화는 특히 더욱 그러하다. 대중의 기호와 선호가 무엇보다 중요하기 때문이다.

이 글에서는 한국의 트로트와 일본의 엔카가 각국의 근대사 속에서 어떻게 형성되고 발전해 왔는지 살펴보았다. 한국의 트로트가 비슷한 시기 일본 엔카에서 음악적 영향을 받아 형성된 것은 맞지만 엔카 역시 일본 고유의 음악이 아니기 때문에 한국의 트로트가 일본 엔카의 음악적 영향을 받은 걸 문제 삼기 어렵다.

결국 일본의 엔카와 한국의 트로트는 비슷한 시기에 발생하여 독자적으로 발전하고 성장한 각국의 대표적인 대중음악 장르라 할 수 있다. 특히 한국의 트로트가 토착화에 성공할 수 있던 것은 트로트가 한국어로 한국인의 정서를 핍진하게 반영하여 당대인의 호응을 얻었기 때문이다.

3장에서는 먼저 한국 가수 중 한일수교 이전에 일본에서 활동한 가수들의 면면을 살펴보았다. 많은 가수 중 이난영과 나선교를 들어 그들이 일본어로 발표한 음반의 목록을 제시하였다. 이난영은 원곡이 한국 곡인 노래를 일본어로 번역해서 불렀고, 나선교는 애초에 일본어로 작사하고 작곡한 곡을 발표하였다. 요컨대 일본에서 활동했다고 해서 그들을 일률적으로 같은 선상에 놓고 언급하기는 어렵다.

흥미로운 점은 민족의 노래이자 저항의 노래로도 볼 수 있는 〈아리랑〉과 〈목포의 눈물〉이 이난영의 목소리로 일본에서 발표되었다는 거다. 단지 한국에서 유행한 노래라서 일본에서도 발표했다고 볼 수 있고, 여기에 특별한 의미를 부과하지 않을 수도 있다. 다만 그것이 대중가요의 상업적 논리를 따른 것이든, 아니면 이국취향에서 비롯한 것이든 우리가 생각하는 것보다 당대 음반 산업은 매우 복잡했다는 걸 알 수 있다.

광복 이후에 일본에서 활동한 한국 가수들의 양상도 대략 언급하였다. 한일수교 이후에 한국 가수들이 일본에 건너가서 활동하였는데, 1977년 일본에 진출한 이성애에 이르러서야 한국 가수의 일본 진출이 큰 성공을 거두었다고 본다. 이성애를 시작으로 정재은, 김연자, 계은숙 등이 일본의 엔카 가수로 활약하였다. 아울러 1990년대 이박사의 일본 진출은 흥미로운 사례로 언급할 수 있다.

앞으로 일본에 '도착한' 한국 가수들의 활동 양상을 살펴볼 때 좀 더 섬세하게 접근할 필요가 있다. 그리고 그 모든 것은 실제 자료에 근거해 이루어져야 할 것이다. 한일 대중음악 교류사 정리는 아직 갈 길이 멀다. 자료 조사부터 철저하게 이루어져야 할 텐데, 이는 한일 대중음악 연구자의 협력이 필요한 지점이다. 자료 조사의 중요성과 한일 대중음악 연구자의 협력이 필요하다는 걸 강조하면서 이 글을 갈무리한다.

참고문헌

고바야시 다카유키 지음, 박진수 옮김, 『한국의 트로트와 일본의 엔카』, 역락, 2022.
김용운, 『카오스의 날갯짓』, 김영사, 1999.
박찬호 지음, 안동림 옮김, 『한국가요사1』, 미지북스, 2009.
이준희, 「1945년 이전 일본 대중가요 음반에 나타난 조선인의 활동」, 『대중음악』 7호, 한국대중음악학회, 2011.
장유정, 『오빠는 풍각쟁이야: 대중가요로 본 근대의 풍경』, 민음in, 2006.
장유정, 「행(幸)과 불행(不幸)으로 보는 가수 이난영의 삶과 노래」, 『한국고전여성문학연구』33호, 한국고전여성문학회, 2016.
장유정, 『트로트가 무어냐고 물으신다면: 웃음과 눈물로 우리를 위로한 노래의 역사』, 도서출판 따비, 2021.
장유정, 「소녀악극단 '낭랑좌(娘娘座)'의 구성과 활동 연구」, 『구비문학연구』제72집, 한국구비문학회, 2024.
장유정·서병기, 『한국 대중음악사 개론』, 성안당, 2015.
모리 아키히데(森彰英), 『演歌の海峽』, 少年社, 1981.
Atkins, E. Taylor, The Dual Career of "Arirang": The Korean Resistance Anthem That Became a Japanese Pop Hit, The Journal of Asian Studies 66(03), Duke University Press, 2007.
Wajima, Yusuke, *Creating EnKa: "The soul of Japan" in the Postwar Era*, Public Bath Press, 2018.
Yano, Christine, *Tears of Longing: Nostalgia and the Nation in Japanese Popular Song*, Harvard University Press, 2002.
〈アリランの唄〉 https://youtu.be/XT7R2jz7Mos?feature=shared (2024년 8월 18일 검색)

〈토론문〉

나카무라 시즈요中村 靜代 | 홍익대학교

이번 장유정 교수님의 발표 "한일 대중 음악의 교류"를 통해 지금까지 몰랐던 한국 가요의 기원에 대해 새롭게 배울 수 있었습니다. 정말 감사드립니다.

교수님께서는 식민지 시기에 양국 간 가요곡 교류의 양상, 특히 현재 한국의 "트로트"의 기원과 형성 과정에 대해 매우 상세하게 조사하셨으며, 당시 대중 문화의 혼란스러운 측면을 밝히는 데 기여하셨습니다. 또한, 해방 전 일본에서 활동했던 한국인 가수들의 귀중한 자료를 제시해 주셔서, 당시 한국인 가수들이 어떤 활동을 했는지 잘 설명해 주셨습니다. 이런 내용들이 식민지 시기의 양국 문화를 연구해온 저에게 매우 흥미롭고 재미있었습니다.

대중 가요에 대한 이해가 부족한 저의 생각과 질문이 다소 원초적일 수 있지만, 아래에 간단히 전해드리겠습니다.

1. 소감

교수님께서 발표에서 제기하신 문제는 "<u>트로트가 일제 강점기 일본 유행가의 번안곡으로 시작했기 때문에 트로트를 왜색의 노래로 간주하는 것이 적절한가?</u>"였습니다. 그리고 결론에서는 "일본의 엔카와 한국의 트로트는 비슷한 시기에 발생했지만, 독립적으로 발전하고 성장한 대중 음악 장르"라며, 특히 "<u>한국의 트로트가 한국어로 한국인의 정서를 충실히 반영하여 당시 사람들에게 호응을 얻었기 때문</u>"이라고 말씀하셨습니다. 저도 한국 가요가 일본의 단순한 영향을 받았다고 보기는 어렵다고 생각합니다. 특히 식민지 시기처럼 양국 간 교류가 활발하던 시절에는 두 나라의 음악이 상호 관계 속에서 성장하고 변화했을 것으로 보입니다.

저의 오래된 기억입니다만, 전에 일본 쇼와 시대의 대표적인 작곡가인 고가 마사오(古賀政男, 1904~1978)가 한국 음악에 대해 이야기하는 인터뷰[1]를 본 적이 있습니다. 그는 젊은 시절 어머니와 함께 식민지 조선에서 10년을 지냈습니다. 그는 "한국 음악에는 '한'이 있다. 그러나 한국인은 그 감정을 복수나 분노로 푸는 것이 아니라, '아리랑'과 같은 민속 노래를 통해 표현한다. 나는 그 한국 특유의 박자를 좋아한다"고 말하며, 슬프고 한스러운 감정도 민속 노래에 담아 부르는 한국인의 밝고 강한 민족성에 대해 언급했습니다. 그의 슬픈 멜로디는 전후의 어려운 사회 속에서 인기를 얻어 쇼와 가요로 자리 잡았습니다. 이처럼 일본 음악 속에서도 잠재적으로 한국의 정서를 찾을 수 있지 않을까 생각합니다.

2. 질문①

교수님 발표에서는 해방 이전의 한국 가요에서 나타난 "왜색"에 대해 다루고 있습니다. 이와 관련하여 1965년 이후의 동향도 흥미롭습니다. 박정희 정권 하에서는 "왜색" 금지의 일환으로 1964년에 이미자 "동백 아가씨"가 금지곡으로 지정되었고, 이는 1987년에 가서야 해금되었습니다. 정치적인 의미로는, 한국에서 한일 조약 협상에 반대하는 국민 감정을 완화하기 위한 조치였다고 하지만, 노래의 가사나 이미지와 관련된 부분도 크지 않을까 생각됩니다. 이에 대해 선생님의 의견이 궁금합니다.

그 후 김대중 정권 하에서는 1998년부터 단계적으로 일본 문화 개방 정책이 시행되었습니다. 음악 분야에서도 영화와 애니메이션 송을 비롯해 '차게 앤 아스카(チャゲ&飛鳥)'의 일본 공연 등이 이루어졌습니다. 그러나 일

---

[1] 1958년쯤의 인터뷰였던 것 같습니다만, 구체적인 출처나 자료를 찾지 못했습니다.

본 엔가는 오랫동안 금지되어 왔습니다[2]. 이 이유는 일본 엔가의 가사 속에 "술집 여성"의 한숨, "동반 자살", "불륜" 등 퇴폐적인 내용이 포함되어 있기 때문이라고 생각됩니다. 특히 1970~80년대, 고도 경제 성장을 이룬 일본은 동시에 많은 사회적 부작용도 겪었습니다. 빈부 격차, 차별, 사회에서의 낙오 등 전후의 부흥기에는 보지 못 했던 "퇴폐적" 사조가 나타났습니다. 그 배경으로 엔가가 발전했다고도 볼 수 있습니다. 이시대를 상징하는 곡으로, 1975년에 150만 장이 팔리며 "오리콘 연간 히트 차트" 1위를 기록한 듀엣곡 '쇼와의 마른 억새(昭和枯れすすき)'[3]가 있습니다. 앞부분의 가사는 아래와 같습니다.

    (남) 가난에 지고 말았어. (貧しさに負けた)
    (여) 아니, 이 세상에 진거야. (いえ、世間に負けた)
    (남) 이 거리에서도 쫓겨났지. (この街も追われた)
    (남녀합) 차라리 깨끗이 죽어버릴까? (いっそ綺麗に死のうか)

대중 가요는 대중의 감성과 정서와 관련이 있다고 한다고 할 때, 일본의 어두운 면을 강하게 반영한 이러한 "일본 엔가"는 한국 사회에 쉽게 발신하기가 어렵다고 봅니다. 1998년의 잡지 등에서도 이러한 일본 문화의 폭력성, 음란성이 논의되었으며[4] 그러한 사회의 풍조가 한국으로의 엔가 개방에 큰 장애물이 되고 있지 아닐까 생각됩니다. 앞으로 '일본 엔가 개방'에 어떤 전개가 있을지에 대한 선생님의 의견을 듣고 싶습니다.

---

2 小林孝行「전후 1945년 이후의 한일 관계와 문화의 초월」2023년도 한국일본문학회 가을 학술대회, 논문집 pp.3~6.
3 「昭和枯れすすき」(쇼와 카레 스스키)는 '사쿠라 이치로'의 싱글로, 1974년 7월에 발매되었다. 10월부터 드라마『時間ですよ昭和元年(시간입니다 쇼와 원년)』의 삽입곡으로 술집 장면에서 불려 재중적인 인기를 끌었다.
4 한국 SBS 라디오 방송 프로듀서 구경모「일본 대중 문화의 개방 – 찬성론(미루면 한국의 경쟁력이 저하된다)」,『월간 신동아』1998년 4월호

3. 질문②

교수님께서 발표 중에 "성인가요" "전통가요" "애가" "아리랑"뿐만 아니라 "뽕짝"과 같은 관련 용어들을 상세히 검토하시면서 결국 사전적인 정의를 사용하신 점에 대해 저도 동의합니다. 용어의 정의는 시대와 매체, 그리고 다양한 시각에 따라 달라질 수 있습니다.

특히 트로트가 대중문화라는 점에 주목하면, 대중 매체, 잡지, 신문, TV 프로그램 등에서 실린 기사와 기록이 방대할 것으로 보입니다. 이는 질문이라기보다는 제안이 될 수 있겠지만, 최근 활발히 진행되고 있는 "디지털 분석"과 "데이터 마이닝"을 통해 신문 제목이나 기사 내용에서 트로트 관련 용어의 사용 빈도나 예시, 단어의 의미 변화 과정 등을 추적하면 20세기 전반부터 현대에 이르기까지의 트로트 편성 과정이 더 객관적으로 자세히 밝혀져 흥미로울 것 같습니다. 선생님께서 앞으로 이런 연구를 진행할 의향이 있으신지 여쭙고 싶습니다.

이상, 지식이 부족한 입장에서 말씀을 드리게 되어 죄송합니다만 교수님께서 아시는 범위 내에서 알려주시면 감사하겠습니다. 이상입니다.

국제화 시대 한일 영화 교류·관계사의 변곡 양상*
일본 대중문화 개방을 중심으로

함충범 | 한국영상대학교

1. 들어가며: 논의의 대상 및 목적

'국제화(國際化, Globalization)'란 "여러 나라와 관련되는 성격을 가지거나 여러 나라에 범위가 미치는 상태로 됨"는 현상을 일컫는 말이다.[1] 그러므로 교통 및 운송의 발달과 통신 기술의 혁신으로 국가 간 인적, 물적 이동과 지식 전달 및 정보 공유의 활성화가 진행 중인 현 시점에서, 우리는 가히 '국제화 시대'를 살고 있다고 할 만하다. 하지만 인류의 역사가 늘 동일한 방향성을 띤 채 흘러온 것은, 당연히 아니다. 따라서 현재의 국제화는 동유럽 사회주의권의 몰락(1989)과 독일의 통일(1990), 소련의 해체(1991) 등을 거쳐 도래한 '탈냉전'과 같은 거대하고 강렬한 역사적 '사건'을 계기로 굴곡의 향방이 바뀐 '변곡'의 결과로 볼 수 있다.

한국과 일본의 경우는 어떠한가? 양국은 지리적으로 매우 가까이 위치해 있으며, 이러한 까닭에 오랜 세월 동안 크고 작은 영향을 주고받으며 지내

---

* 이 글은 2018년 10월 6일 개최된 제24회 부산국제영화제 아시아영화포럼에서의 발표 '영화사적 관점에서 본 일본 대중문화 개방의 영향과 의의: 한일 영화 교류 및 관계 양상을 중심으로'의 내용을 확대·발전시켜 작성한 2024년 9월 13일 개최된 2024년 한일문화교류기금 국제학술회의에서의 발표문「국제화 시대 한일 영화 교류·관계사의 변곡 양상: 일본 대중문화 개방을 중심으로」를 바탕으로 완성된 것임.
[1] 다음 어학사전(https://dic.daum.net/).

왔다. 더구나 두 나라는 자본주의 시장경제 체제를 토대로 한 미국의 우방이자 동맹국이라는 공통분모 위에 경제 협력과 외교적 공조 활동을 활발히 이어가고 있다. 그러나 과거 식민지 피/지배의 경험에서 비롯된 역사 문제 및 그 해결 방식을 둘러싼 인식 차이 등으로 말미암아 우호 관계가 경색되고 상호 교류가 정체되는 경우도 종종 발생한다.

그럴 때마다 마치 윤활유와 같은 역할을 해 준 것이 바로 대중문화이다. 영화, 애니메이션, 가요, 공연 및 방송 콘텐츠를 망라한 대중문화 장르의 전파와 유행은 양국 국민으로 하여금 상대국을 향한 반감을 누그러뜨리는 동시에 서로에 대한 관심과 이해, 호감과 친근함을 증진시키는 순기능을 발휘하곤 하였다. 그 바탕에 한국에서 일본 대중문화가, 일본에서 한국 대중문화가 별다른 제약 없이 수용 및 파급될 수 있어야 한다는 현실적인 조건이 전제됨은 물론이다.

하지만 불과 20~30년 전만 하더라도 상황은 사뭇 달랐다. 한일 양국 간 대중문화의 공식적이고도 합법적인 교류 활동이 상당 부분 차단 혹은 제한되어 있었던 것인데, 가장 커다란 이유는 한국에서 일본 대중문화를 접하는 일이 원칙적으로 허용되지 않아 왔기 때문이다. 그러다가 1998년 한국 정부가 일본 대중문화에 대한 개방의 방침을 천명함으로써 한일 대중문화 교류·관계사에 비로소 가시적인 변화가 일게 되었다.

그런데 이러한 과정의 중심에 위치해 있던 분야가 다름 아닌 영화였다. 산업 규모 및 대중적 반향의 정도, 사회·문화적 파급력이 컸을 뿐 아니라, 간헐적이고 비공식적인 교류 및 관계 활동 역시 오랜 기간 동안 끊임없이 이어져 오고 있었기 때문이다. 게다가 당시는 세계화의 조류 속에서 한국영화(계)와 일본영화(계)가 새로운 움직임을 보이기 시작한 때이기도 하였다. 이에, 영화를 통한 국제화 시대 한일 대중문화 교류·관계의 현재와 미래를 조망하기 위해서는, 양국 간 영화 교류·관계사에 대해 통시적으로 확인한 뒤 1998년 한국 정부의 일본 대중문화 개방 조치를 기점으로 한 변곡의 양상을 면밀히 살펴볼 필요성이 존재한다.

지금까지 한일 영화 교류·관계의 역사적 흐름에 주목한 선행연구는 상당히 많다. 그러나 연구의 관심사가 한국에서의 일본영화 상영 양상 및 표절 문제, 한국영화 속 일본(인) 표상, 재일 한국인의 작품 활동, 일본영화 속 한국(인) 표상, 한국과 일본의 영화 교류 등 다양한 측면을 포괄하면서도 논의의 대상이 특정 시기의 작품이나 감독, 장르 등에 한정되는 경향을 보이기도 하였다. 한편, 일본 대중문화 개방을 다루면서 영화 분야에 초점을 맞춘 경우도 있었다. 그러나 대부분 발표 시점이 1990년대 말과 2000년대 초중반에 집중되어 있으며, 한일 영화 교류·관계사를 전체적으로 맥락화하면서 심도 깊은 고찰을 시도한 사례를 찾아보기란 쉽지 않다.[2]

이에, 본고에서는 해방/패전 후 한국과 일본의 문화 교류·관계 역사상 최대의 변곡 지점이었다고 할 만한 일본 대중문화 개방을 중심으로 국제화 시대 한일 영화 교류·관계사의 양상을 탐구하려 한다. 이를 위해 한일 영화 교류·관계의 시대별 특징을 그 전환점들을 중심으로 거시적으로 되짚어보고, 일본 대중문화 개방의 배경 및 과정을 체계적으로 정리하며, 일본영화의 개봉 및 흥행 결과를 비롯하여 이후 양국 영화 분야의 변화상을 다각적

---

[2] 이에 해당되는 주요 논문들을 학위논문과 학술논문으로 나누어 발표 시기 순으로 정리해 보면 다음과 같이 나열된다. 강익모, 「일본 대중문화 '단계적 개방' 정책에 따른 대응방안 연구: 일본 대중영화와 한국 시청각 문화산업을 중심으로」, 서강대학교 석사논문, 1998 ; 산본공(山本功), 「일본대중문화의 개방정책과 유입실태의 변천에 관한 연구: 영화·방송·대중 음악과 공연을 중심으로」, 경기대학교 석사논문, 2004 ; 한상남, 「일본 대중문화 개방의 사회·경제적 효과: 영화 및 애니메이션 산업을 중심으로」, 인하대학교 석사논문, 2004 ; 촌상일평(村上一平), 「한국 영화를 통해서 본 「일본·일본인」 이미지변화에 관한 연구: 1998년 일본대중문화 개방을 중심으로」, 국민대학교 석사논문, 2005 ; 가토 치에, 「90년대 이후 한일 영화 교류와 콜라보레이션 영화」, 한양대학교 석사논문, 2008. / 김휴종, 「일본 영화 개방의 경제적 효과 분석」, 『문화경제연구』 2-1, 한국문화경제학회, 1999 ; 황달기, 「한국의 일본대중문화 수용: 1990년대 이후의 일본영화를 중심으로」, 『일본어문학』 36, 일본어문학회, 2007.

으로 들여다볼 것이다. 그리고 이를 통해 한국과 일본의 문화적 대응 방식과 그 성과 등에 대해 종합적으로 검토하고자 한다.

2. 한일 영화 교류·관계사의 흐름과 전환점들

극장 상영 방식의 영화 시스템이 고안되어 일반 대중에게 유료 상영되기 시작한 것은 1895년 12월 28일의 일이었다. 청일전쟁 이후 조선에 대한 일본의 영향력이 증대되던 시기와 맞물린다. 1년여 뒤 일본에서도 영화가 수용되었으며 시간의 흐름에 따라 단계적으로 정착되어 갔다. 한반도에 영화가 유입된 것은 1900년대 초반으로 추정된다. 기록에 따르면, 미국인에 의해 대한제국 황실에 소개된 후 신기하고 재미있는 유흥거리로서 대중의 관심을 얻게 되었다.

그러던 중, 1910년 2월 경성(京城, 서울)에 '활동사진 상설관'이 개관되었다. 한국영화사에서 본격적인 영화 관람의 시대가 개막된 것이다. 극장의 이름은 '경성고등연예관(京城高等演藝館)'으로, 여기서는 주로 일본영화가 일본인 변사의 일본어 설명이 붙여진 채 상영되었고 관객층도 대부분 일본인이었다. 그리고 1910년 8월 29일 한일병합조약이 발효되었던 바, 한국의 초기 영화사는 전반적으로 식민지 역사와 궤를 같이하게 된다. 이에 따라, 1910년대를 통과하며 영화 산업의 주도권은 재조선 일본인들에게 넘어갔다.

1920년대 들어서는 식민지 조선에서 영화 제작이 본격화되었다. 그 과정에서 재조선 일본인과 조선인의 협업이 동반되었으며, 일본인 극장에서는 여전히 일본영화가 주를 이루고 있었다. 한편, 일본 내에서도 조선영화가 상영되고 영화 업계에서 조선인이 활동하는 일이 생기기도 하였다.

1930년대는 전 세계적으로 발성영화 제작이 정착되던 때였다. 일본에서는 1931년부터, 조선에서는 1935년부터 발성영화가 만들어지기 시작하였다. 무성영화에 비해 발성영화는 고비용 완제품의 성격을 띠었기에 보다 많은 수의 관객과 안정적인 배급 라인을 필요로 하였다. 이에, 1930년대 중후반을 거치면서 조선과 일본의 영화 교류가 눈에 띄게 활성화되었다. 특히, 1937년 7월 7일 중일전쟁 발발 이후에는 일본-조선 간 일원적인 영화 정책 기조 하에서 조선영화계와 일본영화계, 조선인과 일본인 간 합작 영화의 제작 비중과 조선 내 일본영화(계)의 영향력이 더욱 커져갔다.

이러한 흐름은 1945년 8월 15일 일본이 패전하고 한국이 해방됨으로써 단번에 끊기게 되었다. 다만, 일본의 주도로 1954년부터 매년 개최된 '아시아영화제'에 1957년부터 한국도 정식으로 참가함으로써 국제 영화제를 통해 한일 영화계의 교류가 재개되었다.³ 한편, 식민지 시기 독립운동(가)을 다룬 작품 내 일부 장면을 제외하곤 한국영화 속에 일본인과 일본어가 등장하는 경우가 많지 않았으나, 1950년대 중반 이후에는 재일 한국인을 다룬 일본영화가 나오기도 하였다.

1965년 6월 22일 한일기본조약 조인을 통해 한국과 일본의 국교가 정상화된 1960년대에 이르러서는 그 양상이 점차 달라졌다. 1962년 5월 12일부터 19일까지 서울에서 열린 제9회 아시아영화제를 계기로 일본영화 출품작의 한국 상영이 성사되었으며,⁴ 이는 한일 국교 정상화 이후 1966년 제13회 서울, 1972년 제18회 서울, 1976년 제22회 부산 개최 등으로 이어졌다. 1960년 제7회 도쿄, 1963년 제10회 도쿄, 1965년 제12회 교토, 1967년 제14회 도쿄 개최 등을 통한 한국영화 출품작의 일본 상영도 계속되었다. 그리고 이를 토대로 한국에서의 일본영화 상영, 일본에서의 한국영화 상영이 간

---

3 1957년 도쿄에서 열린 제4회 아시아영화제에서 이병일 감독의 〈시집가는 날〉(1956)이 특별희극상을 받았는데, 이는 한국영화로는 최초의 국제 영화제 수상작이 되었다.
4 이때 상영된 일본영화는 구로사와 아키라(黑澤明) 감독의 〈쓰바키 산주로(椿三十郎)〉(1962), 이치무라 히로카즈(市村泰一) 감독의 〈강은 흐른다(川は流れる)〉(1962), 마스다 도시오(舛田利雄) 감독의 〈위를 향해 걷자(上を向けて歩こう)〉(1962), 마스무라 야스조(增村保造) 감독의 〈아내는 고백한다(妻は告白する)〉(1961) 등이었다.

헐적이나마 이루어지게 되었다. 김기덕 감독의 〈대괴수 용가리〉(1967) 제작 당시에는 일본 기술진의 방한으로 협업이 행해지기도 하였다.

이후 한일 양국의 기술적, 학술적 교류 활동이 이어졌으며, 일본 원작이나 일본 관련 소재를 다룬 한국영화도 계속 제작되었다. 특히, 일본영화 속 한국인 표상이 다양해지고 재일 한국인 작가의 소설 작품이 영화화됨과 더불어 재일 한국인 영화 인력의 활동 또한 보다 활발해졌다.

이렇게 1970~80년대가 지난 뒤, 1990년대 들어서는 한일 영화 교류·관계사에 의미 있는 변화가 일게 되었다. 먼저, 1997년 10월 제주도에서 아시아영화제의 후신인 아시아태평양영화제(제42회)가 열린 것과는 별개로 1996년 10월 부산국제영화제가, 1997년 8월 부천국제판타스틱영화제가 출범함으로써 한국 내 일본영화의 지속적 상영에 청신호가 켜졌다. 일본에서의 한국영화 상영 활동 역시 더욱 활성화되었다. 가령, 1994년 4월 도쿄 소재 '300인 극장'에서 '한국영화의 전모'라는 행사를 통해 54편의 한국영화가 상영되었고, 동년 '고베 한국영화제'에서도 임권택 감독의 작품 10편이 공개되었다. 또한 1996년 12월부터 2개월 동안 진행된 '한국영화제 1946~1996' 행사를 통해서는 총 80여 편에 이르는 한국영화가 상영되기도 하였다.

다음으로, 일본영화계에서의 재일 한국인의 영화 활동도 더욱 활발해졌다. 특히 재일교포 출신 최양일 감독이 〈달은 어디에 떠 있는가〉(月はどっちに出ている)〉(1993) 등으로 유명세를 타게 되었다. 영화 합작에 있어서도 새로운 양상이 펼쳐졌다. 〈사랑의 묵시록〉(김수용 감독, 1995)을 시작으로 〈깡패 수업〉(김상진 감독, 1996), 〈가족 시네마〉(박철수 감독, 1998) 등의 한국영화가 일본과의 협업을 통해 제작된 것이다. 한편으로, 이 시기에도 일본 문예물을 원작으로 하여 일본영화 표절 시비에 걸린 한국영화는 몇 편 있었으나 그 수가 많지는 않았으며 대신에 한국영화 속 일본(인)의 표상은 이전에 비해 사실성과 다양성을 높여 갔다. 일본영화 〈잠자는 남자(眠る男)〉(오구리 고헤이(大栗康平) 감독, 1996)에 한국인 배우 안성기가 출연하

기도 하였다. 그리고 이와 같은 변화의 끝에는 1998년 10월 20일 발표된 '일본 대중문화 개방'이라는 역사적 사건이 놓여 있었다.

요컨대 한국에서 일본영화의 개방이 실현된 시점은 1998년이었던 바, 20세기까지는 한국과 일본의 영화 교류·관계가 정상적으로, 그리고 본격적으로 성사되지 못하였다고 볼 수 있다. 그리고 당시 한일 영화 교류·관계사는 일본의 패전일이면서 한국의 해방일인 1945년 8월 15일을 기점으로 그 전과 후로 크게 양분된다.

우선, 1945년 이전에는 1910년을 기점으로 식민지 조선에 일본으로부터 영화가 통상적으로 배급·상영되기 시작하였다. 이후에는 재조선 일본인의 조선영화 제작 활동이 끊임없이 이루어졌다. 특히 1937년 이후에는 조선영화 제작 과정에서 일본영화계와의 연계성이 보다 밀접해졌다. 그러면서 조선영화 속에 일본인 배우와 배역이 등장하는 경우가 많아졌고 일본어의 빈도와 비중도 높아졌다. 동시에 일본에서의 조선영화 배급 및 상영, 재일 조선인의 영화계 활동, 일본영화 제작 과정에서의 조선영화계와의 협업, 일본영화 속 조선(인) 재현 역시 활발해졌지만, 반대의 경우보다 활성화되지는 못하였다.

이어, 1945년 이후 양국의 영화 교류·관계사에 변화를 보인 것은 1960년대에 들어서였다. 각종 영화제 개최와 민간 차원의 문화 교류를 통해 간헐적으로나마 한국에서 일본영화가, 일본에서 한국영화가 공개·상영되었다. 그리고 한국영화 제작 과정에서 일본의 기술진에 의한 협업이 이따금씩 행해졌으며, 1970~80년대를 지나면서는 재일교포 영화인의 일본영화 제작 활동이 활발해졌다. 일본 원작이나 일본 관련 소재를 다룬 한국영화도 어느 정도 만들어졌다. 또한 그 이미지가 정형화되기도 하였으나 한국영화 속에 일본(인)이, 일본영화 속에 한국(인)이 여전히 모습을 드러내었다.

이처럼, 한국과 일본은 영화라는 가장 대표적인 대중문화 장르를 통해 1세기가 넘는 시간 동안 교류와 관계를 이어왔다.[5] 그런데 한일 양국의 역사적 궤적과 시대적 특수성 속에서 그 흐름이 크게 바뀌기도 하였다. 가장 거대한 전환의 기점은 1945년이었으며, 세부적으로는 그 이전의 경우 1910년과 1937년, 이후에는 1962년이 중요한 전환점이었다고 할 만하다. 그리고 한국에서 일본 대중문화 개방이 단행된 1998년이 있었다. 1945년을 제외하면 한일 영화 교류·관계사에서 최대의 역사적 전환이 일게 된 당시의 변곡 양상을 구체적으로 살펴보도록 하자.

3. 일본 대중문화 개방의 배경 및 과정

한국에서 일본 대중문화의 개방을 둘러싼 논의가 시작된 것은 한일 국교 정상화가 이루어진 1960년대 중후반이었고, 1970년대에도 그 필요성이 대두되는 경우가 종종 있었다. 아울러 1980년대에 들어서는 국가정상으로서는 최초로 1983년 1월 11일 나카소네 야스히로(中曾根康弘) 총리가 일본의 한국을 방문하고 이듬해인 1984년 9월 6일 전두환 대통령이 일본을 답방함에 따라 그 가능성이 높아지기도 하였다. 하지만, 일본 대중문화 개방이 반복적으로 쟁점화되고 이에 대한 찬반 양론이 팽팽히 맞서는 가운데 상황이 쉽사리 전도되지는 못하였다.

일본 대중문화 개방을 반대하는 입장에 선 사람들은 대체로 다음과 같은 근거를 제시하였다. 첫째, 일본의 식민 통치를 경험한 한국인들 사이에 일본에 대한 정서적 반감이 여전히 뿌리 깊게 존재하고 있다는 것이다. 둘째, 일본 문화가 개방되면 이것에 의해 한국 문화의 고유성이 심각한 타격을 받게 되어 결국에는 한국에서 일본의 문화적 지배가 재현될 수 있다는 것이다. 셋째, 오락적 상업적 성격이 강한 일본 대중문화에는 선정적이고 폭

---

5 전체적인 흐름 및 상세한 내용은 필자의 단행본 『한일 영화 교류·관계사』(한국학술정보, 2021)를 참고 바람.

력적인 요소가 많기 때문에 특히 감수성이 예민한 청소년층에게 부정적인 영향을 끼칠 수 있다는 것이다. 넷째, 일본 대중문화 개방은 한국 문화산업 전반에 커다란 타격을 미칠 것이며, 이에 따라 문화 분야에서의 대일(對日) 무역 적자까지 발생할 수 있다는 것이다. 이와 함께 개방 반대론자들은 찬성론의 입장이 지극히 원론적이기 때문에 이는 매우 비현실적이라고 비판하였다.

이에 대해, 개방 찬성론자들은 반대론자들이 변화무쌍한 국제 관계를 직시하지 못한 채 감정적 차원에 머물러 있음을 지적하면서 다음과 같은 이유를 들어 반박하였다. 첫째, 세계화·개방화 시대에 일본 대중문화에 대해서만 차별을 둘 수 없다는 것이다. 둘째, 정부의 규제가 오히려 일본 대중문화의 불법적이고 음성적인 유통을 부추겨 더 큰 부작용을 낳을 수 있다는 것이다. 셋째, 시간이 지나면 일본 문화에 대한 관심은 자연스레 감소될 것이며, 때문에 보다 활발한 한일 양국 문화 교류를 전제로 하는 일본 대중문화의 개방은 오히려 한국 대중문화의 경쟁력을 높이는 기회가 될 수 있다는 것이다. 넷째, 일본에 대한 국민 정서를 고려하여 개방 시기를 늦추자면 한도 끝도 없으므로 정부에서 단안을 내려 개방을 결정해야 한다는 것이다.

이러한 가운데 일본 대중문화 개방을 둘러싼 논의는 1990년대를 통과하며 수면 위로 떠올랐으며, 정부 차원에서 이를 긍정적인 방향으로 검토하게 되었다. 노태우 정권 말기인 1992년 10월, 한국 정부는 일본음악과 일본영화의 개방에 대한 긍정적인 검토 의사를 표명하였다. 김영삼 정권기인 1994년 1월에는 공로명 주일 대사가 일본 대중문화 개방에 대해 언급하였고 1995년 2월에는 이홍구 국무총리가 국회에서 비슷한 취지의 보고를 하였다. 그러나 1994년 3월 일본 대중문화 개방이 임기 내에 해결할 수 있을 것이라던 김영삼 대통령의 발언이 1995년 3월과 1997년 1월에는 단계적, 점진적으로 추진해야 한다는 쪽으로 바뀌면서 그 속도가 조절되기도 하였다. 그리고 결국 김대중 정권이 들어선 1998년에 이르러 일본 대중문화 개방이 현실화되었다.

　1990년대 한일 영화 교류·관계 활동에 있어서의 변화상은 실로 1998년 한국에서의 일본 대중문화 개방 이후의 현상을 예고하는 전조였다고 할 만하다. 아울러 그 바탕에는 다음과 같은 시대적 배경이 자리하였다고 볼 수 있다.

　첫째, 1990년 독일의 통일과 1991년 소련의 붕괴를 거치며 지구촌을 강타하게 된 냉전의 종식과 국제화로 대변되는 정세의 변화이다. 한국의 경우 1988년 서울올림픽 개최 이후 1991년 남북한 유엔 동시 가입과 1992년 중국과의 수교 등을 경험하였고, 이에 따라 일본과의 관계 개선에 필요성도 제기되었다. 그러던 중, 1993년 '고노(河野) 담화'와 1995년 '무라야마(村山) 담화'가 발표됨으로써 한일 관계 개선의 실마리가 풀리게 되었다. 다시 그 배경에 1993년 한국에서는 32년 만에 '문민 정부'가 들어서고 일본에서는 38년 만에 자민당 체제가 개편되는 등의 정치적 상황이 놓여 있었다.

　둘째, 이러한 과정 중에 한일 양국에서 민간 차원의 문화 교류가 전반적으로 활성화되었다는 점이다. 가령, 1988년 서울올림픽을 계기로 일본인의 한국 방문이 증가하고 1989년 취해진 한국에서의 해외여행 자유화 조치 이후 일본을 방문하는 한국인도 늘었다. 1991년부터는 한일 프로야구 대표 선수들 사이에 '슈퍼 게임'이 열리기도 하였다. 특히 1996년 5월에는 2002 FIFA월드컵의 한일 공동 개최가 결정됨으로써, 양국 간의 정책적 공조가 더욱 절실해졌다.

　셋째, 한일 양국의 영화계 상황이다. 1990년대 들어 한국에서는 정부의 영화 통제가 완화된 데 반해 다양한 방면의 진흥 방안이 적극적으로 마련되었고, 제작·배급·상영 부문에서의 인적 쇄신과 투자의 증대, 시스템 구축 등이 이루어졌다. 일본의 경우 1980년대부터 이어진 영화 업계의 침체 및 재편으로 산업적 판로를 확장해야 할 필요성이 대두되고 있었다. 이러한 상황 하에서 한국과 일본의 영화계는 국제화를 추구하였다. 이에, 한국에서는 부산, 부천 등지에서 커다란 규모의 국제 영화제를 유치하기 시작하였고, 일본의 경우 유수의 국제 영화제 수상작을 꾸준히 배출해 내었다.

이러한 배경 하에, 1998년부터 2004년까지 한국에서 일본 대중문화의 개방이 단계적으로 실행되었다. 1998년 2월 26일 취임한 김대중 대통령은 1997년 11월 21일 정부가 국제통화기금(IMF)에 구제 금융을 신청한 일을 통해 표면된 외환 위기 사태를 거치며 확산된 신자유주의 체제 하에서 대중문화를 단순한 '소비'가 아닌 '산업'의 관점에서 바라봐야 함을 강조해 오던 중,[6] 1998년 4월 17일 문화관광부의 업무 보고 자리에서 "일본 대중문화 개방을 두려워할 것이 없다"며 "적극적인 개방 의지를 시사"하였다.[7] 그리고 이에 따라 당국은 일본 대중문화의 단계적 개방 방침을 밝히게 되었다. 이어 5월 13일 한일문화교류정책자문위원회가 구성되어 본격적인 논의가 시작된 뒤,[8] 10여 차례의 추가적인 모임 및 문화관광부 산하 관계국의 협의 끝에 단계적 개방 계획이 수립되었다.

일본 대중문화 개방이 확정되고 그 방침이 정해진 후 괄목할 만한 변화를 맞이한 분야는 바로 영화였다. 1998년 10월 20일 1차 개방이 발표되었는데, 이에 따라 1998년 11월 28일 일본 배우들이 출연한 박철수 감독의 〈가족 시네마〉가 서울 지역 12개 영화관을 포함, 전국에서 상영되고 동년 12월 5일 기타노 다케시(北野武) 감독이 직접 출연한 〈하나비(HANA-BI)〉(1997)가 개봉됨으로써 일본영화의 개방이 공식적으로 이루어졌다. 하지만 일본 대중문화의 단계별 개방이라는 정부의 방침으로 인해 영화의 경우도 1차 개방 이후 그 개방의 폭이 점진적으로 확대되었다. 일본 대중문화의 단계적 개방 과정에 따른 일본영화 개방에 관한 내용은 다음과 같다.

---

6 남상욱, 「김대중의 말을 통해 본 일본 대중문화 개방의 의미」, 『일본비평』 30, 서울대학교 일본연구소, 2024, 270쪽 참조.
7 〈일본 대중문화 「빗장」 푼다〉, 《조선일보》 1998.4.18, 1면.
8 〈한일 문화 교류 정책자문 발족: '日(일) 대중문화 개방' 논의 본격화〉, 《동아일보》 1998.5.14, 35면 참조.

① 제1차 개방 (1998.10.20) : 제1차 일본 대중문화 개방은 영화 및 비디오 분야에 한정되었다. 영화의 경우 한일 공동 제작이 성사되었거나 20% 이상 출자 등 영화진흥법상의 요건을 충족하는 경우와 한국의 영화인이 감독 또는 주연으로 제작에 참여한 영화, 일본 배우가 출연한 한국영화, 그리고 칸, 베니스, 베를린, 아카데미에서의 수상작만이 수입 대상이 되었다.

② 제2차 개방 (1999.9.10) : 제2차 개방에서는 공연물과 출판물로 개방 분야가 확대되었다. 한국 정부는 2000석 이하 규모의 실내 공연장, 실내 체육관, 관광호텔 연회장 등에서의 일본 대중가요 공연을 허용하였고, 일본어판 출판 만화와 만화 잡지 판매도 허용하였다. 영화 분야의 개방 폭 역시 넓어졌다. 우선 칸, 베니스, 베를린, 아카데미 등 이른바 '세계 4대 영화제' 수상작이라는 요건이 영화진흥위원회 포상 영화제(13개)와 국제영화제작자연맹(FIAPF) 인정 영화제 등 '공인된 국제 영화제 수상작'으로 확대되었다. 이에 따라 당시 수입 대상 영화제는 70여 개, 수입 대상 영화는 100여 편 정도로 증가하였다. 아울러 극장용 애니메이션을 제외한 한국 영상물등급위원회가 '전체 관람가'로 인정한 영화도 수입이 가능해졌다.

③ 제3차 개방 (2000.6.27) : 제3차 개방안은 영화 및 비디오, 공연, 게임, 방송 등으로 1, 2차 개방 때에 비해 그 범주가 대폭 확대되었다. 영화 분야의 경우 영상물등급위원회에서 인정하는 '12세 관람가'와 '15세 관람가' 영화까지 추가로 개방되었다. 이로써 '18세미만 관람불가' 이외의 일본영화 수입이 가능해졌다.

④ 추가 개방 중단 (2001.7.12) : 일본 정부의 역사 교과서 왜곡 시정 거부에 대한 대일 강경 대응책의 일환으로, 한국 정부가 일본 역사 교과서 대책반·자문단 연석회의를 거쳐 일본 대중문화의 추가 개방에 대한 중단 조치를 발표하였다. 그리하여 일본어 가창 음반, 쇼, 오락 방송, 18세 이상의 성인용 비디오 영화, 가정용 게임기, 애니메이션, 공중파 방송에서의 일본영화 방영 등의 개방 일정에 차질이 빚어졌다.

⑤ 제4차 개방 (2003.9.1) : 2003년 6월 7일 한일 정상 회담에서의 한일 공동 성명 후속 조치를 적극적으로 추진하기 위해, 한국 정부는 동북아 경제 중심 실현에 문화적 연계의 중요성을 지속적으로 확대하고 문화 산업의 경쟁력을 강화하는 등의 미래 지향적 정책 방향에 부합하는 차원에서 제4차 일본 대중문화 개방안을 발표하였다. 이에 따라 2004년 1월 1일을 기해 일본 대중문화의 전면 개방이 시행되었다. 이로써 음반, 게임 분야가 전면 개방되었고, 극장용 애니메이션의 경우 2년간의 유예 기간을 거쳐 2006년 1월 1일부터 전면적으로 개방하기도 하였다. 영화에 있어서도 '18세 관람가'와 '제한 상영가'를 포함한 일본영화의 전면 개방 조치가 취해졌다.

4. 개방 직후 일본영화의 흥행 결과 및 요인

한국 정부의 일본 대중문화 개방 결정에 따라 1998년부터 한국에 수입되기 시작한 일본영화의 개봉 편수는 3편이 수입되어 전체 외국영화 수입 편수 289편 대비 일본영화 개봉 편수의 비율은 1.04% 정도였던 1998년 이래 매년 증가세를 보였는데,[9] 특히 제2차 개방 실시 년도인 1999년과 제3차 개방이 실시된 2000년도 사이에는 수입 편수 및 전체 외국영화 편수에서 차지하는 비율이 큰 폭으로 상승하였다. 즉 1999년 6편이 수입되어 전체 외국영화 수입 편수 289편 대비 일본영화 개봉 편수의 비율이 2.02% 정도에 불과하였던 것이,[10] 2000년에는 39편으로 외국영화 수입 편수 359편의 10.86%가량을 점유하였다.[11] 이러한 상승세는 2001년까지 이어졌다. 2001년 일본영화는 전년도보다는 3편이 적은 36편이 수입되었으나, 이 해 한국

---

9 영화진흥위원회, 『1999년도판 한국영화연감』, 집문당, 1999, 90~91쪽 참조.
10 영화진흥위원회, 『2000년도판 한국영화연감』, 집문당, 2000, 18쪽 참조.
11 영화진흥위원회, 『2001년도판 한국영화연감』, 집문당, 2001, 47쪽 참조.

내 외국영화 수입 편수가 전년도 321편으로 떨어져 최초로 점유율은 오히려 약 11.21%로 증가세를 유지하였다.[12] 이어 2002년과 2003년의 경우 일본 대중문화 추가 개방 중단의 영향을 받아 각각 12편과 20편의 일본영화가 수입되었으나 한국영화 강세의 지속으로 한국에서 수입된 외국영화의 편수가 점점 하락하는 추세에 있었기 때문에 전체 외국영화 개봉 편수 대비 비율은 2002년 4.69% 정도로 주춤하다가[13] 2003년 8.51%로 반등하였다.[14] 그리고 2004년에는 일본영화 28편이 수입되어 15.52%에 이르는 점유율을 기록하였다.[15]

일본영화의 개봉 편수 및 비중 역시 대체로 상승 곡선을 그렸다. 1998년과 1999년에 한국에서 개봉된 일본영화는 각각 2편과 4편으로, 이는 외국영화 총 개봉 편수 287편의 약 0.7%와 275편의 약 1.45%에 해당하는 수치였다.[16] 또한 2000년에는 25편으로 342편의 7.31%, 2001년에는 24편으로 280편의 8.57% 정도를 차지하였다. 그러나 2002년에는 13편과 4.74%(외국영화 총 개봉 편수 274편)로 하강하였다가, 2003년에는 18편과 7.5%(외국영화 총 개봉 편수 240편)로 반등세를 보인 뒤 2004년에는 외국영화 268편 중에 28편을 차지함으로써 처음으로 10% 이상의 점유율(10.45%)에 도달하였다.[17]

그렇지만, 일본영화의 흥행 성적이 좋은 편은 아니었다. 개방 첫 해인 1998년 한국 내 외국영화 전체 관객 수 가운데 일본영화 관객 수의 비율은 0.4%에 불과하였는데, 1999년 3.1%, 2000년 7.4%로 상승세를 타다가 2001년 1.4%, 2002년 3.2%, 2003년 2.88%, 2004년 2.07%로 지지부진하였던 것

---

12 영화진흥위원회, 『2002년도판 한국영화연감』, 커뮤니케이션북스, 2003, 51쪽 참조.
13 영화진흥위원회, 『2003년도판 한국영화연감』, 커뮤니케이션북스, 2003, 53쪽 참조.
14 영화진흥위원회, 『2004년도판 한국영화연감』, 커뮤니케이션북스, 2004, 49쪽 참조.
15 영화진흥위원회, 『2005년도판 한국영화연감』, 커뮤니케이션북스, 2005, 63쪽 참조.
16 영화진흥위원회, 『2001년도판 한국영화연감』, 집문당, 2001, 24쪽 참조.
17 영화진흥위원회, 『2005년도판 한국영화연감』, 커뮤니케이션북스, 2005, 26쪽 참조.

이다. 편당 관객 수의 경우 1998년 47,774명이었던 것이 1999년 187,959명으로 크게 증가한 뒤 2000년 78,977명, 2001년 18,139명, 2002년 101,254명, 2003년 70,215명, 2004년 34,428명이었는데, 외국영화 전체의 편당 관객 수가 1998년 78,037명, 1999년 87,577명, 2000년 81,013명, 2001년 116,223명, 2002년 138,573명, 2003년 172,585명, 2004년 161,007명이었던 바, 일본영화의 편당 관객 수가 외국영화 평균치를 상회한 해는 1999년뿐이었다.[18]

대중문화 개방 이후 일본영화가 한국에서 대중적 성과를 거두지 못한 것은, 한국영화가 지속적으로 흥행에 성공하였다는 데 일차적인 이유가 있었다. 1990년대 말까지 한국의 영화 시장에서 차지하는 자국 영화의 비중은 매우 작았다. 1998년까지 100만 명 이상의 관객을 동원한 한국영화는 임권택 감독의 〈서편제〉(1993) 단 1편에 불과한 상태였다. 그러던 것이 일본 대중문화 개방 조치로 일본영화가 수입되기 시작한 1999년부터 큰 변화가 일기 시작하였다. 강제규 감독의 〈쉬리〉(1999)가 전국 관객 621만여 명을 동원하여 신기원을 이루었고 2000년에는 〈공동경비구역 JSA〉(2000)가 583만여 명을 동원하였다. 그리고 그 기록은 2001년 818만여 명의 관객을 동원한 〈친구〉(2001)에 의해 또 다시 경신되었다. 그리고 2000년대 중반에 이르러 〈실미도〉(2003)와 〈태극기 휘날리며〉(2004)가 각각 1,108만여 명과 1,174만여 명의 관객을 동원함으로써 한국영화는 이른바 '천만 관객' 시대를 맞이하게 되었다. 이러한 영향으로 한국 내 자국 영화는 2000년 32%, 2001년 46.1%, 2002년 45%, 2003년 49.5%, 2004년 54.2% 등으로 1990년대 후반 이후 관객 점유율의 비약적 상승을 이어갔다.

하지만, 한국 내 일본영화의 흥행 부진에 대한 보다 근본적인 원인은 일본영화 자체에 내재되어 있었다고 할 만하다. 첫째, 한국 정부의 일본 대중문화의 단계별 개방 조치에 따라 수입, 개봉된 개방 초기 일본영화들로 인

---

18 영화진흥위원회, 『2001년도판 한국영화연감』, 집문당, 2001, 24쪽 및 영화진흥위원회, 『2005년도판 한국영화연감』, 커뮤니케이션북스, 2005, 26쪽 참조.

해 일본영화 전체에 대한 관객의 인상이 생성되었다는 점이다. 전술한 바와 같이, 2000년 6월 제3차 개방 이전까지 수입이 허용된 일본영화는 그 대상이 국제 영화제에서 수상작 및 '전체 관람가' 작품에 국한되었다. 그리고 이는 일본 대중문화의 상업성과 오락성에 기대를 걸고 있던 젊은 층을 중심으로 한 일본영화의 중추적, 그리고 잠재적 관객층에 "일본영화는 재미없고 지루하다"는 인식을 심어 주었다. 2000년 6월 이전까지 수입된 영화들 가운데 베니스국제영화제 황금사자상을 수상한 〈하나비〉가 서울 관객 3만 8천여 명을, 칸영화제 황금종려상을 수상한 구로사와 아키라(黑澤明) 감독의 〈카게무샤(影武者)〉(1980)가 서울 관객 5만 8천여 명을, 역시 칸영화제 황금종려상을 수상한 이마무라 쇼헤이(今村昌平) 감독의 〈우나기(うなぎ)〉(1997)가 서울 관객 5만 3천여 명을 기록하는 데 그쳤으며, 이마무라 쇼헤이에게 칸영화제에서 첫 번째 황금종려상을 안겨 준 〈나라야마 부시코(楢山節考)〉(1983)와 베를린국제영화제 은곰상 수상작인 히가시 요이치(東陽一) 감독의 〈그림 속의 나의 마을(繪の中のぼくの村)〉(1996)은 서울 관객 6천여 명을 동원하는 데 만족해야 하였다. 이처럼 세계 유수의 영화제에서 수상한 일본영화들은 거의 다 한국에서 흥행에 참패하였다.

반면에, 감성적 멜로 영화인 이와이 슌지(岩井俊二) 감독의 〈러브레터(Love Letter)〉(1995)가 서울 관객 60여만 명을 동원, 흥행에 성공한 것을 비롯하여 서울 관객 22만여 명을 동원한 후루하타 야스오(降旗康男) 감독의 〈철도원(鐵道員)〉(1999), 서울 관객 22만 4천여 명을 동원한 나카노 히로유키(中野裕之) 감독의 〈사무라이 픽션(サムライ・フィクション)〉(1998), 그리고 서울 관객 14만여 명을 기록한 오시마 나기사(大島渚) 감독의 〈감각의 제국(愛のコリーダ)〉(1976) 등 감동적이거나 자극적인 내용을 담았던 일부 작품들이 비교적 선전하였다. 이를 통해 일본영화 흥행 부진의 두 번째 원인을 찾을 수 있다. 즉, 누구나 공감할 수 있는 내용과 형식을 기본으로 하여 복합적인 흥행 코드를 갖춘 영화들이 충분치 않았다는 점이다. 〈하

나비〉, 〈우나기〉, 〈카게무샤〉 등 유명 국제 영화제 수상작을 비롯한 영화들은 인생의 깊이를 통찰하거나 삶의 의미를 되새기는 데 초점이 맞춰져 있거나 일본의 역사와 사회에 대한 이해를 바탕으로 하는 작품군이었다. 또한 한국에 수입된 일본영화들은 대개 한국영화에 비해 지나치게 과장 혹은 절제되어 있었다. 물론 이러한 작품들이 예술 영화를 좋아하거나 일본 대중문화에 특별한 관심을 가지고 있던 소수의 관객층에게는 감상 욕구를 자극하였을지도 모른다. 하지만 할리우드식 볼거리를 영화 관람의 핵심 요소로 생각하던 대다수의 당시 한국 관객에게는 드라마 및 멜로적 요소와 코믹 혹은 호러 요소 등이 적절히 결합된 콘텐츠가 더욱 흥미로웠을 것이다.

한국 내 일본영화의 흥행 부진에도 불구하고, 스오 마사유키(周防 正行) 감독의 〈쉘 위 댄스(Shall we ダンス?)〉(1996)와 모토히로 가쓰유키(本廣克行) 감독의 〈춤추는 대수사선(踊る大捜査線)〉(1998)이 2000년에 서울 관객 30만 명이 조금 넘는 관객을 동원하였고, 2003년의 경우 서울 관객 34만 6천여 명을 동원한 시미즈 다카시(淸水崇) 감독의 〈주온(呪怨)〉(2000)이 공포 영화로서 흥행에 성공하였다. 2002년에는 미야자키 하야오(宮崎駿) 감독의 〈센과 치히로의 행방불명(千と千尋の神隱し)〉(2001)이 서울 관객 93만 7천여 명을 기록함으로서 당시까지 한국에서 개봉된 일본영화 가운데 최고의 기록을 세웠다. 그리고 2003년에는 모리타 히로유키(森田宏幸) 감독의 〈고양이의 보은(猫の恩返し)〉(2002)이 서울 관객 22만 6천여 명을, 2004년에는 〈하울의 움직이는 성(ハウルの動く城)〉(2004)이 서울 관객 42만 4천여 명을 끌어 모음으로써 〈센과 치히로의 행방불명〉에 이어 극장용 장편 애니메이션의 흥행을 주도하게 되었다.

한국 관객에게 좋은 반응을 얻었던 이러한 일련의 작품들에서는 공통점이 발견된다. 이들 작품이 일본 대중문화가 지녀온 특유의 문화 코드를 적절히 활용하여 일본영화 특유의 매력을 발산하고 있었다는 점이 그것이다. 특히 일본 애니메이션의 흥행 성공은, '애니메이션 강국'이라는 일본의 명성으로 인한 결과로도 볼 수 있겠으나, 〈센과 치히로의 행방불명〉, 〈고양이의 보은〉, 〈하울의 움직이는 성〉 등에서 확인되는 바와 같이 일본 고유의 문화적 특성을 영화에 적절히 첨가하여 관객에게 호기심과 신비감을 자극시켰다는 점이 커다란 비결이었다고 할 만하다.

5. 나오며: 이후의 경향과 앞으로의 기대

살펴본 바대로, 1998년부터 2004년까지 단계적으로 이루어진 한국에서의 일본영화 개방은 한국과 일본의 대중문화 교류·관계사의 흐름과 담론의 지형, 시대적 배경, 그 실행 과정 등을 바탕으로 행해졌다. 하지만 개방 직후 한국에서 일본영화는 상업적 성공을 거두거나 사회·문화적 반향을 일으키지 못하였다.

그럼에도, 한국에서의 일본 대중문화 개방이 이후 양국의 민간 외교 및 예술 활동에 미친 영향은 결코 미미하지 않았다. 영화 분야에서 역시 보다 긴 시간을 두고 가시적인 변화가 확연히 나타났다. 그리하여, 이전까지는 한국 내 일본영화 수입 편수가 거의 없었으나 1998년부터 공식적으로 집계되기 시작하였고, 2000년대 들어선 뒤에는 한국 내 외국영화 수입 편수에서 미국 다음가는 국가로 자리하기 시작하였으며 2010년대 중반에는 수위에 오르기도 하였다. 한국영화의 일본 진출 또한 크게 활발해졌다. 일본 대중문화 개방 직후부터 일본은 한국영화의 주요 수입국으로 자리하였다. 단적으로, 편수 및 금액 기준으로 2010년대 초중반까지 한국영화의 가장 큰 규모의 수출 대상국이 바로 일본이었다.[19]

---

[19] 관련 내용은 일반사단법인 일본영화제작자연맹(一般社団法人 日本映畫製作者連盟)의 일본영화산업통계(日本映畫産業統計) 사이트(https://www.eiren.org/toukei/)를 참조하였음.

주목되는 점은, 그러면서 한일 영화 교류·관계가 양성화되었다는 사실이다. 일본 대중문화 개방을 계기로 오랜 세월 제한된 시공간 속에서 간헐적, 혹은 음성적으로 성사되던 한국에서의 일본영화 상영 및 일본에서의 한국영화 상영 활동의 일상화가 이루어진 것이다. 나아가, 다소 일방향성을 띠어 왔던 과거의 한일 영화 교류·관계의 양상이 쌍방향화되었다는 사실도 중요하다. 국가 간의 지속적인 교류와 발전적인 관계는 상호 동등한 문화의 전파와 수용이 전제되었을 때 비로소 가능해지기 때문이다.

한편으로, 일본 대중문화 개방은 한국과 일본의 영화 합작이 늘어나는 계기로도 작용하였다. 그리고 이를 통해 연기자와 기술진, 감독에 이르기까지 한일 간 영화계의 교류가 더욱 활성화되었다. 아울러 그 과정에서 역할 분담 등에 있어 양국 영화인들이 이전에 비해 대등한 관계에 놓이게 되었다. 더불어, 한국에서의 일본영화 표절 행태가 근절되는 대신 일본 원작에 대한 판권 매매가 정상화되었으며, 일본에서 한국 원작이 영화화되는 경우도 크게 증가하였다. 일본 관련 내용을 다룬 한국영화의 소재가 다양해지고 그 표현 방식이 사실성을 띠게 되었다는 점, 재일 한국인 감독이 연출하거나 한국을 대상으로 한 일본영화의 스펙트럼도 넓어졌다는 점 역시 긍정적인 변화라고 할 만하다.

이와 같은 성과에도 불구하고, 일본 대중문화 개방 이후에도 여전히 한일 간 영화 활동의 한계가 노정되어 있기도 하다. 한국 개봉 일본영화 및 일본 개봉 한국영화 가운데 흥행을 주도하거나 비평의 중심에 위치하게 된 사례를 찾아보기 힘들 정도로, 양국의 영화가 상대국에서 강한 위력을 발휘하거나 큰 존재감을 드러내지는 못해 왔던 것이다. 이에 따라 한국에서 일본영화는, 그리고 일본에서 한국영화는 수입 및 수출 편수와 금액을 기준으로는 상위를 차지하면서도 관객 동원 수나 흥행 수익 등에 있어서는 국제화 지수를 크게 끌어올린 자국의 영화와 줄곧 세계 영화 시장을 장악해 온 미국영화에 크게 미치지 못하는 상태에 오랫동안 머물 수밖에 없었다.

대중문화 분야에서 영화의 파급력이 갈수록 약화되고 있다는 점도 외면하기 어려운 현실이다. 실제로, 2000년대 이후 한국에서 가장 큰 수요가 있었던 일본의 대중문화 장르는 애니메이션이었고, 일본에서의 경우 그동안 한국의 영화보다는 텔레비전 드라마에 대한 인지도와 파급력이 훨씬 컸다. 현재에는 '케이 팝(K-POP)'으로 대변되는 대중가요의 인기가 여타 장르를 압도하는 형국인 바, 그렇지 않아도 기술 혁신으로 인해 발생한 영상 매체의 전환기를 힘겹게 통과 중인 영화 분야의 위기감이 더욱 가중되고 있다고도 하겠다.

그렇지만 위기 속에 기회가 있는 법, 코로나 19의 소용돌이 속에 전 세계적으로 문화 교류가 크게 위축된 요 몇 년 사이에도 한일 양국의 영화는 국경을 초월한 채 활동의 양상을 확장해 오고 있다. 우선, 국내외적으로 흥행 성공을 거두었을 뿐 아니라 칸영화제와 아카데미영화상 등에서 주요 수상 부문을 석권하며 작품성까지 인정받은 봉준호 감독의 〈기생충〉(2019)의 영향 등으로 인해 일본 현지에서 한국영화의 위상이 전에 없이 높아졌다. 또한 이노우에 다케히코(井上雄彦) 감독의 〈더 퍼스트 슬램덩크(THE FIRST SLAM DUNK)〉(2022)의 경우, 한국에서 500만 명에 가까운 관객을 동원함으로써 일본 애니메이션의 흥행 파워를 다시 한 번 증명하였다. 배우 심은경은 일본에서 후지이 미치히토(藤井道人) 감독의 〈신문기자(新聞記者)〉(2019)와 하코타 유코(箱田優子) 감독의 〈블루 아워(ブルーアワーにぶっ飛ばす)〉(2020)에 주연으로 출연한 바 있으며, 고레에다 히로카즈(是枝裕和) 감독의 경우 한국에서 〈브로커〉(2022)를 연출하기도 하였다.

2024년 현재, 한국과 일본의 영화계는 위기의 시간대를 통과하는 중이다. 인터넷의 발달과 숏 폼의 유행 등으로 극장 관객 수가 현저히 줄어듦에 따라 제작비 확보가 어려워지고 작업 환경이 열악해지는 악순환이 이어지고 있는 것이다. 그러나 지금 이 순간에도 한일 영화 교류 및 관계 활동은 다방면을 통해 끊임없이 전개되고 있다. 새로운 국제화 시대의 도래 속에, 마침 케이 팝을 중심으로 양국 대중문화의 교류가 더욱 활성화되고 있으며 상대국을 찾는 방문객 수가 늘어남에 따라 포괄적 범주의 문화에 대한 이해도 역시 보다 높아지고 있다.

100년을 훌쩍 넘은 한국과 일본 간 대중문화의 역사를 떠올려보자. 고난의 시기도, 반목의 시간도 적지 않게 포함되어 있었으나 교류·관계의 실낱같은 끈이 탄탄한 매듭으로 이어져 양국의 문화·예술계가 한껏 성장하는 일이 기적처럼 발생하기도 한다. 일본 대중문화의 완전 개방 20년을 맞이하여, 한일 영화 교류·관계사의 한층 더 극적이면서도 긍정적인 변곡을 기대해 본다.

참고문헌

(1) 단행본

영화진흥위원회,『1999년도판 한국영화연감』, 집문당, 1999.
_____,『2000년도판 한국영화연감』, 집문당, 2000.
_____,『2001년도판 한국영화연감』, 집문당, 2001.
_____,『2002년도판 한국영화연감』, 커뮤니케이션북스, 2003.
_____,『2003년도판 한국영화연감』, 커뮤니케이션북스, 2003.
_____,『2004년도판 한국영화연감』, 커뮤니케이션북스, 2004.
_____,『2005년도판 한국영화연감』, 커뮤니케이션북스, 2005.
함충범,『한일 영화 교류·관계사』, 한국학술정보, 2021.

(2) 학술논문

김휴종,「일본 영화 개방의 경제적 효과 분석」,『문화경제연구』 2-1, 한국문화경제학회, 1999.
남상욱,「김대중의 말을 통해 본 일본 대중문화 개방의 의미」,『일본비평』 30, 서울대학교 일본연구소, 2024
황달기,「한국의 일본대중문화 수용: 1990년대 이후의 일본영화를 중심으로」,『일본어문학』 36, 일본어문학회, 2007.

(3) 학위논문

가토 치에,「90년대 이후 한일 영화 교류와 콜라보레이션 영화」, 한양대학교 석사논문, 2008.
강익모,「일본 대중문화 '단계적 개방' 정책에 따른 대응방안 연구: 일본 대중영화와 한국 시청각 문화산업을 중심으로」, 서강대학교 석사논문, 1998.
산본공(山本功),「일본대중문화의 개방정책과 유입실태의 변천에 관한 연구: 영화·방송·대중 음악과 공연을 중심으로」, 경기대학교 석사논문, 2004.
촌상일평(村上一平),「한국 영화를 통해서 본「일본·일본인」 이미지변화에 관한 연구: 1998년 일본대중문화 개방을 중심으로」, 국민대학교 석사논문, 2005.
한상남,「일본 대중문화 개방의 사회·경제적 효과: 영화 및 애니메이션 산업을 중심으로」, 인하대학교 석사논문, 2004.

(4) 일간지

《동아일보》
《조선일보》

(5) 인터넷 사이트

다음 어학사전(https://dic.daum.net/)
일본영화제작자연맹 일본영화산업통계((https://www.eiren.org/toukei/)

〈토론문〉

나리카와 아야成川 彩 | 전 아사히신문

한일 영화 교류에 대해 오랫동안 관심을 가져온 입장에서, 특히 함충범 교수님께서 쓰신 책 『한일 영화 교류·관계사』는 교과서처럼 여러 번 읽으면서 많은 것을 배웠습니다. 이번에 토론 기회를 얻게 되어 영광입니다. 감사합니다.

일본 대중문화 개방과 한류 붐에 대한 연구는 많지만, 100년 전부터 현재까지의 긴 기간을 거시적으로 분석하는 연구는 함충범 교수님 연구 외에는 찾기 어렵고, 이번 발제도 그만큼 가치가 있다고 생각합니다.

우선 영화를 포함한 한국과 일본의 교류는 지적된 바와 같이 "과거 식민지 피/지배의 경험에서 비롯된 역사 문제 및 그 해결 방식을 둘러싼 인식 차이 등"으로 정체되는 경우가 많았습니다. "그럴 때마다 마치 윤활유와 같은 역할을 해준 것이 바로 대중문화"였는데 그 대표적인 사례 중 하나가 드라마 〈겨울연가〉라고 생각합니다. 98년부터 시작된 일본 대중문화 개방은 99년 제2차, 2000년 제3차 개방으로 이어졌지만, 2001년 역사교과서 문제를 둘러싼 대일 강경책으로 추가 개방이 중단됐습니다. 그런 사이에 일본에서는 2003년 드라마 〈겨울연가〉가 방영되면서 한류 붐이 시작되었습니다. 갈등의 불씨가 된 역사교과서 문제가 근본적으로 해결된 것도 아닌데 2003년에 멈췄던 일본 대중문화 개방이 재개된 것은 한국 문화에 대한 일본의 긍정적인 반응이 큰 역할을 했다고 생각합니다.

그런데 지적된 것처럼 일본에서는 한국 드라마와 K-POP이, 한국에서는 일본 애니메이션이 인기를 끌고 있으나, 애니메이션 이외의 영화에 대해서는 양국의 영화가 상대국에서 강력한 힘이나 존재감을 발휘하지 못하고 있는 것도 사실입니다.

칸영화제 황금종려상을 수상하고 아카데미 시상식에서 작품상 등 4관왕을 차지한 봉준호 감독의 〈기생충〉(2019)은 일본에서 한국영화 흥행 기록을 경신하는 히트작이 됐지만, 그전 1위 기록은 1차 한류 붐 때 개봉한 〈내 머리 속의 지우개〉(2004)였습니다. 15년 동안 주목할 만한 히트작이 없었다는 것입니다. 한국에서 거의 매년 관객수가 1000만명을 넘는 영화가 탄생하는 것에 비해, 일본 내 한국영화의 흥행은 아쉬운 상태입니다.

한편, 한국에서는 지난해 일본 애니메이션 영화 '스즈메의 문단속'과 '더 퍼스트 슬램덩크'가 합쳐서 1000만명의 관객을 동원했습니다. 그러나 실사 영화의 경우, 일본 대중문화 개방에 의해 99년에 한국에서 개봉한 이와이 슌지 감독의 〈러브 레터〉(1995)를 능가하는 히트작은 오랫동안 없었고, 드디어 미키 타카히로 감독의 〈오늘 밤, 세계에서 이 사랑이 사라진다 해도〉(2022)가 한국에서 110만 명을 넘는 관객 수를 기록했습니다. 그러나 일본 실사 영화의 히트작은 여전히 드물기만 합니다.

그래서 두 가지 점에 대해 의견을 교수님께 묻고 싶습니다.

첫 번째는 한국에서 일본영화의 흥행에 관한 것입니다. 최근 〈러브 레터〉를 제작한 카와이 신야 프로듀서를 만나 이야기를 나눌 기회가 있었습니다. 일본에서는 특별한 히트작은 아니었던 〈러브 레터〉가 한국에서 히트를 칠 수 있었던 이유에 대해 카와이 프로듀서는 "일본 대중문화 개방에 의해 먼저 개봉한 영화는 〈하나비〉, 〈카게무샤〉, 〈우나기〉 등 국제 영화제에서 호평을 받았지만 대중적인 영화는 아니었고, 한국 관객들은 일본영화가 어렵다고 느꼈을 수 있다. 그 다음에 개봉한 〈러브 레터〉는 한국 관객들도 공감할 수 있는 대중적인 영화였기 때문에 성공한 것 아닌가"라고 말했습니다. 이 점은 교수님이 지적하신 것과 비슷하다고 생각합니다.

그런데 2000년대에 한국영화가 지속적으로 흥행에 성공하는 것이 한국에서 일본영화의 흥행 성적이 부진했던 이유 중 하나라는 점은 이해하지만, 그럼에도 불구하고 한국에서 애니메이션을 제외한 일본영화의 존재감이 너무 작다고 느껴집니다.

한국에서 알려진 일본 영화 감독은 고레에다 히로카즈, 하마구치 류스케 등 국제 영화제에서 높은 평가를 받고 있는 감독들인데 흥행 감독은 아닙니다. 일본에서 흥행에 성공한 영화가 한국에서는 개봉하지 않거나, 개봉하더라도 그다지 눈에 띄지 않는 경우가 많은 것 같습니다.

이러한 상황이 계속되는 요인은 무엇인지, 일본영화는 애니메이션을 빼고 대중적이지 않다는 편견이 있는 건 아닌지, 교수님은 어떻게 생각하십니까?

두 번째는 이 또한 카와이 프로듀서에게 들은 이야기지만, 카와이 프로듀서는 한일 합작 영화 〈역도산〉(2004)도 제작했고 지금도 한일 합작 영화의 제작 제의를 받고 있다고 합니다. 이에 대해 한국 측은 '이번 정권 사이에 제작할 것'을 조건으로 제시했다고 합니다. 또 정권이 바뀔 경우 한일관계가 어떻게 될지 모르기 때문에 그 전에 한일관계가 그나마 괜찮을 때 만들려고 하는 것 같습니다.

2019년 당시 일본 정부의 수출 규제로 인해 한국에서 일본에 대한 반감이 고조되자, 일본영화를 배급하는 한국 회사 대표는 "이미 수입한 일본영화가 개봉할 수 없게 됐다"고 한탄했고, 한일 합작 영화 프로듀서는 "제작이 중단됐다"고 한탄했던 것이 기억납니다.

대중문화는 한일관계가 악화했을 때 윤활유 역할을 하기도 하지만, 한일관계 악화로 인해 그런 기회가 없어지기도 합니다. 지속가능성을 고려할 때, 가능한 한 한일관계의 악영향을 받지 않고 문화 교류를 지속할 수 있는 것이 중요한데 이를 위해 정부 차원과 민간 차원에서 무엇을 할 수 있는지, 과거로부터 무엇을 배울 수 있는지 교수님 의견을 듣고 싶습니다.

한일 식문화 비교연구
-『요리물어(料理物語)』와 『음식디미방』을 중심으로 -

김수성 | 부산외국어대학교

1. 들어가기

　식문화는 계층과 지역에 따라 차이가 크기 때문에 전체적인 파악이 쉽지 않다. 그러나 조리서를 통해 특정 시기의 식생활을 어느 정도 추측할 수 있다. 조리서는 주로 인적 물적 교류가 빈번한 지역을 중심으로 작성되는 경향이 있다. 비록 각종 조리서가 실제 식생활을 완전히 반영한다고 볼 수는 없지만, 시대에 따른 변화과정을 파악하는데 중요한 자료로 활용될 수 있다.
　에도시대의 『요리물어(料理物語)』와 조선시대의 『음식디미방』은 각각 조선과 일본의 대표적인 조리서로, 두 나라의 식문화를 이해하는 데 중요한 자료이다. 두 조리서는 각기 다른 역사적 배경과 사회적 맥락 속에서 발전하여 두 나라의 전통 음식문화를 기록하고 있다.
　『요리물어』는 중세의 귀족과 무사계층이 중시했던 의례, 작법, 권위 등 형식적인 면에서 완전히 탈피하여 1643년에 일반 서민들도 쉽게 이용할 수 있도록 조리 재료와 조리 방법을 수록하여 간행된 실용주의적 성격을 가진 최초의 조리서[1]로 평가받고 있다. 저자에 관한 언급은 전혀 없고 그해 12월 지금은 관동지방 일대를 포함하는 무슈국(武州國)에서 집필을 마쳤다는 기록만 남아있다. 또한 상업과 도시문화가 발달한 에도시대의 사회적 배경을

---
[1] 김수성, 「『料理物語』를 통해 본 일본 식문화 연구-육식과 게가레 관념을 중심으로-」, 『일어일문학』 88, 2020, p.341

반영하며 대체로 계층을 구분하지 않는 요리를 소개하고 있고 일부 귀족이나 상류 무사계층의 음식문화도 수록되어 있다.

『음식디미방』은 경상북도 안동과 영양 일대에서 살았던 정부인(貞夫人) 안동 장씨 장계향이 1670년경에 한글로 서술한 최초의 한글 조리서[2]로 상류층 가정의 다양한 조리법과 함께 각 요리에 사용되는 재료에 대한 설명, 그리고 술 제조법이 상세히 기록되어 있다. 이 문헌에는 저술자명과 저술 시기에 관한 부분은 이미 연구성과를 통한 고증이 충분히 이루어졌으므로 논의의 여지가 없다. 이 조리서는 유교적 가치관 속에서 가문 중심의 생활을 중시했던 조선시대의 사회적 배경을 반영하고 가정 내 여성의 역할이 강조되었음을 보여 준다.

현재까지 이루어진 식문화 연구로『요리물어』와『음식디미방』을 직접 비교한 연구는 찾아보기 어렵다. 두 조리서는 당시 사회적, 문화적 배경을 반영하고 있으며 조리법의 상세한 기술에서부터 식재료 사용, 음식의 의미와 역할에 이르기까지 다양한 측면에서 비교할 수 있다. 이 두 조리서는 거의 동시대에 집필 및 간행된 것이지만 전서의 경우는 특정 지역이나 계층에 국한하지 않고 에도시대 초기 일본 전역에서 이루어진 식문화를 반영하고 있다. 후서의 경우 경북 일대(안동, 영양, 예천 등지)라는 특정 지역과 신분이 높은 양반가의 접빈 요리(接賓料理)를 중점적으로 담고 있다. 그러므로 두 조리서는 직접 비교분석을 하는 데에 한계가 있다. 조리서의 집필 및 간행 시기, 재료 및 조리법 항목 수 등으로 우위를 평가하는 것은 지양해야 한다.

식문화는 다수 사람이 사회적, 종교적, 정치적, 경제적 영향을 받으며 오랜 경험과 지식을 축적하여 다음 세대로 전수하는 가운데 허용, 개선, 기피, 소멸 등 일련의 과정을 거치기 마련이다. 또한 조리서 집필자의 집필 의도

---

2 백두현, 「『음식디미방』[규곤시의방]의 내용과 구성에 대한 연구」, 『영남학』 1, 2003, p.249.

와 개별적 기호에 따라서 재료 수록의 범위와 조리법도 달라질 수 있고 집필자의 신분, 나이, 성별, 식습관에 따라서도 다소 차이를 보일 수 있다는 점을 간과해서는 안 된다. 두 조리서에 소개된 항목은 시대 전체를 대표하기보다는 당대에 유행했던 음식 내지는 특정 가문에서 자주 이용했던 '특정적 식문화(Specific Food Culture)'³라는 측면에서 고려할 필요가 있다.

따라서 본 연구는 『요리물어』와 『음식디미방』을 중심으로 식재료와 조리법에 나타난 식문화의 특징과 공통점을 살펴보고 당시의 사회적 구조와 가치관이 식재료 선택과 조리법에 어떻게 영향을 미쳤는지를 고찰해 보고자 한다.

2. 조리서의 시대적 배경

에도시대 초기에는 인쇄 기술이 발달했고 특히 관영(寬永) 연간(1624~1644년) 이후 다수의 조리서가 간행되어 널리 유통되었다. 이는 이전 시대와 비교하면 조리서 독자층이 나이, 성별, 속성 등 다양한 요소를 바탕으로 성립되었음을 의미한다.

『요리물어』는 에도 초기의 조리서로서 가장 잘 알려져 있으며, 각 요리 유파의 비전과 의식 요리 식단과 작법 등을 기록하던 무로마치 시대의 조리서 형식주의에서 탈피하여 구체적이고 평이하게 요리재료와 조리 방법을 쓴 최초의 획기적인 조리서로 평가받고 있다.⁴ 당시 조리서를 내용 면에서

---

3 필자는 특정 시대, 특정 지역, 또는 특정 가문에서 유행하거나 주로 소비되었던 요리를 의미하는 개념으로 '특정적 식문화(Specific food Culture)'로 명명했다. 이는 전반적인 시대나 문화 전체를 대표하는 것이 아니라, 특정한 상황이나 맥락에서 두드러지게 나타나는 요리와 조리법을 지칭한다. 이 개념은 특정 시기의 유행이나 특정 가문에서의 전통을 반영하며 일반적인 문화사나 요리사의 전반적인 특성을 비교 설명하는 데 중요한 역할을 할 수 있다고 보는 견해이다.

분류하면 요리를 업으로 하는 이에모토(家元)의 비전을 계승하는 것에 중점을 둔 것과 당시 만들어진 요리를 수집이나 편집한 것이 있다. 『요리물어』는 후자에 해당한다.[5] 이 조리서는 도쿠가와 정권이 안정기에 접어들었던 3대 쇼군 도쿠가와 이에미쓰(德川家光, 1604~1651) 집권 시기에 간행되었다. 이에미쓰는 쇼군 취임 이후 여러 치수 공사로 범람이 잦았던 지역이 안정적으로 바뀌면서 새로운 농경지로 개발될 수 있었다. 이를 통해 농업 생산 면적이 확대되었고 더 많은 식량을 생산할 수 있게 되었다. 이러한 치수 공사는 에도 성과 주변 지역을 보호하고 안정적인 도시 인프라를 조성하기 위한 것이었으며, 이로 인해 에도의 급격한 인구 증가와 상업적 번영을 뒷받침할 수 있었다. 하지만 연이은 흉작으로 기근이 잦아지자 서민들의 불만이 극도로 고조되어 결국 1637년 시마바라의 난(島原の亂)[6]으로 이어졌다. 이처럼 사회적으로 불안정한 시기였고 근세 사회에는 여전히 귀족사회와 무가 사회의 선례와 권위를 중시하는 요리 이론이 상급 요리인 사이에서 널리 알려져 있었다. 중세 이후 철저히 지켜온 의례와 작법, 권위, 식전(式典) 등을 중시하는 형식주의에서 실용주의로 식문화 양상이 변화했다. 그 대표적인 예로 1643년에 판본으로 간행된 것이 『요리물어』이고 가장 오래된 조리서로 평가받고 있다. 이후 간행된 여러 조리서에도 큰 영향을 주었으나 작자가 누구인지 명확하게 밝혀주는 자료는 현존하지 않는다. 발문에 소개된 내용은 다음과 같다.

---

4 松下幸子 外3人,「古典料理の研究(八) - 寬永十三年『料理物語』 - 」,『千葉大學敎育學部硏究紀要』通号31 第2部, 千葉大學, 1982, p.181.
5 松下幸子 外1人,「古典料理の研究(二) - 料理塩梅集について - 」,『千葉大學敎育學部硏究紀要』通号 25 第2部, 千葉大學, 1976, p.218.
6 1637년 일본 규슈 북부의 시마바라(島原)에서 크리스트교를 믿는 농민들을 중심으로 일어난 봉기로 12만 명의 진압군에 의해서 농민 4만 명이 가담한 규모가 컸으며 4개월 만에 진압된 사건이다.

이상의 요리 제1권은 특별한 요리법의 규칙에 따르지 않고 단지 다른 사람이 만든 것을 그대로 서술한 것이므로 정해진 규칙이 있는 것은 아니지만, 옛날부터 전해져 내려온 것과 오늘날 사람들 이야기를 기록하여 '요리물어(料理物語)'라 이름을 지었다. 멀리 떨어진 유명한 장소의 희귀한 것은 수없이 많을 것이며 또한 언젠가 들을 수도 있고 볼 수도 있을 것이다. 흥미로운 것이 나오면 덧붙여 적어 두겠다. 산과 들, 강과 바다의 물고기나 새도 모두 무에서 태어난 무한한 존재로 비와 이슬의 영양분을 받아 생겨난 모습은 다양하고 끝이 없으며 그 전체를 이해하기란 어렵다. 지금 평판이 좋은 것들이 있지만 좋아 보이는 것은 남겨두겠다. 또한 훌륭한 것이 누락 되었을지도 모른다. 단지 대략적으로는 봄의 풍경이나 여행 중의 여유 시간을 붓에 맡겨 적었으므로 필자는 자세히 알지 못하니 아는 분들께 구전으로 물어보기 바란다. 간에이 20년(1643) 계미년 12월 길일 무슈국 사야마에서 이를 쓴다.[7]

각 요리 유파에 의한 비전서와 전혀 다른 태도를 보인다는 것은 명확하지만 그 이상의 내용에 대해서는 추정하기 어렵다. 『요리물어』의 초판(간본)은 1643년에 간행되었고 이보다 7년 전인 1636년에 작성된 필사본(사본)이 전해지고 있다. 간본과 사본은 재료나 수록 순서에 약간의 차이가 있으나 전체적으로 일관성 있게 거의 같은 내용으로 구성되어 있다. 현존하는 『요리물어』는 1643년부터 1664년까지 최소 7종이 간행된 것은 명확하고 표지 서명과 편집 방식이 다르며 이후 간행 기록은 불명확하다.

『음식디미방』(1670년경)은 경북 북부 지역의 안동과 영양에서 살았던 안동 장씨 장계향(1598~1680)이 집필한 우리나라 최초의 순 한글 조리서이다. 이 조리서는 17세기 중엽 당시 음식을 만드는 방법을 상세히 기록한 귀중한 자료로 남성이 중심이 되어 중국 문헌을 번역한 다른 조리서와 달리 기존에 전해 내려온 전통 음식과 장계향이 일생 스스로 터득하고 개발한 조리법을 담고 있다. 조선시대의 지배층은 국가 기록을 한문으로 했다. 조선

---

7 作者未詳 平野雅章 譯, 『料理物語』, 敎育社新書, 1988, p.202.

왕조실록을 비롯한 모든 역사 기록이 한문으로 되어 있다. 관공서에서 작성한 대부분 문서도 한문이거나 한문에 기반한 이두문으로 작성되었다. 조선 후기의 법령집 『수교잡록(受敎輯錄)』[8]에 관문서에 한글 사용을 금지하는 조항을 두기도 했다. 한글 사용은 국가적 차원에서 볼 때 한문과 비교하면 매우 제한적이었다.[9] 그러므로 조선시대에 여성의 신분으로 한글로 책을 저술하여 후세에 남긴다는 것은 사회적 통념상 어려운 일이었다. 이러한 점을 이해하기 위해 몇 가지 조리서가 갖는 특징을 살펴볼 필요가 있다. 『음식디미방』 권말에 다음과 같은 필사기가 적혀 있다.

> 이 책을 이리 눈 어두운데 간신히 썼으니 이 뜻을 알아 이대로 시행하고 딸자식들은 각각 베껴 가되 이 책 가져갈 생각일랑 절대로 내지 말며 부디 상하지 말게 간수하여 빨리 떨어져 버리게 하지 말아라.[10]

장계향이 책을 저술한 시기를 72세로 보는 견해도 있는데[11] 건강상의 어려움을 무릅쓰고 책을 지은 뜻을 깊이 헤아리고 부디 잘 간수해 후세에 전하라는 당부의 내용을 담고 있다. 저술자의 서명이 나타나 있지 않은 것은 이 책을 바깥사람들에게 보이기 위해 저술한 것이 아니라 집안에 간직해 두고 집안의 부녀들에게 전해주려는 목적에서 지은 것이기 때문일 것이다. 집안의 사람들이 보는 책에 굳이 글쓴이의 성을 밝혀 적을 필요가 없었던

---

8 『수교잡록(受敎輯錄)』은 1698년 조선 숙종 대에 편찬된 것으로 국왕이 내린 명령(수교)을 모아 정리한 기록이다. 이 문헌은 당시 정치적, 사회적 상황을 이해하는데 중요한 자료로 활용된다. 국왕의 행정적 지시나 왕실의 주요 정책 등을 정리한 내용이 담겨 있어 당시 조정의 움직임과 시대상을 연구하는 데 큰 도움이 된다.
9 https://www.archives.go.kr/archivesdata/upFile/palgan/1404351124100.pdf (검색일: 2024. 6. 28.)
10 백두현, 『음식디미방 주해』, 글누림, 2006, p.11.
11 정혜경 외2인, 「『수운잡방』과 『음식디미방』에 나타난 조리법 비교」, 『한국식생활문화학회지』 제30권 2호, 2015, p.42.

것[12]으로 볼 수 있다. 사대부 가문의 음식을 통해 가풍을 전승하고 가문의 위상을 유지하려는 노력이 이 글 속에 담겨있음을 부인하기 어렵다.[13]

이 조리서 표지에는 '규곤시의방(閨壼是議方)'이라는 제목이 붙어 있고, 본문 시작 부분에는 '음식디미방'이라는 한글 제목이 적혀 있다. 표지 제목은 여성들이 거처하는 공간인 안방과 안뜰('규곤')과 올바르게 풀이한 처방문('시의방')이라는 의미로, 사회적 통념과 격식을 고려하여 자손이 붙였을 가능성이 크다. 반면 권두 서명은 '음식의 맛을 아는 방법'이라는 의미로 장씨 부인이 직접 쓴 것으로 해석되며 지은이의 집필 의도를 고려해서 '음식디미방'이라는 서명을 사용하는 것이 바람직하다.

조선 중기는 임진왜란과 병자호란 이후 조선이 재건과 발전을 이루면서 경제적 안정과 사회적 발전이 이루어진 시기이고 농업기술의 발전과 함께 다양한 식재료 생산이 증가한 시기이기도 하다. 이는 조리법의 다양화와 발전을 가능하게 했으며 식문화의 발달에도 큰 영향을 미쳤다. 『음식디미방』은 유교적 가치관 아래 고급 식재료를 사용한 품격 있는 음식과 술을 통한 접대문화를 형성했고 이는 곧 사회적 지위를 나타내는 상징적 자본으로서 기능도 했을 것이다. 그만큼 실제 요리를 담당하는 가정 내 여성의 역할과 책임이 크게 두드러진 시기였음을 동시에 보여준다.

3. 조리서의 구성과 내용

『요리물어』는 전체 20개 부문으로 구성되어 있다. 전반부는 재료별 요리법을 간략하게 소개하고, 후반부는 조리법과 재료 보관법 등을 설명한다.

---

12 백두현, 같은 책, 2006, p.8.
13 배동영, 「『음식디미방』에 나타난 술의 다양성과 그 사회적 의미」, 『문화재』 34, 2001, p.106.

전반부에는 해수 어패류 71종, 해조류 25종, 민물고기 19종, 조류 18종, 짐승 7종, 버섯 12종, 청과 74종으로 모두 226종의 요리법이 수록되어 있다. 채소류와 해수 어패류 부문이 차지하는 비율이 가장 높고 짐승 부문이 가장 낮은 비율을 차지하고 있다. 『요리물어』의 전반부는 당시 사용했던 재료를 중심으로 예를 들어 '농어는 사시미, 국, 구이, 나마스, 세이고는 오카나마스'[14]처럼 구체적인 조리절차나 조리법이 설명 없이 재료에 따른 주요 조리 예시를 소개하고 있다.

『요리물어』 제5 짐승 부문 중 멧돼지(국, 덴가쿠, 과자), 토끼(국, 이리야키), 곰(맑은 국, 덴가쿠), 개(맑은 국, 조개구이)는 각각 조리 예시만 소개되어 있을 뿐 구체적인 조리법은 없다. 사슴과 너구리는 제9 국 부문에서 각각 사슴국[15], 너구리국[16]으로 만드는 자세한 조리법이 소개되어 있다. 수달은 별도의 조리법 항목은 없으나 제20 여러 구전 부문의 너구리국 구전[17]에서 '수달도 이처럼 할 수 있다'라고 설명하고 있다. 짐승 부문은 다른 부문에 비해 그 종류가 상당히 적은 편이다. 에도시대에는 멧돼지고기는 '모란(牡丹; botan)', 사슴고기는 '단풍(紅葉;momiji)'이라는 은어를 사용했고 서

---

14 作者未詳 平野雅章 譯, 같은 책, 1988, p.12 일본 국회도서관 디지털 자료 텍스트 원문 파일에는 '鱸さしみ汁やきてもなます同せいごおきなます'로 소개되어 있다. 농어는 출세어(出世漁)로 그 명칭은 성장 기간이나 크기, 지역에 따라 이름을 달리 부른다. 관동지방의 경우 성장 기간이 1~2년 정도로 길이가 20~40cm의 농어를 세이고(せいご)라 하고, 2~3년 정도로 길이 40~60cm를 훗코(ふっこ), 4년 이상으로 길이가 60cm이상을 스즈키(すずき)라 부른다. 관서지방의 경우 세이고와 스즈키는 동일하며 훗코 대신에 하네(はね)라는 명칭을 사용하는 점이 다르다.
15 연한 된장에 육수를 추가하고 다양한 고명을 넣어 조리한다. 스이구치(吸い口)로 마늘과 후추를 사용한다.(『요리물어』)
16 너구리는 껍질을 벗긴다. 오소리는 불에 구워 껍질을 벗기는 것이 좋다. 된장국으로 조리한다. 고명으로는 무, 우엉 등 다양한 재료를 사용한다. 스이구치는 마늘, 육수(だし), 요리주를 사용한다.(『요리물어』)
17 고기를 손질하여 소나무 잎, 마늘, 유자를 넣고, 묵힌 술로 끓인다. 그 후 물로 씻어 소금을 뿌리고 국물에 넣으면 된다. 수달도 이와 같이 할 수 있다.(『요리물어』)

민들은 전골(鍋料理) 형태로 자주 이용했다.[18] 이는 육식금지령과 육식에 대한 기피의식과 연관성이 높다.[19]

〈표 1〉『요리물어』 부문별 주요 내용 및 재료 소개[20]

구분	부문	재료
제1	해수어패류 부문 (海の魚之部)	도미, 농어, 병어, 갯장어(하모), 대구, 문어, 오징어, 고래, 대상어, 상어, 가오리, 가자미, 양태, 전갱이, 고등어, 보리멸, 공미리(학꽁치), 꼬치고기, 아귀, 복어, 조어, 달강어, 볼락(천징어), 망성어, 숭어, 매퉁이, 해파리, 새우, 이세새우(닭새우), 꽃게, 실꼬리돔, 조기, 옥돔, 정어리, 전어, 쥐돔, 날치, 만새기, 뱅어(사백어), 소은어, 우줄기, 개복치, 해삼, 방어, 삼치, 생가다랑어, 물치다랑어, 마래미(와라사, 방어새끼, 관동지방), 마래미(하마치, 관서지방), 다랑어(참치), 돌고래(상쾡이), 전복, 고둥(피뿔고둥, 흑갈색긴고둥, 우렁이 등을 총칭), 소라, 말구슬우렁이, 긴고둥, 왕우럭조개, 키조개, 새고막, 새조개, 가리비, 굴, 대합, 권패, 말조개(마합), 성게, 우렁이, 귀이빨대칭이, 홍합, 바지락(가막조개), 비젠해파리

---

18 江間美惠子, 「江戸時代における獸鳥肉類および卵類の職分か」, 『日本食生活學會誌』 第23卷 4号, 2013, p.253.
19 덴무천황(675)에 의해 처음으로 소, 말, 원숭이, 닭, 개에 대한 육식금지령이 내려진 이후 도쿠가와 츠나요시(德川綱吉)와 도쿠가와 요시무네(德川吉宗) 집권기에 육식을 금하는 사례가 있다.(江間美惠子, 「江戸時代における獸鳥肉類および卵類の職分か」, 『日本食生活學會誌』 第23卷 4号, 2013, pp.247~249 참조) 이를 통해 육식에 대한 기피, 부정, 더러움 및 금기 등의 의식이 형성되었고 귀족이나 무사 등의 지배계급 사이에서 소와 말을 제외한 조류나 짐승을 약용(藥用)으로서 이용하였다. 『요리물어』에는 사슴, 너구리, 멧돼지, 토끼, 수달, 곰, 개 7가지가 소개되어 있고 『본조식감(本朝食鑑)』(1843)에 와서 소고기 이용법이 수록된 점을 보아 에도 초기까지 육식 기피의식이 당시 식생활에 적지 않은 영향을 미쳤던 것으로 보인다.
20 이 표에서 소개하고 있는 재료명 중 원문에 수록된 내용을 비교해 보면 제1 해수어패류 부문에서 鯛(가물치 동)라고 쓰고 '하모(はも)'로, 제3 담수어 부문에서 鱧(가물치 예)라 쓰고 '하스(はす)'라고 각각 발음을 표기되어 있다. 이 두 한자는 당시에 별다른 구분 없이 사용했을 가능성도 있다고 보고 전자를 '갯장어'로 후자를 '가물치'로 옮겨두었다는 점을 밝혀둔다.

구분	부문	재료
제2	해조류 부문 (磯草之部)	다시마, 미역, 대황, 사가라대항, 파래, 큰실말, 곰피, 계관태, 감태, 아사쿠사김, 웃뿌루이돌김, 꼬시래기, 청각, 강리, 지누아리, 노로김, 후지김, 녹미채(톳), 모자반, 우무(한천), 노토김, 퉁퉁마디, 연소(제비집), 미역귀, 닛코김
제3	담수어 부문 (川魚之部)	잉어, 돌잉어, 붕어, 은어, 송어, 연어, 비와송어, 황고어(잉어과, 비와호 서식), 모샘치(잉어과), 꾹저구(유어), 황어, 가물치, 빙어, 석반어(황어), 민물장어, 미꾸라지, 메기, 산초어, 자라
제4	조류 부문 (鳥之部)	학, 백조, 기러기, 오리, 꿩, 산새(일본특산종 꿩), 쇠물닭, 민댕기물떼새, 백로(해오라기), 푸른백로, 메추라기, 종다리, 비둘기, 도요새, 흰눈썹뜸부기, 따오기, 참새, 닭
제5	짐승 부문 (獸之部)	사슴, 너구리, 멧돼지, 토끼, 수달, 곰, 개
제6	버섯 부문 (きのこの部)	송이버섯, 느타리버섯, 표고버섯, 나팔버섯, 그물버섯, 졸참나무버섯, 솔버섯, 송로버섯, 목이버섯, 능이버섯, 싸리버섯, 석이버섯
제7	청과 부문 (青物之部)	유채, 무, 우엉, 밀기울, 두부, 곤약, 참마, 토란, 오우, 연, 머위, 양하꽃이삭, 민들레, 들국화꽃이삭, 쑥, 조팝나무뿌리, 별꽃, 냉이, 미나리, 토필(뱀밥), 땅두릅, 고사리, 방풍나물, 쇠비름, 명아주, 엉겅퀴, 여뀌, 겨자잎, 양귀비잎, 대두잎, 댑싸리, 상추, 현삼, 월과, 참외, 오이, 동아, 쥐참외, 박, 가지, 광저기, 구기자나무, 오가피나무, 부추, 마늘, 대파, 실파, 산파, 달래, 죽순, 두릅, 개다래나무, 고추냉이, 산마, 갈분, 모란꽃, 작약꽃, 치자나무꽃, 원추리꽃, 국화꽃, 능소꽃, 인동꽃, 제비꽃, 순나물, 은행, 매실, 양매(소귀나무), 자소(차조기), 유자, 숙주나물, 등나무잎, 시금치, 홍화, 청보리

후반부는 〈표 2〉처럼 구체적인 조리법을 소개하고 있고 밥 짓는 법과 같은 기본적인 조리법이 생략되어 있다. 식사로 볼 만한 것은 스시를 제외하고 제9 국 부문의 방반국[21]과 제19 차 부문의 나라차[22]를 들 수 있다. 이 나

---

21 방반(芳飯)은 주로 무로마치 시대(1336~1467)부터 센고쿠 시대(1467~1600)에 걸쳐 유행했던 밥 요리이다. 이 요리는 밥 위에 다양한 채소와 생선을 얹고, 그 위에 된장국이나 맑은 국물을 부어 먹는다. 여름에는 차가운 국물, 겨울에는 따뜻한 국물을 사용하는 것이 특징이다. 그 기원은 사찰에서 시작된 법반(法飯)에서 유래되었으며, 중국의 '포반(泡飯)'이라는 요리에서 영향을 받은 것으로 추정된다. 이 요리는 주로 상류층 사이에서 인기를 끌었으며, 아름다운 외관과 간편한 조리법으로 유명하다.

라차는 마시는 차가 아니라 찻물에 대두와 쌀을 볶아 연근, 구운 밤 등을 넣어 만든 영양밥으로 오늘날 나라차반(奈良茶飯)과 계통을 같이한다. 제20 여러 구전의 센다이호시이(仙台干飯)는 센다이 지역의 전통 음식으로 찹쌀을 깨끗이 씻어 14~15일 동안 매일 물을 갈아주며 불린 후 잘 쪄서 그늘에서 말린 것인데 우리나라의 찐쌀과 흡사하다.

제8장에서 제20장까지 순서대로 항목 수를 나타내면 나마다레・육수・이리자케, 국, 나마스, 사시미, 조림, 구이, 맑은 국, 요리주, 술안주, 후식, 과자, 차(茶), 여러 구전 순으로 총 256항의 조리법이 수록되어 있다.

〈표 2〉『요리물어』부문별 조리법

구분	부문	조리법	항수
제8	나마다레・육수・이리자케 부문 (生垂れ・だし・煎り酒之部)	나마다레, 다레미소, 니누키, 육수, 이리자케, 맛술, 쇼진다시, 쇼진이리자케, 고추냉이된장식초, 생강된장식초, 백초, 키리후리, 타마리 넣기, 도부	14
제9	국 부문(汁之部)	타이노가키이리(鯛のかきいり)[23], 타이노코라이니(鯛の高麗煮)[24], 타이후쿠토모도키(鯛のふくとう擬き)[25], 농어국, 잉어쓸개국, 붕어국, 잡어국, 고래국, 복어국, 양태(鮋)[26], 아귀국, 코다타미(こだたみ)[27], 생선알국, 미꾸라지국, 청어알국, 야마카게(山かげ)[28], 스이리국[29], 학국, 백조국, 카와이리(皮煎り)[30], 아와가치(青がち)[31], 히시오이리(醬煎り)[32], 남반요리(南蛮料理)[33], 너구리국, 사슴국, 냉국, 모듬국(あ	46

이 요리는 밥 위에 다양한 재료를 얹고, 된장국이나 맑은 국물을 부어 먹는 일본 전통 요리라 할 수 있다. 『요리물어』에서 다음과 같이 소개하고 있다. '삶은 것, 가마보코, 밤, 간 생강, 계란(후노야키), 무침, 튀긴 다시마, 명아주, 가다랑어포, 김, 잘게 썬 것은 모두 세심하게 준비한다. 정진(精進) 시에는 다양한 재료가 준비되는 대로 넣는다.'(『요리물어』)

22 먼저 차를 조금 볶아 주머니에 넣고, 팥과 차만 끓인다. 그 후 대두와 쌀을 각각 반씩 볶아 잘 준비한다. 대두는 갈아서 껍질을 제거한다. 또한 광저기(豇豆), 연근, 구운 밤 등을 넣어도 된다. 산초 열매의 소금 간이 중요하고 무엇이든 적절히 끓이는 것이 중요하다.(『요리물어』)

구분	부문	조리법	항수
		つめ汁), 방반(芳飯)국, 수미산[34], 두붓국(はぐち汁), 와리나(わり菜)[35], 우에몬고로(右衛門五郎)[36], 야나기니마리(柳=鞠), 말린 채소국, 당근국, 무즙국(굴조개국), 낫토국, 쑥국, 별꽃국, 카라게국(가지), 가지된장국, 관세국(두붓국), 네부카국(대파), 잉어관세국(잉어두붓국)	
제10	나마스 부문 (なます之部)	요리나마스, 닭고기나마스, 간조나마스, 오키나마스, 잉어알나마스, 붕어나마스, 전어나마스, 야마부키아에, 비와마스나마스, 껍데기구이나마스, 누타나마스, 타로스케나마스, 구운뼈나마스, 와사비아에, 가제라아에, 미즈아에, 미카와아에, 아오아에	18
제11	사시미 부문 (さしみ之部)	시모후리[37], 카키다이[38], 오가와다다키(생가다랑어)[39], 농어, 병어, 고래, 대상어, 상어, 양태, 아귀, 삼치, 생가다랑어, 잉어, 붕어, 은어, 민물장어, 꿩, 오리 기러기, 닭, 쇠오리, 찐죽순, 개복치, 소라, 물청개나물, 송로버섯, 마가케(자라), 사카비테[40]	27
제12	조림 부문 (煮物之部)	이리다이(도미), 이리고이(잉어), 타이스루가니, 스기야키, 나베야키, 하모노코이리, 타코노스루가니, 사쿠라이리(문어), 스이리, 고사이니, 후쿠라이리(해삼), 조로리코(멸치), 사케노이리야키(연어), 니아에, 슌칸(죽순), 노페이토(오리), 나마카와, 센바(조류), 호네누키(오리), 유데토리(닭), 이리토리(오리), 지부(오리), 노부스마(전복), 니비타시(붕어), 이세두부, 쿠즈다이(도미), 토후후와후와(두부), 요리두부, 니이로노시요(煮色の仕様), 이토코니, 히바리코로바카시(계란, 카마보코), 토후타마고(두부계란), 후나고고리(붕어), 후노눗페이토(밀기울), 코로코로	35
제13	구이 부문 (燒物之部)	하마야키(도미), 마쿠리야키(도미), 아라시오야키(붕어), 코토리야키, 키노메야키, 키지야키(두부), 시기야키(가지), 사케야키(연어), 야키다케노코(죽순), 이리야키(오리), 헤기야키(오리)	11
제14	맑은 국 부문 (吸物之部)	오노하나(오징어), 미노니(계란), 카키(굴), 코노와타(해삼내장), 미쿠니(노토 김), 마츠타케(송이버섯)	6
제15	요리주 부문 (料理酒之部)	계란술, 산마주, 비둘기술, 꿩날개뼈술, 꿩내장술, 계란설탕술, 생강주, 아마자케(甘酒) 빨리 담는 법, 두림주(검은콩술)	9
제16	술안주 부문 (さかな之部)	타마고후와후와(계란찜), 마키카마보코(어묵계란말이), 마키즈루메(말이오징어), 타타키즈루메(오징어구이), 메마키(산	26

구분	부문	조리법	항수
		마 해초말이), 나마비(가다랑어 간장구이), 사케노나마비(건연어포구이), 타카노하(카마보코 해초말이), 술에 넣는 얇게 깎은 재료(말린 대구, 말린 오징어, 말린 연어, 어린 생선, 생선지느러미, 멸치, 대나무 꼬치전복, 가다랑어포, 로쿠조두부, 모미 후(생밀기울)[41], 타마즈사(쥐참외씨앗 간장졸임), 머위새순, 키리산쇼(산초된장 생선구이), 이와비노나마비(전복 식초채), 히야시모노(제철 채소·과일 냉채), 나시모노(젓갈류), 스즈케(초절임류), 아와비와타아에(전복내장무침), 타이라기와타아에(키조개내장무침), 노토김, 숙주나물, 타마고바스(달걀연근), 토쿠라게(해파리초무침), 우키기(개복치), 우줄기(코끼리조개), 무진즈케(다양한 재료무침)	
제17	후식 부문 (後段之部)	우동(밀가루), 계란(모양만), 키리무기(가는 우동), 쿠즈소면(갈분), 조요면(산마), 수이센(갈분묵 면), 수이톤(갈분 수제비), 킨톤(금단), 소바키리(메밀), 무기키리(보리국수), 뉴면(온 소면), 스스리단고(팥물 경단), 조니(설 떡국)	13
제18	과자 부문 (菓子之部)	계란소면, 오코시고메(볶은 쌀강정), 고보모치(우엉떡), 쿠즈야키모치(갈분구이떡), 쿠즈모치(갈분떡), 와라비모치(고사리떡), 유키모치(백설떡), 스기하라떡[42], 구기자떡, 오갈피떡, 지마키(대나무잎떡), 사사모치(색동떡), 고쇼사마모치(궁중떡), 고노에사마유키모치(한방궁중백설떡)	14
제19	차 부문 (茶之部)	나라차, 구기차, 오갈피차	3
제20	여러 구전 부문 (万聞書之部)	하룻밤에 초밥 만드는 법, 고래고기 보관법, 죽순 보관법, 채소보관법, 두부 보관법, 시라카와아마자케(白川甘酒), 유자 보관법, 고구마줄기 보관법, 얼음곤약, 연어초밥 만드는 법, 생선 소금간 하는 법, 후리코, 마사키간장, 센고쿠류, 너구리국(구전), 콩나물(숙주)재배법, 센다이건밥, 녹두가루 대체하는법, 히노우동 소금간 맞추기, 설탕반죽, 하마나낫토, 마사키히시오(醬), 붕어 술지게미절임, 연근·산마·감자 보관법, 도미포 준비법, 오이 보관법, 죽순 보관법, 가지 보관법, 붕어국, 말린 표고버섯을 생표고버섯처럼 만드는 법, 유자를 내년까지 보관하는 법, 금단 반죽법, 이리자케(煎酒), 니누키(煮貫)	34
계			256

23 소금을 볶아 적당량을 남기고 후, 냄비가 달궈진 곳에 생선을 넣고, 생선이 잠길 정도로 묵은 술을 부어 끓인다. 술기(酒氣)가 날아가면 쌀뜨물(쌀을 세 번 씻은 후 받은 뜨물)을 넣고, 소금 간을 맞추어 낸다. 맑은 국의 재료는 제철에 나는 것을 사용하면 된다. 단 도미는 등을 자른 것으로 사용한다.(『요리물어』)
24 냄비에 소금을 조금 뿌리고, 그대로 도미를 넣는다. 묵은 술에 쌀뜨물을 더하여 그 위에 자작하게 넣고 술기(酒氣)가 없어질 때까지 끓인다. 밥 지은 물(밥을 지을 때 물을 조금 넉넉히 넣고 끓인 상부의 물)을 넣고 간을 맞춘 후 낸다. 아무때든 버섯이나 파 등을 넣으면 된다. 재료가 어느 정도 끓여졌을 때 손질한 도미를 적당한 크기로 잘라 넣는다.(『요리물어』)
25 밑간으로 중된장(중간 정도의 염도)을 사용하고 술을 부어 도미를 넣어 끓인다. 간을 맞춘 후 낸다. 맛이 진해지면 여러 번 술을 추가한다. 말린 복어 껍질을 넣어도 된다. 말린 복어 껍질은 구워서 벗겨 넣으면 된다.(『요리물어』)
26 조어(藻魚) 등도 후쿠토모도키로 해서 낸다. 이것도 껍질을 벗겨 내어 버리고 말린 복어 껍질을 넣으면 된다. 조리 방법은 복어와 같다.(『요리물어』)
27 끓여서 준비한 후 국물을 따뜻하게 데워서 낼 때, 생 해삼과 가마보코 소보로를 만들어 청각 등을 넣고 간을 맞춰서 낸다. 산마를 갈아서 넣어도 좋다.(『요리물어』)
28 육수에 나마다레을 더하고, 꿩을 넣어 조리한다. 고명으로는 산마, 김, 청보리를 여건에 맞게 추가할 수 있지만 넣지 않아도 된다.(『요리물어』)
29 된장을 진하게 해서 토란을 줄기와 같이 넣는다. 잘 끓었으면 붕어초밥 대가리를 넣고 낸다.(『요리물어』)
30 기러기나 오리 등의 껍질을 구운 후 육수를 넣고 뼈를 달여 약간의 나마다레와 고기를 넣어 조리한다. 소금 간을 맞춰서 낸다. 이 요리에도 고명으로는 제철 재료를 사용한다. 일반적으로 버섯은 조류 국물에 항상 넣으면 좋다. 스이구치로는 고추냉이와 유자를 사용한다.(『요리물어』)
31 꿩의 내장을 다지고, 된장을 조금 넣어 냄비에 넣고, 연한 갈색이 될 때까지 볶는다. 그런 다음 냄비를 헹구고 육수를 넣고 끓인다. 끓어오르면 꿩을 넣고 소금으로 간을 맞춰 완성한다. 볶는 과정이 중요하다. 이 요리는 주로 겨울철과 정월에 먹는다.(『요리물어』)
32 연한 된장에 육수를 추가하고 꿩을 넣어 조리한다. 산마와 김 등을 넣어 완성한다.(『요리물어』)
33 닭의 털을 뽑아 대가리와 닭발을 제거하고 꼬리를 잘라 씻은 후 냄비에 넣는다. 무를 크게 썰어 넣고 물을 재료가 잠길 만큼 부은 후 무가 부드러워질 때까지 끓인다. 그런 다음 닭을 꺼내어 잘게 찢어 육수에 넣고 간장을 조금 넣은 후 다시 무를 끓인다. 닭을 넣고 소금과 술로 간을 맞춘다. 스이구치로는 마늘 등 다양한 재료를 사용할 수 있다. 연한 된장으로도 만들 수 있고 고명으로는 느타리버섯과 파 등을 넣는

『음식디미방』은 모두 146가지의 조리법으로 구성되어 있으며 크게 면병류(麵餠類), 어육류(魚肉類), 주국방문(酒麴方文)으로 분류되어 있다. 면병류는 모두 18가지이고 12가지의 면병류와 6가지의 조과류로 구성되어 있고, 어육류는 모두 74가지로 45가지의 어육류, 4가지의 면류, 6가지의 조과류, 19가지의 채소류로 세분하고 있다. 그리고 주국방문은 모두 54가지로 51가지의 술 제조법과 3가지의 식초 관련 항목이 수록되어 있다.

다.(『요리물어』)
34 채소와 두부를 모두 매우 잘게 썰어 된장국에 넣는다.(『요리물어』)
35 순무와 함께 잘게 썰어 한 묶음으로 자른다. 중된장에 육수를 더한다.(『요리물어』)
36 채소를 길게 또는 잘게 썰고 가다랑어포도 넣고 쌀겨된장(누카미소)도 넣은 것을 말한다.(『요리물어』)
37 도미를 손질하여 적당한 크기로 자른 후 끓는 물에 넣고, 익어서 희게 변할 때 건져서 식힌다. 이리자케(煎り酒)가 좋다. 겨자도 둔다.(『요리물어』)
38 도미를 세 장으로 포를 뜬 후 살을 긁어내어 겹쳐서 담는다. 이리자케(煎り酒)가 좋다. 겨자를 둔다. 고명은 가다랑어포, 쿠넨보(향귤), 귤, 금귤(金柑)이 있다.(『요리물어』)
39 가다랭이를 손질하여 잘 다진 후, 삼나무판에 올리고, 끓는 물을 부어 익힌 후 살이 하얘지면 식혀서 겹쳐 담는다. 이 요리는 도미사시미무침과 함께 내어도 좋다. 잉어로도 만들 수 있다. 이리자케(煎り酒)를 사용한다.(『요리물어』)
40 도미, 전복, 대구, 연어, 은어의 소금절임, 고래 대가리 연골, 학, 기러기, 오리 중 소금 간이 잘된 것을 골라 만들어 담는다. 곁들임 요리는 쿠넨보(황귤)와 그 외에 준비된 것을 사용하고 다시자케(だし酒)을 뿌리면 된다.(『요리물어』)
41 술에 밀기울을 잘 주물러서 다시타마리로 끓인다. 또한 말린 매실과 넓고 큰 가다랑어포도 넣고 묵힌 술로도 끓인다.(『요리물어』)
42 '메구리(메쿠리모치)'라고도 하며, 스기하라지(닥나무를 원료로 한 얇고 부드러운 일본 종이)를 잘게 찢고 산마의 잎을 삶아서 줄기와 잎맥을 제거한다. 찹쌀가루 6분과 멥쌀가루 4분을 섞어 반죽한 후 세 가지 색을 한 번에 잘 섞어 만든다. 이는 6월 토용에 대신이나 소신 모두에게 좋은 선물로도 좋다.(『요리물어』)

〈표 3〉 음식디미방의 분류 체계와 조리법[43]

대분류	소분류	항목	항수	
면병류	면병류	면, 만두법, 세면법, 토장법 녹두나화, 착면법, 상화법, 증편법, 석이편법, 섭산삼법(더덕법), 전화법(화전법), 빈자법, 수교애법	12	18
	조과류	잡과편법, 밤설기법, 연약과법, 다식법, 박산법(박산유밀과법), 앵두편법	6	
어육류	어육류	어전법, 어만두법, 해삼다루는 법, 대합, 모시조개탕·가막조개탕, 생포(생복) 간수법, 게젓 담는 법, 약게젓, 별탕(자라탕), 붕어찜, 대구껍질 누르미, 대구껍질채, 생치(꿩고기) 침채법, 생치(꿩고기) 잔지, 생치(꿩고기) 지, 별미(족편), 난탕법, 연계찜, 웅장(곰발바닥), 야제육, 가제육, 개장, 개장꼬치 누르미, 개장국 누르미, 개장찜, 누렁개 삶는 법, 개장 고는 법, 석류탕(*), 숭어만두(*), 수증계(*), 질긴 고기 삶는 법(*), 고기 말리는 법, 고기 말리고 오래 두는 법, 해삼과 전복, 연어알, 참새, 청어 젓갈법(*), 닭 굽는 법(*), 양 볶는 법(*), 계란탕법(*)	45	74
	면류 (후편)	난면법(밀국수)(*), 별착면법(*), 차면법(*), 세면법2(*)	4	
	조과류 (후편)	약과법(*), 중배기(*), 빙사과(*), 강정법(*), 인절미 굽는 법(*), 복숭아 간수하는 법	6	
	채소류	동아 누르미, 동화선, 동아돈채, 동아적, 가지 누르미, 가지찜·외찜, 오이화채, 연근채·연근적, 쑥탕, 순탕, 산갓김치, 잡채, 건강법, 수박과 동아 간수하는 법, 동아 담는 법, 가지 간수하는 법, 고사리 담는 법, 마늘 담는 법, 제철 아닌 나물 쓰는 법	19	
주국 방문	주류	술과 누룩 만드는 방문, 순향주법, 삼해주 스무 말 빚기, 삼해주 열 말 빚기, 삼해주1, 삼해주2, 삼오주1, 삼오주2, 이화주 누룩법, 이화주법 한 말 빚기, 이화주법 닷 말 빚기, 이화주법1, 이화주법2, 점감청주, 감향주, 송화주, 죽엽주, 이유화주, 향온주, 하절삼일주, 사시주, 소곡주, 일일주, 백화주, 동양주, 절주1, 벽향주1, 남성주, 녹파주, 칠일주1, 벽향주2, 두강주, 절주2, 별주, 행화춘주, 하절주, 시급주, 과하주, 점주, 점감주, 하향주, 부의주,	51	54

---

43 한국국학진흥원이 주관했던 한국의 고조리서 세계기록유산 등재추진 학술대회(2024. 2. 27.)에서 배영동 교수 주제발표, 「16~17세기 조리서『수운잡방』『음식디미방』의 구성과 저술배경」, '〈표 5〉 음식디미방 조리법의 편별 구성'(학술발표자료집 p.29)을 발췌했고 맛질방문은 (*)로 표시했다. 항목의 나열은 원본 순서를 따랐으며 모든 항목은 현대어이다.

대분류	소분류	항목	항수	
		약산춘, 황금주, 칠일주2, 오가피주, 차주법, 소주1, 밀소주, 찹쌀소주, 소주2		
	식초류	초 담는 법, 초법, 매실초	3	
계			146	

『음식디미방』에는 다양한 국수와 만두가 소개되어 있다. 국수류의 경우 면, 세면법, 난면법, 별착면법 등이 나온다. 면의 재료는 주로 메밀가루나 밀가루를 사용하고 녹두로부터 녹두 전분을 내어서 그 재료로 쓰고 있다. 현대에는 주로 감자나 고구마 전분 등을 많이 이용하지만 녹두를 직접 갈아서 물에 걸러 가라앉혀서 만드는 녹말 전분 제조의 복잡한 과정을 자세히 설명하고 이로부터 만든 국수를 이용하고 있다. 그런데 여기서 사용되는 장국이 다양한데 토장, 간장, 오미자국 그리고 깻국을 사용하고 있다. 〈표 3〉에서 유사한 조리법이 몇 가지 보이는 데 먼저 면병류의 착면법과 어육류의 별착면법과 차면법이 소개되어 있다. 면병류의 착면법은 녹두가루로 국수를 만들어 오미자차에 말아서 만든 것이다. 어육류의 별착면법은 밀가루에 토장가루를 반씩 썩어 국수를 만들어 오미자국에 넣어 깻국이나 오미자국에 넣어 만든 것이고 차면법은 메밀가루에 밀가루와 세면(細麵)가루를 섞어 가늘게 썰어 면을 만들고 오미자국에 말아서 만든 것이다. 사용하는 주재료인 녹두가루, 밀가루, 메밀가루의 차이가 있고 조리법은 유사하다.

면병류의 세면법과 어육류의 세면법은 같은 명칭을 사용하고 있지만 조리법에는 차이를 보인다. 전자는 면발이 가는 국수를 만드는 법으로 녹두가루와 밀가루를 섞어서 면을 만들고 여기에 오미자국을 넣어 먹는 것을 말한다. 후자는 토장가루로 풀을 쑨 다음 너무 질지도 되지도 않는 상태에서 가루 위에 떨어뜨리면 모시 실처럼 가는 면을 만들 수 있다고 하고 구체적으로 먹는 방법에 관해서는 소개하고 있지 않다. 면병류의 연약과법과 어육류의 약과법은 유사한 명칭을 사용하고 있는데 둘 다 밀가루를 기름과 꿀에 반죽하여 기름에 지진 유밀과의 일종이다. 전자는 눋게 볶은 밀가루 1말에 맑은 꿀 1되 5홉, 참기름 5홉, 청주 3홉을 섞어 만들어 기름에 지져서 식지 않을 때 물엿에 넣는다고 되어 있고[44], 후자는 밀가루 1말에 꿀 2되, 기름 5홉, 술 3홉과 끓인 물 3홉을 합하여 물렁하게 반죽하고 물엿 1되에 물 1홉 반만 타서 묻혀라[45]고 설명하고 있다. 만드는 법은 거의 유사하고 꿀의 양이 5홉 차이가 있다. 또한 전자는 참기름과 청주라 명시되어 있지만, 후자는 어떤 기름과 술을 사용했는지 알 수 없고 끓인 물을 타서 넣는 부분이 조금 다르고 후자는 기름에 지지는 설명이 생략된 것으로 보인다.

조리법 명칭 뒤에 모두 17가지의 '맛질방문'[46]이라 별도로 표기되어 있다. 지금까지 이 맛질방문에 대해서 여러 의견이 제시되어 왔지만 백두현의 '맛질방문'이란 장씨 부인이 친정어머니 권씨로부터 전수받은 조리법이라는 견해[47]가 주목을 받고 있다. 이는 앞서 언급했듯이 장씨 부인은 사대부 가문의 부녀자로서 음식을 통해 가풍을 전승하고 가문의 위상을 유지하는 것을 중요시했고, 성장과정에서 친정 어머니로부터 배운 조리법을 체계적이고 일관된 조리법으로 남겨 유교적 기차관을 반영하고 음식을 담당하는 여성의 역할을 강조하고자 했던 것으로 이해할 수 있다.

한가지 주의해야 할 점은 앞서 제시한 식재료와 조리법에 대한 신분 계층 및 지역별 사용 여부에 대해서는 구체적인 조사가 이루어지지 않았기 때문에 본 연구 내용을 확대 해석하는 데는 한계가 있다.

---

44 백두현, 같은 책, 2006, p.104.
45 백두현, 같은 책, 2006, p.241.
46 '맛질방문'이라 부기 되어 있는 조리법에는. 석류탕, 숭어만두, 수중계, 질긴 고기 삶는 법, 청어 젓갈법, 닭 굽는 법, 양 볶는 법, 계란탕법, 난면법, 별착면법, 차면법, 세면법, 약과법, 중배기, 빙사과, 강정법, 인절미 굽는 법이 있다.
47 백두현, 같은 논문, 2003, p.266.

4. 조미료

『요리물어』제8 나마다레·육수·이리자케 부문에는 에도시대 이전, 특히 간장이 본격적으로 보급되기 이전에 된장을 기본으로 한 조미료가 소개되어 있다. 에도시대 초기에는 대체로 된장을 중심으로 하는 조미료가 발달하였고, 간장의 본격적인 사용은 대체로 에도시대 후기부터 나타나기 시작한다. 『요리물어』에 소개된 조미료는 된장을 기반으로 한 것으로는 나마다레(生垂れ)[48], 타레미소(垂れ味噌)[49], 니누키(煮貫き)[50], 고추냉이된장식초(山葵みそす)[51], 생강된장식초(生姜味噌酢)[52], 된장을 사용하지 않고 가다랑어포를 주요 재료로 한 조미료로는 맛국물(だし)[53], 이리자케(煎り酒)[54], 맛술(だし酒)[55], 쇼진노다시(精進のだし)[56], 쇼진노이리자케(精進の煎り酒)[57], 도부(どぶ)[58], 백초(白酢)[59], 타마리(溜り)[60]가 있다. 그 밖에 조미료와는 상

---

48 된장 1되와 물 1되 3홉을 섞어 보자기로 걸러낸 것으로 당시 단위인 말, 되, 홉을 오늘날의 단위인 리터로 환산하면 1홉은 약 180㎖, 1되는 약 1800㎖, 1말은 약 18ℓ가 된다.
49 된장 1되와 물 3되 5홉 비율로 섞어 전체 양이 3되가 될 때까지 끓여서 보자기로 걸러낸다.(『요리물어』)
50 나마다레에 가다랑어포를 넣고 푹 끓여서 보자기로 걸러낸다.(『요리물어』)
51 고추냉이를 갈아 된장과 섞은 후 식초를 넣는다.(『요리물어』)
52 생강을 갈아 된장과 섞은 후 식초를 넣어 만든 것.(『요리물어』)
53 물 1되 5홉에 가다랑어포 1되를 넣고 단맛이 적당해질 때까지 끓여낸 것.(『요리물어』)
54 가다랑어포 1되에 매실장아찌 15~20개를 넣고 묵힌 술 2되와 약간의 물, 타마리를 넣어 1되로 줄어들 때까지 끓여 걸러낸 것.(『요리물어』)
55 가다랑어포에 소금을 약간 넣고 새 술로 한두 번 끓여 걸러낸 것.(『요리물어』)
56 감포나 다시마를 구워 넣거나 말린 여뀌, 찹쌀을 보자기에 넣어 함께 끓이고, 말린 순무, 말린 무 등의 재료들을 적절히 넣어 만든 것.(『요리물어』)
57 두부를 덴가쿠 크기로 잘라 구운 후 매실과 말린 순무 등을 잘게 썰어 묵힌 술로 끓여낸 것.(『요리물어』)
58 술지게미를 갈아 걸쭉하게 만든 후 다시 끓여 걸러낸 것.(『요리물어』)
59 겨자와 두부를 섞고 소금과 식초를 넣어 만든 것.(『요리물어』)
60 타마리 간장의 가장 큰 특징은 그 진한 감칠맛이다. 대두 성분이 높아 아미노산 함

관없이 생선 재료를 손질하는 시모후리(霜降り)[61], 그리고 '그림자를 떨어뜨리다(かげをおとす)'라는 특이한 항목이 소개되는데, 이는 '맑은 국에 타마리를 조금 넣는다'는 의미로 이해할 수 있다. 『요리물어』에는 일본요리의 대표적인 조미료라 할 수 있는 간장을 이용한 것은 비둘기술과 꿩뼈술 뿐이다. 주요 조미료 중 맛국물과 이리자케의 사용 빈도가 가장 높았다.[62]

에도초기에는 고추 사용을 찾기 어려우나 에도후기에는 고추가 단독으로 사용되지 않고 된장과 식초와 함께 사용된 사례[63]를 찾아볼 수 있다. 에도시대 중후반기에는 고추와 함께 사용된 조미료 중 가장 많이 사용된 것은 된장이었고 덴가쿠 요리에서 특히 많이 사용되었다. 겐로쿠 연간(1688~1704) 이후 차집과 요릿집의 증가로 인해 덴가쿠 요리는 서민들에게 친숙해졌고 두

량이 많아지면서 깊은 풍미를 가지고 있다. 숙성이 진행됨에 따라 색이 짙어져 거의 검은 색에 가깝게 된다. 타마리 간장은 단맛과 짠맛의 균형이 잘 잡혀 있으며, 해산물 사시미나 구이에 특히 잘 어울린다. 타마리 간장은 진간장이나 연간장과 비교했을 때 대두의 함유량이 많다는 것이 큰 차이점이다. 진간장은 대두와 밀을 동일한 양으로 사용하며, 색이 연하고 단맛이 강해 요리의 기본 조미료로 널리 사용된다. 연간장은 진간장에 비해 염분이 높고 색이 연하며, 간사이 지방의 요리에 자주 사용된다. 연간장은 재료의 색을 살리는 조리에 적합하다.

61 이는 재료에 뜨거운 물을 부어 하얗게 변하게 하여 마치 서리가 내린 듯한 모습 때문에 붙여진 이름이다. 굽거나 튀기는 조리법에서는 비린내의 원인이 되는 지방이나 혈기를 제거하지만, 삶을 때 불쾌한 풍미가 국물에 옮겨질 수 있기 때문에 시모후리 방법을 사용한다.

62 『요리물어』에는 맛국물 29회, 이리자케 27회, 다시타마리 15회, 타마리 10회, 산초된장 9회, 나마다레 4회, 생강식초 2회, 생강된장 2회, 된장식초 2회, 니누키 2회, 고추냉이된장식초 1회, 생강된장식초 1회, 여뀌식초 1회 사용되었다.

63 『신선회석싯포쿠취향장(新撰會席しっぽく趣向帳)』(1771)에는 고추초된장을 사용한 요리가 기록되어 있다. 『소인포정(素人庖丁)』(1803)에는 다양한 생선류 덴가쿠(田樂)에 고추된장이 사용된 기록이 있으며 이는 장어, 정어리, 이세 새우, 조개 등 다양한 생선에 적용되었다. 『회석요리세공포정(會席料理細工庖丁)』(1806)에는 고추초된장, 이후 『정진헌립집(精進獻立集)』(1819)에서도 연근 덴가쿠에 고추된장이 사용되었고 덴가쿠 외에도 누타아에(ぬた和え)와 같은 요리에 고추초된장이 사용되었던 기록이 있다. 하지만 『요리물어』 제10 나마스 부문에 소개되어 있는 누타나마스(ぬたなます)는 겨자를 사용하고 있다.

부뿐만 아니라 어류와 야채를 사용한 덴가쿠도 고안되었다. 덴가쿠에 사용되는 된장은 산초된장, 머위된장, 고추냉이된장 등 다양한 종류가 있었으며, 그 중 고추된장은 특히 생선류 덴가쿠에서 많이 사용되었다.[64] 『요리물어』에서 향신료 및 매운맛을 내기 위한 재료사용 횟수를 조사해 본 결과 생강가루 및 생강즙 29회, 산초잎 및 산초가루 27회, 겨자 14회, 고추냉이 14회, 후추 및 후추가루 9회, 마늘 7회, 여꿔 4회 순이며 대체로 밑간은 소금이 조리항목별 사용된 것이 80회로 가장 많았다. 고추가 사용되지 않은 것은 나마다레, 타레미소, 니누키, 육수, 타마리, 이리자케, 미린 등의 액체형 조미료와 산초된장, 생강된장, 고추냉이된장 등 대체 가능한 재료가 폭넓게 사용되었기 때문이라 볼 수 있다.

『요리물어』제20 여러 구전 부문에 '마사키된장'이나 '마사키간장'을 자세히 소개하고 있다. 앞서서 언급한 『요리물어』의 필사본(1636)[65]과 간본(1643)[66]을 비교해 보면 내용면에서 차이가 없음을 알 수 있다.

일본에서 간장의 기원은 '장(醬; hishio)'이라는 발효 조미료로 곡물이나 생선을 발효시켜 만든 것이다. 벼농사가 시작되면서 어장이 만들어졌고, 이

---

64 榎戶瞳, 「江戶時代の唐辛子:日本の食文化における外食食材の受容」, 『國際日本學論叢』第7号, 2010, p.15.
65 『요리물어』(1636) 필사본 수록된 마사키 간장(正木醬油)에 대한 설명은 다음과 같다. '마사키 간장(正木醬油)은 대맥 1말, 흰 가루로 빻아 가루로 만들고, 소맥 3되도 마찬가지로 빻아 가루로 만든다. 대두 1말을 된장처럼 잘 끓여서 위의 가루를 뿌리고, 판 위에 얇게 펼쳐 놓은 후 접골목(말오줌나무) 잎을 덮어 발효시킨다. 발효가 되면 소금 8되, 물 2말을 넣어 섞는다. 때때로 저어주면 된다. 두 번째는 소금 4되, 물 1말, 누룩 4되를 넣고 30일 동안 숙성시키면 된다.'(松下幸子 外3人, 앞의 논문, 1982, p.217)
66 『요리물어』(1643)간본에 수록된 마사키 간장(正木醬油)에 대한 설명은 다음과 같다. '마사키 간장(正木醬油)은 정백한 대맥 1말과 소맥 3되를 볶아 빻아 가루로 만든다. 대두 1말을 된장처럼 끓인다. 대맥 가루와 소맥 가루를 섞고, 대두를 끓인 후, 판 위에 펼치고 접골목(말오줌나무) 잎을 덮어 발효시킨다. 발효가 되면 소금 8되, 물 2말을 넣어 섞는다. 두 번째는 소금 4되, 물 1말, 누룩 4되를 넣고 30일 동안 숙성시키면 된다.'(作者未詳 平野雅章 譯, 같은 책, p.193)

후 중국과 고려에서 들어온 곡장(穀醬)을 주로 사용하게 되었다. '장'이라는 단어가 기록에 등장한 것은 7세기 이후이다. 무로마치 시대에 간장과 유사한 조미료가 문서에서 나타나며, 1568년『다문원일기(多聞院日記)』에 처음으로 '쇼유(간장;醬油)'라는 표현이 등장한다. 이후 1597년『역림본절용집(易林本節用集)』에 '간장'이 명시된 것으로 보아 이 시기부터 액체 조미료로서 간장의 이름이 정착된 것으로 추정된다. 무로마치 시대 후반부터 교토를 중심으로 긴키(近畿)지방의 사카이(堺), 유아사(湯淺), 타츠노(龍野) 등지에서 간장 생산지가 형성되었고 에도 시대 중기에는 제조법이 발전하면서 간장이 대량으로 생산되고 에도로 운송되었다.[67]

『요리물어』가 간행될 당시 간장을 사용한 조리법은 거의 보이지 않으며 된장을 이용한 육수, 이리자케, 그리고 간장의 전신이라 할 수 있는 타마리, 다시타마리 등이 주로 사용되었다. 에도 초기에는 관서지방에서 관동지방으로 간장이 전파되었고 에도 중기 이후에 관동지방에서도 간장이 본격적으로 생산되었다. 또한『요리물어』의 제20 여러 구전 부문에서 마사키 간장 만드는 법에 대한 상세한 설명이 이를 뒷받침하고 있는 점에서『요리물어』집필 당시에는 간장의 이용은 일반적이지 않았음을 알 수 있다.

『음식디미방』에는 소개된 맛의 종류는 단맛, 짠맛, 신맛, 쓴맛, 매운맛의 오미와 감칠맛인 지미인데 단맛은 주로 꿀과 엿을 사용하였고, 즙청[68]을 사용했다. 짠맛은 소금과 간장, 된장 외에 새우젓과 청국장을 사용했고, 신맛은 모두 식초를 이용했다. 매운 맛을 내는 조미료로 천초(산초), 생강, 후추,

---

67 https://www.kikkoman.co.jp/enjoys/soysaucemuseum/history.html(검색일: 2024. 6. 15.)
68 즙청(汁淸)은 주로 고기(소고기, 돼지고기, 닭고기 등)나 생선, 채소 등을 사용해 우려낸 국물이다. 반면 일본 요리에서 육수(だし汁)는 일본에서 주로 가쓰오부시(가다랭이포), 다시마 등 해산물을 기반으로 만든 국물이다. 음식의 기본 맛을 내기 위해 사용하는 맑은 국물로 다양한 요리에 사용된다는 점에서는 공통점이 있다. 이러한 재료의 차이로 인해 즙청은 더 깊고 구수한 맛을, 육수는 감칠맛(うまみ)이 강조된 깔끔한 맛을 낸다.

겨자, 파, 마늘을 사용하고 있었으며, 생강이 마늘보다 사용빈도가 높았다. 『음식디미방』에서는 '국에 타는 것'[69]이라는 항목에서 큰 잔치를 치를 때 암탉 서너 마리를 물을 넉넉히 붓고 충분히 고은 물을 따로 준비해 두고 탕을 비롯해 온갖 음식에 양념으로 썼다. 그리고 대표적인 조미료인 고추는 『지봉유설』(1613)에 처음 소개되었는데 『음식디미방』에는 고추에 대한 기록이 없다.[70] 음식디미방에는 설탕이 직접 사용되었다는 기록이 없다. 조선시대 사대부 양반가에서 고추가 사용되지 않은 이유는 여러 가지로 추측해 볼 수 있다. 고추는 16세기 말에서 17세기 초에 도입되어 초기에는 대중적으로 널리 사용되지 않았고 약재로 인식되며 식재료로 자리 잡기까지 시간이 걸렸다. 또한 양반가의 식문화는 상당히 보수적이라 담백한 맛을 중시했기 때문에 매운맛을 내는 고추를 선호하지 않았다. 당시 양반층은 전통적인 식재료와 조리법을 중시했고 고추와 같은 새로운 재료는 서민층에서 먼저 사용되었기 때문에 사대부 양반가에서 이를 받아들이기 어려웠을 것이다.

〈표 4〉 음식디미방에 나타난 조미료 및 양념류

조미료	원문표기	사용된 조리법
꿀(물)	쑬	세면법, 더덕법, 화전법, 잡과편법, 밤설기떡 만드는 법, 연약과법, 다식법, 박산법, 앵두편법, 약과법, 중배끼, 빙사과
물엿	즙청	연약과법, 박산법, 약과법
후추 (가루)	호쵸 (ᄀ루)	만두법, 수애교법, 해삼 다루는 법, 약게젓, 별탕, 대구껍질 누르미, 꿩고기 짠지, 양숙, 가제육, 개장꼬치 누르미 등
천초 (가루)	쳔쵸 (ᄀ루)	만두법, 약게젓, 별탕, 붕어찜, 대구껍질누르미, 꿩고기 짠지, 연계찜, 개장꼬치누르미
생강	싱각	만두법, 약게젓, 별탕, 붕어찜, 별미, 연계찜, 개장꼬치 누르미
간장 (간장국)	지령 (지령국)	세면법, 난탕법, 우족, 개장 누르미, 계란탕법, 동아누르미
진간장	진지령	약게젓, 별미, 개장, 개장꼬치 누르미, 개장찜, 잡채

---

69 백두현, 같은 책, 2006, p.160.
70 정혜경외 2인, 같은 논문, 2015, p.51.

조미료	원문표기	사용된 조리법
기름	기름	더덕법, 수교애법, 연약과법, 연계찜, 약과법, 중배끼, 동아누르미
간장기름	지령기름	상화법, 어만두법, 해삼 다루는 법, 꿩고기 짠지, 양숙, 웅장, 가제육, 연근채
기름간장	기름지령	어전법, 가제육, 숭어만두, 닭 굽는 법, 잡채, 동아적
참기름	참기름	연약과법, 다식법, 생포간수법, 약게젓, 별미, 개장, 개장꼬치누르미, 개장국누르미
파, 골파	파, 결파	참새, 대합, 붕어찜, 대구껍질 누르미(골파)

 『음식디미방』에 나타난 조미료 및 양념류는 조선시대 중기의 음식 문화와 조리법을 잘 반영하고 있다. 꿀과 물엿은 전통 과자와 떡에서 단맛을 내기 위해 사용되었고, 꿀은 특히 귀한 재료로 특별한 요리에 주로 사용되었다. 후추와 산초(천초)는 고기와 해산물 요리에 매운맛과 풍미를 더하기 위해 널리 사용되었고, 후추는 조선시대에 귀한 수입품으로 고급 요리에 사용되었다. 생강은 비린내를 제거하고 음식의 향을 돋우기 위해 필수적으로 사용되었고, 특히 고기와 해산물 요리에서 자주 등장한다. 간장은 조선시대의 대표적인 조미료로, 간장(국), 진간장, 간장기름, 기름간장 등 다양한 형태로 사용되어 음식에 짠맛과 깊은 맛을 더하는 역할을 했다. 또한 참기름은 주로 고소한 맛을 더하는 데 사용되었고, 주로 전을 부치거나 나물 무침에서 중요한 재료로 활용되었다. 파와 골파는 요리에 향과 맛을 더하는 데 필수적인 재료로 주로 고기와 해산물 요리에 자주 사용되었다. 이처럼 음식디미방에 등장하는 조미료와 양념류를 보면 당시 조리법의 풍부함을 엿볼 수 있다.

5. 젓갈(なし物)과 해(醢)

 저장 발효 음식은 재료를 장기간 보존하면서도 발효과정을 통해 독특한 풍미와 영양가를 제공해 준다. 그중에서도 젓갈류는 시대에 따라 계속해서 발전해 왔으며 한일 양국의 식문화 발전에 주요한 요소로 자리매김해 왔다.

〈표 5〉『요리물어』와 『음식디미방』에 나타난 젓갈류

	『요리물어』	『음식디미방』
제1 해수어패류	전갱이, 고등어, 꽃게, 전어, 전복, 대합, 성게	약게젓, 게젓, 연어알, 청어젓, 방어젓, 참새젓
제3 담수어	은어알, 연어알, 연어내장	
제16 술안주	도미알, 도미내장, 고등어(등뼈 아래 쪽)내장, 복어, 정어리, 성게, 은어, 은어알, 오리 내장, 연어내장, 연어알, 다진 가다랑어, 종달새, 메추라기	

『요리물어』에는 젓갈과 관련해서는 제1 해수어패류 부문에는 전갱이(줄무늬전갱이)[71], 고등어(등뼈 아래 쪽)내장, 꽃게, 전어, 전복(내장), 대합, 성게, 제3 담수어 부문에는 은어알, 연어알, 연어내장, 제16 술안주 부문 중 '나시모노(なし物)'항에서 도미알, 도미내장, 고등어(등뼈 아래 쪽)내장, 복어, 정어리, 성게, 은어, 은어알, 연어내장, 연어알, 다진 가다랑어, 오리 내장, 종달새, 메추라기 등이 소개되어 있다. 육장(肉醬)은 동물의 고기나 내장을 소금에 절여 발효시키는 방식으로 만들어졌으며『만엽집(万葉集)』에는 사슴의 내장을 사용한 육장이 언급되었고[72] 불교가 전래된 이래 육식에서 채식으로 차츰 전환되었다. 하지만 중세에는 무사들의 사냥을 통한 일부 육식 재료를 취급하기도 했으나[73] 불교가 확산되면서 육장보다는 어장(魚醬)의 사용빈도가 높아졌다.

에도시대 아시아 국가에서는 생선과 소금을 절여 발효시킨 액체 형태의 어장(魚醬)이 널리 사용되고 있으며, 일본에서도 아키타현의 숏츠루(しょっつる)와 이시카와현의 이시루(いしる)가 그 예이다. 그러나 에도시

---

71 국, 오키나마스, 스이리, 나마비, 전갱이 내장은 젓갈. 줄무늬전갱이도 같게 한다.(『요리물어』)
72 川田正夫,「日本醬油産業史考」,『醱酵工學會誌』第68卷 第6号, 1990, p.495 참조.
73 김수성,「일본의 육식문화와 부락 차별 연구」,『일어일문학』 71, 2016, p.146.

대에는 벽지에서 어장이 된장이나 간장의 대용품으로 사용되었으나 간장의 보급과 함께 점차 사라졌다. 이 간장이 어장을 대체한 것이 일본에서 다른 나라만큼 고추가 발달하지 않은 이유일 것이다. 일본에서는 은어 내장을 절인 '우루카'나 숭어의 내장을 소금에 절인 '카라스미' 등 동물성 발효식품이 과거에는 연안 지역의 저장식품으로 귀중하게 여겼다. 소금에 절여 발효시키는 방식으로 진하고 독특한 맛을 내는 것이 특징이며 어장도 그 중 하나이다. 현재 아시아, 특히 동남아시아의 식문화에서 한국을 비롯한 여러 나라에서 어장은 필수적인 존재가 되었다. 고추의 발달에는 어장의 존재가 관련이 있으며 간장에 의해 대체된 일본에서는 고추가 다른 나라만큼 널리 사용되지 않게 된 것으로 보인다.[74] 이는 어장의 발달이 고추에 대한 사용빈도를 낮췄다는 것인데 에도시대 음식문화 전체로 확대해도 좋을지 생각해 볼 필요가 있다.

에도시대 고추는 단독으로 사용되지 않고 된장과 식초와 함께 사용된 사례를 찾아볼 수 있다. 그 예로 『신선회석싯포쿠취향장(新撰會席しっぽく趣向帳)』(1771)에는 고추초된장을 사용한 요리가 기록되어 있다. 『소인포정(素人庖丁)』(1803)에는 다양한 생선류 덴가쿠에 고추된장이 사용된 기록이 있으며 이는 장어, 정어리, 이세 새우, 조개 등 다양한 생선에 적용되었다. 『회석요리세공포정(會席料理細工庖丁)』(1806)에는 고추초된장, 이후 『정진헌립집(精進獻立集)』(1819)에서도 연근 덴가쿠에 고추된장이 사용었고 덴가쿠 외에도 누타아에(ぬた和え)[75]와 같은 요리에 고추초된장이 사용되었던 기록이 있다.[76] 하지만 『요리물어』 제10 나마스 부문에 소개되어 있는 누타나마스(ぬたなます)[77]는 겨자를 사용하고 있다.

---

74 榎戸瞳,「江戸時代の唐辛子:日本の食文化における外食食材の受容」,『國際日本學論叢』 7, 2010, pp.19~20.
75 '누타'란 된장을 사용한 무침의 일종으로 잘게 썬 생선, 조개, 야채를 초된장에 무친 음식을 말한다.
76 榎戸瞳, 같은 논문, 2010, pp.14~16 참조.

위의 기록을 보면 『요리물어』에는 고추를 이용한 음식은 소개되지 않았고 에도 시대 중후반기에 고추된장이 널리 사용되었음을 알 수 있다. 고추된장은 생선류의 비린내를 제거하고 풍미를 더하는 역할을 하며 서민들의 일상 요리에서 중요한 조미료로 자리잡았다. 하지만 에도 시대 중후반기에는 고추와 함께 사용된 조미료 중 가장 많이 사용된 것은 된장이었으며 덴가쿠 요리에서 특히 많이 사용되었다. 겐로쿠 연간(1688~1704) 이후 차집과 요릿집의 증가로 인해 덴가쿠 요리는 서민들에게 친숙해졌고 두부뿐만 아니라 어류와 야채를 사용한 덴가쿠도 고안되었다. 덴가쿠에 사용되는 된장은 산초된장, 머위된장, 고추냉이된장 등 다양한 종류가 있었으며, 그 중 고추된장은 특히 생선류 덴가쿠에서 많이 사용되었다.[78]

『요리물어』에서 향신료 및 매운맛을 내기 위한 재료 사용 횟수를 조사해 본 결과 생강가루 및 생강즙 29, 산초잎 및 산초가루 27, 겨자 14, 고추냉이 14, 후추 및 후추가루 9, 마늘 7, 여뀌 4 순이며 그 밖에 소금이 조리 항목별 사용된 것이 80을 차지했다. 요컨대 고추가 사용되지 않은 것은 나마다레, 타레미소, 니누키, 육수, 다마리, 이리자케, 미린 등의 액체형 조미료와 산초된장, 생강된장, 고추냉이된장 등 대체가능한 재료가 폭넓게 사용되었기 때문이라 볼 수 있다.

『음식디미방』에 나오는 해(醢) 조리법으로는 어류해(魚類醢)로 청어젓, 갑각류해(甲殼類醢)인 게젓, 약게젓, 조류해(鳥類醢)인 참새젓이 소개되어 있다. 그 밖에 1600년대부터 1800년대까지의 조리서에는 다양한 젓갈이 기록되어 있다. 청어젓은 청어를 소금에 절여 어즙을 빼고 다시 소금으로 삭힌 젓갈로 비웃젓이라고도 불렀다. 1767년 증보산림경제 이후에는 물고기

---

77 겨자를 잘 갈아서 술지게미도 잘 간 다음 은어나 정어리 또는 숭어를 먼저 식초로 볶고 그 식초를 버린다. 그리고 나서 누타를 식초로 풀고 소금 간을 맞춰 무친다. 나중에 식초가 많은 것은 좋지 않다. 단 은어에는 풋콩 누타에 유자 잎을 잘게 썰어 넣어 무치는 방법도 있다(『요리물어』).

78 榎戶瞳, 같은 논문, 2010, p.15.

젓 뿐만 아니라 조개류, 생선알, 갑각류알, 생선 내장까지 젓갈로 담가 사용되었다. 1795년 궁중연회에는 전복, 대합, 석화 등의 패류, 왜방어, 황석어, 청어 등의 생선류, 자하, 새우, 게 등의 갑각류, 송어알, 대구알, 명태알, 조기알, 홍어알 등의 알류, 그리고 명태이리젓, 조기아감젓 등의 생선 내장 젓갈까지 총 28가지 젓갈이 등장했다. 1800년대 중엽 음식방문에서는 염해법, 게젓, 청어젓, 연안식해 등 4종의 젓갈류가 소개되었으며, 염해법은 게를 소금으로 절이는 방법, 게젓은 간장을 부어 담그는 방법으로 기록되었다. 1900년대에는 웅어젓, 준치젓, 조침젓, 광난젓 등의 생선젓과 소라젓, 꼴뚜기젓, 방게젓 등의 해물 젓갈이 새로이 등장했다.[79]

　게젓의 경우 구체적으로 어떤 게를 사용하고 있는지 정확히 설명하고 있지 않다. 다소 시대 차는 있으나『자산어보』(1814)에는 게를 '해(蟹)'로 소개하고 있고 그 종류만 보더라도 16종에 이른다. 그 중에서 젓갈로 쓸 수 있는 것은 소팽 즉 '참게(참궤)' 였다고 소개하고 있다. 이 중 참게에 대해 '색깔은 검은색이고 몸통은 작고 조금 편편한 편이다. 집게발 끝은 연한 흰색이다. 항상 돌 틈에 있다. 젓갈로 담아 먹을 수 있다'고 기록되어 있다. 이는 음식디미방에 소개된 게젓이 참게젓일 개연성을 보여준다.

　『음식디미방』에 소개된 원재료의 종류는 적지만 어류, 갑각류, 조류의 다양한 범위를 포함하고 있다. 실제로 사대부가에서 일상적으로 먹던 '해' 조리법으로 추측된다. 더욱이 중요한 것은 '해' 조리법은 대부분 소금을 이용하고 있지만 약게젓은 지령(淸醬)을 이용한 침장법(沈醬法)을 사용하고 있어 소금 대신 '장'을 이용한 침장법이「음식디미방」에 처음 소개된다.[80] 흔히 어육류에 곡물을 넣어 발효시킨 것은 식해, 소금만으로 발효시킨 해산물은 젓갈로 구분되고 있다.[81]

---

79 안빈,「조선시대 문헌에 나타난 주요 저장식품류의 변화에 관한 고찰」,『식공간연구』 제14권 제3호, 2019, p.75.
80 정혜경외 2인, 같은 논문, 2015, p.50.

『음식디미방』에는 게젓, 약게젓, 청어젓(맛질방문), 방어젓 연어알젓, 참새젓 6가지가 소개되어 있다. 먼저 게젓 담는 법에 대해 다음과 같이 재료 양과 상태, 보관 용기, 소금 양, 조리 순서, 조리 시 주의사항 등 상세하게 설명하고 있다.

> 게를 잡아 오거든 잡은 게를 이삼일(동안) 각각의 단지에 넣었다가 모아서 한 단지에 넣는다. 게 열 마리에 소금이 한 되씩 되도록 헤아려 (소금을) 물에 넣고 달여서 식힌다. 게를 넣어 둔 단지에 물을 부어 세게 흔들어 버리되 세 번을 씻은 후에 행여 죽은 게가 있으면 가려서 버리고 산 것으로만 단지에 가득 넣어라. 달인 소금물이 미지근해지면 게가 잠기게 부어 그 위에 가랑잎을 덮어 돌로 눌러 두었다가 간이 묽으면(=싱거우면) 열흘 만에 쓴다. 간이 되면(=농도가 진하면) 빨리 익는다. 소금물이 너무 뜨거우면 게가 익어서 좋지 않다.[82]

약게젓은 게를 쉰 마리 정도의 양을 기준으로 이틀쯤 굶겼다가 진간장에 참기름, 생강, 후추, 천초를 넣고 달여서 익힌 것을 말한다.[83] 연어알젓은 원문에 젓갈이라 직접적인 설명을 하고 있지 않으나 '소금을 많이 넣어 담갔다가 써라'라고 설명하고 있고 젓갈의 기본은 충분한 소금을 사용한다는 점에서 역주를 한 백두현은 이를 연어알젓으로 추정하고 있다.[84] 청어젓은 '청

---

81 박채린·신동훈, 같은 논문, 2024, p.397. 이 논문의 〈표 1〉 15~16세기 조리서의 동물성 저장 발효 음식 참조. 이 연구에서 『산가요록』의 어해(魚醢), 양해(膁醢), 계해(鷄醢), 저피식해(猪皮食醢), 생치식해(生雉食醢), 원미식해(元米食醢-魚·肉), 길경식해(吉莄食醢-魚), 죽순식해(竹筍食醢-魚), 『수운잡방』의 어식해(魚食醢-동아), 치저(雉菹-瓜), 『계미서』의 건청어장해(乾靑魚醬醢), 『주초침저방』의 생치식해(生雉食醢), 생어식해(生魚食醢) 등 어육류에 곡물을 넣어 발효시킨 식해와, 새우류로 만든 젓갈인 감동저(甘動菹-紫蝦醢), 동아로 만든 새우젓김치인 동과배하해교침저(冬苽白蝦醢交沉菹)등을 소개했다.
82 백두현, 같은책, 2006, pp.133~134.
83 백두현, 같은책, 2006, p.137.
84 백두현, 같은책, 2006, p.219 용어해설 참조..

어를 물에 씻지 않고 가져온 채로 백마리에 소금 2되씩 넣어 독에 넣되 끓이지 않은 물기(늘믈)가 닿지 않도록 해서 단단한 땅에 묻어 제철이 오도록 쓴다고 하고 방어도 같은 방법으로 하라. 생선 젓갈은 다 이렇게 한다'[85]라고 소개하고 있다.

특히 눈에 띄는 것은 조선시대의 독특한 발효 음식인 참새젓[86]인데 참새는 젓갈과 전(煎)의 형태로 조선 후기까지 식재료로 사용되었다. 발효 음식은 장기간 보관이 가능하고 영양가가 높을 뿐만 아니라 무엇보다도 저장장소나 여건이 좋지 않았던 당시에는 중요한 저장 및 조리법 중 하나였다.

『요리물어』와 『음식디미방』에 수록된 발효저장 식품 중 에도시대 초기에는 주로 어패류나 담수어류의 어젓이 중심을 이뤘고 일부 종달새, 메추라기 등 육젓이 존재했다. 조선시대 중기 안동지방 일대에서 게젓, 약게젓, 청어젓, 방어젓 연어알젓 등 어젓을 비롯해서 참새젓과 같은 육젓이 식용되었음을 알 수 있다.

---

85 백두현, 같은책, 2006, p.225.
86 참새는 오늘날 쓰이지 않는 식재료이지만 1670년경 『음식디미방』의 참새젓갈, 1800년대 말엽 조선후기 음식을 조리법에 따라 분류·정리하여 편찬한 조리서인 『시의전서(是議全書)』의 〈참새전유어〉로 보아 조선 후기까지 사용된 식재료임을 알 수 있고 젓갈·전류의 식재료 다양성 측면에서 의의가 있다고 사료된다. 『고려사』예지 원구진설조(圓丘陳設條)에 생선해, 토끼해, 사슴해, 기러기해 등이 찬품으로 나와 있고 『세종실록(世宗實錄)』권 제128 제향찬품에도 위와 같은 종목이 수록되어 있어 오늘날 일반적으로 사용하는 어패류의 젓갈류보다는 수조육류로 젓갈을 일반적으로 담았음을 알 수 있다. 참새전유어는 전통 조리서 『시의전서』에 나오는 요리로 참새를 주재료로 한 전(煎) 요리이다. 이 요리는 참새의 털을 제거하고 살을 발라낸 후 쇠고기와 함께 다진 다음 양념을 하고 밀가루와 달걀을 입혀서 기름에 지진 음식이다. 전유어(煎油漁)라는 용어는 생선이나 육류를 얇게 저며 밀가루와 달걀을 입혀 기름에 지지는 조리법을 의미한다. 참새전유어는 당시 식재료를 다양하게 활용하던 조선시대의 요리법을 보여주는 좋은 예라 할 수 있다.

6. 국(汁)과 탕(湯)

일본 식문화에서 국(汁)은 밥과 반찬을 보완해주는 부수적인 역할을 하며 국은 항상 밥과 반찬의 종속된 위치에 있으므로 식사의 주된 요소로 보지 않는 것이 일반적인 견해이다. 반면 한국 식문화에서 국은 밥과 조화를 이루어 식사의 전체적인 균형을 맞추며 주된 단백질과 영양소를 제공하여 단순한 반찬을 넘어서 그 자체가 한 끼 식사의 중심을 형성하는 경우가 많다. 탕의 경우 국보다 더 깊고 진한 맛을 내기 위해 긴 시간 동안 재료를 끓이고 재료 종류나 조리방법 그리고 조리시간에서 차이가 있다. 물론 『요리물어』에서 다루는 조리법 중 고래국, 카와이리, 남반요리, 너구리국, 모듬 국 등은 탕에 가까운 요리로 볼 수 있으나 이 조리서의 조리법 구분과 명칭에 따라 국으로 분류했다.

『요리물어』 제9 국 부문(汁之部)에 소개된 다양한 조리법을 보면, 재료 면에서 몇 가지 두드러진 특징이 나타난다. 〈표 2〉에 나타나 있듯이 도미, 농어, 잉어, 붕어, 복어, 대구, 고래, 미꾸라지, 청어, 양태, 아귀, 해삼, 생선알 등을 이용한 46가지의 다양한 조리법을 소개하고 있다. 고래, 사슴, 너구리, 꿩, 백조, 학 등 다양한 육류와 특수한 재료도 사용되는데 이는 에도 식문화가 이는 에도시대의 식생활이 풍부한 해산물과 일부 짐승고기, 조류 등을 이용한 동물성 단백질 섭취가 부족하지 않았음을 보여준다. 제9 국 부문과 제14 맑은 국 부문(吸物之部)의 차이가 있는데 국(汁)은 밥에 곁들이므로 비교적 진한 맛이고 맑은 국(吸物)는 술 안주로 제공되므로 연한 맛을 띠는 것이 특징이다.

국 부문에서 내장과 특수 부위의 활용도 눈에 띄는데 복어 껍질과 내장, 잉어 쓸개, 생선알 등 일반적으로 잘 사용하지 않는 부위까지 활용하여 다양한 맛을 내었다. 특히 복어국은 복어의 껍질을 벗기고 내장을 제거한 후 철저히 씻어 사용하는 것이 중요하며 말린 복어 껍질을 넣을 때는 구워서 벗겨 넣는 것이 좋다고 설명하고 있다. 잉어 쓸개국은 쓸개와 내장을 잘게 다진 후 가볍게 볶아 사용하며 된장국으로 만드는 경우 소금 간이 중요하다고 소개되어 있다. 국물 요리에 사용되는 재료도 무, 우엉, 버섯, 대파, 청각, 감태, 미역, 쑥, 별꽃 등 상당히 폭넓게 사용했다.

많은 조리법에서 술과 된장을 중요한 조미료로 사용했고 산초, 유자, 와사비 등의 향신료가 사용되어 요리에 독특한 향과 맛을 더했다. 고명의 경우 농어국에는 다시마와 강리를 사용했고 고래국에는 우엉, 무, 당채 등 다양한 재료를 요리에 따라 달리 사용했다. 여기에 고추냉이와 유자 등의 향신료를 사용하여 향미를 더 했다.

국 부분에서 독을 가진 복어의 손질법, 껍질, 내장, 알 등의 특수 부위를 이용한 조리법, 다양한 제철 재료사용, 맛과 향을 중시했음을 알 수 있다. 또한 국 부문에서 국으로 표기되지 않은 조리법을 들면 도미 카키이리[87], 도미 고려자(高麗煮)[88], 도미 후쿠토모도키[89], 양태, 코다타미, 카와이리, 아오가치, 야마카게, 히시오이리, 남반요리, 수미산(須弥山)[90], 와리나, 우에몬고로(右衛門五郎)[91], 야나기니마리(柳二鞠)[92]가 있다.

---

[87] 소금을 볶아 적당량을 남긴 후 냄비가 달궈진 곳에 생선을 넣고, 생선이 잠길 정도로 묵은 술을 부어 끓인다. 술기(酒氣)가 날아가면 쌀뜨물(쌀을 세 번 씻은 후 받은 뜨물)을 넣고, 소금 간을 맞추어 낸다. 맑은 국의 재료는 제철에 나는 것을 사용하면 된다. 단 도미는 등부분에서 배로 둥글게 자른 것으로 사용한다.(『요리물어』)
[88] 냄비에 소금을 조금 뿌리고 그대로 도미를 넣는다. 묵은 술에 쌀뜨물을 더하여 그 위에 자작하게 넣고 술기(酒氣)가 없어질 때까지 끓인다. 밥 지은 물(밥을 지을 때 물을 조금 넉넉히 넣고 끓인 윗물)을 넣고 간을 맞춘 후 낸다. 아무때든 버섯이나 파 등을 넣으면 된다. 재료가 어느 정도 끓었을 때 손질한 도미를 적당한 크기로 잘라 넣는다.(『요리물어』)
[89] 밀간으로 중된장(중간 정도의 소금맛)을 사용하고 술을 부어 도미를 넣어 끓인다. 간을 맞춘 후 낸다. 맛이 진해지면 여러 번 술을 추가한다. 말린 복어 껍질을 넣어도 된다. 말린 복어 껍질은 구워서 벗겨 넣으면 된다.(『요리물어』)
[90] 채소와 두부를 모두 아주 잘게 썰어 된장국에 넣는다.(『요리물어』)
[91] 채소를 길게 또는 짧게 썰고 얇게 자른 가다랑어포도 넣고 쌀겨된장(누카미소)를 넣은 것을 말한다.(『요리물어』)

이 중에서 도미 고려자는 조선에서 전래된 음식으로 추정되며 수미산이라는 조리법은 불교의 신화적 산에서 유래된 것으로 보인다. 원래 산해진미를 조합하여 여러 재료를 층층이 쌓아 올려 산 모양처럼 복잡하고 정교한 재료 배합과 조리 과정을 통해 만들어지는 고급 요리임을 알 수 있다. 이 요리는 일본 전통 요리 중에서도 특별한 자리에서 제공되었고 그 복잡성과 정교함 때문에 상류층과 귀족들 사이에서 주로 소비되었다. 또한 학국은 주로 에도 시대에 격식을 갖춘 자리에서 제공되었던 고급 요리로 주로 중된장(中味噌)이나 맑은 국으로 조리하며 계절에 맞는 재료를 고명으로 사용했다. 역사적으로 이러한 요리는 주로 쇼군이나 고위 관리들의 연회에서 제공되었다. 학국은 백조국과 마찬가지로 백조의 뼈를 이용하여 국물을 내고 살코기와 내장을 넣어 조리했다.

이처럼 『요리물어』에는 조리법과 관련된 세부 정보는 명확하게 기록되어 있지 않으나 근세 초기에는 상류계층 중심의 식문화에서 원래 조리법을 보다 간소화한 형태의 서민 식문화로 확산되었던 것으로 보인다.

『음식디미방』에는 '국'이 아닌 '탕'을 중심으로 소개하고 있다. 탕류로 와각탕, 별탕, 난탕, 우족탕, 석류탕, 해삼탕, 전복탕, 계란탕, 쑥탕, 순탕, 말린 생선탕 모두 11가지가 소개되어 있다.

와각탕은 모시조개와 가막조개를 맹물에 삶은 것으로 별도의 부재료나 양념 재료를 사용하지 않는다. 별탕은 자라탕을 가리키고 파와 진국장을 넣은 물에 잘 익혀서 생강, 천초, 후추, 염초장[93]으로 양념을 하거나 간장기름에 물을 부어 끓여 생강이나 마른 생강, 후추, 천초, 식초, 파로 양념하는

---

92 어린 잎채소(어린 싹채소)와 토란을 넣은 국.(『요리물어』)
93 염초장은 원문에서 '염초쟝'으로 나타나 있는데 한의학에서 박초(朴硝)를 개어 만든 약을 두고 해석하는 경우도 있는데 당시의 조미료 사용을 보더라도 소금, 식초, 생각, 마늘, 파 등은 기본적으로 조리에 이용했다. 특히 고기의 잡내를 제거하고 풍미를 높이기 위해 소금과 식초 그리고 간장을 주요 재료로 한 조미료일 가능성이 크다고 생각한다.

조리법이 있다.

　난탕은 끓는 소금물에 달걀이나 오리알을 넣어 젓지 않고 덜 읽은 알을 꺼내어 파를 다져 초를 넣거나 간장국에 밀가루 즙을 하여 골파를 넣은 것을 말한다. 우족탕은 손질한 우족을 고아 강정 알갱이 크기로 썰고 참무나 푸른 오이, 표고버섯도 같은 크기로 썰어 간장국에 꿩고기 삶은 즙에 밀가루 즙을 한 다음 골파를 넣은 것이다. 석류탕은 맛질방문으로 꿩고기나 닭고기를 무나 미나리 또는 파, 두부, 버섯과 짓이겨 후추를 뿌리고 기름간장에 볶아 소를 만들고 밀가루를 반죽하여 전 부친 것을 만두피로 삶아 소에 잣가루를 넣어 석류알만큼 빚어 장국에 넣어 끓인 음식으로 요리재료는 석류와 무관하다.[94]

　해삼탕은 그저 말린 것은 꿩고기를 잘게 다져 후추, 천초(산초), 밀가루를 넣어 실로 묶어 닭 찌듯이 찌고, 썰어 말린 것은 기름장에 밀가루를 묽게 타서 후추, 천초로 양념하여 만든 탕이다. 전복도 무르게 고아서 썰어 말려두고 해삼같이 쓰되 기름장국에 쓰라고 했다.[95] 계란탕법은 새우젓국이나 간장국을 끓이다가 계란을 넣어 노른자위가 반숙이 될 쯤에 떼내어 새우젓국이면 초를 타고 간장국이면 그대로 내는 탕을 말한다.[96] 쑥탕은 정월과 이월 사이에 쑥을 뜯어 간장국에 달이고 꿩고기를 잘게 다져 달걀에 기름을 놓고 마른 청어(비웃)를 잘게 뜯어 넣어 끓인 탕이다.[97] 순탕은 순채의 갓 돋은 순을 물에 데쳐 물에 담갔다가 민물고기(川魚)를 넣고 끓이는 물에 순을 넣고 끓여 단간장으로 간을 하고 식초를 쳐서 먹으면 좋고 비위가 약하거나 음식이 내려가지 않을 때 붕어로 순채국을 하면 약이 된다고 하였다. 말린 생선탕은 별도 항목으로 나타나 있지 않고 '고기 말리고 오래 두는 법' 끝부분에 고기를 매우 무르게 삶아 연육하여 잘게 썰어 말려두고 쓸 때 물에 담가 우려

---

94 백두현, 같은 책, 2006, p.199.
95 백두현, 같은 책, 2006, pp.216~217.
96 백두현, 같은 책, 2006, pp.229~230.
97 백두현, 같은 책, 2006, p.273.

간장기름에 밀가루 즙을 싱겁게 하여 탕을 만든다고 했고 또한 연기를 쐬면 고기에 벌레가 생기지 않게 하는 훈연법을 소개하고 있다.[98]

이처럼 『요리물어』에서는 어류 중심의 다양한 재료 뿐만 아니라 고래, 사슴, 너구리, 꿩, 백조, 학 등 특별한 재료를 사용했고 내장과 특수 부위(복어 껍질과 내장, 잉어 쓸개 등)를 사용한 국류가 소개되었다. 또한 술과 된장을 중요한 조미료로 사용하며, 산초, 유자, 고추냉이 등의 향신료를 많이 사용했다. 고명으로 다양한 채소와 해조류를 사용했다. 복어와 같은 독을 가진 재료의 손질법과 특수 부위의 사용법을 상세히 설명하고 있다. 이러한 점에서 볼 때 앞서 일본의 식문화에서 '국을 부수적인 요소'로 보았던 것은 근세의 풍부했던 식문화라기 보다는 오히려 근대 이후 서구화와 도시화가 가속화되면서 생활 구조의 변화로 인해 나타난 식단의 간소화 현상이라 보아야 할 것이다. 『음식디미방』에서는 와각탕, 별탕, 난탕, 우족탕 등의 탕류를 소개했고 이 조리서에서는 주로 해산물과 가금류, 그리고 일부 육류를 사용했다. 고래나 사슴, 너구리 등의 특수한 재료는 등장하지 않았다. 주로 간장, 식초, 소금, 생강, 파, 마늘 등의 기본 조미료를 사용하여 고기의 잡내를 제거하고 풍미를 높이기 위해 염초장과 같은 조미료를 사용하고 향미를 돋우기 위해 파, 진국장, 후추, 천초(산초) 등을 사용했다. 이러한 탕류는 재료 준비와 조리 시간이 필요로 하므로 일상식이 아닌 보양식이나 잔치나 손님 접대 등 특별한 날에 준비되는 경우가 많았다.

7. 나마스·사시미·회

제10 나마스 부문는 맨 처음에 요리나마스(料理なます)[99]이라는 자세한

---

98 백두현, 같은 책, 2006, p.214.
99 도미, 소라, 금눈돔, 가자미, 작은 새우 등 여러 가지를 넣고, 여기에 무를 갈아서

조리법을 소개하여 통해 나머지 조리항목에도 공통으로 적용하게 했다. 나마스는 주로 생선, 해산물, 채소 등을 얇게 썰어 식초로 절여 만든 요리로 새콤한 맛이 특징이다. 이 조리법은 소금과 식초 간을 조화롭게 하는 것과 상을 차리기 직전에 무쳐서 신선함을 유지하는 것이 중요하다. 나마스에는 도미, 금눈돔, 전갱이, 소라, 오징어, 닭고기, 오리고기, 무, 토란 줄기 등 다양한 재료가 사용된다. 나마스 부문에 야마부키아에[100], 와사비아에[101], 가제라아에[102], 미즈아에[103], 미카와아에[104], 아오아에[105]의 무침(和え;ae) 요리가 함께 소개되어 있다. 나마스가 식초와 소금을 중심으로 하는 반면 무침은 나마스와 비슷하지만 식초 이외에도 된장, 깨, 겨자, 고추냉이, 고추냉이식초, 겨자식초, 이리자케, 다시타마리 등을 사용한다. 나마스는 절이는 방식이 주를 이루고 아에는 재료를 무치는 방식으로 조리한다.

더한다. 무엇이든 나마스는 상을 차려 내기 직전에 무치면 된다. 소금 간이 중요하다. 소금은 한 번에 넣도록 생각해야 한다. 두 번, 세 번 넣으면 점점 나빠져서 조화롭지 않게 된다. 곁들임 요리(보조 메뉴로 채소요리나 절임 요리 등)는 여러 가지로 그 계절에 맞는 재료로 만들어 미리 익혀둔다. 단순한 것이 되어야 하며 꾸밈없는 것이 좋다. 곁들임 요리는 여러 가지로 그 시기에 재료가 나오는 대로 미리 삶아둔다.(『요리물어』)

100 붕어 나마스는 겨자를 넣지 않고 무치는 것이다.(『요리물어』)
101 기러기와 오리, 그리고 이들 다리 부위를 썰어 식초와 약간의 소금을 뿌리고 볶는다. 그런 다음 그 식초를 버리고, 키조개, 전복, 도미 등을 넣고 고추냉이 식초로 무친다. 닭고기는 넣지 않아도 된다.(『요리물어』)
102 메추리나 작은 새에 간장을 발라 잘 구운 후 잘게 썰어 겨자 식초로 무친다. 이 요리는 '아오가치(あおがち) 무침'이라고도 한다.(『요리물어』)
103 이리자케에 식초를 더한다. 잘게 썬 작은 생선구이, 마른 오징어, 멸치, 구운 작은 새 등을 넣는다. 말린 연어, 청오이, 명아(식물의 일종), 목이버섯, 우엉을 넣고 무친다. 산초를 잘게 썰어 넣으면 된다.(『요리물어』)
104 오이를 껍질째 잘게 썰어 약간의 소금을 뿌리고 주물러서 재빨리 헹군 후 물기를 짠다. 그런 다음 가다랑어포를 넣고 겨자된장을 이리자케와 식초로 풀어 무친다. 오이가 질겨지면 껍질을 제거해도 된다.(『요리물어』)
105 멸치를 잘 데쳐 다시타마리에 바싹 졸인다. 그런 다음 녹두를 잘 갈고 소금으로 간을 맞춰 무친다.(『요리물어』)

제11 사시미 부문을 보면 에도시대 사시미는 재료의 다양성에서 오늘날과 차이가 있다. 당시에는 도미, 가다랑어, 고래, 상어, 꿩, 오리, 닭 등의 다양한 생선과 육류, 그리고 죽순, 물칭개나물 같은 채소도 사시미로 사용되었다. 조리 방법은 생선을 끓는 물에 살짝 데쳐 하얗게 만드는 '시모후리(霜降)' 방식이 흔히 사용되었다. 이 방식으로 조리하는 것은 고래, 대상어, 상어, 아귀, 생가다랑어, 개복치 등이 있다. 또한, 에도 초기의 사시미는 생선뿐만 아니라 해조류, 버섯, 채소, 꽃 등에 이르기까지 다양한 재료를 이용했고, 이 시기에는 간장 보급이 이루어지지 않았기 때문에 생선을 얇게 썰거나 살짝 데쳐서 이리자케(煎り酒), 겨자식초, 생강식초, 산초된장식초, 된장식초, 청초(靑酢) 등 다양한 소스와 곁들여 먹었다. 그 밖에 꿩처럼 오리, 기러기, 닭, 쇠오리 등도 통째로 삶아서 산초된장, 고추냉이식초, 생강된장으로 무친 거나, 데쳐서 고추냉이식초, 생강된장 등을 발라서 먹거나, 사시미로 이용되는 청과로는 물칭개나물, 쑥부쟁이, 산파, 국화꽃, 작약 등은 된장식초가 좋다는 설명이 있다.

조선시대에는 인구 증가와 수산업 발달로 조선 왕실과 민가에서 신선한 회(膾)를 즐기게 되었고, 어회(魚膾)는 어패류를 날로 먹는 생회(生膾)와 익혀서 먹는 숙회(熟膾)로 나뉘며, 생회는 생선회와 조개회로 구성되고 초와 생강을 사용하였으며, 숙회는 어패류를 살짝 데쳐 먹거나 흰살생선에 녹말을 묻혀 익힌 어채(魚菜)를 포함하며[106], 어회는 생선을 날로 먹는 것 외에도 말리기, 얼리기, 발효시키기, 응고시키기 등 다양한 방법을 이용하였고, 숙회인 어채는 육류, 어류, 채소류, 버섯류 등을 활용하여 영양의 조화를 이뤘다.[107] 『음식디미방』에는 대합회와 해삼회 조리법이 소개되어 있는데 '대합을 까서 국에 넣어 끓이거나 초간장에 회도 좋고[108], 말린 해삼을 물에 삶

---

106 박경란, 「조선시대 어회 조리법에 대한 문헌적 고찰」, 『한국생활고학회지』 제29권 5호, 2020, pp.737~738.
107 박경란, 같은 논문, 2020, p.763.

아서 초간장에 양념해서 술안주 하면 좋다'[109]라고 한다.

이상의 내용을 정리해 보면 에도시대의 나마스(膾)는 주로 생선, 해산물, 채소 등을 얇게 썰어 식초와 소금으로 절여 만드는 요리이고 육류도 사용했다. 사시미(刺身)는 생선을 얇게 썰어 생으로 먹는 일본 요리로 에도 초기에는 식초와 된장 소스를 곁들이거나 생선을 끓는 물에 살짝 데쳐 먹는 방식이 주로 사용되었다. 조선시대의 회(膾)는 생회(生膾)와 숙회(熟膾)로 즐겼으며 초와 생강을 주로 사용했고 숙회에는 흰살생선을 녹말에 묻혀 익힌 어채라는 조리법도 있었다. 한가지 특징적인 것은 조선시대 어회를 먹을 때 간장은 거의 사용되지 않았던 점이다.

8. 요리주(料理酒)와 가양주(家釀酒)

『요리물어』에는 에도시대 유행했던 요리주(料理酒) 9가지가 소개되어 있다. 여기에는 계란술(玉子酒)[110], 산마술(芋酒)[111], 비둘기술(鳩酒)[112], 꿩뼈술(羽節酒)[113], 꿩 내장술(つかみ酒)[114], 계란술(練り酒)[115], 생강술(生姜酒)[116],

---

108 백두현, 같은 책, 2006, p.126.
109 백두현, 같은 책, 2006, p.122.
110 계란을 깨어 넣고 찬술을 조금씩 넣으며 잘 섞는다. 소금을 약간 넣고 따뜻하게 데워서 낸다. 계란 하나에 술은 납작한 잔(纖部盃)으로 석 잔이 적당하다.(『요리물어』)
111 산마를 하얗게 잘 갈아서 찬술에 잘 녹인다. 소금을 약간 넣고 적절한 간이 될 때까지 잘 저어준다.(『요리물어』)
112 비둘기를 잘 다져 술에 풀어 섞는다. 냄비에 된장을 약간 넣고 연한 갈색이 될 때까지 볶아 비둘기와 술을 넣는다. 산초가루, 후춧가루 또는 고추냉이(와사비)를 약간 넣으면 된다. 간장을 사용해 볶아도 좋다.(『요리물어』)
113 꿩 날개 사이 뼈를 잘게 다져 소금과 술을 약간 넣고 볶는다. 그런 후 원하는 재료를 넣고 술을 적당히 따뜻하게 데워 낸다. 고기를 먹을 때는 간장을 약간 더하면 좋다.(『요리물어』)
114 꿩의 내장에 진한 된장을 약간 넣고 잘 다져 섞는다. 그런 후 꿩의 다리 하나하나

감주 빨리 만들기(甘酒早づくり)[117], 두림주(豆淋酒;とうりんしゅ)[118]가 있다. '요리주'라 명칭을 사용하고 있으므로 이를 요리 시 사용하는 요리로 이해할 수 있지만, 내용을 보면 술에 다양한 재료와 조미료를 가미하여 마시는 용도로 만들어졌다. 현재로서는 어떤 술을 사용하고 있는지, 손님을 접대하기 위한 용도로 만든 것인지는 구체적으로 파악하기 어렵다. 누룩 등을 이용한 술 만드는 법에 대해서는 전혀 언급하고 있지 않다. 주된 재료로 계란, 산마, 비둘기, 꿩, 설탕, 생강, 찹쌀가루, 검은콩을 사용하고 있다. 여기에 소금, 산초가루, 후춧가루, 고추냉이 등의 향신료와 간장, 된장, 누룩을 가미한 점을 미루어 건강에 이로운 일종의 약주(藥酒)로 이용되었던 것으로 판단된다.

계란술의 경우『요리물어』이전의 문헌에서는 찾아보기 어렵다. 에도시대에 저술된『본조식감(本朝食鑑)』(1697)에는 두림주(豆淋酒)는 요혈과 분변혈을 조절하고, 생강주는 복부의 냉통을 치료하며, 비둘기술은 요통(腰痛)과 요냉(腰冷)을 치유하고, 계란술은 강장효과가 있는 약주(藥酒)라 소개하고 있다.[119] 조선시대 의관 허준이 1610년에 중국과 조선의 의서를 집대성하여 저술한『동의보감』에도 두림주(豆淋酒)가 소개된 것을 보면,

---

에 꼬치를 꽂아 다진 내장을 꿩 발가락 사이에 넣는다. 이 상태로 구워서 잘 익히고, 속까지 바싹하게 구워진 것을 확인한다. 꿩 발가락 끝에서 잘라낸 후 잘 다져 약간 볶고, 술을 넣고 따뜻하게 데워서 낸다.(『요리물어』)
115 계란에 백설탕을 넣고 찬술에 잘 섞는다. 이를 따뜻하게 데워서 낸다.(『요리물어』)
116 된장에 간 생강을 넣고 잘 섞어 볶은 후 술을 넣어 따뜻하게 데워서 낸다. 생강만 넣어도 된다. 된장 술은 된장만 넣어서 만든다.(『요리물어』)
117 찹쌀가루(道明寺粉을 말함. 도묘사에서 처음 만들어졌다고 해서 붙여진 이름) 1되를 뜨거운 물로 씻어 준비하고, 누룩 1되에 물 1되 5홉을 넣어 절구에서 잘 갈아낸다. 이것을 체로 걸러 세 가지 색깔의 냄비에 넣고 약한 불에서 빨리 저어주면 완성된다. 백설탕을 넣어도 된다.(『요리물어』)
118 검은콩 1되를 볶아 식힌 후 좋은 술 1되 5홉을 넣어 담가 둔다. 콩이 부드럽게 불어났을 때 마시면 된다.(『요리물어』)
119 沓掛伊左夫,「近世の酒に就いて」,『日本釀造協會誌』第33卷 6号, 1938, p.733.

검은콩(黑豆)의 효능에 대해서는 본초학의 영향을 받았을 것으로 추정된다.

전체적으로『요리물어』에서 소개하는 요리주에 대한 문헌적 고증은 쉽지 않다. 대체로 이전 시대에는 나타나지 않는 것을 보아, 에도시대 초기에 유행했던 것으로 보인다. 〈표 2〉의 제16 술안주 부문은 다양한 재료와 조리법을 통해 당시 일본의 식문화를 잘 반영하고 있다. 찜, 구이, 절임, 무침, 튀김 등 다양한 조리법이 사용되었으며, 타마리, 이리자케, 생강, 산초, 된장, 식초 등의 조미료가 사용되어 요리의 맛을 한층 풍부하게 했다. 술안주 부문에서는 짐승고기나 조류를 전혀 사용하지 않고, 해산물과 채소를 주재료로 사용했다. 이는 당시 일본의 식문화에서 해산물이 중요한 비중을 차지했음을 보여주며, 지역적으로 다양한 해산물을 이용한 요리들이 발전했음을 알 수 있다. 다양한 해산물과 채소를 이용한 요리는 그 재료의 신선한 맛을 최대한 살리기 위해 간단하면서 정교한 조리법이 적용되었다.

『음식디미방』에 기록된 술 담그는 법은 조선 중기의 임진왜란(1592~1598)과 병자호란(1636~1637) 등의 전란 이후 경제적, 사회적 회복기 속에서 사대부 가문이 유지했던 고유한 술 문화를 보여주고 그들의 문화적 정체성과 계층적 특성을 반영하고 있다. 안동지방은 유교적 전통이 강하게 자리 잡은 곳으로 사대부 가문이 지역 사회를 이끌고 있었다. 그 때문에 이러한 어려움 속에서도 농업 생산을 유지하고 지역 사회에서의 지위를 강화해 나가고자 했다. 동시에 쌀 생산을 증대시키고 다양한 식재료와 조리법을 활용하여 고급스럽고 풍부한 식문화를 유지하려 노력했던 것으로 이해할 수 있다.『음식디미방』이 집필된 이후 조서에 소개된 술의 종류가 다양해지는 경향을 보인 것은 농업기술의 발달과 쌀 생산량의 증가했음을 의미한다.[120] 이 조리서는 다양한 음식 조리법과 더불어 당시 사대부 가문에서 전승되었던 술 제조법도 상세히 기록하고 있고 조선시대 술 문화 연구에 있어 중요한 자료로 평가받고 있다.

---

120 배동영, 같은 논문, 2001, p.113.

〈표 3〉과 같이 『음식디미방』에 수록된 51종의 술 제조법은 재료, 발효 방식, 계절적 요소, 의례적 용도 등 여러 측면에서 매우 다양한 특성을 보이며 이는 조선 중기 사대부 가문의 독특한 술 문화를 잘 보여준다. 여기에 수록된 51종의 술 제조법은 먼저 발효 단계에 따라 단양주, 이양주, 삼양주로 분류할 수 있다. 단양주(單釀酒)는 쌀, 물, 누룩을 한 번에 모두 섞어 발효시키고, 추가적인 양조 단계 없이 바로 술이 완성되고, 2회 발효과정을 거치면 이양주(二釀酒), 3회 발효과정을 거쳐 만든 술을 삼양주(三釀酒)라고 한다.

〈표 6〉 발효 단계에 따른 술의 분류[121]

주류			
	단양주	청주	향온주, 정감청주, 시급주, 점감주, 부의주, 절주1
		탁주	이화주1, 이화주2, 이화주3, 이화주4, 일일주, 절삼일주, 하절주
		가향약주	오가피주, 차주법
		소주	소주1, 소주2, 밀소주
		혼양주	과하주
	이양주	청주	사시주, 소곡주, 백화주, 동양주, 벽향주1, 벽향주2, 남성주, 녹파주, 칠일주1, 칠일주2, 감향주, 두강주, 별주, 행화춘주, 죽엽주, 점주, 하향주, 약산춘, 황금주
		탁주	유화주
		가향약주	절주2, 송화주
		소주	찹쌀소주
	삼양주	청주	순향주, 삼해주1, 삼해주2, 삼해주3, 삼해주4, 삼오주1, 삼오주2
	기타		술과 누룩 만드는 방문

조선시대에는 집집이 가양주를 담그고 이를 이용해 제사를 지내는 전통이 있었으니 술 담그기는 빼놓을 수 없는 집안의 중요한 음식 행사의 하나였다. 조선의 술은 대개 탁주, 청주 그리고 소주로 나누어지며 청주에 약재

---

121 119)각주 참조. 해당 자료집 〈표 6〉 『음식디미방』의 조리형태에 따른 음식 구성 p.30에서 발췌. 동일 명칭은 숫자로 구분.

를 넣어 담그는 약용주와 혹은 꽃 등을 첨가하여 만드는 가향주가 있었다.[122] 감향주, 오가피, 송화주 등과 같이 향약연구에 의한 치병이나 건강 유지를 위해 약양주를 발달 시켰다[123]고 보는 견해도 있다. 봄에는 행화춘주와 같은 꽃을 이용한 술, 여름철에는 시원하게 즐길 수 있는 하절주와 하절삼일주, 정월에 약산춘, 사계절에 두루 빚는 사시주 등 계절에 따라 다양한 술이 빚어졌고 각 계절의 특성과 필요에 맞춘 전통적인 술 제조법이 발전해 왔음을 보여준다.

조선시대 사대부 가문에서 여성들은 가정 내에서 중요한 역할을 담당했으며 그중에서도 특히 술을 담그는 것은 부녀자의 역할이었다. 사대부 여성은 가문의 전통과 명성을 유지하기 위해 술 담그는 법을 배우고 전수하는 과정에서 가정 내에서 중심적인 위치를 차지했다. 술 담그기는 단순한 가사노동이 아닌 가정 경제에 직접 이바지하는 중요한 활동이었다. 사대부 가문의 여성은 술을 빚어 가족과 친척, 손님을 대접했고 이는 가문의 환대 문화를 유지하는 중요한 요소였다. 또한 술을 통해 가문은 사회적 지위를 공고히 하고 여성이 가문 간의 관계를 관리하고 조정하는 중요한 역할을 담당했던 것으로 해석할 수 있다.

9. 면(麵)과 떡(餠)

『요리물어』에 소개되어 있는 면 종류는 살펴보면 우동(밀가루), 키리무기(가는 우동), 쿠즈소면(갈분), 조요면(산마), 수이센(갈분묵 면), 소바키리(메밀), 무기키리(보리국수), 뉴면(온 소면)을 들 수 있다. 이 조리서의 목록을 보면 후식(後段) 부문에 면류가 소개된 점으로 보아 보통 식사보다는

---

122 정혜경외 2인, 같은 논문, 2015, p.46.
123 정혜경외 2인, 같은 논문, 2015, p.48.

술자리를 마친 후 가볍게 속을 채우는 정도일 것이다. 『음식디미방』에는 메밀국수(면), 녹말국수(세면), 녹두국수(착면), 계란국수(난면), 밀가루국수(별착면), 메밀국수(차면), 가는 국수(세면2)에 대한 조리법이 수록되어 있다. 두 조리서에 나타난 면 종류와 사용된 재료와 양념류를 정리해 보면 다음과 같다.

〈표 7〉 면류의 주재료와 부재료 및 양념류

구분	음식명	주재료	부재료 및 양념류
요리물어	우동	밀가루	소금, 니누키, 타레미소, 후추, 매실
	키리무기	밀가루	소금, 니누키, 타레미소, 겨자, 여뀌, 유자
	쿠즈소면	갈분	소금, 니누키, 타레미소, 겨자, 여뀌, 유자
	조요면	산마, 찹쌀가루, 멥쌀가루	소금, 니누키, 타레미소, 겨자, 여뀌, 유자
	수이셴	갈분	소금, 니누키, 타레미소, 겨자, 여뀌, 유자
	소바키리	메밀가루	소금, 니누키, 타레미소, 후추, 매실, 무즙, 다진 파, 고추냉이
	무기키리	보리가루, 찹쌀가루, 멥쌀가루	소금, 니누키, 타레미소, 후추, 매실, 무즙, 다진 파, 가지, 고추냉이, 산초가루, 연한 된장국, 팥소, 백설탕
	뉴면	소면	타레미소, 다시, 나물, 네부카(대파), 가지, 연한 된장국, 후추가루, 산초가루
음식디미방	메밀국수(면)	메밀쌀, 녹두	오미자차, 꿀 또는 간장국, 고명
	녹말국수(세면)	녹두, 밀가루	오미자차, 꿀 또는 간장국, 고명
	녹두국수(착면)	녹두	오미자, 참깨
	계란국수(난면)	흰 계란, 가루	꿩고기 삶은 국, (보통) 고명
	밀가루국수(별착면)	밀가루, 토장가루*	깻국, 오미자국
	메밀국수(차면)	메밀가루, 밀가루, 세면가루	오미자국, 잣
	가는 국수(세면2)	토장가루, 녹말가루	-

* 토장가루란 녹두를 불려서 간 다음 이를 걸러서 삶아 가루를 낸 것을 말함

『요리물어』에 소개된 면류의 주재료는 밀가루, 갈분, 산마, 찹쌀가루, 멥쌀가루, 메밀가루,보리가루 등을 이용했고 부재료와 양념류를 보면 타레미소, 니누키 등을 기반으로 하여 매운맛과 향미를 돋우기 위한 후추, 겨자, 여뀌, 고추냉이, 산초가루, 후추가루를 골고루 사용했고 감칠맛과 복합적인 향을 강조했다.『음식디미방』의 경우 주재료로 메밀쌀, 밀가루, 녹두, 토장가루, 메밀가루, 토장가루, 녹말가루를 이용했고, 오미자차나 오미자국, 꿀, 간장국, 깻국 등 간결한 국물에 잣을 곁들여 재료 본연의 맛을 강조했다. 국수의 재료로 메밀가루나 녹두가루 등을 사용한 것을 보아 밀가루 사용은 그 당시 일반적인 식재료로 보기 어렵고 안동장씨 부인의 사회·경제력에 따른 식재료 사용이었을 것이라 추측할 수 있다.[124]

다음으로 두 조리서에 소개된 떡 종류와 재료를 정리하면 〈표 8〉과 같다.
『요리물어』에 소개되어 있는 떡은 주로 찹쌀과 멥쌀을 기본 재료로 하여 우엉, 칡전분, 고사리전분 등 독특한 맛과 질감을 강조했다. 또한 고보모치(우엉떡)는 기름에 튀긴 후 설탕시럽에 넣어 조리는 일종의 과자였다. 유키모치와 코노에사마모치는 우리나라 백설기와 유사하며 찌는 방식으로 조리했다. 유키모치와 사사모치처럼 치자, 유자잎, 쑥, 청대두가루 등 천연 재료를 이용해 착색을 하거나, 닥종이를 재료로 한 스기하라모치나 백출(白述), 복령(伏苓) 등의 약재를 사용한 코노에사마모치는 일본의 자연적 재료와 계절감을 반영해 시각적 아름다움과 함께 맛의 다양성과 식치(食治)를 추구한 것으로 보인다. 또한『음식디미방』에서는 볼 수 없는 설탕(백설탕, 흑설탕)이나 설탕 시럽으로 단맛을 내었고, 반죽을 한 다음 삶아서 찧어 떡을 만들기도 했다(별표 참조). 특히 '메구리모치를 먹는 사람은 연중 악병을 예방할 수 있다[125]는 풍습이 있었고, 고보모치, 고쇼사마모치, 코노에사마모치

---

124 백두현, 같은 논문, 2003, p.100.
125 1764년에 간행된『요리진미집(料理珍味集)』(卷3)에 에도시대 진미 중의 하나로 「메쿠리모치(目くり餅)」가 다음과 같이 수록되어 있다. "봉서지(奉書紙)를 삼일 정도

는 중세 말에서 근세 초기에 걸쳐 주로 귀족사회나 상류사회에서 즐겨 먹었으나[126] 오늘날에는 전통이 끊어진 것으로 보는 견해도 있다.

〈표 8〉 떡 종류와 재료

구분	떡 명	재료
요리물어	고보모치	우엉, 찹쌀, 멥쌀
	쿠즈야키모치	칡전분(葛粉)
	쿠즈모치	칡전분(葛粉)
	와라비모치	고사리전분(蕨粉)
	유키모치	찹쌀, 멥쌀, 곶감, 밤, 치자(착색)
	스기하라모치(*)	찹쌀, 멥쌀, 닥종이, 산마
	코쿠모치(*)	구기자즙, 찹쌀가루, 멥쌀가루
	우코기모치(*)	오갈피즙, 찹쌀가루, 멥쌀가루
	치마키(*)	찹쌀가루, 설탕, 대두가루, 소금
	사사모치(*)	찹쌀가루, 치자(착색), 쑥(착색), 청대두가루(착색), 유자잎(착색)
	고쇼사마모치(*)	찹쌀, 멥쌀, 산마, 된장국(삶음), 설탕 시럽(설탕 1되 : 물 4홉)
	코노에사마유키모치[127](*)	찹쌀, 멥쌀, 백출(白朮), 복령(伏苓), 산약(山藥), 연육(蓮肉), 율무(薏苡仁), 설탕
음식디미방	증편법	멥쌀(밋다니쌀, 올벼쌀, 낭경자쌀(?))가루, 발효재(술)
	석이편법	멥쌀가루, 찹쌀가루, 석이버섯, 잣
	화전법	두견화, 장미화, 출단화(목단화), 찹쌀가루, 메밀가루, 꿀
	빈자법	녹두가루, 팥, 꿀
	잡과편법	찹쌀가루, 꿀, 곶감, 삶은 밤, 대추, 잣
	밤설기떡 만드는 법	밤가루, 찹쌀가루, 꿀물

* 『요리물어』에서 찹쌀과 멥쌀의 사용 비율은 6:4이고 삶은 후 쪘어서 만드는 떡을 말한다.

    물에 담갔다가 잘 두드려 으깬 후 칡가루를 섞어 미소국으로 반죽하여 적당한 크기로 잘라 미소국으로 끓인다. 이 떡을 먹는 사람은 연중 악병을 예방할 수 있다. 여름 토요(夏土用) 기간 중에 사용한다.(奉書紙三日ほど水に漬成ほと能たゝきつぶし葛を合て味噌汁にてこね能程に切てみそ汁にて煮る此餅を食する者は年中惡病を除く也夏土用中に用ゆ)."

126 江原惠, 『料理物語·考』, 三一書房, 1991, pp.19~20.
127 코노에사마 설병(近衛樣雪餅)은 일본의 전통 과자 중 하나로, 이름에서 알 수 있듯이 눈처럼 하얀 떡을 의미한다. 이 명칭은 일본의 귀족 가문 중 하나인 '코노에가

『음식디미방』은 가문 내에서 전통적으로 사용해 왔던 멥쌀과 찹쌀을 기본으로 하되 녹두가루, 메밀가루, 밤가루 등을 대체하기도 했다. 이 당시 설탕의 사용은 전혀 나타나지 않았고 대신 꿀을 사용하여 단맛을 내었다. 또한 잡과편법이나 밤설기떡처럼 잣, 대추, 삶은 밤 등의 견과류를 활용하여 영양가와 풍미를 더한 것이 특징적이다.

〈표 8〉에서처럼 『음식디미방』에는 '두견화', '장미화', '출단화(목단화)' 등의 꽃을 이용한 화전법을 소개되어 있다. 반면에 요리물어에서는 화전과 같이 꽃을 재료로 한 떡 조리법이 언급되지 않다. 이는 조선 시대와 에도 시대의 식문화 차이를 보여주는 흥미로운 지점이다. 음식디미방의 경우 화려하고 다양한 재료를 사용하여 시각적 즐거움을 강조하는 조리법이 특징적이다. 이는 사대부가의 미적 감각과 자연에서 얻을 수 있는 재료의 다양성을 적극적으로 활용하고자 한 조선의 식문화를 반영한다고 볼 수 있다. 요리물어에서는 꽃을 사용한 떡에 대한 언급이 없다는 점에서 실용적이고 절제된 재료 사용을 더 중시했을 가능성을 시사한다. 이와 같은 차이는 두 문화의 미적 취향과 요리 재료 활용 방식의 차이에서 기인한 것으로 해석될 수 있다.

(近衛家)'에서 유래한다. 코노에가는 일본의 귀족 계층 중에서도 최고위 가문 중 하나로 조정에서 중요한 역할을 담당해왔다. 코노에가는 일본의 귀족 가문 중 하나로 후지와라 북가(藤原北家)의 적류이며, 이들은 고위 귀족 계층인 오섭가(五攝家) 중 하나로 천황에게 가장 가까운 지위에 있었던 가문으로 알려져 있다. 코노에사마 설병은 이러한 귀족 가문인 코노에가의 이름을 딴 고급 과자로 주로 귀족들이나 상류층 사이에서 특별한 행사나 손님 접대 시에 사용되었다. 설병(雪餅)은 떡의 하얗고 부드러운 외관이 눈을 연상시킨다는 의미로 붙여진 이름이다. 따라서 이 설병은 고급스러움과 귀족적인 이미지를 강조하며, 특히 코노에가의 귀족들이 즐기던 고급 과자로서의 의미를 담고 있다.

10. 맺는말

본 연구는 일본의 『요리물어(料理物語)』와 조선의 『음식디미방』을 비교 분석하여, 두 나라의 식문화와 조리법이 각기 다른 사회적, 문화적 배경 속에서 어떻게 발전했는지를 고찰하였다. 연구 결과, 두 조리서는 각 나라의 사회적 가치와 구조를 반영하여 형성된 식문화를 명확히 보여주고 있음을 확인할 수 있었다.

사회적 가치와 구조는 특정 시대와 문화에서 사람들이 중요하게 여긴 신념과 그에 따라 형성된 생활 방식과 사회 제도를 의미한다. 에도시대 일본은 상업화와 도시화가 급격히 진행되면서 실용성과 효율성이 중시되는 사회로 변화했다. 『요리물어』는 이러한 변화 속에서 계층을 구분하지 않고 다양한 사람들이 활용할 수 있는 실용적인 요리법을 소개했다. 이 조리서는 당시 일본 사회의 실용적이고 개방적인 성향을 반영하며 상업과 도시문화가 식문화에 미친 영향을 명확히 보여준다. 반면 조선시대는 유교적 가치관이 중심이었으며 사대부 가문의 명예와 전통을 중시하고, 가정 내에서 여성의 역할이 중요한 사회적 구조가 『음식디미방』에 반영되었음을 엿볼 수 있다.

이러한 비교를 통해 두 나라의 사회적 가치관과 구조가 식문화에 어떻게 반영되었는지를 명확히 알 수 있다. 일본의 『요리물어』는 실용주의와 도시문화가 반영된 조리법을 담고 있으며 조선의 『음식디미방』은 유교적 가치관이 강하게 반영된 상류층의 조리법을 기록하고 있다. 두 조리서의 이러한 차이는 각 나라의 사회적 배경이 식재료 선택과 조리법의 발달에 어떻게 영향을 미쳤는지를 잘 보여준다.

그러나 본 연구에는 몇 가지 한계가 있다. 연구는 특정 계층과 지역에 국한된 조리서를 바탕으로 하였기 때문에, 연구 결과를 전체적인 식문화로 일반화하기에는 어려움이 있다. 또한 조리서의 집필자가 선택한 식재료와 조리법이 개인의 기호나 신분, 성별에 따라 달라질 수 있다는 점도 충분히 고려하지 못했다. 향후 연구에서는 본 연구에서 다루지 못한 부분을 포함하여 더 다양한 조리서와의 비교 분석을 통해 한일 양국의 식문화가 서로 어떻게 영향을 주고받았는지, 그리고 그 결과가 현대 식문화에 어떻게 반영되었는지를 심층적으로 살펴보겠다. 끝으로 본 연구가 현대 식문화의 발전과 계승에 긍정적인 영향을 미치며 나아가 전통 조리법의 현대적 응용과 새로운 요리 문화 창조에도 기여할 수 있기를 기대한다.

참고문헌

김수성, 「일본의 육식문화와 부락 차별 연구」, 『일어일문학』 71, 2016.
_____, 「『料理物語』를 통해 본 일본 식문화 연구 - 육식과 게가레 관념을 중심으로-」, 『일어일문학』 88, 2020.
박경란, 「조선시대 어회 조리법에 대한 문헌적 고찰」, 『한국생활고학회지』 제29권 5호, 2020.
배동영, 「『음식디미방』에 나타난 술의 다양성과 그 사회적 의미」, 『문화재』 34, 2001.
백두현, 「『음식디미방』[규곤시의방]의 내용과 구성에 대한 연구」, 『영남학』 1, 2003.
_____, 『음식디미방 주해』, 글누림, 2006.
안 빈, 「조선시대 문헌에 나타난 주요 저장식품류의 변화에 관한 고찰」, 『식공간연구』 제14권 제3호, 2019.
정혜경 외 2인, 「『수운잡방』과 『음식디미방』에 나타난 조리법 비교」, 『한국식생활문화학회지』 제30권 2호, 2015.
榎戶瞳, 「江戶時代の唐辛子:日本の食文化における外食食材の受容」, 『國際日本學論叢』 第7号, 2010.
江間美惠子, 「江戶時代における獸鳥肉類および卵類の職分か」, 『日本食生活學會誌』 第23卷 4号, 2013.
川田正夫, 「日本醬油産業史考」, 『醱酵工學會誌』 第68卷 6号, 1990.
沓掛伊左夫, 「近世の酒に就いて」, 『日本釀造協會誌』 第33卷 6号, 1938.
作者未詳 平野雅章 譯, 『料理物語』, 敎育社新書, 1988.
松下幸子 外3人, 「古典料理の硏究(八)-寬永十三年『料理物語-』」, 『千葉大學敎育學部硏究紀要』 通号31 第2部, 千葉大學, 1982.
松下幸子 外1人, 「古典料理の硏究(二)-料理塩梅集について-」, 『千葉大學敎育學部硏究紀要』 通号25 第2部, 千葉大學, 1976.
https://www.kikkoman.co.jp/enjoys/soysaucemuseum/history.html(검색일: 2024. 6. 15.)
https://www.archives.go.kr/archivesdata/upFile/palgan/1404351124100.pdf(검색일: 2024. 6. 28.)

〈토론문〉

도리우미 유타카鳥海豊 | 대구카톨릭대학교

김수성 교수님은 1643년에 일본에서 간행된 '요리물어'와 1670년경에 한국(조선)에서 간행된 '음식디미방'을 비교했다. '요리물어'도 '음식디미방'도 매우 방대한 책이며, 당시 사용된 식재료의 종류만 해도 방대한 양이 될 뿐 아니라, 조리법에 대한 기술도 다양하다. 그 당시에 사용된 한국어와 일본어를 조사하는 것 또한 쉽지 않은 일이다. 이러한 한국과 일본의 책을 시대적 배경에서 비교 분석한 의의는 매우 크다고 할 수 있다. 이후 일본의 에도시대와 한국의 조선시대의 식문화를 비교하고자 한다면, 가장 먼저 읽어야 할 논문으로 평가될 것이다.

이 논문은 들어가기에 이어, 1. 조리서의 시대적 배경, 2. 조리서의 구성과 내용, 3. 조미료, 4. 젓갈(なし物)과 해(醢), 5. 국(汁)과 탕(湯), 6. 나마스·사시미·회, 7. 요리주(料理酒)와 가양주(家釀酒), 맺는말,으로 구성되어 있다.

본인의 전공 분야가 아니기 때문에 자세한 것은 알 수 없으나, 역사적 배경에 대해서는 약간 지적해 두고자 한다.

조리서의 시대적 배경에 대해서는, '요리물어'의 간행은 1643년으로 도쿠가와 이에미쓰의 치세로 안정기이긴 하지만, 1637년에 발생한 시마바라의 난으로 사회적으로 불안정한 시기에 간행되었다고 한다. 물론 그것은 사실이지만, 좀 더 거시적인 시각에서 보면 전국시대의 말기에서 에도시대 초기라는 시기는 일본 전체의 식량 생산 능력이 대폭 증가한 시기이다. 에도 막부는 대량의 군인(사무라이)을 유지하고 있던 일본 각지의 다이묘를 통제하는 데 어려움을 겪고 있었다. 그래서 에도 막부는 이 군인들을 이용해 대규모 토목공사를 하도록 각지의 다이묘에게 명령했다. 그것은 대하천의 치수공사였다. 이러한 치수공사 덕분에 그전에는 저습지대로 농지로 사용할 수 없었던 땅이 농지로 사용될 수 있게 되었고, 일본의 농지 면적이 대폭 증가한 것이다. 농지가 증가한 덕분에 식량이 증산되면서 여유가 생기고 식생활이 풍족해지던 시기에 이 '요리물어'가 간행된 것이다.

〈표 1〉 일본 전체의 경지면적의 변천

연대	경지 면적	경지면적의 비율	출전
930년경	862 천 정보	91.1	和名抄
1450년경	946 천 정보	100.0	拾芥抄
1600년경	1,635 천 정보	172.8	慶長三年大名帳
1720년경	2,970 천 정보	313.9	町步下組帳
1874년경	3,050 천 정보	322.4	第1回 統計表

* 大石愼三郎, 『江戶時代』, 中央公論社, 1977, p.37.

그 때문에 '요리물어'가 '음식디미방'보다 더 다양한 식재료를 포함하고 있다고 생각된다.

'요리물어'와 '음식디미방'의 구성을 비교해 보면, 일본의 '요리 이야기' 쪽이 수산물의 양이 두드러지는 것을 알 수 있다. 이 점에 대해 일본 중세사 전문가인 아미노 요시히코(網野善彦, 1928~2004) 씨는 다음과 같이 주장한다. 일본에서는 '백성(百姓)'이라는 말을 농민이라는 의미로 사용하고 있지만, 사실 '백성'은 농민뿐만 아니라 어민, 상인 등 다양한 직업을 포함하는 말로 사용되고 있었다.

〈표 2〉 요리물어, 음식디미방의 재료, 요리법 비율 비교

요리물어			음식디미방		
이름	개수	비율	이름	개수	비율
해수어패류	71	**31.4%**	면병류	16	11.0%
해조류	25	**11.1%**	과자류	10	6.8%
담수어	19	**8.4%**	어육류	45	30.8%
조류	18	8.0%	채소류	19	13.0%
짐승류	7	3.1%	주류	51	34.9%
버섯	12	5.3%	초류	3	2.1%
청물(야채)	74	32.7%	(어육류에 있는 수산물)	14	**9.6%**
합계	226		합계	146	

* 김수성 교수님의 논문에서 작성

특히 바다와 접해 있는 지역의 고문서를 조사해 보면, 여러 가지 물고기와 해산물을 잡는 사람, 소금을 만드는 사람, 배를 소유해 물자를 운반하는 사람 등 바다와 관련된 일을 하는 사람들이 매우 많았다는 사실을 발견할 수 있다. 이러한 자료 연구를 바탕으로, 일본 역사에서 어민이 차지하는 비율이나 식량에서 해산물과 수산물이 차지하는 비율이 우리가 생각하는 것보다 훨씬 크다는 점을 주장한다.[1] '요리 이야기'에 등장하는 수산물의 양이 많은 것은 아미노 요시히코의 주장을 고려하면 납득할 만한 일일 것이다.

또 주목할 점은 음식디미방에는 면류와 떡이 있는데 비해 일본에는 없다는 사실이다.

조미료 부분에서는 일본에서는 아직 간장을 사용하지 않았지만 한국에서는 간장 사용이 활발하다는 점이 눈에 띈다. 그런데 이 한국의 간장이 어느 단계의 간장인지 궁금한다. 또한, 한국에서 마늘보다 생강이 자주 사용되고

---

[1] 網野善彦, 『續·日本の歷史をよみなおす』, 筑摩書房, 1996 ; 網野善彦, 『海民と日本社會』, 新人物往來社, 1998.

있는 점과 아직 고추가 등장하지 않는다는 점도 주목할 만하다. 젓갈 부분에서는 일본과 한국 모두 해산물로 젓갈을 만드는 경우가 많지만, 일본에서는 거의 육류로 젓갈을 만들지 않고 있다. 이는 불교의 영향 때문이다. 한국의 음식디미방에서 주목할 만한 점은 게장과 참새 젓갈의 조리법이 정확하고 정교하다는 것이다. 그저 서술만 읽어도 식욕을 돋울 정도이다. 여기에서 간장게장으로 발전해 나갔을 것이라 추측할 수 있다. 국(汁)과 탕(湯) 부분에서 특별한 언급은 없지만, 국과 탕의 차이가 무엇일까? 일본과 한국에서는 수프의 역할이 다르다. 일본의 된장국이나 수프는 식사의 부수적인 역할을 하며 중심이 아니다. 반면 한국에서는 김치찌개, 순두부찌개 등 식사에서 국이 중심이 되는 경우가 많다. 이 차이는 무엇 때문일까? 또한, 술 부분에서 일본에서는 큰 양조장이 술을 만드는 것에 비해 한국에서는 각 가정에서 술을 만들고 있다는 점이 인상적이었다. 이러한 차이는 어떻게 생겨난 것일까?

여러 가지로 언급하였지만, 이 논문을 통해 한국과 일본의 식문화의 차이와 역사에 대해 관심이 생겼음을 보고드리며, 감사의 뜻을 표하고자 합니다.

한일전 축구 관련 내셔널적인 담론에 관한 고찰*

오현석 | 서울신학대학교

1. 들어가며

우리는 일상생활에서 다양한 형태로 미디어와의 접촉이 이루어진다. 텔레비전을 통해 뉴스를 접하기도 하고, 인터넷을 통해 자신의 취향에 맞는 언론기사에 접촉하면서 일상생활을 영위해 나간다고 할 수 있다.

이와 같은 개개인의 상황과 맞물려, 스포츠도 미디어를 통해 다양한 정보가 전달되며, 이를 접하는 수용자는 자연스럽게 스포츠 중계를 접하거나, 이와 관련 기사를 접하고, 이를 해독해 나간다. 그런데 이러한 미디어 환경을 통해서, 일반인들의 관심도를 크게 불러일으키는 것 중의 하나가 국가대항전 스포츠 중계라고 할 수 있다. 스포츠시합을 시청하는 행위는 자신의 소속감을 느끼게 하는 팀에 주목하고, 그 팀을 응원하는 구조를 갖고 있다고 할 수 있다. 이러한 스포츠시합의 특성상 국가대항전 스포츠는 자국에 대한 집중도가 높아지고, 타국과의 경쟁하는 모습을 시청하면서 자국에 대한 아이덴티티를 확인하는 과정이 발생한다고 할 수 있다. 이로 인해, 우리는 일상생활에서 타국과의 스포츠 시합을 시청하면서, 자국 팀에 대한 열렬한 응원을 통해 자국에 대한 아이덴티티를 확인한다. 4년 주기로 열리는 축구 월드컵대회나 올림픽 대회는 자국과 타국이라고 하는 경쟁관계 속에서 자국에 대한 표상을 끊임없이 분출해 내고, 수용자는 이에 대해 자신의 사

---

* 본고는 오현석, 「한일전 축구 관련 내셔널적인 담론에 관한 일고찰」, 『翰林日本學』 38, 2021, pp.57~77을 수정·가필한 것이다.

회적 위치 속에서 해독해 나간다. 또한 미디어는 단순히 국가 대항전 스포츠 중계뿐만 아니라, 그러한 경기에 대한 다양한 관점에서의 관련 보도를 통해, 수용자들의 이목을 집중시킨다. 이러한 상황은 궁극적으로 미디어를 통해 자국의 내셔널리즘을 고양시키는 전형적인 예라고 할 수 있다.

그런데, 한국 사회에서 국가대항전 스포츠는 또 다른 특수한 사회적 배경이 투영된 담론을 생산해 내왔다. 그것은 일본이라고 하는 타국과의 시합, 소위 말하는 필승의 대상으로서의 한일전이라고 하는 담론이 지속적으로 생산되어 왔다. 해방 이후 한국사회에서 일본과의 시합은 언제나 필승의 담론이 등장하였고, 국민 개개인을 국가이데올로기 장치[1]라고 하는 미디어에 의해 국민을 호명해 나가는 과정이 존재해 왔다. 이는 일제강점기 시대를 겪어 오면서, 해방 이후에도 일본에 대한 적대적 감정의 표출로 이해되어 왔다. 이와 같은 한일전 스포츠 게임은 수용자들이 스포츠 중계에 집중해 나가면서, 자국에 대한 내셔널리즘을 구축해 나가는 과정으로 이해될 수 있다.

그렇다면, 이와 같은 한일전 스포츠중계는 한국사회에서 어떠한 기능을 수행해 왔을까? 특히, 본고는 한일전 스포츠중계 중에서도, 축구에 관한 담론 분석을 시도해 보고자 한다. 축구라고 하는 특정한 종목에 주목하는 이유는, 단일 스포츠 종목 중에서는 가장 인기가 있는 스포츠 중의 하나이고, 해방 이후 한일전 축구를 통한 필승 이데올로기가 끊임없이 재생산되어 왔기 때문이다. 즉, 축구를 통해 선전하는 한국대표팀을 보면서 자국에 대한 아이덴티티를 부각시켜 왔으며, 한일전 승리라고 하는 이야기체를 구축하면서, 반일 내셔널리즘과 같은 담론이 재생산되어 왔기 때문이다.

이에 본고에서는 이러한 문제제기에서 출발하여 미디어 담론에서 다루어진 한일전 축구 관련 논의를 전개해 나가고자 한다. 이러한 분석은 다음과 같은 연구결과를 도출해 낼 수 있을 것이다. 첫째, 한일전 축구 대항전에 관

---

[1] L.アルチュセール, 西川長夫譯『國家とイデオロギー』, 福村出版, 1975, pp.33~35.

한 담론 분석은 스포츠라고 하는 축구를 통해 한국사회에서 어떠한 형태로 내셔널리즘이 구축되어 왔는지에 관한 논의가 이루어질 수 있다. 두 번째는 이러한 담론이 통시적으로 어떻게 이루어졌는지를 고찰해 나감으로써, 현대 한국사회에서 스포츠를 통한 내셔널리즘의 구축이 어떻게 전개되어 가고 있는 지를 도출해 낼 수 있을 것으로 기대한다.

2. 한국의 내셔널리즘과 한일전 축구

1) 해방 이후의 내셔널리즘

여기서는 해방 이후 한국 사회에서 전개된 내셔널리즘의 흐름을 검토해 보자.

전술한 바와 같이 한국사회에서는 해방 이후, 국가에 대한 아이덴티티를 확인하는 담론으로서 끊임없이 내셔널리즘이 재생산되어 왔다. 본고의 관점에서는 한국사회에서의 내셔널리즘을 크게 세 가지 형태로 구분하고자 한다.[2]

첫째는 일제 강점기 시기에 발생한 저항적 내셔널리즘이라고 하는 관점이다. 이는 일제 강점기 체제하에서 전통적인 생활 방식을 파괴시킨 식민지 권력에 대한 저항의식의 생성[3]이 내셔널리즘으로 표출되었다는 관점이다. 일제 강점기 시기의 한국사회는 일제 권력에 저항하는 성격을 강하게 띠게

---

[2] 한국의 내셔널리즘에 관한 논의는 다양한 관점에서 전개되어 왔는데, 본고에서는 김방출·권순용의 세 가지 구분을 참고하여 제시하였다. 김방출·권순용은 한국의 내셔널리즘을 일제 식민통치하의 저항 민족주의, 비민주적 정권에 의해 동원된 국가 발전 민족주의, 1980년대 학생운동의 중심 이념으로 자리한 반미 민족주의 등으로 구분하였다.(김방출·권순용, 2007, p.75)

[3] 박명규,『한국 근대 국가 형성과 농민』, 문학과 지성사, 1997, p.27.

되었고, 이는 해방 이후에도 타자로서의 일본에 대한 저항적 내셔널리즘으로 계승되었으며, 경우에 따라서는 적대적인 반일 감정의 표출로 이어져 왔다.

두 번째는 해방 이후의 군사독재정권에 기초한 동원된 국가 발전주의적 내셔널리즘이다.[4] 이러한 경향은 1960년대 70년대를 거치면서 개발도상국에서 발생한 경제적 근대화를 위한 내셔널리즘의 출현에서 나타난 현상이라고 할 수 있다. 즉, 이러한 시대적 상황에서의 국가 체제는 '개발, 조국 근대화, 산업화, 수출 증대'는 '아무도 범절 하지 못하는' 도덕적이고 문명적이며 민족적인 목표로 간주되었고,[5] 이는 궁극적으로 '동원된 근대화'라는 표현과 함께 국가 발전주의적 내셔널리즘을 구축하게 된다.

세 번째는 1980년대에 등장한 학생운동의 이념이 투영된 반미 내셔널리즘이 이에 해당된다고 할 수 있다.[6]

이와 같은 내셔널리즘의 형태는 현대 한국사회에서 이념적 대립이 아닌, 즉 진보와 보수와의 갈등이 아닌, 한국사회 전체를 아우르는 이데올로기적 역할을 수행해 왔다고 할 수 있다.

그렇다면, 본고에서 논의하고자 하는 한일전 축구 대항전에서는 어떠한 성격을 갖는 내셔널리즘이 재생산되고 있는 것일까? 본고에서의 논의하고자 하는 내셔널리즘은 첫 번째로 제시한 저항적 내셔널리즘을 중심으로 고찰해 보고자 한다. 그 이유는 한국사회에서 일제 강점기라고 하는 특수한 역사적 경험이 저항적 내셔널리즘으로 발현되었으며, 나아가 적대적 감정

---

4 아베기요시는 전후 일본사회의 내셔널리즘을 경제적 성장을 기반으로 한 국가에 대한 프라이드라고 말한다.(阿部潔, 2003, p.52) 이러한 관점은 한국의 발전주의적 내셔널리즘이 동원된 근대화에 의해 구축되어 이루어졌다는 부분에 있어서 아베의 견해와 유사한 측면이 있다고 할 수 있다.
5 조희연, 『동원된 근대화』, 후마니타스, 2013, p.33.
6 본고에서는 이와 같은 내셔널리즘의 구분이 한국사회의 내셔널리즘을 포괄적으로 이해하는 방식으로 제시하는 것은 아니다. 다만, 논의의 편의상 이와 같은 구분을 통해서, 본고에서 논증하고자 하는 한국사회의 내셔널리즘의 성격을 정의하고, 이를 바탕으로 전체적으로 지향하는 본고의 관점을 제시하고자 한다.

의 표출로서의 '일본'이라고 하는 타자를 재생산 해왔기 때문이다. 이러한 경향은 한일전 축구 대항전에서 특히 강하게 드러나고 있다. 단편적인 예로서, '일본과의 시합에서는 가위바위보도 져서는 안 된다'고 하는 표현에서 알 수 있듯이, 일본과의 시합은 필승의 상대로서 각인되어 왔던 점도 부정할 수 없다.

본고는 한일전 축구 대항전 관련 미디어 스포츠를 분석해 나감으로써, 이러한 반일 내셔널리즘이 어떻게 변용되어 왔는지, 또한 이러한 내셔널리즘이 시대적 흐름에 따라서 어떠한 형태로 변용되어 왔는지를 고찰해 보고자 한다.

2) 축구 한일전 무엇을 전달하는가?

여기서는 해방 이후 한국사회에서 한일전 축구가 갖고 있는 의미에 관해 검토해 보자. 전술한 바와 같이, 한일전 축구시합은 해방 이후 한국사에서 한일 간의 스포츠 대항전을 반드시 승리해야 하는 시합으로 인식해 왔고, 이를 통해 반일 내셔널리즘이라고 하는 담론을 구축해 왔다고 할 수 있다. 또한 이러한 담론은 경우에 따라서, 일본에 대한 적대적 감정의 내셔널리즘으로 표출되기도 하였다. 이와 같은 결과는 일제 강점기의 역사적 경험에 기인한 것으로, 해방 이후부터 현재까지 지속적으로 유지되어 온 담론이라고 말할 수 있다.

예를 들어, 1954년 스위스 월드컵의 예선전의 사례를 살펴보자. 당시의 월드컵 아시아 지역의 예선 방식은 상대국과의 홈 앤드 어웨이 방식으로 진행되었다. 그러나 당시 이승만 대통령은 일본팀과의 시합 자체를 거부하였고, 이에 대한축구협회의 설득으로 한국 팀의 일본 원정에는 동의했지만, 일본팀의 방한은 인정하지 않았다. 이에, 홈 앤드 어웨이 방식이 아닌 어웨이 두 게임으로 일본의 메이지신궁 경기장에서 월드컵 예선을 치르게 되었다.[7] 당시의 이승만 대통령은 '일본에게 진다면 현해탄에 몸을 던져라'라고 말한 일화에서 알 수 있듯이 일본에 대한 반일감정이 한일전 축구 경기에서도 그대로 재현되고 있었다.[8] 이러한 상황을 보더라도, 반일감정이 어느 정도였는지 짐작할 수 있으며, 축구라고 하는 구기 종목을 통해 대일본전 필승 이데올로기의 구축이 존재하였음을 알 수 있다.

대일본전 필승 담론은 한국 축구에 있어서 또 다른 이데올로기적 기능을 수행하는 역할을 갖고 있었다. 즉, 국가대항전 축구 시합을 통해 상대국에 대한 승리 또는 선전하는 모습을 전달하고, 이러한 과정을 통해 자국에 대한 아이덴티티를 고양시키는 것이다.[9] 대표적인 사례가 박스컵 축구대회이다. 1970년대 근대화 정책에 몰두하던 시기, 박정희 정권은 국제적으로 한국의 위상을 높이고, 국내적으로는 독재 정권을 정당화하기 위한 수단으로 스포츠 이벤트를 만든다. 이것이 바로 '박스컵' 축구대회이다. 이러한 국제대회를 통해 한국이 강한 상대들과 싸워서 패배하는 것이 아닌, 상대적으로 약소한 축 팀을 국내에 초청하여 통쾌하게 승리하는 스토리를 미디어를 통해 전달한다. 이러한 '박스컵'은 독재자가 우민한 대중에게 승리의 담론을 전달시키면서 국가 아이덴티티를 고취시켜 나간다는 입장이다.[10] 여기서 이동연의 박스컵에 관한 글을 인용해 보자.

　… 박정희 정권은 대외적으로는 한국의 국제적인 위상을 높이고, 대내적

7　後藤健生, 『日本サッカー史』, 双葉社, 2002, p.81.
8　앞의 글, 後藤健生(2002) p.80.
9　한일전 축구 경기가 대일본 필승 담론이 구축된 배경에는 해방 이후 상대적으로 축구에 한해서는 한국이 일본에게 우위를 점하고 있었던 점도 작용하였다. 2000년대 이후에는 일본의 축구가 급성장하여 현재는 대등한 라이벌 상대로 인식되고 있지만, 해방 이후 한국의 축구가 일본에게 상대적으로 강한 모습을 보여 온 배경이 대일전 필승담론의 구축에도 작용하였다고 보여진다.
10 이동연, 「스포츠, 스펙터클, 그리고 지배효과」, 『스포츠 어떻게 읽을 것인가』, 삼인, 2001, p.188.

으로는 독재정권을 정당화하고 산업 역군들을 독려할 수 있는 스포츠 이벤트를 만들었는데, 그것이 '박스컵'이다.……1970년에 창설된 '박스컵'은 우리와 비슷하게 개발 독재형 산업 근대화가 진행되었던 동남아시아 국가들의 축구대회(메르데카배 국제 축구대회, 킹스컵 국제 축구 대회)와 함께 대표적인 지배 문화 정책의 일환으로 추진된 대회였다.……축구에 관한 한 아시아의 맹주로 자처한 한국의 안방에서 벌인 축구 잔치는 대중에게 자국의 민족적인 자부심을 고취시키는 데는 그만이었다. <u>한국이 축구 강호들과 싸워 지는 것보다는 고만고만한 삼류급 팀들을 안방에 불러들여 통쾌하게 이기는 것이, 상대적으로 국가의 위대함을 각인시키는 데 적격인 것이다.</u>[11](밑줄 강조는 필자)

이러한 박스컵은 궁극적으로 당시 한국사회가 노동 착취의 부당함과 폭력적인 국가 권력의 현실은 망각시키고, 근대화에 대한 어떤 대리적인 희망으로 부각되었다는 것이다. 축구가 축구 경기로 머무는 것이 아니라, 국민의 일상 대화 속에 들어와 애국심, 자부심, 생산의욕과 같은 정서로 전이되면서 이데올로기 효과를 발휘한다는 것이다.[12] 즉, 박스컵은 스포츠를 통한 필승의 담론을 통해 내셔널리즘의 고양이 이루어진 것으로 이해할 수 있다.

이와 같은 맥락에서 생각해 보았을 때 한일전 축구도 유사한 역할을 수행해 왔다고 할 수 있다. 대한축구협회의 공식적인 기록에 의하면, 한일전 축구의 역대 전적은 79전 42승 23무 14패로 압도적으로 한국의 승리가 많았다.[13,14] 이러한 결과는 한일전 축구 중계를 통해서, 통쾌한 승리에 도취하여, 과거 일제강점기의 아픈 상처를 치유해 주는 카타르시스를 느꼈을 것이다. 강준만에 의하면, 1970년대 한일전 축구 시합은 한국의 일방적인 우세

---

11 앞의 글, 이동연, 2001, p.188.
12 앞의 글, 이동연, 2001, p.189.
13 http://news.tf.co.kr/read/soccer/1850067.htm (검색일, 2021년 3월 25일)
14 그러나 2011년 이후의 한일전 축구시합은 6전 2승 2무 2패로 팽팽한 결과를 나타내고 있다.

속에서, 승리를 통한 국민들의 한풀이의 장이었다고 말한다.[15] 이러한 현상은 롤랑 바르트가 말한 프로 레슬링의 선악 구조와 같은 동일한 신화를 반복하면서[16], 타자로서의 일본을 적대시하는 반일 내셔널리즘을 구축해 온 것으로 이해된다.[17]

그러나 이와 같은 한일전 축구를 통한 내셔널리즘의 구축은 2000년대 이후, 다소 다른 형태의 담론을 구축해 낸다. 이 시기는 한국 사회가 구조적으로 변동을 맞이한 시기라고 할 수 있는데, 그 배경에는 1990년대부터 진행된 탈냉전 시대의 도래, 세계화(globalization), 신자유주의 등을 들 수 있다. 이러한 사회적 배경은 기존의 내셔널리즘과는 다른 형태의 담론을 생산해 내기 시작했고, 스포츠를 통한 내셔널리즘에도 그대로 재현된다. 특히, 축구를 통한 내셔널리즘의 구축은 2002년 한일 월드컵을 중심으로 기존의 내셔널적인 담론과는 커다란 차별성을 나타낸다. 2000년대 이후의 내셔널리즘은 기존의 반일 내셔널리즘 또는 적대적 내셔널리즘과는 차별성을 갖으며, 즐겁고 쾌락적이며, 육감적이면서도 전복적인 내셔널리즘을 표출한다.[18]

2002년 한일월드컵의 거리응원에서 나타난 '붉은악마' 현상을 분석한 홍성태는 당시의 시대상을 1990년대 냉전의 종식이라고 하는 거시적 변화와 신세대 등장이라고 하는 미시적 변화로 인한 새로운 소비사회의 도래를 지적한다.[19] 그는 이러한 사회적 배경을 바탕으로, '붉은 악마 현상'을 단순히

---

15 강준만, 『축구는 한국이다』, 인물과 사상사, 2006, p.146.
16 황병주, 「박정희 시대 축구와 민족주의: 국가주의적 동원과 국민 형성」, 『당대비평』, 2002년 여름호, 삼인, p.166.
17 강진숙도 바르트의 레슬링에 비유하여 한일전을 설명하였다. 미국의 프로레슬링이 '선'과 '악' 사이에서 벌어지는 일종의 투쟁적 신화를 형상화하듯이, 한일전 축구도 애국심으로 포장된 한국 시청자가 승리해야 할 이유에서 과거 식민지 침략국이라는 일본에 대한 처벌로서의 환기되고, 이를 통해 스포츠가 갖고 있는 다른 기능은 망각된다고 비판한다.(강진숙, 2001, p.113)
18 정희준·김무진, 「민족주의의 진화: 스포츠, 그리고 상업적 민족주의의 탄생」, 『한국스포츠사회학지』, 24(4), 한국스포츠사회학회, 2011, p.109.
19 홍성태, 「'붉은악마 현상'의 사회적 형성과 의미」, 『월드컵 그 열정의 사회학』, 한울

동원된 이데올로기적 기능에 거부감을 나타내었다고 주장한다. 즉, 기존의 한일전 축구를 통해 재생산되어 온 반일 내셔널리즘이나 적대적 내셔널리즘과는 다른 즐겁고, 쾌락적인 내셔널리즘의 발현이라고 간주한다.[20] 이러한 관점은 조한혜정의 분석과도 유사하다.[21] 그녀는 2002년 한일월드컵에서 나타난 거리응원 현상을 새로운 형태의 내셔널리즘의 이행이라고 말한다. 그녀는 2002년 한일월드컵에서 나타난 거리응원 현상이 기존의 애국주의가 월드컵을 통해 쾌락의 공간으로 자리매김하였고, 기존의 '이데올로기 세대'가 '욕망의 세대'로의 전복적 현상이 나타났다고 분석한다.[22]

이러한 상황은 축구를 통해 내셔널리즘을 구축하는 방식이 기존의 작동방식과는 사뭇 다르게 나타났다고 판단된다. 즉, 2000년대 이후의 한국사회는 기존의 저항적, 적대적 내셔널리즘과는 다른 방식의 내셔널리즘이 출현되었다고 판단된다.

3) 셀러브리티화 되어가는 내셔널리즘

그렇다면, 전술한 2000년대에 나타난 내셔널리즘의 변동이, 한일전 축구를 통해 어떻게 나타났을까? 여기에서는 기존의 선행연구와는 다소 다른 관점에서의 내셔널리즘의 구축을 검토해 보고자 한다. 즉, 2000년대의 한국사회가 탈냉전, 세계화, 신자유주의 등의 사회적 구조의 변동 속에서 기존의 내셔널리즘과 다소 다른 양상의 내셔널적인 담론을 구축해 온 부분에 주목하여 고찰하고자 한다. 본고에서는 2000년대 이후의 한국의 축구가 세

아카데미, 2002, pp.39~40.
20 앞의 글, 홍성태, 2002, p.41.
21 조한혜정, 「피파의 월드컵을 넘어서: 일시적 자율 공간, 전복적 시간 체험」, 『FIFA의 월드컵을 넘어서: 공동의 이벤트, 상이한 체험 글로벌리제이션, 국가, 성, 미디어와 문화연구』, 연세대학교 청년문화연구원, 2002, pp.176~180.
22 앞의 글, 조한혜정, 2002, p.179.

계화(globalization)이라고 하는 지정학적 변동 속에서 축구를 통한 내셔널적인 담론이 새로운 형태로 재생산되어 가고 있다는 전제하에 논의를 진행시키고자 한다.

본고에서는 2000년대 이후의 내셔널리즘의 특징을 셀러브리티 현상으로 간주하고 이와 관련된 담론에 대한 분석을 시도해 보고자 한다.

셀러브리티 현상을 학문적 영역에서 논하기 시작한 것은 대니얼 부어스틴이라고 할 수 있다. 그는 일상생활에서 '셀러브리티(영웅)'이라고 하는 개념의 등장에 주목한다.[23] 즉, 사회적으로 특정 셀러브리티에 대한 숭배라고 하는 사회현상의 이면에는 진정한 의미의 셀러브리티가 존재하지 않는다고 비판한다. 셀러브리티의 이미지는 단순히 유명인으로서의 존재만 있을 뿐, 일상생활에서 인식하고 있는 셀러브리티는 진정한 셀러브리티가 아닌, 미디어 혁명에 의한 산물에 불과하다고 주장한다.[24] 부어스틴은 20세기의 미국 사회가 사실과 미디어의 관계가 역전하여, 사실을 미디어가 전하는 것이 아니라, 미디어가 사실을 전달하게 하는 현상을 비판하고 이를 '유사 이벤트'라고 명한다.[25] 이러한 측면에서 스포츠에 있어서도 셀러브리티 현상은 중요한 의미를 갖는다. 즉, 미디어를 통해 전달되는 스포츠 영웅은 진정한 의미의 영웅이 아니고, 현실과 다른 영웅의 이미지를 전달할 뿐이다. 그렇다면, 이러한 셀러브리티 현상은 또 다른 의미의 이데올로기적 역할을 수행하는 가능성을 배제할 수 없다.

김수정에 의하면 셀러브리티는 세 가지 사회적 기능을 수행한다고 주장한다. 첫 째는 셀러브리티가 전달됨으로써, 수용자가 준사회적 상호작용을 한다는 것이다. 즉 수용자가 셀러브리티를 소비하면서 현대사회의 문제점

---

23 ダニエルJ.ブーアスティン, 星野郁美·後藤和彦譯, 『幻影の時代』, 2002年, 東京創元社, p.56.
24 앞의 글, ダニエルJ.ブーアスティン, 2002年, p.58.
25 앞의 글, ダニエルJ.ブーアスティン, 2002年, p.224.

인 공동체의 상실 또는 변화를 보상받게 된다는 것이다. 또한 이러한 과정은 셀러브리티를 통해서 사회적 통합으로 기능할 수도 있다는 것이다. 두 번째는 수용자가 셀러브리티를 소비하는 것은 그러한 과정을 통해 문화적 아이덴티티를 구축하기 위한 교섭의 장으로서 기능한다는 것이다. 즉 미디어를 통해서 전달되는 셀러브리티가 스펙터클화 되면서, 집단적 아이덴티티를 구축하는 장이 되기도 한다는 것이다. 마지막으로는 셀러브리티가 미디어를 통해 기호화되고, 그것을 통해 어떤 의미를 표상화시키거나 특정 사실을 은폐시키거나 함으로써, 다양한 담론의 접합이 이루어지는 메커니즘으로 작동한다는 것이다.[26,27]

이와 같은 관점은 본고에서 고찰하고 있는, 스포츠 셀러브리티를 통한 자국의 내셔널리즘의 구축이 작동할 수 있는 이론적 근거를 제시하고 있다고 생각된다. 2000년대 이후 한국사회는 세계화라고 하는 사회적 변화로 인해, 국가에 대한 이미지도 변화하기 시작했다. 잘 알려진 바와 같이 세계화란 사람, 물건, 자본, 정보, 기술 등이 국경을 넘어서 활발하게 이동하고, 그와 같은 초월적 상황을 가리키는 말로 인식되어 왔다.[28] 이와 같은 변동은 세계화라고 하는 시대적 상황 속에서 개개인은 국가적 틀이 아닌, 개인적 차원에서 이동성, 정보의 다양성 등을 경험하고 새로운 형태의 아이덴티티를 구축해 나가게 된다.

그렇다면 축구의 경우, 2000년대에 들어서서 어떠한 형태의 세계화가 전개되었다고 할 수 있을까? 또한 한일전 축구 시합을 통해서 어떠한 형태의

---

26 김수정, 「초국가적 스타 형성에서의 기호전략과 의미작용: 일본에서 장근석 수용을 중심으로」, 『한국방송학보』, 2014, 28권 4호, p.80.
27 임재구는 스포츠 영웅주의를 긍정적인 영향과 부정적인 영향으로 구분하여 설명한다. 긍정적인 영향으로는 대중들의 스포츠에 관한 관심유발, 대중들 간의 스포츠를 통한 유대 관계 강화이고, 대중들의 기대심리와 어려운 현실에 대한 보상 등이다. 부정적 영향으로는 현실감각의 객관적 판단능력의 상실, 결과중심주의의 초래, 지나친 상업주의로 인한 대중과 선수의 피해 등을 지적한다.(임재구, 2009, pp.46~47)
28 伊豫谷登士翁, 『グローバリゼーションとは何か』, 2002年, 平凡社, p.43.

셀러브리티 현상이 도출되었을까? 본고는 이러한 주제에 주목하여 논의를 전개해 보고자 한다. 즉, 세계화라고 하는 사회적 배경과 함께 국가대항전 스포츠를 통한 내셔널적인 담론에도 변화가 나타났는데, 그러한 현상 중에 하나가 셀러브리티 현상이라는 것이다.

3. 한일전 축구에 나타난 셀러브리티

여기서는 2000년대 한일전 축구에서 구체적으로 어떠한 형태의 내셔널 담론이 구축되어 왔는지에 관해 고찰해 보고자 한다. 2000년대의 한국사회는 탈냉전시대의 도래, 신자유주의의 등장, 세계화 등으로 인해 사회적으로 다양한 변동이 발생한 시기라고 할 수 있다. 이러한 시대적 상황은 기존의 내셔널리즘에도 커다란 변화를 야기하게 되었다고 할 수 있다. 본고에서는 이러한 사회적 배경과 맞물려 축구와 관련한 내셔널적인 담론에서도 변화가 일어났다고 하는 전제하에 논의를 전개해 보고자 한다. 특히, 한일전 축구와 같은 국가를 표상하는 미디어 담론에서 새로운 현상이 발생하였다고 간주하고 싶다. 앞에서 검토한 바와 같이 한국 축구는 해방 이후, 일본이라고 하는 타자를 대상으로 반일 내셔널리즘, 저항적 내셔널리즘의 분출구 역할을 해 왔다. 그러나 2000년대 이후의 사회적 변동은 내셔널리즘에서도 변화가 일어나기 시작했는데, 전술한 선행연구에서 지적한 바와 같이 쾌락적인 내셔널리즘이나 전복적인 내셔널리즘의 구축도 등장하게 된다. 본고는 이와 같은 시대적 상황과 맞물려 국가대항전 축구에서 나타난 셀러브리티 현상에 관해 고찰해 보고자 한다. 즉, 2000년대 축구 관련 담론에서 셀러브리티 현상이 두드러졌고, 이는 자국에 대한 내셔널 아이덴티티의 구축으로 이어지는 결과가 생산되었다고 주장하고 싶다.

잘 알려진 바와 같이 2002년 한일 월드컵 이후 한국 축구는 세계화와 맞물려, 축구 선수도 세계 각지의 명문 구단에서 활동하는 것이 눈에 띄게 드러났다. 이러한 상황 속에서 축구 선수를 중심으로 한 셀러브리티 현상도 미디어를 통해 하나의 담론으로 생산되어 나가기 시작한다. 셀러브리티는 단순히 자본주의의 논리에서 재생산되는 문화적 상품으로 간주하기는 어렵다. 즉 어떤 축구 선수가 해외에 진출하여 문화상품화로 된다는 것은 그 선수가 국민들의 욕구를 대변하기도 하고, 국민들의 가치관을 표상화시키기도 한다. 이를 통해 자국의 국민들은 해외에서 활약하는 선수를 통해 자국에 대한 아이덴티티를 환기시켜가면서, 자국에 대한 내셔널리즘을 고양해 나간다고 할 수 있다. 예를 들면, 해외 축구리그에 활약하는 것으로 셀러브리티화된 선수는 자신이 소속해 있는 팀에 한정되는 것이 아니라, 자국에 관한 담론과의 접합을 수반하면서 자국으로부터의 아이덴티티를 각인시켜 나가는 역할을 수행해 나간다.

여기서 박주영 선수의 예를 들어 보자. 잘 알려진 바와 같이 박주영은 2000년대를 대표하는 한국의 축구선수 중 한 명이라고 할 수 있다. 그는 2008년 9월부터 2011년 8월까지 프랑스 AS모나코에서 활약하였고, 2011년에는 프리미어 리그 아스날 FC로 이적하였다. 이후 아스날에서 부진한 성적으로 인해 프리메라 리가의 셀타 데 비고로 임대되었지만, 그곳에서도 별다른 활약이 없었다.[29] 그러나 박주영은 2005년 한국의 K리그 FC서울에 입단하여 그해 선수상, 신인상, 인기상, 득점왕 등을 수상할 정도로 놀라운 활약을 하였고, 국가대표로도 좋은 활약을 보여준 선수이다.

그렇다면, 박주영은 미디어를 통해서 어떠한 형태로 셀러브리티화 되어 갔는가? 본고의 관점은 이러한 셀러브리티 현상의 등장에는 한국사회의 내셔널리즘의 작동방식이 박주영이라고 하는 축구 선수를 통해서 그대로 재현되고 있다는 점을 강조하고 싶다. 그렇다면, 여기서 박주영의 해외 축구 리그로 이적한 시기에 신문의 보도량을 분석해 보자.[30]

---

29 https://100.daum.net/encyclopedia/view/b08b3663n10 (검색일: 2021년 2월 28일)

〈표 1〉은 2007년부터 2015년까지 프랑스 축구 리그의 AS모나코에 관한 신문 보도량이다. 〈표 2〉는 2007년부터 2015년까지 AS모나코와 박주영에 관한 기사 보도량이다. 〈표 1〉에서 알 수 있듯이 AS모나코의 경우는 2007년까지 보도량이 5건에 불과하다가 박주영이 이적한2008년부터 보도량이 급격하게 늘었다. 또한 박주영이 임대로 프리메라 리가로 이적한 후에는 AS모나코의 보도량이 급격하게 줄어든 모습으로 나타났다. 그런데 〈표 2〉에서의 보도량에서 보다 명확히 나타났듯이, AS모나코와 박주영을 함께 검색하였을 때, 박주영이 이적한 2008년부터 보도량이 급격히 늘었다가, 임대로 떠난 후인, 2012년부터 보도량이 크게 줄어들고 있다. 즉 이러한 결과는 단순히 축구에 대한 관심이 아닌, 세계 속의 한국인으로서의 박주영을 소비하고 있는 것으로 이해된다. 본고에서 주목하고자 하는 셀러브리티 현상은 바로 이러한 부분이다. 즉, 2002년 한일월드컵이 진행되고 나서 축구에 대한 관심도가 높아졌다고 생각한다면, 외국리그에 대한 인기도 동시에 상승해야 한다. 그러나 박주영의 예로 알 수 있듯이 프랑스 축구 리그에 대한 주목은 거의 존재하지 않았으며, 박주영의 프랑스 리그 이적으로 인해 AS모나코가 주목받게 된다. 이러한 현상은 단순히 축구에 대한 인기도로 평가할 문제가 아니라, '세계 속의 한국인 박주영'을 소비하는 담론의 구축으로 이해된다.[31] 다시 말해서, AS모나코에 대한 미디어 보도량의 증가는 축구라

---

30 신문기사의 보도량에 관한 방법론은 크리벤돌프의 모델을 참조하여 작성하였다(クリウス・クリッペンドルフ, 『メッセージ分析の技法:「内容分析」への招待』, 勁草書房, 1989, pp.8~10.) 또한 신문 보도량에 관한 검색은 빅카인즈를 활용하였다. (https://www.kinds.or.kr/)

31 이와 같은 현상은 축구에 한정되어 나타나는 것은 아니다. 예를 들어, 야구의 경우를 생각해 보자. 야구선수 류현진은 2012년 12월에 메이저리그 다저스에 입단계약을 맺는다. 그 이후로, 미디어를 통해 다저스 시합은 생중계로 진행되는 경우가 많으며 다저스에 관한 언론 보도량은 크게 늘어났다. 그렇다면 이와 같은 현상은 야구라고 하는 종목에 대한 인기로 간주하기에는 어려운 부분이 존재한다. 대부분의 는 다저스 팀의 생중계를 류현진이라고 하는 한국 선수에 주목하는 경우가 많으며, 이

고 하는 특정 종목에 대한 인기가 아니라 '셀러브리티화된 한국인 박주영'에 대한 소비로 이해되며, 이러한 상황의 이면에는 특정 개인에 대한 관심도를 통해서 내셔널리즘의 구축, 즉 세계 속의 한국인 셀러브리티로 이해할 필요가 있다. 본고는 이와 같은 셀러브리티를 소비하는 과정이 2000년대 이후 한국사회에서 발생한 내셔널리즘의 작동 방식의 하나라고 주장하고 싶다.[32]

〈표 1〉 년도별 AS모나코 관련 신문 보도량 추이(2007.01.01.~2015.12.31), 검색어:AS모나코

년도	2007	2008	2009	2010	2011	2012	2013	2014	2015
보도건수	5	172	115	135	119	16	73	82	96

〈표 2〉 년도별 박주영, AS모나코 관련 신문 보도량 추이(2007.01.01.~2015.12.31.), 검색어:AS모나코+박주영

년도	2007	2008	2009	2010	2011	2012	2013	2014	2015
보도건수	0	171	106	125	115	16	26	8	41

그렇다면, 이러한 셀러브리티 현상은 어떠한 내셔널적인 담론을 구축해 내었을까? 전술한 한일전 축구 시합을 통해서 구축된 내셔널적인 담론과는 어떠한 차별성을 나타내는가? 본고는 이러한 문제제기에 대해서 다음과 같은 관점을 제시하고 싶다. 여기서는 박주영의 셀러브리티화의 사례에서 알

러한 상황은 미디어에 의해 셀러브리티화 된 특정 야구 선수를 통해 세계 속의 한국인을 소비하고 있는 것이다. 즉 셀러브리티화된 한국선수에 집중하면서 자국에 대한 아이덴티티를 구축해 나간다고 할 수 있다.

[32] 이러한 박주영에 관한 보도량의 변화는 2000년대 한국 축구의 스타인 박지성의 사례에서도 비슷한 결과를 도출해 내었다.(吳炫錫,「韓國におけるサッカーとナショナリズムの変容」,『スポーツ社會學研究』, 日本スポーツ社會學會, 2018, p.37) 박지성의 경우를 보더라도, 박지성이 잉글랜드 프리미어리그 맨유에 이적하기 전까지는 국내에서 거의 관심이 없다가 박지성의 이적으로 인해 급격하게 보도량이 증가하였다.

수 있듯이 축구의 세계화 속에서 전개된 한국인 스포츠 선수에 대한 소비는 일종의 내셔널리즘의 구축이라고 이해할 수 있다. 그런데 이러한 시대적 상황과 맞물려, 한일전 축구 시합에서의 내셔널적인 담론의 구축은 기존의 담론과는 확연한 차별성을 나타낸다. 여기서 2011년 1월 카타르 도하에서 열린 축구 아시안 컵에서 진행된 한일전 시합을 중심으로 관련된 내용을 살펴보자.[33] 아시안컵은 아시아 각국의 팀들이 조별 예선전을 거쳐 본선의 시합을 개최국에 보여서 조별리그를 포함하여 8강전부터 토너먼트로 진행하는 방식이다. 그런데 당시 숙명의 한일전 승부에 관한 관심이 높았고, 잉글랜드 프리미어 리그 맨유에서 활약 중인 박지성의 대표팀 차출의 문제가 중요한 이슈로 떠올랐다. 아시안컵으로 인해 리그가 한창 진행 중인 유럽리그 소속 구단은 한국선수 차출에 곤란한 입장을 드러낸다.[34] 즉, 소속팀에서의 활약과 한일전을 포함한 아시안컵의 차출의 이해관계가 서로 충돌하는 담론이 형성되어 나타났다.[35] 그런데 이러한 상황에서 실질적인 미디어 들은 기존의 해독과는 전혀 다른 반응을 나타낸다. 2011년 당시 인터넷 축구 카페의 글을 보면, 한일전을 앞두고 국가대표 차출에 대한 당위성을 강조하는 글들도 존재하지만[36], 국가대표 차출의 문제를 맹목적인 국가에 대한 충

---

33 당시 아시안컵에서 한일전은 4강전에서 펼쳐졌는데, 연장전까지 진행되면서 무승부가 되었고, 승부차기 끝에 일본이 승리하여 결승에 오른다. 일본은 결승전에서 호주를 1대0으로 제압하고 우승을 차지했다.
(https://namu.wiki/w/2011%20AFC%20%EC%95%84%EC%8B%9C%EC%95%88%EC%BB%B5%20%EC%B9%B4%ED%83%80%EB%A5%B4, 검색일: 2021년 2월 25일.)
34 『아시아경제』, 2010년 12월 27일.
35 1970년대만 하더라도 한국의 축구문화는 '개인 대 국가'라고 하는 이항대립구조에서 국가의 중요성이 더욱더 강조되었다. 즉, 자국에 대한 충성도를 가늠하는 잣대가 내셔널리즘의 작동 방식으로 작용한 것이다. 일례로 1978년 독일 분데스리가에서 활약했던 차범근은 자신의 군복무기간에 대한 오해로 인해, 군복무기간이 6개월 정도 남아있는 것을 뒤늦게 확인하고, 독일 팀에서 급히 귀국하여 잔여6개월을 복무하고 다시 독일로 향하는 에피소드가 있었다.(강준만, 2006, p.151.)
36 https://cafe.daum.net/WorldcupLove/Ha6/89801 (검색일: 2021년 2월 28일)

성으로 보는 관점에서 탈피하여, 개인의 선택을 강조하는 의견도 다수 표출되었다.[37] 또한, 한일전이 패배로 끝난 이후 의 반응을 보더라도, 기존의 '반일 내셔널리즘'이나 '한일전 필승' 담론에서 탈피하여 한일전에 대한 또 다른 모습의 담론을 생산해 낸다. 인터넷 카페에 남겨져 있는 한일전 시합에 관한 의 글을 인용해 보자.

 … 아시안컵에서 아쉽게 숙적 일본을 넘지 못하며 결승문턱에서 좌절을 하게 되었습니다. 우승을 놓쳤다는 것과 라이벌에게 당한 패배라는 점에서 아쉬움은 더 컸겠지만, 우린 한국 축구의 희망이라는 값진 선물을 얻게 되었습니다. … 이번 아시안컵은 높아진 아시아 위상을 반영이라도 하듯 많은 유럽 스카우터들이 우수한 아시아 선수 발굴을 위해 경기장을 찾았고, 세계의 축구팬들도 예전에 없었던 관심을 보여줬습니다. 결승진출팀이 한국이 아니라 일본이라는 점은 아쉽지만, 두 라이벌 국가의 치열한 경기는 분명 아시아 축구의 높은 수준을 세계에 보여 줄 수 있었다고 생각이 됩니다.[38]

이와 같은 발언을 통해서 알 수 있는 것은 기존의 한일전 축구에서 나타난 반일 내셔널리즘이나 필승 이데올로기와는 다른 형태의 담론으로 이해된다. 여기서 나타난 의 견해는 한일전 축구의 승패와는 관계없이 세계화되고 있는 한국 축구선수에 대한 기대감의 표출이다. 본고는 이와 같은 내셔널적인 담론이 기존의 내셔널리즘과는 확연한 차별성을 갖고 있다고 주장하고 싶다. 이러한 내셔널리즘은 국가대항전 축구 시합이라고 하는 틀에서 매몰되기 쉬운, 자국 중심의 내셔널리즘이 아닌 세계화 속의 셀러브리티화 된 한국인을 소비하면서 자국에 대한 아이덴티티를 구축해 나간다. 물론 이러한 내셔널 아이덴티티의 구축은 기존의 내셔널리즘의 재생산이라고 하는 이데올로기적 기능이 작동하고 있는 것은 부정할 수 없다. 다만, 내셔널리

---

37 https://cafe.daum.net/WorldcupLove/R6/275613 (검색일: 2021년 2월 28일)
38 https://cafe.daum.net/WorldcupLove (검색일: 2021년 2월 28일)

즘의 세부적인 특성에 문제로 초점을 맞추어 보면, 기존의 반일 내셔널리즘이나 적대적 내셔널리즘과는 차별성을 갖는다는 점을 강조하고 싶다.

4. 나가며

본고는 해방 이후 한국사회에서 일본이라고 하는 타자를 대상으로 어떠한 내셔널적인 담론이 구축되어 왔는지를 고찰한 연구이다. 해방 이후 한국사회에서 일본이라고 하는 타자는 끊임없이 한국과의 대립하는 구조 속에서 자국에 대한 아이덴티티를 환기시키는 역할을 해왔다고 할 수 있다. 이러한 상황이 전개된 배경에는 일제강점기라고 하는 역사적 상처에 기인하여 일본이라고 하는 타자에 대한 반일 내셔널리즘의 재생산이라고 하는 이데올로기적 기능이 수반되었기 때문이다. 이러한 맥락에서 본고에서는 한일전 축구 시합과 관련된 미디어 담론을 대상으로 논의를 전개하였다. 해방 이후, 한일전 축구와 관련된 내셔널적인 담론은 반일 내셔널리즘의 작동이라고 하는 담론을 재생산해 왔다. 그러나 2000년대 이후 한국 사회에서 도래한 탈냉전, 세계화, 신자유주의 등의 등장으로 사회구조가 변동하였고, 이러한 사회적 배경은 축구를 통해 구축되는 내셔널적인 담론에도 변화를 나타내었다.

본고에서는 이러한 시대적 배경의 변화에 주목하여 한일전 축구 관련 담론이 어떠한 내셔널리즘을 구축해 내었는지를 고찰하였다. 그 결과, 축구선수의 세계화가 진행되는 과정 속에서 셀러브리티 현상이라고 하는 새로운 트렌드가 나타나기 시작했다. 즉, 기존의 일본이라고 하는 타자를 대상으로 하는 반일 내셔널리즘과는 다르게, '세계 속의 한국인'이라고 하는 선수 개인을 중심으로 하는 내셔널리즘의 작동을 눈에 띄게 나타났다. 다시 말해서, 한일전 축구를 중심으로 구축되어 온 내셔널적인 담론이 셀러브리티화라고 하는 새로운 방식의 내셔널리즘의 재생산이 등장하였다.

　그러나 셀러브리티라고 하는 현상은 기존의 반일 내셔널리즘과는 결이 다른 방식의 내셔널리즘의 작동방식으로 이해하더라도, 근대국민국가 출현 이후, 끊임없이 재생산되어 온 국가 중심의 내셔널리즘의 틀을 벗어났다고 말하기는 어렵다. 또한, 특정 축구 선수를 중심으로 발생하는 셀러브리티 현상 자체는 '한국'이라고 하는 국가중심의 담론에서 크게 벗어난 것이라고 말하기도 어렵다. 결국에는 기존의 스포츠를 통한 반일 내셔널리즘과 셀러브리티 현상은 자국에 대한 아이덴티티의 환기라고 하는 구조적 시스템은 끊임없이 재생산되고 있다는 것이다. 이러한 결과를 고려했을 때, 향후 스포츠를 통한 내셔널리즘의 작동이라고 하는 이데올로기적 기능은 지속적으로 주목하여 연구해야 할 과제라고 생각된다.

참고문헌

국문

강준만, 『축구는 한국이다』, 인물과 사상사, 2006.
강진숙, 「시뮬레이션 게임으로서의 스포츠 보도: 프랑스 월드컵 축구 예선전을 중심으로」, 『스포츠, 어떻게 읽을 것인가』, 삼인, 20019.
김방출·권순용, 「스포츠 민족주의 재인식: 전지구화, 스포츠, 기업 민족주의」, 『체육과학연구』, 2007.
김수정, 「초국가적 스타 형성에서의 기호전략과 의미작용: 일본에서 장근석 수용을 중심으로」, 『한국방송학보』, 28권 4호, 2014.
박명규, 『한국 근대 국가 형성과 농민』, 문학과 지성사, 1997.
정희준·김무진, 「민족주의의 진화: 스포츠, 그리고 상업적 민족주의의 탄생」, 『한국스포츠사회학지』, 24(4), 한국스포츠사회학회, 2011, pp.101~115.
조한혜정, 「피파의 월드컵을 넘어서: 일시적 자율 공간, 전복적 시간 체험」, 『FIFA의 월드컵을 넘어서: 공동의 이벤트, 상이한 체험 글로벌리제이션, 국가, 성, 미디어와 문화연구』, 연세대학교 청년문화연구원, 2002.
조희연, 『동원된 근대화』, 후마니타스, 2013.
이동연, 「스포츠, 스펙터클, 그리고 지배효과」, 『스포츠 어떻게 읽을 것인가』, 삼인, 2001.
임재구, 「스포츠미디어를 통한 헤게모니와 영웅주의」, 『움직임의 철학』, 한국체육철학회, 17(3), 2009.
홍성태, 「'붉은악마 현상'의 사회적 형성과 의미」, 『월드컵 그 열정의 사회학』, 한울아카데미, 2002.
황병주, 「박정희 시대 축구와 민족주의: 국가주의적 동원과 국민 형성」, 『당대비평』, 2002년 여름호, 삼인.

일문

阿部潔, 『彷迷えるナショナリズム』, 世界思想社, 2003.
伊豫谷登士翁, 『グローバリゼーションとは何か』, 2002年, 平凡社.
吳炫錫, 「韓國におけるサッカーとナショナリズムの変容」, 『スポーツ社會學研究』, 日本スポーツ社會學會, 26券1号, 2018.

クリウス・クリッペンドルフ, 『メッセージ分析の技法「內容分析」への招待』、勁草書房, 1989.
後藤健生, 『日本サッカー史』, 双葉社, 2002.
ダニエルJ.ブーアスティン, 星野郁美・後藤和彦譯, 『幻影の時代』, 東京創元社, 2002年.
L.アルチュセール, 西川長夫譯『國家とイデオロギー』, 福村出版, 1975年.

인터넷자료

https://www.kinds.or.kr/ (검색일: 2021년 2월 25일)
http://news.tf.co.kr/read/soccer/1850067.htm (검색, 2021년 3월 25일)
https://100.daum.net/encyclopedia/view/b08b3663n10 (검색일: 2021년 2월 28일)
https://namu.wiki/w/2011%20AFC%20%EC%95%84%EC%8B%9C%EC%95%88%EC%BB%B5%20%EC%B9%B4%ED%83%80%EB%A5%B4 (검색일: 2021년 2월 25일)
https://100.daum.net/encyclopedia/view/b08b3663n10 (검색일: 2021년 2월 28일)
https://cafe.daum.net/WorldcupLove/Ha6/89801 (검색일: 2021년 2월28일)
https://cafe.daum.net/WorldcupLove/R6/275613 (검색일: 2021년 2월 28일)
https://cafe.daum.net/WorldcupLove (검색일: 2021년 2월 28일)

〈토론문〉

김영근 | 고려대학교 글로벌일본연구원

이 논문은 한일전 축구 경기와 관련된 내셔널리즘 담론을 분석하는 것을 목표로 하고 있다. 한국에서 국가대항전 스포츠 중계는 자국에 대한 소속감과 아이덴티티를 강화시키는 역할을 하며, 특히 일본과의 경기는 반일 감정을 기반으로 한 내셔널리즘을 재생산해왔다는 사실을 검증한다. 해방 이후 한국 사회에서는 일본과의 스포츠 경기, 특히 축구에서 반드시 승리해야 한다는 필승 담론이 지속적으로 형성되어 왔다.

이러한 담론은 한국의 역사적 경험, 특히 일제강점기 시기의 저항적 내셔널리즘과 밀접하게 연관되어 있으며, 한국 사회에서 일본을 타자로 설정하고 이를 통해 자국의 내셔널리즘을 강화하는 데 중요한 역할을 했다고 주장한다. 실제로 현대 한국 사회에서 내셔널리즘의 변화는 한일전 축구 경기의 담론분석에서도 잘 나타나고 있다.

다만, 현대 한국 사회에서 '스포츠와 내셔널리즘의 관계'를 통시적으로 분석(해부)함으로써 얻어낸 소중한 결론(분석)을 보다 더 구체적으로 제시할 필요가 있다. 예를 들어, "스포츠 내셔널리즘의 정치사회학: 한일전 축구 관련 담론의 변용을 중심으로" 등 제목 수정만으로도 논문의 취지(문제의식)가 분명해져서, 결과적으로 가독성 및 설득력을 제고할 것으로 기대한다.

논문의 한계 및 개선 방향에 관한 제언은 다음과 같다.

첫째, 다소 제한적 사례분석 및 현재적 시사점의 한계를 보완할 필요가 있다. 주로 한일전 축구 경기와 관련된 내셔널리즘에 초점을 맞추고 있어 논의(분석) 대상은 명쾌하나, 다른 스포츠 종목이나 한일 이외 국가 간 경기에서는 이러한 담론이 어떻게 다르게 나타나는지에 대한 비교 분석 등이 이뤄진다면 좋겠다. 물론 별도의 논문으로도 가능할 것으로 사료되지만 최소한 향후 과제 혹은 각주 등으로 보완할 필요가 있다. 또한 2000년대 이후의 변화된 사회적, 정치적 맥락에서 스포츠 내셔널리즘이 어떻게 변화했는지 심층적인 분석 방법론(시각)의 유용성에 관한 논의가 미흡한 것은 아쉬운 대목이다. 특히 주로 미디어 담론 분석에 의존하고 있으며, 실제 국민들의 인식 변화나 다양한 계층의 의견을 충분히 반영하지 못하고 있다는 점도 개선할 필요가 있겠다.

둘째, '분석틀의 일반화' 혹은 '비교연구의 확대', 즉 축구 이외의 스포츠 종목에 적용 가능성을 점검하고, 다양한 데이터 활용 등 위에서 지적한 논문의 한계를 개선한다면 더더욱 명쾌한 논문으로 거듭날 것으로 기대된다. 한일전 축구 이외의 다른 스포츠 종목이나 다른 국가와의 경기에서도 유사하거나 상이한 내셔널리즘 담론이 어떻게 형성되는지 비교연구를 통해 분석을 확장할 필요가 있다. 나아가 2000년대 이후 한국 사회의 글로벌화, 다문화 사회로의 변화 등에 따른 내셔널리즘의 변화에 관해 더 심도 있게 다뤄진다면 '분석의 파괴력 제고' 혹은 '대중적 지지(공감대) 형성'에 기여할 것이다. 이를 위해서는 다양한 데이터 활용이 중요하다. 미디어 분석에 국한되지 않고, 설문조사나 인터뷰 등을 통해 국민들의 실제 인식과 감정 변화 등 계층화된 정치사회학의 메커니즘을 제시한다면 이론적 공헌도 가능하다.

셋째, 한일전 축구 경기와 내셔널리즘 또는 스포츠와 내셔널리즘의 관계에 대한 선행연구는 여러 학문 분야에서 이루어져 왔다. 다음과 같은 관련된 선행연구(논문)를 참고하여 유형화 및 보다 더 세련된 분석틀을 제시되었으면 하는 바람이다.

· 김원홍(2002), "스포츠와 내셔널리즘: 한일월드컵을 중심으로": 2002년 한일월드컵을 중심으로 스포츠가 내셔널리즘을 어떻게 강화하는지 분석하고 있으며, 특히 한일 간의 스포츠 경기가 양국의 역사적 관계와 어떻게 연결되는지를 해부하고 있다.
· 최경희(2010), "스포츠 내셔널리즘의 정치적 역할: 한일전 축구 경기를 중심으로": 한일전 축구 경기를 분석하여 스포츠가 정치적 내셔널리즘을 강화하는 데 어떤 역할을 하는지를 탐구하고 있다. 또한, 이러한 담론이 한국 사회에서 어떻게 재생산되는지를 분석하고 있다는 점에서 이를 원용하고 발전시켜 나갈 분석틀을 제시할 필요가 있겠다.
· 박찬욱(2015), "한일전 축구 경기에서의 미디어와 내셔널리즘: 뉴스 프레임 분석": 한일전 축구 경기에 대한 미디어 보도를 프레임 분석 기법으로 연구하여, 미디어가 내셔널리즘을 어떻게 형성하고 전파하는지를 분석하고 있다.
· 이기형(2008), "스포츠 내셔널리즘의 변화: 1988 서울올림픽과 2002 한일월드컵의 비교": 1988년 서울올림픽과 2002년 한일월드컵을 비교하여, 스포츠 내셔널리즘이 시간에 따라 어떻게 변화해 왔는지를 규명하고 있다.
· 윤지혜(2020), "한국과 일본의 스포츠 내셔널리즘 비교연구: 축구와 야구를 중심으로": 축구뿐만 아니라 야구에서도 나타나는 한국과 일본의 스포츠 내셔널리즘을 비교 분석하고 있다. 축구와 야구라는 두 가지 스포츠 종목에서 내셔널리즘이 어떻게 다르게 나타나는지를 다루고 있다는 점에서 위에서 제시한 본 논문의 한계를 극복하고 개선방향성과 관련되어 있다.

이러한 선행연구들은 스포츠와 내셔널리즘의 관계를 다양한 관점에서 분석하고 있어, 본 논문의 이론적 배경을 더욱더 풍부하게 하여 설득력 제고에 기여할 것으로 확신하는 바이다.

근현대 한일 종교문화의 교류 양상과 그 의미

제점숙 | 동서대학교

1. 들어가며

이글은 근현대 한국과 일본의 다양한 종교문화[1] 교류 양상을 검토하는 것으로, 근대를 거쳐 현대에 이르기까지 한일 양국에 형성된 종교문화 현상과 그 의미를 고찰하는 것을 목적으로 한다. 이를 위해 하나의 종파에 한정 짓지 않고 근현대 여러 종교를 시야에 두고 한일종교 교류 양상의 흐름과 제상(諸相)을 살펴본다.

일반적으로 한일 양국과 관련된 연구는 지배와 피지배, 억압과 저항, 친일과 항일, 그리고 협력과 교착 관계 속의 그 양상과 의미가 주된 쟁점을 이루어 왔다. 이 역사 고리는 여전히 오늘날에도 모습을 드러내면서 끊임없이 갈등을 초래하기도 한다. 이런 모습은 양국을 교류한 종교 역시 식민과 제국 사이의 시선에서 크게 벗어나지 못했다. 이른바 그 시기 일본인, 조선인 대상의 종교활동에 대한 평가보다는 시대적 상황에 빗대어 이항 대립적

---

[1] 참고로 이들 종교가 상대국에서 전개한 다양한 활동 양상을 이글에서는 '종교문화'라는 범주에 포함시킨다. 또한 종교문화 개념에 대해서는 다음의 이현경의 글을 참고했다. "'종교문화'란 종교 자체에만 국한되는 것이 아니라 보다 넓은 시각에서 접근하는 의미로 사용한다. 종교가 갖는 의미론적 복합성을 명확히 하기 위해서는 문화 속에서 종교의 위치와 다른 문화적 요소와의 관계성 파악을 통해 가능하기 때문이다. 즉, 신심이나 신앙, 신념의 차원에 국한되기 쉬운 '종교'에 대한 시점을 보다 넓은 시각으로 관찰하기 위해 '문화'라는 광범위하고 보편적인 의미를 가져 고찰한다." 李賢京,「日韓における宗教文化交流の再考-「相補性」からのアプローチ-」,『日本研究』22, 2014, 264쪽.

인 평가가 이루어졌다. 그렇다면 반드시 이러한 이중적 잣대로 한일 간 종교를 매개로 이루어진 모든 현상을 설명할 수 있을까?

현재 한일 양국에는 1945년 이전에 상대국에서 활동했거나, 1945년 기점으로 단절됐다가 1965년 한일수교 이후 재유입하여 정착한 종교들이 있다. 이들 종교 역할은 시대별로 그 평가가 다르다. 타국에서의 국가적 임무 수행이 목적이 되기도 하고, 종교라는 특성상 현지인 대상의 교세 확산이라는 종교인으로의 임무도 있었다. 이와 더불어 타지에서의 삶을 영위하기 위한 자국민의 보호와 생활 차원에서의 사회 시스템 마련을 위한 임무도 있었다. 나아가, 오늘날의 상대국에서의 한일종교의 활동 양상을 보면 자국 종교의 성격을 희석하면서 현지에 적응한 새로운 종교문화를 형성하기도 한다. 이렇듯 한일 양국은 종교를 매개로 다양한 교류가 이루어지고 커뮤니티 공간을 형성하며 한일 양국만의 특수한 종교문화를 만들어가고 있다.

이글은 이러한 종교현상을 염두에 두고 근현대 한일종교 교류에 나타난 새로운 한일관계 의미를 시론적으로 고찰한다. 근현대 상대국 역사와 함께 한 한일 종교가 어떠한 종교 양상을 나타내고 특유의 문화를 구축했는지 살펴본다. 근대, 현대라는 한 시기를 기반으로 몇몇 종교에 한정 지어 이러한 관점에서 논한 연구는 어느 정도 축적됐지만, 근현대 한일종교의 교류를 연속성 내지는 단절, 그 전모를 조망한 연구는 지금까지 없다. 이글에서는 근현대 국내에서 활동한 일본계 종교의 활동, 일본에서 활동한 한국계 종교의 활동을 주 대상으로 그러한 일련의 과정을 고찰할 것이다. 다만, 근현대 한일 양국에서 활동한 모든 종교를 이글에서 상세히 논하는 데는 지면상 한계와 필자의 역량 부족으로 선행연구를 기반한 대표적인 종교를 사례로 고찰하는 것에 머무를 수밖에 없음을 미리 언급한다.

2. 한국 내 일본계 종교문화의 교류 양상

1) 근대 조선 내 일본계 종교 현황과 동향

근대 조선에서의 일본계 종교의 등장은 1876년 강화도 조약을 기점으로 일본인 거류민 등장과 함께 일본불교인 진종대곡파가 1877년 진출하면서다. 그 후 청일전쟁과 러일전쟁의 연이은 일본 승리와 조선의 일본 식민지가 합법화되는 일제 시기에 접어들면서 불교, 기독교, 교파신도 등의 일본계 종교는 조선의 땅에 본격적으로 들어왔다. 이러한 일본계 종교의 이식은 언뜻 보면 해외 교세 확산이지만, 조선인 동화라는 그들만의 국가적 임무가 뒤따랐다. 따라서 조선총독부는 상황에 따라 이들 종교를 적극적으로 식민지 정책에 활용하면서 지원하는 정책을 펼쳤다. 그렇다면 이 시기 일본에는 얼마나 많은 일본종교 시설들이 있었을까?

이와 관련하여 최근 그 실태를 조사한 연구들이 속속 등장하여 그 현황을 가늠할 수 있게 됐다. 이 장에서는 먼저 일본계 종교 전체 현황을 짚어보고 특히 가장 많은 종교시설을 확보한 일본불교의 교류 양상에 대해 추가 언급하겠다.

일본계 종교 현황에 대해 처음으로 그 전모를 제시한 연구자는 김태훈[2]이다. 이를 시작으로 종교별 개인 연구가 진행됐다. 이들 모두 「조선총독부관보」(1910~1945)에 신고된 종교시설을 기반으로 분석했다. 참고로 김태훈은 한국연구재단과 같은 일본의 학술진흥회 연구지원을 받아 1차 연구(2018~2021)를 진행했고 현재 2차 연구(2022~2026)를 진행 중인데, 근대 조선의 일본종교 현황과 일본인 관련 정보 및 자료를 직접 데이터베이스로 구축하여 공개하고 있다.[3] 그 결과 조선에 1,452개의 일본종교시설이 있었

---

[2] 김태훈, 「『조선총독부관보』로 보는 일본계 종교 유입의 전체도 연구」, 『공존의 인간학』 4-4, 2020, 233~273쪽.

음이 파악됐다. 반면 후발 연구인 권동우 중심의 연구는 한국연구재단 일반 공동연구 지원사업으로 3년간 진행했는데, 각 종교 분야 전문가가 관보를 통해 일본계 종교의 조선포교 현황과 그 특징을 분석했다. 김태훈이 일본계 종교의 전체적 현황을 파악했다면, 권동우 중심의 공동연구는 전체 현황을 기반으로 개별 종교를 연구대상으로 진행했다.[4] 이들 연구는 개별 연구자가 그 수를 일일이 파악하는 수작업이라 그 결과에서 차이가 아래 〈표-1〉과 같이 나타난다. 당시 현황을 정확히 분석하는 작업은 관보 외 다른 사료도 적극적 활용하여 비교 및 대조해야 하는데, 후발 연구인 권동우 중심의 연구가 그러한 작업을 일부 거친 결과다. 중요한 사실은 근대 조선의 땅에는 일본계 종교시설이 적어도 1,500개 전후로 세워졌다는 점이다. 이하에서 종교별로 그 현황을 검토하겠다.

〈표 1〉 근대 조선 내 일본 종교시설 신청 현황

	불교	기독교	신도	합계
김태훈	955	112	385	1452
권동우 공동 연구팀	1094	122	385	1601

먼저, 기독교는 전체 일본계 종교의 약 8%를 차지하고 있었다. 김성은 연구[5]에 따르면 총 122개의 종교시설이 확인됐다. 일본조합기독교회 67개소, 일본기독교회 19개소, 일본메소디스트교회 19개소, 동양선교회홀리니스교회 9개소, 일본기독교단 4개소, 나사렛교회 3개소, 기독동신회 1개소다.

---

3 식민지 조선 일본인 종교자(植民地朝鮮の日本人宗敎者) 공식 홈페이지 www.jrpkc.org
4 권동우를 중심으로 공동연구 6명이 한국연구재단 일반공동연구 지원사업을 통해 3년(2021~2024) 동안 '일제강점기 일본계 종교의 지역 확장을 통해 본 침략성과 종교성 연구' 과제를 수행했다. 종교시설의 구체적인 수는 권동우(신도), 제점숙(불교), 김성은(기독교)이 파악한 결과다.
5 김성은, 「일본계 기독교의 조선전도 양상 연구 -『조선총독부관보』(1911~1945) 기록을 중심으로」, 『외국학연구』 66, 2023, 185~216쪽.

김성은은 관보 외 다른 자료도 활용하여 기독교 조선포교 시설의 정확성을 기했으며 그 특징은 다음과 같다. 첫째, 종파별 포교 대상이 상이했음을 언급한다. 기독교회와 메소디스트교회가 시종일관 일본인을 대상으로 종교활동을 한 것에 반해, 조합교회가 1910년대에는 조선인을 주 대상으로 하다가 1920년대부터는 일본인으로 그 대상을 선회했음을 지적한다. 또한 동양선교회홀리니스는 다른 교파의 정체기인 1920년에 처음으로 신규 포교소 설립을 인가받은 경우인데 초기에는 일본인을 대상으로 삼았지만, 이를 기반으로 조선인에게도 적극적으로 포교 활동을 해 1930년대에는 일본인보다 많은 수의 조선인 신자가 획득됐음을 확인했다.

교파신도에 대해서는 다음의 사실이 확인된다. 권동우[6] 조사에 따르면 총 시설 수는 385개소로 일본종교 중 약 26%를 차지했다. 이른바 금광교 47개소, 대사교 12개소, 부상교 30개소, 신도본국 7개소, 신도수성파 1개소, 신리교 53개소, 신습교 5개소, 실행교 6개소, 어악교 9개소, 천리교 209개소, 흑주교 6개소다. 이중 천리교와 금광교가 가장 높은 비율을 보인다. 이들 분포 특징에 대해 권동우는 다음과 같이 정리했다. 교파신도의 조선포교는 결국 패전까지 조선 내 각 지역으로 깊이 침투하지 못했으며, 전국적인 포교망을 가진 것은 금광교와 천리교 두 곳 뿐이지만, 대부분의 교파신도는 경기와 경남, 특히 경성과 부산에 포교 거점이 그쳤다는 것이다. 이른바 그 수가 지극히 적은 기독교보다 활동 범위가 제한적이었다. 기독교와 마찬가지로 포교 대상도 조선인이 아닌 일본인이 주 대상이었다. 하지만 조선인 대상의 포교도 확인할 수 있었는데, 권동우는 조선인 포교방법의 다양성에 대해 다음과 같이 언급했다. 즉 신리교나 어악교에서는 조선인 무당이나 점술가들을 포섭하는 조선인 포교를 전개한 반면, 흑주교는 일제의 식민지 통치에 협력하는 측면에서 조선인 '동화'를 목적으로 신도 포교를 전개했다는

---

6 권동우, 「일제강점기 교파신도의 조선포교 양상 연구-『조선총독부관보』(1911~1945) 기록을 중심으로」, 『민족문화연구』 95, 2020, 223~259쪽.

것이다.

한편, 일본불교 각 종파가 세운 절, 출장소, 포교소와 같은 종교시설은 무려 1,000여 곳에 이르렀다. 실제 조선총독부에 신고하지 않은 종교시설을 포함하면 그 수는 훨씬 많을 것이며 일본 전체 종교에서도 대략 67%를 불교가 차지하고 있다. 일본종교 중 가장 많은 종파는 진종 계열의 일본불교다. 제점숙에 따르면 일본불교 종파를 유사 종파로 묶어서 그 수를 파악하면 총 43개의 종파가 확인된다.[7] 그 수는 진종 계열 354개소, 일련종 계열 69개소, 임제종 계열 32개소, 법화종 계열 40개소, 정토종 계열 83개소, 진언종 계열 290개소, 조동종 192개소, 천태종 계열 22개소, 화엄종 8개소, 황벽종 4개소, 총 1,094개소가 확인된다. 지역별로 보면 부산/경상도(280)가 가장 많고, 경기도/서울 지역(216), 전라도(144), 함경도(139), 평안도(87), 충청도(124), 황해도(52), 강원도(34), 그 외 18개소다.[8] 이를 통해 일본불교는 조선 전 지역에 골고루 분포되었음을 확인할 수 있다. 또한, 조선총독부의 지원에 힘입어 가장 많은 식민지 체제에 협력한 종교인 만큼 시기적으로도 전쟁이 최고조에 달한 시기에 특정 지역 종교시설 증가세가 보인다.[9] 예를 들면 다른 종교와는 달리 함경도 지역에 다소 높은 분포를 보이고 있는데, 즉 일제가 전쟁에 필요한 군수물자 확보가 쉬운 함경도에 일본불교 종교시설이 증가했다.[10]

---

[7] 제점숙이 파악한 결과에 따르면 진종 계열 6개, 일련종 계열 2개, 임제종 계열 3개, 정토종 계열 3개, 법화종 계열 3개, 진언종 계열 20개, 천태종 계열 3개, 조동종, 화엄종, 황벽종이 각 1개로 모두 43개의 종파가 확인된다.

[8] 이는 제점숙 파악한 내용으로 향후 시기별, 지역별 내용을 기반으로 지속적인 연구를 추진할 예정이다. 1910년 이전까지의 조선 내 일본 종교시설 현황에 관해서는 다음 연구를 참고할 수 있다. 제점숙, 「일본불교의 조선포교 양상과 종교시설 현황 - 1894~1910년까지의 진종본원사파(眞宗本願寺派) 사례를 중심으로 - 」, 『인문사회과학연구』 25-1, 2024, 363~392쪽.

[9] 이를 시기적으로 봤을 때 1915년까지 일본불교 종교시설은 전체 비율의 약 24%의 점유율을 차지하고, 그리고 1936~1940년까지 전체 20% 종교시설을 차지하고 있다. 김태훈, 앞의 논문, 251쪽.

[10] 이 시기 광물질이 풍부한 함북에 가장 많은 사찰이 세워졌고, 대표적인 종파는 진종

이상과 같이 식민지 조선에서는 많은 일본계 종교시설이 존재했으며 각 종교에 따라 분포 현황도 다르다. 이하에서는 이들 종교 중 가장 먼저 조선에 진출하고 많은 종교시설을 보유했던 일본불교(진종대곡파)를 중심으로 초기 조선에서의 활동 양상을 교류사적 측면에서 간단하게 고찰한다.

일본불교 중에서도 지금까지 개항기·식민지기를 거쳐 조선에서 가장 왕성한 활동을 전개한 종파는 진종계열의 대곡파(동본원사)와 본원사파(서본원사)다. 그 중 진종대곡파는 국내에서 가장 많은 연구가 이루어졌다. 강화도 조약이 체결된 이듬해 1877년 진종대곡파는 일본 정부의 요청으로 조선으로 건너왔다. 그들의 임무는 조선의 식민지화를 도모하는 제국의 첨병 역할이었음이 그간 연구로 규명됐지만, 조선의 개항과 함께 건너간 자국민, 즉 일본인들의 생활 안정을 위한 제도적 기반 준비에도 중요한 역할을 해 왔다. 특히 일본인들에게 죽음 의례인 장례식은 선택의 여지가 없는 현실에서 자연 발생하는 통과의례로 필연적인 행위였다. 이렇듯 조선에 처음 진출한 일본불교의 역할 중 시급한 임무는 일본인들의 생활상 어려움을 해소하고 자연 발생하는 문제를 해결하는 것이었다.

한편, 개항지는 사람과 물건을 비롯한 이문화가 혼재하는 소통과 교류의 공간이다. 여기에 종교는 사람과 사람을 연결하는 중요한 매개 역할을 한다. 진종대곡파 역시 부산 개항지에서 일본인 사회와 긴밀한 관계를 유지하면서 공생하기 위한 유대감을 형성해 나갔다.[11] 이러한 측면에 주목한 김윤환은 이 시기 일본불교와 일본인과의 공생과 갈등 관계를 개항지 부산지역을 중심으로 연구를 진행해 왔다.[12] 부산에 진종대곡파가 세운 부산별원과

본원사파였다. 김경집(2023), 「일제강점기 한국에 진출한 일본불교의 종파별 교세현황에 대한 연구」, 『보조사상』 65, 207쪽.

11 물론, 이 시기 조선인과의 교류에 관해서도 연구가 진행됐다. 특히 진종대곡파, 부산별원과 관련된 개항기 연구는 승려 이동인과 개화파(박영효, 김옥균 등)와 오쿠무라 엔신(奧村圓心)이라는 진종대곡파 승려와의 교류 연구가 대표적이다. 최인택, 「개항기 奧村圓心의 조선포교 활동과 이동인」, 『동북아문화연구』 10, 2006, 419~466쪽.

일본인 사회와의 관계를 공생과 협력, 차별, 갈등이 공존하는 복합적인 구조였음을 흥미롭게 그려내고 있다. 이하에서는 이와 관련된 내용을 간략히 소개한다.

1877년 부산 초량왜관 자리에 일본인 전관거류지가 설치되자 일본인들이 부산으로 건너왔다. 개항 직후 82명 정도였던 일본인은 1880년에는 2,000명, 청일전쟁 전후 시기에는 5,000명, 1903년에는 10,000명을 넘어서게 된다. 이들은 주로 무역상, 소매·잡화 등의 상업활동을 했다. 이렇게 이들은 부산에서 생활하게 되고, 단신으로 건너온 일본인은 점차 가족 단위로 와서 정착해 나갔다. 이렇게 첫 개항지 부산에서 일본인 사회와 공존하고 공생한 종교가 진종대곡파다. 그리고 포교 시설인 부산별원은 그 중심에 있었다.[13]

부산별원 설립 과정에서도 재부산 일본인들의 역할이 컸다. 그들에게는 타국에서의 애환을 나누는 소통의 장이 필요했을 것이고, 진종대곡파 입장에서도 종교시설이야말로 현지 포교활동에 필수불가결했다. 이러한 목적이 잘 부합되어 진종대곡파 본산의 지원과 재부산일본인 기부금으로 부산별원은 탄생했다. 외관상으로는 부산별원이 종교시설에 불과하지만, 일본인들에게는 생활상 문제를 해결하고 소통하는 커뮤니티 공간이었다. 때마침 개항 직후 일본 각지에서 몰려드는 일본인으로 인해 장제(葬祭)와 같은 죽음을 관리해줄 역할이 필요했다. 이러한 사망자 관리는 부산별원의 몫이 됐다. 이와 함께 묘지관리와 화장장사업으로까지 부산별원 역할은 확대해 갔다. 이 화장장 사업은 부산별원의 경제적 독립을 가능하게 한 중요한 사업이었다. 이 사업의 획득 과정을 보면 부산의 일본 영사를 시작으로 경찰서장과 거류민장 등을 동원한 로비의 성과이기도 했다. 여기에 부산별원이 필사적

---

12 대표적인 연구로는 다음의 연구가 있다. 김윤환, 「개항기 해항도시 부산의 동본원사 별원과 일본인지역사회:공생(共生)과 갈등(葛藤)을 중심으로」, 『해항도시문화교섭학』 6, 2012, 1~45쪽.
13 김윤환, 앞의 논문, 2012, 6쪽.

이었던 것도 사실상 1903년부터는 일본 내 진종 본산으로부터의 보조금이 폐지돼 신도들의 기부금으로는 운영상 어려움이 따랐다. 이후 진종대곡파는 일본 본산과 무관하게 이 시설 운영을 신도로부터의 기부금과 화장장·묘지관리·임대료 수입 등으로 유지했다. 일본인들은 기부 등의 경제적인 지원뿐만 아니라 부산별원의 행사를 보조하거나 각종 자선사업 등에 참가하는 등 다양한 활동을 펼쳤다. 또한 법회·장례·교육활동·자선사업을 시작으로 일본인들의 일상생활에 관한 상담과 지도, 묘지관리, 화장장사업, 교회(教誨)·위문 활동 등 일본인 사회가 필요로 하는 다양한 분야와 밀접하게 관계했다.[14]

한편, 일본인들의 요청으로 부산별원에서 주도적으로 운영한 사업은 교육사업이다. 일본불교의 식민지 조선의 사회사업 및 교육사업을 집중 조명한 제점숙의 연구를 참고하면,[15] 이 시기 진종대곡파의 교육사업은 주로 일본인 자녀 대상의 교육사업이 중점적으로 전개됐다. 진종대곡파는 일본인 자녀 대상으로 유치원(1897년)과 소학교(1877년)를 운영했고, 보습학교(1883년)도 함께 운영했다. 참고로 조선인 대상의 한어학사(漢語學舍)라는 일본어를 배우는 어학교도 1879년에 세워졌다. 이들 학교의 교사는 대부분이 진종대곡파 승려였다. 그 외 청일·러일전쟁기의 출정군인 및 그 가족에 대해서는 1877년 세워진 자선기관인 부산교사(釜山教舍)가 이들을 돕기도 했다.

이렇듯 진종대곡파와 일본인 거류민은 그들이 도항한 목적은 다를지라도 조선의 땅에서 협력과 공생을 도모하면서 살아갈 방법을 모색했다. 일본인들은 낯선 타국에서 고국의 그리움을 달래면서 살아가기 위해 그들만의 공간을 일본불교를 기반으로 만들고, 그들이 필요한 것을 요청하고 협력했다. 어쩌면 당시 부산별원은 그들에게 오늘날 사회복지센터, 문화센터와 같은 공적 기관의 역할을 하고 있었는지 모른다. 진공대곡파는 그들의 경제적 기

---

14 김윤환, 앞의 논문, 2012, 7~21쪽.
15 諸点淑, 『植民地近代という経験 植民地朝鮮と日本近代佛教』, 法藏館, 2018, 124쪽.

반을 일본인 거류민을 통해 마련하고, 포교 대상으로서는 일본인 신도들이 필요했다. 이처럼 서로 상생하는 관계 속에서 개항지 부산에서의 일본불교의 활동은 시작된 것이다.

지금까지 이 시기 일본불교의 활동은 식민지 정책의 협력, 조선불교의 친일화, 조선인 동화 등에 집중되어 연구가 이루어졌지만, 일본불교 활동 개시 시점에서 가장 중요한 것은 일본인들의 생활 안정화와 일본불교의 정착을 위한 준비였다. 이처럼 현지에서 삶을 시작하는 이들(일본인, 일본불교)의 시선으로 본다면 그 양상은 또 다른 시점을 제공한다. 일본인들의 종교를 매개로 한 공존과 공생의 문화는 새로운 종교 양상으로 근대 조선에서 창출된 것이다.

2) 현대 한국 내 일본계 종교 현황과 동향

1945년 일본의 패전과 함께 근대 조선에서 활동한 모든 일본계 종교는 일제히 조선의 땅을 떠났다. 그 후 국내에서는 일제 잔재를 지우기 위한 국가적 차원의 작업이 거국적으로 이루어졌다. 종교계도 예외는 아니었다.[16] 1,500여 곳에 이르는 당시의 일본 종교시설들은 그 흔적을 쉽게 찾아볼 수 없이 '왜색' 지우기가 단행됐다. 그 후의 일본계 종교의 재유입은 1965년 한국과 일본이 한일기본조약을 맺고 국교가 정상화된 시점이다.

한일수교는 일본계 종교의 본격적인 한국진출을 위한 발판이 됐다. 하지만, 당시 한국인들의 반일 정서는 '왜색종교'에 대한 비판과 경계를 촉구하는 계기가 되고 언론매체도 이와 관련된 보도를 쏟아냈다. 이후 1995년 3월 일본에서 발생한 '옴 진리교 가스 테러 사건'[17]은 국내 매스컴에도 크게 보

---

16 대표적인 운동으로 1954년부터 1962년에 걸쳐 일어난 '불교정화운동(佛敎淨化運動)'을 들 수 있다.
17 1995년 3월 20일 옴진리교 신도들이 도쿄 지하철 전동차 안에 맹독가스인 사린을

도되면서 일본계 종교에 대한 경각심을 한층 고조시켰다. 이러한 한국 사회에 각인된 '왜색종교'에 대한 민감한 반응은 해마다 광복절인 8월이 되면 재생산되곤 했다.[18] 그러나 아이러니하게도 현재 국내에는 1965년 후 재유입된 일본종교가 생각보다 많이 존재하며 그 활동도 다채롭다.

한편, 국내의 이러한 일본계 종교 유입에 관심을 가지고 연구가 시작된 것은 2000년대에 들어서다. 한국연구재단 지원으로 이원범은 공동조사팀을 구성하여 2003년부터 2년간 한국 내 일본계 종교활동에 대한 조사를 진행했다. 국내 유입된 일본계 종교의 전체 현황을 조사한 첫 시도로 그 의미는 크다. 일본계 종교 중 규모가 큰 종교단체는 교단 측의 사전 승인을 받아 종교행사에 참여하면서 신자 대상의 설문조사 및 인터뷰를 진행했으며, 그 외 소규모 종교교단은 인터뷰를 진행했다. 그때 조사한 국내 존재하는 일본계 종교단체는 아래와 〈표 2〉와 같다.

〈표 2〉 한국 내 일본계 종교 현황(2005년 기준)[19]

구분	교단명	국내 포교 개시	표교시설 수	신자수(명)
신도계	천리교	1893	(12교구) 388교회 97포교소	276,516
	금광교	1902	1지부	80
불교계	본문불립종	1905	(4지부) 4절(寺)	700~800
	일련정종	1961	16	24,000~30,000
	한국SGI	1961	30방면 107권(圈) 383지역	1,485,013
	영우회	1953	(3지부) 6포교소	3,585
	입정교성회	1978	(2지부) 2도장	2,704세대

살포한 사건으로 많은 일본인 사상자가 발생했다.
18 제점숙, 「한국 미디어 매체를 통해서 본 '왜색종교' - 한국입정교성회를 중심으로 -」, 2012, 183쪽(이원범, 사쿠라이 요시히데 편저, 『한일종교문화 교류의 최전선』, 인문사)
19 이원범, 「한국 내 일본계 종교의 이해」, 2012, 90쪽(이원범, 사쿠라이 요시히데 편저, 앞의 책)

구분	교단명	국내 포교 개시	표교시설 수	신자수(명)
신불습합계 (神佛習合系)	변천종	1979	(1지부) 1포교소	20
	태양회	1973	(3지부) 3포교소	1,000
	세계메시아교	1964	(4지부) 7포교소	550
	세계구세교	1964	(8지부) 2센터	4,121
	진여원	1986	(3지부) 3포교소	1,829
	선린교	1971	(1지부) 1포교소	350
기독교계	그리스도동신회	1896	17교회	700
	예수어령교회	1968	11교회	500~600
수양도덕계 (修養道德系)	한국광명사상보급회	1975	(3지부) 3회관	
	모럴로지	1968	2지부	
	야마기시회	1966		

위 내용처럼 당시 국내에는 18개 교단이 확인됐고, 공칭이긴 하나 당시 한국SGI 150만 정도를 합하면 200만 정도의 일본계 종교의 신자가 확인됐다. 이는 당시 기성종교인 국내 기독교, 불교 다음으로 많은 신자 수다. 이러한 국내 일본계 종교 현황에 대해서는 『한국 속 일본계 종교의 현황』(대왕사, 2008)과 『한국 내 일본계 종교운동의 이해』(제이앤씨, 2007)에서 상세히 정리하고 있다. 국내 일본계 종교의 왕성한 활동에 대해 이원범은 다음과 같이 언급한다.

  1980년대 후반부터 일본계 종교가 한국 내에서 성장하고 또한 새로운 종교가 한국 내로 유입되는 현상은 일본계 종교가 갖는 종교적 이념, 구제재(救濟財), 조직 및 운영에 있어서 특성에 기인하고 있는데, 한편으로는 한국의 상황과 환경이라는 측면에서도 설명할 수 있을 것이다. 이와 같은 한국 내의 상황과 환경적 요인으로는 외부환경적 변화, 내적 의식적 변화, 국내 기성종교의 한계와 문제점, 그리고 종교시장으로서의 한국이라는 네 가지 측면을 들 수 있다.[20]

위 인용문에서 언급하는 외부환경적 변화로는 1980년대 이후 일본 경제 성장력과 국제사회에서의 일본 입지의 중요성으로 일본에 대한 인식변화를 언급한다. 이것이 한국인의 내적 의식적 변화를 초래해 특히 청년층에서 '반일(反日)'보다는 '지일(知日)'로의 인식변화를 가져왔다 한다. 이러한 측면이 일본의 문화개방 특히 일본계 종교의 수용에도 유연한 태도를 보여주고 있다는 것이다. 또한 한국 내 기성종교의 보수주의적 경향, 사제중심주의적 권리 체제, 현실 적응력의 도태 등도 일본계 종교가 수용될 수 있는 빈틈을 제공했다 지적한다.[21]

〈표 2〉에서 일본계 종교 중 가장 규모가 큰 한국SGI는 일본의 창가학회(創價學會)를 기반으로 유입된 일본계 종교로, 국내에서는 1961년 8월에 열린 좌담회[22]를 그 시작으로 한국 사회에 모습을 드러냈다. 이후 일본 창가학회의 글로벌 면모를 상징하는 국제창가학회(SGI: Soka Gakkai International)가 1975년 1월에 결성되면서 한국SGI라는 이름으로 한국 사회에서 본격적인 행보를 나타냈다.[23] 앞서 언급한 바와 같이 현재 공칭 150만 회원을 자랑하는 한국 기성종교에 버금가는 거대 규모로 성장한 한국SGI는 전국 350곳의 문화회관을 설립하여 종교활동뿐만 아니라 한국 사회 전반에 걸쳐 다양한 사회활동을 활발하게 전개하고 있다.[24] 한때는 왜색종교[25]라는 비난을 가

---

20 이원범, 앞의 책, 2012, 109쪽. 여기서 구제재는 문제해결을 위한 종교상의 수단을 의미한다.
21 이원범, 앞의 책, 2012, 109쪽.
22 한국SGI의 가장 주요한 공식 의례로, 주로 이 모임을 통해 회원들은 체험담을 발표하고 화합을 도모한다. 최지원, 「신종교의 언어적 실천과 종교성 - 한국SGI 사례를 중심으로」, 서울시립대 석사학위논문, [부록A] 자료, 2020, 122~127쪽
23 제점숙, 「한국SGI 회원의 종교적 가치관과 생활 만족도에 관한 연구」, 『대동문화연구』 120, 2022, 343쪽.
24 한국SGI의 신자를 일컫는 말이 회원이다. 회원 수와 문화회관 수는 한국SGI공식 홈페이지 참고했다. https://www.ksgi.or.kr/sgi/koreasgi/koreasgi01.ksgi(2024.08.15 열람)
25 한국SGI는 1964년 1월 한국 정부로부터 포교금지령이 내려 사이비종교로 낙인찍힌 바가 있다. 좌담회 활동도 형사의 감시하에서 탄압을 각오하고 몰래 진행됐다.

장 크게 받은 한국SGI가 오늘날 한국에서 거대 종교로서 자리매김하고 있는데 이렇게 성장하게 된 요인은 무엇일까?

그 이유로서 한국SGI의 독특한 소그룹 활동인 '좌담회'를 들고 있다. 좌담회에서는 "평등성에 근거해 전원 참가나 활동을 추구해, 참가자에게는 허심탄회의 환경을 제공하는 것으로, 참가자 전원은 공동체 의식이 강하고, 인간적 관계와 신뢰의 네트워크를 구축"하고 있다고 언급한다.[26] 이러한 소그룹 활동을 통해 자기 발전, 나아가 가족의 행복, 지역발전을 추구, 이를 통해 인적 유대 관계를 강하게 형성한다.

그 후 국내 일본계 조사의 두 번째 연구가 진행됐다. 하지만 이때는 한국SGI만 연구대상으로 했다. 2000년대 초반 실시한 18개 일본계 신종교 중에는 그 흔적을 찾아볼 수 없는 종교도 있고, 유독 한국SGI만이 그 활약상이 두드러져 2000년대 초반과의 비교도 겸해서 현장을 방문했다. 이 조사 역시 한국연구재단의 지원으로 이원범을 중심으로 한 공동 조사로 2017년 8월부터 2018년 6월에 걸쳐 한국SGI 총 10개의 지역(권)의 문화회관을 방문하여 1,429명을 대상으로 설문조사를 실시했다.

이 결과를 토대로 이 조사에 공동연구원으로 참석한 제점숙은 한국SGI 회원의 종교적 가치관과 생활 만족도에 관한 연구를 설문조사 내용을 바탕으로 분석했다. 그 내용을 잠깐 언급하면, 신앙을 갖는 시기는 기성종교와 비슷한 9세 이하와 20~30대가 가장 많았다. 신앙 기간은 한국SGI가 기성종교 대비 30년 이상이 가장 높은 수치를 보였다. 종교집회 참가 횟수, 개인적인 기도 또는 기원 횟수, 교리를 접하는 횟수도 기성종교보다 매우 높았다. 또한, 종교적 신앙심 정도나 종교의 힘으로 병을 치유한 경험 역시 기성종교에 비해 높은 결과를 나타냈다. 생활 만족도 면에 있어서는 행복감을 크게 느끼고 있었고 인생의 의미도 중요하게 생각했다. 삶의 중요한 척도에

---

26 李元範, 南椿模,「組織社會學的觀点からみた日系新宗教教団の小集団活動 – 小集団活動としてKSGI座談會の分析 – 」,『일본근대학회연구』16, 2007, 169쪽.

서는 기성종교가 건강한 것을 꼽을 때 한국SGI는 가정생활이 즐거운 것을 꼽았다.[27]

위 조사는 개신교, 천주교, 불교 등을 대상으로 조사한 갤럽의 설문조사 항목을 그대로 한국SGI 설문조사 항목에 적용하여 비교한 조사 결과다. 단순 결과 내용이라 관련 자료를 보완하여 한층 구체적인 분석이 필요하겠지만, 중요한 것은 기성종교와는 다르게 한국SGI 신자들은 자신의 종교와 매우 밀착 관계를 유지하고 있다는 점이었다. 무엇보다 좌담회, 체험담, 창제[28] 등을 통한 신자 스스로 삶에 대한 중요성을 생활 속에서 인지하고 평화로운 삶에 대한 의지를 무엇보다 강조하고 있었다. 이러한 종교적 행위가 일상생활과 접목되어 회원들의 종교적 가치관과 생활 만족도는 일상생활에서도 그대로 구현된다. 즉, 종교와 삶을 구분하는 것이 아닌 일체화시켜 회원들은 그들의 삶을 영위하고 있는 것으로 파악됐다. 하지만, 이러한 종교와 개인 삶을 구분 짓기 어려운 회원의 삶은 그만큼 한국SGI라는 종교가 조직적으로 그들의 삶에 일상과 구분이 안될 정도로 치밀하게 침투되었다는 것을 의미하기도 한다.[29]

앞서 언급한 것처럼 한국SGI 조사는 두 차례 이루어졌다. 이들 설문조사와 인터뷰 조사의 결과를 비교했을 때 가장 큰 변화는 왜색종교, 일본종교라는 것에 대한 회원의 인식변화다.[30] 이전 조사에서는 외부에 남묘호렝게쿄(南無妙法蓮華経), 즉 왜색종교라는 이미지인 자신의 종교를 감추는 경향이 있었다면, 이제는 한국SGI의 다양한 사회·문화·교육·평화 활동과 故 이케다 다이사쿠(池田大作)의 글로벌 활동으로 신앙과 종교에 대한 자부심

---

27 제점숙, 앞의 논문, 2022, 364쪽
28 한국SGI에서 창제(唱題)는 '남묘호렝게쿄(南無妙法蓮華経)'라고 제목을 외치는 행동을 일컫는다.
29 제점숙, 앞의 논문, 2022, 365쪽
30 두 번의 조사에 제점숙이 직접 참여하여 현장에서 인터뷰하면서 느꼈던 부분을 정리했다.

을 강하게 느낄 수 있었다. 또한 일본 창가학회와는 차별화된 한국SGI만의 현지 맞춤형 포교전략 역시 왜색종교에 대한 이미지 불식에 도움이 되고 있다. 2005년 한국SGI는 '2005 나라사랑대축제'를 개최해 '독도는 우리땅' 카드섹션을 연출했다. 이를 통해 당시 독도 망언과 역사교과서 왜곡 등으로 물의를 빚는 일본 정부를 강력히 규탄하기도 했다.[31] 또한 최근 2022년에는 '법화경전'이 개최되어 인류 보편적인 종교로서의 만인존엄·인류공생의 메시지를 전달하고자 했다. 이때 한국 불교계 스님의 참관은 물론 후원에 문화체육관광부와 대구광역시의 이름이 확인된다.[32] 무엇보다 한국 곳곳에 세워진 한국SGI 문화회관은 지역민에게는 커뮤니티 공간으로서 활용되고 있으며 지역민 대상의 이벤트도 개최하고 있다. 이른바, 한국SGI는 현지인과 위화감 없는 관계망을 조성하고 자연스럽게 종교 네트워크를 구축하는 한국형 SGI 활동을 구현하고 있다.

반면, 일본 창가학회는 일본사회에서 대표적인 컬트로서 정당과 밀착 관계를 유지하는 정치종교로 인식되고 있다. 이와 관련해 연구가 일본 내에서 활발히 진행 중이다.[33] 이렇게 일본에서 부정적인 이미지를 가진 종교가 어떻게 한국에서는 이케다 다이사쿠에게 명예학위를 수여하고 전 지역별로 특별 현창을 주는 것일까? 아이러니하다. 이렇듯 같은 종교임에도 한국과 일본에서는 다른 양상을 보이며 다른 평가가 이루어지고 있다. 향후 이와 관련해서는 종교시장, 지형 등을 기반으로 한 추가 연구가 필요하겠지만,

---

31 「한국SGI, '2005 나라사랑대축제' 개최」, 『뉴스와이어』(2005년 5월 12일자) https://www.newswire.co.kr/newsRead.php?no=49909(2024.08.15. 열람)
32 「법화경展, 만인존엄·인류공생의 메시지」, 『월간중앙』(202207호 2022.06.17.) "전시회는 중앙일보S, 공익법인 동양철학연구소, 둔황연구원, 재단법인 한국SGI가 공동주최하고 문화체육관광부와 대구광역시, 러시아과학아카데미 동양고문서연구소, 인도문화국제아카데미 등이 후원"했다고 보도하고 있다. https://jmagazine.joins.com/monthly/view/336242 (2024.08.15. 열람)
33 최근 대표적인 연구로는 櫻井義秀, 猪瀬優理 編集, 『創價學會 政治宗教の成功と隘路』, 法藏館, 2023이 있다.

이는 동일 종교라도 다른 공간에서의 현지 문화, 현지인과의 교류와 융합 속에서 구축되는 새로운 종교문화 현상이 아닐까 생각한다.

3. 일본 내 한국계 종교문화의 교류 양상

1) 근대 일본 내 한국계 종교 현황과 동향

식민지 조선에서의 일본종교의 활동은 제국 침략에 협력하며 조선인을 동화시키기 위한 일련의 목적이 있었다. 이와 함께 해외 교세 확산이라는 목표를 가지고 불교, 기독교, 교파신도와 같은 일본의 대표적인 종교들이 대거 조선으로 건너왔다. 그렇다면 조선의 종교는 일본 내에서 어떠한 흔적을 찾아볼 수 있을까? 또한 일본으로 건너가게 된 조선인들은 어떠한 종교적 신념 또는 활동을 영위하면서 타국 땅에 살았을까? 물론 종주국 일본이라는 공간에서 식민지민으로서의 조선인 종교활동은 매우 제한됐음은 말할 나위 없다. 그래서인지 사실상 이 분야 연구는 국내에서 거의 찾아볼 수 없고, 연구자들조차 근대 조선의 종교가 일본 내 활동의 어려움을 고려해서인지 연구 관심사 밖이었다. 앞으로 이와 관련해 심도 있는 연구가 이루어져야 할 것이다. 이 역시 한국 근대사의 한 단면이기 때문이다. 이 장에서는 그나마 그 흔적을 엿볼 수 있는 일본 연구자들의 선행연구를 기반으로 개괄적으로 일본 내 조선 종교활동의 윤곽을 그리며, 조선인과의 교류 양상 내지는 종교문화라는 관점에서 고찰하고자 한다. 이하에서는 조선불교, 조선에서 활동한 기독교, 그 외 종교 순으로 구분하여 검토하겠다.

앞서 언급한 것처럼 근대 일본 내에서의 조선불교와 관련된 국내 연구는 전혀 없지만, 일본 연구자들에 의해 재일코리언 조선사찰에 대한 연구가 이루어졌다.[34] 이 연구에 따르면 이 시기 조선 사찰이 이미 세워졌음이 확인된다. 사찰이 집중적으로 모여있는 이코마(生駒)산 부근의 사찰 현황을 보면, 1920년부터 사찰이 확인되며 1945년 이전까지 총 5개 사찰이 확인된다. 이는 조선의 승려가 일본으로 건너가 조선사찰을 세웠거나 현지의 필요에 따라 자생적으로 만들어진 경우다. 그 내용을 일본 연구자들이 조사한 성과를 바탕으로 소개한다.[35]

오사카 와키야마 통국사(和氣山統國寺)의 서주지는 1917년 전북 출생으로, 15세 때 충남 계룡산 신원사(新元寺)에서 득도했다. 당시 경성의 불교 엘리트 전문 교육과정인 중앙불교전문학교에서 학문을 배우고 1940년 일본으로 신학문을 배우기 위해 건너왔다. 그때 '아마가사키(尼崎) 조선불교포교소'에 들어갔는데, 이 시설은 손봉길에 의해 1937년에 세워졌다. 해방 후 손봉길이 남한으로 귀환하자 이 포교소를 대원사(大圓寺)라는 이름으로 개칭하고 서주지가 이어 운영했다. 서주지가 통국사의 주지가 된 것은 1980년부터다. 또한, 고베(神戶)에 위치한 대승사(大乘寺)라는 사찰은 김경환 주지가 세운 '오사다(長田) 조선불교포교소'의 후신으로 1945년 이전에 창립한 것으로 추정하고 있다. 김주지는 1970년부터 약 10년간 앞서 언급한 통국사 주지였다. 한편, 오사카 용천사(龍泉寺) 주지는 1921년 경남 출생으로 9세 때 범어사에 들어갔다가 1943년 서본원사 대각사(大覺寺) 관장 소개로 일본으로 도항했다. 이후 일본 본원사에 갔지만 전쟁으로 불교 공부를 하지 못했다. 그러다가 1944년 조선으로 귀국, 다시 1947년 밀항으로 일본으로 건너와 1952년 고야산 용천원(高野山龍泉院)에서 득도하여 절을 세우게 됐다.

---

34 일본 학계에서는 「조선사(朝鮮寺)」라는 용어를 일반적으로 사용하고 있으며, 재일코리언이 세운 샤머니즘과 불교가 혼재된 사찰을 의미한다. 또한 이 연구는 일본 종교사회학(宗敎社會學)의 회(會)에서 연구자들이 공동으로 조사한 성과로『生駒の神々』(創元社 1985年)를 출판하고 있다. 이 저서는 이코마산(生駒山) 주변의 조선사찰의 존재를 일본 사회에 알린 계기가 되었다.
35 조선사찰과 관련된 내용은 1984년 일본연구자의 조사에 따른 것이다. 飯田剛史,「在日韓國・朝鮮人社會における佛敎および民俗宗敎寺院の諸形態」,『硏究年報』15卷, 1990, 63~85쪽

이상의 내용에서 주목할 만한 점은 '조선불교포교소'라는 존재다. 이미 1930년대에 세워진 조선불교 종교시설로 오사카 아마가사키, 고베 오사다에서 확인되고 있다. 이른바 조선불교 관계자들(유학생 또는 승려)이 일본 내 지역을 거점으로 조선불교 포교시설을 설립했다는 것이다. 또한, 사찰 설립 배경을 보면 조선불교 내지는 일본불교를 경유해서 세운 사례도 확인된다. 조선불교포교소에 대한 상세한 내용은 현 단계에서는 확인할 수 없으나 이는 일본 내 조선불교 동향을 살펴볼 수 있는 중요한 단서가 될 수 있다. 이에 관해서도 향후 연구를 기대해 본다.

한편, 위 사찰의 설립 배경이 조선불교 또는 일본불교를 접점으로 출발했다면 다음 소개하는 사찰은 일본 타국에서의 생활하는 가운데 자생적으로 만들어진 사찰이라 할 수 있다. 이코마구에 있는 정광사(淨光寺) 주지는 1909년생 제주도 출신으로 1925년 일본으로 건너갔다. 그가 불교에 들어선 배경은 원인 모를 큰 병을 앓고 난 뒤다. 그 후 신귀산 부동원(信貴山 不動院)에서 본격적으로 수행하고, 보살이었던 광영(光永)이라는 자와 함께 1958년 사찰 건립까지 이르렀다. 광영이라는 인물은 점술가로서 명성이 자자했다. 이어 소개하는 만복사(萬福寺)도 이코마구에 자리 잡고 있는데, 주지는 1923년생 제주도 출신으로 1934년에 일본으로 건너왔다. 7세부터 병약한 몸으로 32세 때는 중병에 걸려 신내림을 받아야만 하는 상황이었다. 이것이 계기가 되어 수행의 길로 들어서고 지금의 사찰 주지가 됐다. 이 사찰은 원래 1950년대 세워졌으며 이 사찰에서는 굿을 행하고 있다.

이상의 검토에서 알 수 있는 점은 조선 사찰 설립 배경에서의 다양한 종교적 특성이다. 간략하게 살펴본 사례들을 통해서도 설립 배경에서 조선불교, 일본불교, 무속과의 연관성을 엿볼 수 있었고, 이러한 성격이 때로는 융합된 상태로 조선사찰은 계승되고 있다. 또한 조선에서의 유입뿐만 아니라 자생적으로 무속이 융합된 형태로 설립된 사찰도 아주 특수한 경우라 할 수 있다.

그렇다면 왜 오사카부와 나라현 경계에 있는 이코마산 부근에 조선 사찰이 유독 많을까? 이를 이해하기 위해서는 조선인 유입의 역사적 배경을 고려할 필요가 있다. 본디 오사카 지역은 상공업 중심의 도시였고 여기에 대거 조선인이 유입됐다. 이때 이 지역에는 제주도 출신자를 중심으로 큰 조선인 마을이 생겨났다. 그들은 가난과 차별의 사회 상황 속에서 종교적 구원을 우선 민간신앙에서 찾았고, 무당(특히 제주도 심방), 점쟁이, 승려 등이 조선인 마을에서 그 활동을 시작했다. 그들은 점점 이코마 산중턱의 폭포수행장(瀧行場)[36] 중심으로 그들의 터를 마련했다. 이코마산은 고대부터 다양한 종교활동이 전개된 곳이다. 현재는 조선사찰뿐만 일본 사원, 신사, 일본의 민속신앙이 뒤섞여 숨 쉬고 있다.[37] 이러한 종교 영역에 조선의 무속과 불교는 자연스럽게 융합될 수 있었던 곳으로 보인다. 이 역시 공생과 공존을 위해 자연 발생적으로 생겨난 종교현상이라 볼 수 있을 것이다. 또한 이 조선사찰의 특징은 1945년 해방 이후에도 단절되지 않고 오늘날까지 유지되고 있다는 점으로, 이는 지금까지 언급한 한일 종교와 다른 점이다.

한편, 근대 일본 내 조선교회 유입에 대해서는 개신교초교파(超教派)의 한 종파인 '재일대한기독교회'를 주목할 필요가 있다. 가장 많은 조선인 신자를 확보했고, 일본 전국 각지에 교회가 세워졌다. 그 첫 시작은 '동경조선기독교청년회'(1906년 설립, 현재 재일본한국YMCA)에서 예배하던 10여 명의 유학생이 교회 설립을 청원하여 조선교회에 목사파견을 요청하면서부터다. 이렇게 세워진 것이 1908년 도쿄교회다. 그 후 조선인들은 생활 활로를 찾아 단신으로 일본으로 건너오기 시작하고 1930년 전후부터는 가족을 불러들이거나 가족 동반의 조선인 이주자도 증가했다. 이때 조선인들은 주로 도로, 철도, 하천 공사 등 일용직의 막노동 일을 했고, 방직 공장, 조선소, 제철소, 유리 공장에서 일하는 잡역부들이 많았다. 이러한 조선인 증가로

---

36 폭포가 흐르는 곳에 들어가 수행하는 것(폭포 수행), 이를 하는 장소를 일컫는다.
37 飯田剛史, 「生駒山地の朝鮮寺・概說」, 『硏究年報』 12卷, 1987, 40쪽.

장로교회와 감리교회의 연합조직인 '장로감리예수교연합선교회'가 조선인 대상의 선교를 시작했으며 도쿄 각지에 교회가 설립됐다. 그 후 여러 교회가 1934년에 연합하여 '재일본조선기독교대회'로 교파를 조직하게 된다.[38] 이 시기 한국계 교회 설립현황을 보면 〈표 3〉과 같다.

〈표 3〉 일본 내 한국계 교회 설립 현황(1900~1930대)[39]

교회명	설립연도	교회명	설립연도
도쿄교회	1908	요코하마교회	1928
오사카교회	1921	도요하시교회	1928
고베교회	1921	나고야교회	1928
오사카니시나리교회	1923	교토남부교회	1928
오사카북부교회	1924	시모노세키교회	1928
교토교회	1925	가와니시교회	1930
사카이교회	1927	무코가와교회	1931
후쿠오카교회	1927	요코스카교회	1932
오구라교회	1927	오가키교회	1933

교회에 방문한 조선인은 원래 신자였던 사람도 있었고 단순히 조선어로 마음 편하게 소통하면서 마음의 평안을 구하는 이도 있었다. 이렇게 하여 1930년대부터 1940년 전반에 걸쳐 재일조선인 기독교 신자는 3,000명에서 4,000명에 이르렀고, 이중 과반수가 일본에서 기독교 신앙을 갖게 되었다.[40] 이들에게 교회는 현지 적응을 위한 하나의 수단이었고, 낯선 땅에서의 차별

---

38 中西尋子,「在日大韓基督教會と韓國系キリスト教會の日本宣教」, 2011, 321~328쪽. (李元範, 櫻井義秀 編著,『越境する日韓宗教文化－韓國の日系新宗教 日本の韓流キリスト教』, 北海道大學出版會)
39 中西尋子, 앞의 책, 2011, 326쪽 재인용(출처:재일대한기독교회역사편찬위원회,『재일대한기독교회선교90주년기념지(1908~1998)』, 재일대한기독교회, 2002를 참조로 작성)
40 中西尋子, 앞의 책, 2011, 327쪽.

을 극복하고 이를 조선어로 소통할 수 있는 안식처, 피난처로서의 공간이었다. 또한, 기독교는 독립운동의 주역으로 그 성격이 강했기에 조선인에게 '통일민족'이라는 점에서도 접근이 쉬웠을 수도 있다. 아래의 인용문은 이러한 내용을 잘 반영하고 있다고 생각한다.

> 1934년 5월 남편이 일본에 가자고 했을 때 마음이 내키지 않았지만 어쩔 수 없이 일본으로 왔다. 말도 통하지 않는 타국에서의 생활에 적응도 못 하고 눈물을 흘리며 우울한 나날을 보내고 있었는데, 나가하시(長橋)에 작은 교회가 있다고 하여 가보았다. 예배는 조선어로 열리고 신자들도 조선어로 서로 이야기하는 것을 보고 매우 기쁜 마음이 들어 우울한 기분도 사라졌다.[41]

재일대한기독교회는 이렇게 조선인의 생활 터전이 되면서 그 명맥을 해방되는 날까지 유지해 왔다. 그리고 조선인 신앙의 중심이 됐다. 1945년 일본 패전과 함께 철거됐지만, 오늘날에도 일본 내에서의 활동을 확인할 수 있다. 여전히 한국어 예배, 조선의 민족성을 강조하는 측면이 강해 일본어 선교에는 어려움이 따르지만, 근대 일본 내에서의 조선인 교류의 중심, 중요한 안식처임은 부인할 수 없다.

그렇다면 이 시기 일본 내에서의 불교, 기독교 외 다른 종교들의 현황은 어떠한가? 결론적으로 큰 활약상은 없었다. 이하에서는 천도교와 원불교에 한정 지어 그 현황만 간략히 언급한다.

한국 신종교[42] 중 역사가 가장 오래된 천도교는 최제우(崔濟愚)가 1890년에 창시한 동학 교단의 전통을 이어받은 종교단체로 1905년에 제3대 교주인 손병희가 현재의 이름인 천도교로 개칭했다. 일본에서의 천도교 동향은

---

41 中西尋子, 앞의 책, 2011, 327쪽.
42 참고로 한국에서는 기성종교 외 새롭게 형성된 한국계 종교를 민족종교라고 일컫고 있다. 한일 종교를 논하는 자연스러운 흐름을 위해 기성종교 외 종교를 신종교라는 용어로 통일한다.

1919년 3.1운동 이후인 1922년 1월 도쿄에서 한국 유학생들이 도쿄전교실을 설립한 것에 유래한다. 그 후 1925년 5월 도쿄전교실을 도쿄종리원으로 개칭하고, 1930년 1월에는 교토전교실을 설립, 1931년 7월 오사카에서 오사카 종리원을 설립했다. 1932년 11월에는 고베에서 고베 종리원을 설립했다. 이 역시 기독교와 마찬가지로 유학생 외 일반 조선인 이주자의 증가로 종교시설이 증가한 것으로 보인다. 이러한 천도교 시설은 1945년 일본 패전 전년도에 대부분 철수한다.[43] 한편, 한국 신종교 중 가장 큰 교세를 보이는 원불교는 박중진(朴重彬)이 1916년 4월 28일 창립한 불교계 신종교다. 그나마 국내 신종교 중에는 오늘날 해외 포교에 적극적인 편이지만, 식민지기에는 이렇다 할 만한 움직임은 보이지 않는다. 일본에서의 원불교 동향은 1931년 원불교 관계자 조두광이 오사카로 파견되면서이다. 1935년에는 원불교 본부에서 교무를 파견하여 오사카교당에서 원불교 포교 활동을 전개했다. 하지만 식민지 지배하에서의 활동이 어려운 터라 일제의 탄압으로 1년 만에 철수하고 말았다.[44]

이 시기 일본 내에서의 신종교 활동은 일부 종교에서 그 현황만 확인될 뿐 현지 일본에서 어떠한 종교활동이 전개되고 신자를 만들었는지 상세한 자료 파악이 어렵다. 일단 두 종교만 비교했을 때 천도교 포교가 유학생들 중심의 일본 내 현지 종교활동에서 시작됐다면, 원불교는 조선 교단 차원에서 시작한 공식적인 포교라는 점이 다르다. 이들 종교는 식민지 조선에서도 일제의 탄압을 받았기 때문에 일본 내에서도 그들이 활동하기에는 어려움이 따랐던 것 같다.

---

43 임태홍, 이현경, 「한국 신종교의 일본포교」, 2012, 234~235쪽(이원범, 사쿠라이 요시히데 편저, 앞의 책).
44 李和珍, 「圓佛敎の海外布敎現況 － 日本敎區を中心に －」, 『國學院大學硏究開發推進機構日本文化硏究所年報』 5卷, 2012, 53쪽.

2) 현대 일본 내 한국계 종교 현황과 동향

1945년 이후 일본 내 잔류한 조선인 약 150만 명은 남한과 북한으로 귀국했지만, 그들 중 약 50만 명은 일본에 남아 그들의 삶을 유지해야만 했다. 이런 가운데 일본 내 한국계 종교활동이 재개된 것은 1965년 한일수교 이후다. 한국과 일본의 교류도 점차 증가하게 되고, 한국계 종교의 활동도 재개됐다. 또한 1989년 한국인 해외여행 완전 자유화에 따라 한국인 뉴커머[45]도 급증하기 시작했다. 이렇듯 재일한국인 증가로 일본 내 한국계 종교활동에도 1945년 이전과는 다른 양상을 보이기 시작한다. 이하에서는 이러한 종교 양상을 불교, 기독교와 신종교 중심으로 소개하겠다.

해방 이후 일본 내 조선사찰은 1960년대까지 그 정점을 이루었다. 1970년대부터는 그 수가 줄었는데, 이는 현존하는 사찰의 상당수가 주지 스님의 고령화, 사망으로 인한 활동의 침체가 진행되었기 때문이다. 또한 친자식이나 제자가 절을 계승하는 경우는 극히 드물었고, 자신의 절을 희망하는 고승이나 승려들은 기존 사찰의 권리를 매입하거나, 다른 사찰의 주지로 영입되었다.[46]

1984년 조사 결과에서 확인 가능한 이쿠마 산 부근 조선사찰 현황을 유형별로 살펴보면 〈표 4〉와 같이 한국과는 확연히 다른 양상을 보인다. 한국불교계, 일본불교계가 혼재되어 있고, 종파가 불명인 경우는 무속의 경우가 많다. 따라서 한국 불교계와 전혀 다른 일본 내 조선 사찰의 양상을 확인할 수 있다. 하지만 한국 불교계 종파라 하여 한국 본산과 공식적인 말사 관계는 아니다.

---

45 뉴커머(Newcomer)는 1965년 이후 일본에 건너가 정착한 한국인을 말하며 그 이전의 한국인은 올드커머(Oldcomer)로 일컫고 있다. 이글에서는 재일한국인이라는 용어로 올드커머, 뉴커머를 포괄해서 사용한다. 또한, 재일코리언으로 언급할 때는 북한계, 남한계를 포괄한 의미로 사용한다.
46 飯田剛史, 앞의 논문, 1987, 41쪽

〈표 4〉 일본 내 오사카 이쿠마 지역 조선사찰 유형별 현황(1984년)[47]

종파	갯수	종파	갯수
조계종	9	금봉산수험본종	3
원효종	1	일련종	1
진종종제호파	5	법상종	1
진언종고야산교회	5	황벽종	1
진언종국분사파	4	종파 내지는 또는 불명	32
진언종(파명은 불명)	1		
합계		63개	

또한, 일본 불교계라 하여 반드시 일본불교 종파와 관계가 있다고는 할 수 없다. 진언종 계열 중에 일본 진언종과 같은 의례를 하는 것은 한 개의 사찰 정도에 불과하고 나머지는 무속 의례를 행하고 있다. 이들 사찰의 주지 현황을 보면, 여자 무당이 23명, 남자 무당이 1명, 여승이 3명, 남승이 19명, 기타 등인데 압도적으로 주지가 무속인인 경우가 다수다. 그들 가운데는 일본인 주지도 확인된다. 사찰의 종교 의례 역시 크게 불교 의례와 무속 의례로 대별 할 수 있는데, 불교 의례는 연중행사로 한국불교사찰 의례를 답습하고 있다. 예를 들어 열반일(涅槃日:2월15일), 탄신일(生誕祭:4월8일), 칠성제(七星祭:7월7일), 절구(節句:3월3일/5월5일/9월9일), 동지(冬至:11월), 성도일(成道日:12월 8일)이며 이 모두 음력으로 지내고 있다. 여기에서 가장 중요한 행사는 석가탄신일과 칠성제로 이날 대부분 신자가 참여한다. 사찰의 외관은 대부분 작은 민가의 형태를 취하고 있고, 한국사찰과 같은 전통적인 가람 형식을 취한 건물은 드물다. 이코마 산 주변과 계곡 부근에 여러 채 목조 가옥과 작은 사당이 세워져 작은 문패로 알 수 있다. 또한 의례가 있을 때 마당에 세워진 색동천이 휘날리는 큰 장대와 태극무늬의 징이나 북 등으로 조선사찰 임을 알 수 있다. 사찰 내부의 본당에는 대부분

---

47 飯田剛史, 앞의 논문, 1987, 43쪽.

석가모니상으로서 관음상(觀音像), 지장상(地藏像) 등이 3존 형식으로 안치되어 있다.[48]

이처럼 다양한 모습의 일본 내 조선사찰은 한국에서도 일본에서도 유례가 없는 독특한 종교 양상을 띤다. 현지 필요에 따라 그들만의 무속과 불교가 융합된 '무불습합(巫佛習合)'의 현상을 나타내는 것이다. 국내 사찰에서도 칠성각이 세워져 무속과 융합된 양상을 확인할 수 있지만, 핵심은 불교다. 하지만 조선사찰에서는 조선불교, 일본불교, 한국의 무속이 혼재된 형태로 그것도 무속이 가장 중요한 신앙으로 자리매김하고 있다.

2012년 이들 조사팀이 이 지역을 재조사한 결과,[49] 80년대에 비해 급격히 조선 사찰의 수가 줄어들고 있음이 파악됐다. 1세대 스님과 보살, 그리고 이를 지탱한 1세대 여성 신자들의 고령화가 가장 큰 요인이다. 하지만, 이들은 재일본한민족불교도총연합회(在日本韓民族佛敎徒總聯合會), 재일본조선불교도협회(在日本朝鮮佛敎徒協會), 해동회(海東會) 등의 네트워크를 통해 일본사회와의 소통과 공존을 도모하고 있다. 예를 들어 위 단체 활동의 네트워크를 통해 2010년 왕인박사의 기념보은석비 건립을 추진하거나, 2011년 동일본대지진에 따른 피해자구제를 위한 모금 활동을 하기도 했다. 또한 민족의 경계를 초월해 일본인 신자를 확보한 사찰이 있기도 하고 일본인 제자를 양성하는 사례도 있다.[50] 이처럼 다양한 종교의 성격과 국적과 무관한 조선사찰의 특징은 인간의 생로병사를 해결하고 공생하기 위해 자발적으로 생성되고 변화한 한일 양국에서는 찾아볼 수 없는 종교문화로, 일본 내 독특한 종교문화 현상이라 할 수 있다.

---

48 飯田剛史, 앞의 논문, 1987, 42~43쪽.
49 宗敎社會學の會 編, 『聖地再訪 生駒の神々:変わりゆく大都市近郊の民俗宗敎』, 創元社, 2012.
50 宮下良子, 「在日コリアン寺院-ローカリティートランスナシャルナルティの視座から」, 2012, 111~112쪽 (大谷 榮一, 藤本 賴生 編著, 『地域社會をつくる宗敎』(叢書 宗敎とソーシャル·キャピタル 第2卷, 明石書店).

한편, 해방 후 1965년 이전까지는 한일 양국 간의 교류가 거의 없었고 해외에 나가기조차 힘든 시기였기에 일본 내 한국 교회 선교활동도 어려웠다. 이후 1965년 한일수교와 함께 한국과 일본의 교류도 점차 증가하게 되자 재일한국인과 유학생 등을 대상으로 선교활동이 재개됐다.[51] 특히 한국의 해외여행 완전 자유화에 따른 뉴커머의 등장은 한국계 교회 선교활동의 활력을 불러일으켰다. 한국계 교회는 1990년대부터 2000년대 전반에 걸쳐 증가했으며, 이들 교회는 현재 일본 한국계 기독교의 대부분을 차지한다. 뉴커머들은 경제발전을 이룬 한국에서 자발적으로 일본에 온 사람들로 화이트 컬러 계층이 포함됐으며 이들이 한국계 교회의 선교대상이었다.

오늘날 한국계 교회의 선교 특징은 재일한국인 외 일본인도 그 대상으로 한다는 점이다. 목사가 공급과잉이었던 한국에서는 일본이라는 나라는 기독교 교세가 약하고 신자가 많지 않아 복음 전파라는 사명을 실현할 수 있는 절호의 선교 대상국이었다.[52] 따라서 한국의 민족성만 강조하는 선교전략으로는 신자 확보에 어려움이 있어 일본인 대상의 새로운 선교전략을 펼칠 필요가 있었다. 이하에서는 한국계 교회가 어떠한 방법으로 일본인 신자를 확보하고, 그들과 함께 교류하고 공존하는지 그 양상을 대표적인 교회를 중심으로 소개하고자 한다.

한국계 기독교회[53]인 온누리교회는 2000년 3월 부활절 오사카시 텐노지구(天王寺區)에 설립됐다. 주상 복합빌딩의 몇 곳을 예배당 또는 사무실로 사용했으며, 현재 추오구(大阪市中央區東心齋橋1-3-19)로 이전했다. 설립 당시 신자 10명도 없었으나 2008년에는 어린이를 제외하고 약 300명 정도

---

51 李賢京, 앞의 논문, 2014, 270쪽.
52 中西尋子, 앞의 책, 2011, 330쪽.
53 한국계기독교회는 1980년대 이후 한국개신교 교회에서 파견된 목사나 선교사가 설립한 교회의 총칭이다. 한국교회의 지원을 받아 설립한 교회도 있고, 일본으로 간 선교사가 자택에서 예배를 시작하면서 개척한 교회도 있다. 교파도 대한예수교장로회, 기독교대한감리협회, 한국침례회연맹 등 다양하다. 中西尋子, 앞의 책, 2011, 324~325쪽.

였다.[54] 이 교회를 운영하는 김철희(金喆熙) 목사는 도쿄기독교대 거쳐 합동신학대학원을 졸업한 한국인이다.[55] 예배는 주일예배가 1부에서 3부로 나뉘어 진행되고 청년예배가 진행된다. 이때 언어는 1, 2부가 일본어, 3부가 한국어, 청년예배는 한국어, 일본어 두 개로 진행된다. 그리고 항상 동시통역이 있고 상황에 따라 영어예배가 순차통역으로 진행된다. 한국인 뉴커머 신자들은 상대적으로 사회계층이 높은 편인데, 한국기업의 주재원으로 일본에서 회사를 경영하는 사람, 유학생 등이며 이들이 온누리교회를 찾고 있다. 일본 내에서의 온누리교회 선교활동의 특징은 러브소나타(부흥집회)나, 아버지학교(아버지 세미나), 어머니학교(어머니세미나) 등을 개최하여 특히 한류를 기점으로 일본인들의 관심을 끌고 있다는 것이다. 이들 행사를 통해 일본인들은 온누리교회를 아는 계기가 되고, 이 러브소나타는 일본 전국 각 지에서 개최된다.[56]

러브소나타는 한류의 인기몰이에 편승해 일본에서 처음 진행한 새로운 선교 전략이다. 이와 관련해 연구를 진행한 이현경은 온누리교회 일본인 신자의 '복층화'(複層化) 현상을 언급한다. 이른바 한류라는 문화를 통해 온누리교회를 방문하는 신자들 유형의 다양성을 말하고 있다. 이들 중에는 한류만 추구하는 일본인, 종교적 구제와 한류를 동시에 추구하는 일본인, 종교적 구제만 추구하는 일본인들로 구성되어 있다는 것이다. 이를 신자, 신자 주변, 비신자로 나누어 그 차이점은 분석하고 있는데,[57] 여하튼 처음부터 신앙을 기반으로 한 일본인이 아니더라도 한국 문화를 계기로 찾아드는 일본인도 광의의 의미에서 보면 온누리교회의 신자로 유입될 가능성이 있다

---

54 中西尋子, 앞의 책, 2011, 336쪽.
55 온누리 공식 홈페이지 참고 http://osakaonnuri.org/main/sub.html?pageCode=39 (2024.08.15열람).
56 中西尋子, 앞의 책, 337쪽.
57 李賢京, 「『韓流』と日本における韓國系キリスト教會 : 日本人メンバーの複層化に着目して」,『宗教と社會』15, 2009, 61~62쪽.

는 것이다. 러브소나타는 지금까지 2007년에 시작하여 일본 전국지역을 대상으로 지금까지 32회 개최했고, 최근 2024년에는 효고(兵庫)에서도 5월 16일 열렸다. 이때, 한국 아티스트(가수, 예능인) 콘서트, 또는 예능인의 간증, 설교 등을 중심으로 진행됐다. 이러한 콘서트 현황은 모두 홈페이지 또는 유튜브에 공개하고 있다.[58] 이처럼 한류를 매개로 새로운 선교 전략을 내세운 온누리교회는 민족성을 강조한 재일대한기독교회보다는 짧은 기간에 훨씬 많은 신자 수를 확보했고, 일본 선교의 성과를 올렸다.[59]

또한, 한국계 교회의 일본인 선교 특징 중 하나는 일본인 노숙자를 대상으로 한 전도다. 노숙자 전도는 일반적으로 교회 예배당 안에서 실시하지만, 특정한 거점을 갖지 않는 네트워크형 조직이나 많은 노숙자를 수용할 수 없는 소규모 교회는 회관이나 공원 같은 공공장소에서 실시하고 있다.[60] 특히 일본 전국 최대의 일용직 시장으로 알려진 가마가사키(釜ヶ崎)에서 이루어지며 도쿄 도심에서도 한국계 교회의 노숙자 지원을 볼 수 있다.

가마가사키에서는 1970년대부터 1990년대까지 가마가사키기독교협우회를 중심으로 한 사회운동 성격을 띤 기독교의 활동이 활발했다. 노숙자 문제가 표면화된 1990년대 중반부터는 선교활동을 중시하는 기독교 활동이 서서히 증가하면서 노숙자 전도가 시작됐는데, 2000년 전후에는 10개 이상의 교회가 가마가사키 노숙자 문제에 관여하게 됐다. 이러한 물질적, 정신적으로 박탈된 상태에 있는 노숙자를 한국계 교회는 가장 접근 하기 쉬운 일본인으로서, 또한 신자가 될 가능성을 가진 존재로 인식했다. 하지만 실

---

58 러브 소나타 https://www.lovesonata.org/jp/article/article_works.php(2024.08.15.열람)
59 나카니시 요코는 대한재일기독교회 오사카니시나리교회(1923년 설립)와 한국계 기독교인 오사카온누리교회(2000년 설립) 현장답사를 실시했다. 이들을 비교했을 때 전자가 긴 역사에 비해 신자 수가 약 100명, 후자가 역사는 짧지만 약 300명의 신자를 확보한 것으로 파악했다. 中西尋子, 앞의 책, 2011, 331쪽.
60 白波瀬達也, 「韓國キリスト敎によるホームレス伝道」, 2011, 379쪽(李元範, 櫻井義秀 編著, 앞의 책).

제로 세례를 받고 특정 교회에 정착한 노숙자 수는 적다. 이처럼 노숙자 전도에는 많은 노숙자가 모이지만 신자 형성이 어려워 2008년 오사카 영광교회가 가마사키 활동에서 철수하는 등, 점차 가마가사키의 활동을 단념한 교회가 나오기도 했다.[61] 이러한 상황 속에도 노숙자 전도를 활발히 전개하는 교회가 있는데 이하에서 언급하는 도쿄중앙교회다.

도쿄중앙교회는 1985년 신주쿠구 요츠야(新宿區四谷)에 이강헌(일본 이름:三井康憲), 정진숙(일본 이름: 三井 百合花) 목사 부부가 세운 40평 정도의 소규모 교회에서 출발했다. 1996년에 1,500명의 수용 능력을 가진 거대한 교회를 설립했고, 현재 한국인 1,500여 명, 일본인 500여 명[62]의 신도로 거대한 한국계 개신교회의 하나가 되었다. 신도 구성은 한국인 뉴커머, 한국인 유학생, 재일한국인, 일본인, 그리고 소수의 중국인도 있으며, 다양한 민족 집단의 결정체를 이루고 있다. 노숙자 전도는 2003년에 몇 명의 노숙자가 교회를 방문하게 된 것이 계기였다. 현재 도쿄중앙교회는 한 달에 약 1,000명 이상의 노숙자가 찾아온다. 또한 동경중앙교회에서 세례를 받은 노숙자는 400명 이상이다.[63] 이러한 도쿄중앙교회가 노숙자 전도에 성공한 비결은 무엇인가?

도쿄중앙교회가 노숙자 전도를 시작했을 당시, 악취, 싸움, 예배 중에 코를 골며 자는 행위 등을 둘러싸고 신자들로부터 노숙자 출입을 금해야 한다는 요구가 있었다. 이러한 일반 신도와의 갈등을 해결한 이는 노숙자 전도에 특히 관심을 있었던 이강헌 목사였다. 이목사는 신도들에게 자신이 책임지고 노숙자를 담당·지도하겠다고 하고 이들을 수용하여 분리 예배를 진행했다. 현재 도쿄중앙교회 홈페이지를 보면, 노숙자를 대상으로 한 도쿄희

---

61 白波瀨達也, 앞의 책, 2011, 379~380쪽.
62 도쿄중앙교회 공식 홈페이지 참고.https://tcc-hope.localinfo.jp/pages/5907625/page_202204021055 (2024.08.15열람)
63 白波瀨達也, 앞의 책, 2011, 387~388쪽.

망선교교회를 확인할 수 있는데 도쿄중앙교회와는 분리된 형태다. 현재는 이강헌 목사 부인인 정진숙 목사가 운영하고 있다.[64] 이렇게 내부의 합의를 거친 이 목사는 이들의 인식변화에 노력했다. 마을의 청소 봉사활동을 할 때 교회이름이 적힌 띠를 걸치게 하여 이들의 소속감 재고와 지역민의 인식변화를 도모했다. 또한 노숙자에게 다양한 서비스와 물품을 제공하기도 했는데 이러한 활동은 도쿄희망선교교회 참가 자체가 신앙 여부와 무관하게 노숙자에게 상당히 가치가 있는 것으로 인식됐다. 더불어 노숙자에게 역할을 제공하기도 했다. 자원봉사회장단을 꾸려 회장, 부회장, 총무 서기라는 다양한 직책을 제공하고, 주체적인 참가를 유인하기도 했다. 이러한 그들의 활동은 교회 입장에서도 비용 절감 부분에서도 상당히 가치가 있는 일이었다. 이와 같은 다양한 노력으로 도쿄중앙교회는 타 교회보다 신앙을 가진 노숙자가 많은 편이다. 도쿄중앙교회는 노숙자들에게 기독교라는 종교와는 무관하게 그들의 일상생활을 영위하기 위해서라도 필요한 공간이었음은 물론, 교회로서 노숙자는 신자 유입이라는 중요한 일본인 선교 활로였다.[65]

그 외 다양한 한국 교회가 선교활동을 하고 있지만, 이 장에서는 지면 관계상 생략하기로 하고, 마지막으로 불교, 기독교를 제외한 신종교의 일본 내에서의 동향을 소개한다.

천도교는 1945년 철수 후 1948년 고베 종리원을 재건, 1971년 4월·교토교구 재건했지만, 현재 고베교구만 존속하고 있다. 최근 근황으로는 2018년 일본 고베교구 방문, 2023년 고베교구 관계자 국내 방문 등 교류가 있어 보이나 일본 내 구체적인 포교활동은 확인되지 않는다.[66]

---

64 도쿄중앙교회 공식 홈페이지 참고 https://tcc-hope.localinfo.jp/pages/5889915/page_202203261027 (2024.08.15열람).
65 노숙자와의 합의 과정과 관련된 부분은 白波瀨達也, 앞의 책, 2011, 388~391쪽.
66 임태홍, 이현경, 앞의 책, 2012, 234쪽, 「천도교 일본 고베교구 모국방문단 성지순례 성공적 종료」, 『천도교신문』 (2023.11.22.일자)http://www.chondogyo.com/bbs/board.ph

원불교는 한일수교 후 1966년 교무를 파견하여 1977년에 오사카시 니시요도가와구 지부네(大阪市西淀川區千舟)에 교당을 마련했다. 그리고 1980년의 오카야마현(岡山縣)에서 종교법인 인가를 받았다. 미국을 비롯한 해외 포교에도 앞장서고 있으며 현재 26국, 64개 교당에 약 5,000명의 신자가 있다.[67] 일본에서는 일본교구(東京都葛飾區), 요코하마교당(横浜市神奈川區), 오사카교당(大阪市生野區), 도쿄교당(東京都品川區), 교토선교소(京都市上京區)가 있다. 일본의 원불교 신자 구성을 보면 재일한국인을 포함한 주재원, 유학생이 있고 일본인 신자도 어느 정도 확보하고 있다. 이 중 일본인 신자 중에는 최근 한국 문화에 관심있는 자가 많아졌으며 한국 대학에서 유학한 일본인들도 있다.[68]

원불교 오사카교당을 조사한 이화진의 연구를 참고하면 원불교의 각종 사회·문화 활동을 가늠할 수 있다. 이를 소개하면 첫째, 한방무료진료서비스 활동이다. 이 활동은 원불교 설립 대학인 원광대의료대학의 도움을 받아 2001년부터 매년 한방 무료진료를 하고 있고 2018년 당시 해마다 200명~400명 가까이 방문했다고 한다. 둘째, 어학(일본어, 한글, 한자) 강좌이다. 재일한국인 및 일본인 대상으로 매주 월요일에 한글 교실을 운영하거나 아이들 대상으로 일본어와 한자연구회를 실시하고 있다. 셋째, 한국문화체험 프로그램이다. 한국 명절인 설날과 추석에 한국 전통문화를 체험할 수 있는 프로그램으로, 한복 입기, 또는 김치 담그기를 포함한 한국 가정요리를 체험한다. 마지막은 테마여행이다. 한국 각지 방문은 물론 원불교중앙총부, 훈련원과 성지를 순례하는 투어다. 2000년부터 4년간 연속으로 일본인과

---

p?bo_table=news&wr_id=81 4(2024.08.15열람).
[67] 「원불교 해외 교도 26국에 5000명」, 『조선일보』(2024.04.18.일자)https://www.chosun.com/culture-life/relion-academia/2024/04/18/FMERSRXF6NCYNJMS7U5ZFVSINE/?utm_source=naver&utm_medium=referral&utm_campaign=naver-news (2024.08.15. 열람).
[68] 양은용, 「한국 원불교의 일보포교 현황과 전망」, 2012, 255~256쪽(이원범, 사쿠라이 요시히데 편저, 앞의 책).

재일한국인을 대상으로 매회 20명 가까운 사람이 참가하고 있다고 한다.[69] 이상의 활동 등은 원불교에 대한 친근감과 타 종교로서의 위화감을 없애기 위한 포교 활동의 일환으로 생각할 수 있는데, 무엇보다 한류 인기가 원불교 포교에도 활용되고 있음을 알 수 있다. 하지만, 일본 내 원불교 활동의 큰 교세는 확인할 수 없는 상황이다.

이러한 한국계 신종교의 일본 내 활동은 일본 포교를 위한 시도 및 노력은 보이나 그 교세 확장에는 전혀 성과를 내고 있지 못하다. 포교 성과를 올리고 있지 못한 요인으로 크게 지적할만한 부분은 민족주의적 성향일 것이다. 사실상 한국에서는 이들 종교를 신종교라 부르지 않고 일제 식민지 지배에서 민족의 독립을 도모한 것에 기인 '민족종교'라 부르는 경향이 강하다. 이에 대해 지적한 임태홍은 "해외 포교 시 중요한 점은 현지 종교에 대한 적응력과 사회 문화적인 배경에 대한 충분한 고려와 분석, 그리고 현지 언어에 대한 대응 등이 성공의 열쇠가 된다. 그러나 반일 감정이 강하게 자리 잡고 있는 대부분의 한국 신종교의 민족주의적인 특징은 일본인 포교를 방해하는 결정적인 요인이라 할 수 있다."[70]라고 언급한다. 국내외적으로 포교에 힘을 못 싣고 있는 한국계 신종교가 풀어야 할 과제가 아닐 수 없다.

4. 나가며

이상 근현대 한국과 일본의 종교활동에 대해 개관했지만 허락된 지면에 근현대 종교에 대한 구체적 검토 및 분석에 이르지 못한 한계가 산재하다.

---

69 李和珍, 「日本における圓佛敎の布敎活動の現況-大阪敎堂の事例を中心に-」, 2019, 83~85쪽(宗敎情報リサーチセンター編・井上順孝責任編集 『日本における外來宗敎の廣がり-21世紀の展開を中心に』 디지털판).

70 임태홍, 이현경, 앞의 책, 2012, 242~243쪽.

미진한 부분은 향후 개별 논고를 중심으로 관련 연구를 진척하고자 한다. 이하에는 이글을 통해 파악한 한일 종교문화 교류 양상의 특징과 그 의미를 언급하겠다.

첫째, 해외에서 자국민 대상의 종교활동에서 나타나는 교류 양상이다. 이와 관련해 근대기 조선과 일본의 종교활동에서 공통적인 요소가 확인된다. 이른바, 종주국과 식민지라는 상반된 역사와 무관하게 이 시기 자국의 종교는 자국민에게는 타국에서 의지할만한 유일한 삶의 터전이자 교류의 장을 제공했다는 점이다. 진종대곡파의 부산별원이 그러한 역할을 했고, 대한기독교회가 그러한 장을 제공해주었다. 타국에서의 자국 종교의 친근함은 신자 확보에도 이점이 있었다. 이러한 양측의 요구가 공생과 공존하기 위한 또 다른 종교 양상으로 나타났다고 볼 수 있다.

둘째, 일본 내 조선사찰이라는 특수한 종교문화 현상이다. 이는 한국에도 일본에도 그 유래를 찾아볼 수 없는 일본 내 새로운 무불습합 복합종교문화다. 그 시작은 조선불교가 될 수 있고 필요에 따라 발현된 조선의 무속문화가 될 수도 있겠지만, 이 사찰에는 한국불교, 일본불교, 무속문화가 한때 어우러져 복합적인 종교문화를 형성하고 있다. 그것도 이코마산 부근 일본의 종교가 밀집한 곳에 어우러져 있다. 비록 해마다 그 수가 줄어들지만, 한일 양국종교가 근현대라는 역사를 넘나들며 한국과 일본의 종교문화가 뒤섞인 새로운 종교지형을 구축한 사례라 볼 수 있다. 그런 이유인지 1945년 기점으로 대부분 한일 종교 활동이 단절된 것에 비해 이 조선사찰만이 계속 그 맥락을 유지해 오고 있다.

셋째, 한일 양국 종교의 상대국에서의 현지화라는 포교 전략이다. 한국 SGI는 일본계 종교로 국내에서 '왜색종교' 레테르가 가장 짙은 종교였다. 이를 불식하듯 철저히 한국사회의 종교가 되기 위한 현지화 과정을 거친다. 일본을 규탄하면서 이벤트를 펼치기도 하고, 영토 문제에서도 한국인의 목소리를 크게 낸다. 한국인 반일감정의 정서를 잘 담은 활동이 아닐 수 없다.

한국계 교회의 일본에서의 선교도 재일한국인 대상의 선교가 성과가 없자, 이제는 일본인의 관심을 끌 수 있는 '한류문화'를 매개로 새로운 선교활동을 전개한다. 또한, 노숙자 전도는 일본 사회 문제의 빈틈을 활용하여 지역사회·노숙자·교회가 서로 공존하고 공생할 수 있는 일본 내 한국 교회의 종교문화로 탄생시켰다. 이렇듯 한일 양국 종교는 새로운 종교지형에 잘 부합한 형태로 그 모습을 바꾸어 그 사회에 공존하고 있다.

넷째, 같은 종교의 한일 양국 다른 인식 차이다. 본론에서도 언급했지만, 국내 한국SGI는 일본 창가학회와는 인식 차이가 있는 듯하다. 일본에서는 정치종교로서의 위험성을 감지해 그와 관련된 연구도 많이 축적되고 있다. 반면, 한국에서는 이러한 한국SGI 정치 결탁 문제가 사회 문제로 크게 부각된 적은 거의 없다. 이케다 다이사쿠의 국내 유수 대학의 명예박사, 각 지역 특별 현창, 국가훈장(화관문화훈장) 수여 등의 문제를 어떻게 해석해야 할지 모르겠지만 일본과는 확연한 인식 차이를 보인다.[71] 이글에서는 필자의 역량 부족으로 통일교 문제를 언급하지 못했지만, 통일교의 일본 정치 결탁 문제도 한국에서는 표면적으로 크게 드러나지 않았다. 이러한 한일 양국의 인식 차이에 대해서는 향후 과제로 삼겠다.

이상 근현대 한일 종교교류의 여러 양상에 대해 그 내용을 정리해보았다. 그렇다면 종교를 매개로 한 한일관계는 어떤 의미로 해석할 수 있을까? 이 장에서는 종교를 매개로 한일관계를 시론적으로 검토하고자 했는데, 결론적으로 그 양상과 문화 현상은 매우 복잡해서 한마디로 정의하기 어렵다. 여기에는 한국인(조선인), 일본인, 한국종교, 일본종교가 뒤엉키고 맞물려 있다. 사람들은 국적과 상관없이 필요에 따라 종교를 찾았고, 종교(인) 또한

---

[71] 조선일보에서는 이케다 다이사쿠의 별세를 전하면서 "한일 가교의 공로를 인정받은 고인은 2009년 한국에서 국가훈장(화관문화훈장)을 받았다."고 보도하고 있다. 「"한국은 문화대은의 나라"…日 친한파 이케다 창가학회 명예회장 별세」(2024.01.18.이자) https://www.chosun.com/international/japan/2023/11/20/SAIR4ATH7VAUXEYY3SFWLPS4VE/(2024.08.15.열람) 이러한 보도는 한국 언론보도에서 다수 확인할 수 있다.

신앙의 실현이라는 목적을 향해 그들과 교류하면서 교세를 확산해 갔다. 이러한 종교문화는 사람과 공간에 따라 변하기도 하고 새롭게 재탄생되기도 했다. 중요한 사실은 이러한 다양한 양상은 '친일-항일'의 잣대로는 가늠할 수 없다는 것이다. 이러한 다채로운 한일간의 종교문화 현상 역시 한일관계를 바라보는 하나의 관점이 된다면 향후 이러한 연구가 한일연구자 간에 활발히 이루어지길 기대해 본다.

〈토론문〉

예영준 | 중앙선데이 편집국장

한국인의 다수는 일제 강점기에 동화정책이 시행되면서 종교도 예외가 아니었을 것이고, 그 과정에서 일본의 불교나 신도가 동원되고 여기에 한국 불교 교단이 자발적이든, 협력을 강요당했든 일정한 역할을 했다는 인식을 갖고 있다고 봅니다. 저는 예전에 일본 우익의 뿌리 가운데 소위 대륙낭인이란 집단에 대해 조사한 적이 있는데, 그 때 불교와 연관된 인물이 등장하는 것을 인상 깊게 살펴 본 적이 있습니다. 청일전쟁에서 러일전쟁으로 이어지는 시기, 일본 정부나 군부 등 공식 기관과는 별개로, 별개이지만 밀접한 연관성을 갖고서, 대륙낭인이라고 부르는 민간인 집단이 일정한 역할을 한 역사적 사실이 있습니다. 현양사나 흑룡회와 같은 우익단체의 행동대원 같은 역할을 한 것인데, 한국에 들어와서 활동한 주역 가운데 불교 종파인 조동종 승려였던 다케다 한시라는 사람이 있습니다. 이 사람은 명성황후 시해사건의 배후 인물로 체포된 적이 있고, 한일병합 전에는 일진회를 조종하여 대한제국 황제와 총리대신에게 합방청원서를 전달하게 하는 등 공작활동을 했고, 병합후에는 한국 불교 교단에 대한 영향력이 막강했던 승려로 기록되어 있습니다. 지금 전북 군산에 가면 근대문화유산 탐방 코스로 지정되어 관광객들이 제법 찾는 곳 중에 동국사란 절이 있습니다. 일본식 사찰 건축 양식이 남아서 지금까지 사용되고 있는 유일한 절입니다. 지금은 조계종에 인수된 한국 사찰이지만 일제 강점기에는 일본 조동종의 사찰이었습니다. 좀전에 말씀드린 다케다 한시가 바로 조동종 승려였습니다. 이 절 한 쪽에 2012년 비석이 하나 세워졌는데, 바로 조동종 종단의 참사문을 새긴 것입니다. 참사문이란 참회와 사과의 뜻을 적은 글인데, "조선을 종속시키려 했고, 우리 종문은 그 첨병이 되어 한민족의 일본 동화를 획책하고 황민화 정책을 담당하는 추진자가 되었다"는 문장이 새겨져 있습니다. 일본의 불교 종단이 한국 병합 전후와 강점기에 한 역할은 일본 종단도 인정하는 바이고, 이런 인식은 한국인들에게는 거의 상식화되어 있지 않나 생각합니다.

그런데 이런 상식에 묻혀 잘 살펴보지 않았던 다른 측면들을 발표문이 보여주고 있습니다. 발표문은, 개항 이후에서부터 일제강점기와 해방이후 지금에 이르기까지 일본계 종교 기구나 종교 시설이 어떻게 한국에 들어와서 교세를 확장해 왔고, 해방 이후 일제히 한국에서 철수했다가 1965년 한일 국교정상화 이후 다시 진출해 와서 오늘에 이르기까지의 과정을 아주 세세하게 잘 보여주었습니다. 특히 관보 등의 자료를 꼼꼼하게 조사해서 개항 이후에서 일제 강점기까지 한국 국내에 존재했던 일본계 종교 시설의 숫자를 통계로 집계한 것은 상당히 의미 있는 성과로 평가됩니다.

토론자가 특히 인상 깊게 본 것은, 근대 개항을 기점으로 일제 강점기 동안에 일본 종교시설이 양적으로 줄곧 확대되어 왔던 배경과 그 시설의 역할이 무엇이었나를 추론한 부분입니다. 앞서 말한 상식에 의해 관성적으로 일본의 한반도 통치와 동화정책과의 연관성 속에서, 일본계 불교종파나 신도의 역할을 생각하기 쉬운데, 발표문은 이런 거시적인 관점보다, 조선에 이주해 온 일본 거류민의 시점에서 그들에게 종교 시설을 매개로 한 생활상의 필요가 존재했고, 종교 시설들이 그들에게 일종의 커뮤니티 기능을 제공해 주었을 것이란 추론을 하고 있습니다.

이에 대해서는 생활사 연구 등 좀 더 실증적인 연구를 통해서 밝혀야 할 부분이 많겠지만, 일견 납득할 만한 부분이 있는 것이 사실입니다. 특히 일본국민은 불교 신도이든 아니든, 장례를 불교식으로 치르고, 절에 가서 납골을 하고, 가정내에 불단을 만들어 망자를 모셔놓고 일상적으로 망자를 기리고, 기일이 되면 스님을 집으로 모셔와서 염불을 하면서 망자를 추모하는 전통 (한국에는 없는 풍습입니다만) 이 지금까지도 이어져 내려오고 있는 점을 감안하면, 지금으로부터 100년전, 150년전 한국에 온 일본 거류민들에게는 불교 사찰의 수요가 필수적이었다고 해도 과언이 아닐 것입니다. 이런 점에 착안할 때, 발표자와 동료 연구자들이 집계한 종교시설 통계 숫자에 담긴 의미를 읽어낼 수 있을 것입니다. 요컨대, 한국에 세워진 일본 종교 시설의 대부분은 일본 거류민의 종교 활동 또는 장례 등의 의례를 위한 것이고, 일본 식민당국의 동화정책에도 불구하고 일본계 종교 교파들이 한국 국민에게는 그렇게 확고하게 뿌리를 내리지 못했다고 보는 것이 실제에 더 가깝다는 결론으로 이어지는 것이 아닌가 생각됩니다. 실제로 주요 도시들에서 일본 거류민과 한국 일반 서민들이 거주 공간부터 달랐으니 종교 활동을 함께 하는 일은 아주 드물었을 것 같습니다. 그렇다면, 발표 원고의 제목에 '한일 종교문화의 교류'란 표현이 들어있는데, 일제 강점기에 국한해서 본다면 그 당시에는 종교를 매개로 한 한일 민중간의 교류나 문화 전파가 과연 어느 정도 수준으로 이뤄졌던 것일까, 발표자에게 질문을 드리고 싶습니다.

이제 시점을 현재진행형으로 바꿔 보겠습니다. 일본계 신흥종교라고 해야 할까요, 소수파 종교라고 해야 할까요, 발표에서는 주로 SGI, 즉 창가학회와 관련한 부분에 대해서 집중적으로 논하면서, 우리가 크게 관심을 두지 않는 사이 신도수가 150만에 이르고 전국적인 조직을 갖출 만큼 상당한 교세를 확장해 왔으며, 그 확장의 배경에 어떤 요인이 작용했는지를 교단측의 포교 전략과 관련해서 잘 설명을 해 주었습니다. 창가학회와 관련된 논의는, 다른 신흥종교들과 마찬가지로, 학계나 언론 등 공개적으로는 잘 이뤄지지 않는 부분인데 이번 발표를 통해 그 내막에 조금 더 다가설 수 있지 않았나 생각합니다. 가령, 일본계 종교 임에도 불구하고 독도 영토 문제와 관련해 한국의 입장을 공개적으로, 집단적으로 두둔한 것 등이 흥미로왔습니다. 제가 알기로는 얼마전 고인이 된 이케다 다이사쿠 회장은 유관순, 안창호 등 한국 독립운동가를 높이 평가하는 발언을 일본 신도들에게도 여러 차례 했으며 이런 일을 한국 신도들도 잘 알고 있다고 합니다. 이런 성향이 얼마나 영향을 미치고 있는지는 모르지만, SGI의 교세 확장에 관해서는 앞으로 더 심층적인 연구가 필요할 것으로 보입니다. 토론을 마치면서 발표자께 몇가지 질문을 드리고자 합니다. '난묘호렌게쿄'란 이름에서 보듯 법화경을 경전으로 삼는 종교로 알려져 있는데 그것이 기존 한국 불교의 법화경 해석과 교리적으로 어떤 차이가 있는지, 기존의 한국 불교도들에게 수용되기 어려운 점은 없는지입니다. 또 발표문에서 약간의 언급이 있었습니다만, 일본에서 창가학회는 조직적으로는 풀뿌리 레벨까지 잘 조직되어 있고, 그 네트워크가 선거에서 활용도가 높아서, 농촌 지역으로 가면 자민당이 창가학회를 모태로 한 공명당의 힘을 빌려 선거를 치른다는 말까지 나올 정도입니다. 하지만 일본 사회 전반적으로는 그다지 좋은 이미지를 갖고 있다고는 볼 수 없습니다. 교세와 사회적 인식의 괴리가 발생하는 이유를 어떻게 보는지 묻고자 합니다. 그런 부정적 이미지가 한국 선교에서는 어떻게 극복되고 있는지도 질문드립니다.

「한반도(韓國)由來文化財」를 日韓友好의
새로운 아이템으로
- 文化財教育이 육성하는 市民意識의 변용과
恒久的 和解実現에 대한 기대 -

오사와 분고大澤 文護 | 전 每日新聞*

〈요약문〉

　최근 수십 년 간의 한일관계는 제로섬 게임의 양상을 보이고 있지만, 그로부터 탈피할 수 있는 방법이 무엇이 있을까 생각하면, 戰後의 獨仏關係의 개선을 위한 대처를 先例로 보면, 함께 취할 수 있는 이슈를 발견하는 것이 중요하다고 생각한다. 그 하나의 예로 日本에 所在하고 있는 한반도 由來文化財의 반환을 둘러싼 문제(이후 文化財問題라고 표기한다)에 대한 대처를 생각할 수 있다. 文化財問題에는 단순히 원래의 나라로 돌려보내는 것만으로는 안되는 측면도 있다. 교육을 통해 문화재의 현대적 의의, 國際公共財로서의 측면을 재인식하고 해결하는 것이 중요하다. 이러한 접근방식으로 인해 사람들의 역사인식의 변화가 초래되어 한일 시민들의 상호인식에 변화가 발생할 가능성이 있다. 문화재문제를 재료로 市民意識의 變化를 도모하고 항구적인 한일친선 우호를 구축하기 위한 구체적인 교육활동으로 고대부터 일본과 한반도의 교류무대가 되어온 쓰시마에서의 「일한학생워크숍」을 실시하고있다.

---

* 天理大學客員教授(전 每日新聞 서울 지국장), 特定非營利活動法人 동아시아 相互理解促進포럼 이사장

또한 한국에서는 지난 5월 '國家遺産基本法' 시행에 따라 '文化財'라는 말이 '國家遺産', '文化遺産'으로 변경되었다. 이에 맞춰 문화재청은 國家遺産廳으로 명칭을 변경했다. 이유에 대해 韓國·國家遺産廳은 "유네스코 등과의 글로벌 스탠더드 연계를 목표로 영어의 'heritage'에 해당하는 '유산' 개념을 도입했다"며 "재화로서의 특성이 강한 '文化財'라는 명칭을 '國家遺産', '文化遺産'으로 변경해 기존의 보존과 규제를 중시하던 정책에서 벗어나 'K Heritage'를 육성하고 미래의 가치를 창출해 나갈 것"[1]이라고 밝혔다.

일본어로 작성하는 본 보고서에서는 혼란을 피하기 위해 일본에서 사용하는 '文化財'라는 용어는 그대로 표기하고, 조직의 고유명사인 한국 '文化財廳'은 '國家遺産廳'으로 표기한다. 또 국가유산청 산하 특수법인명을 「國外所在文化遺産財團」으로 표기한다.

1. 文化財問題를 둘러싼 日韓과 國際社會의 現狀

1) 한반도 由来文化財란 무엇인가

「文化財問題」라는 주제를 내걸었지만, 이 문제에 대해 바로 이해할 수 있는 사람은 많지 않을 것이다. 그래서 이 문제의 소재가 어디에 있는지에 대해서 먼저 생각해 보고 싶다.

애초에 '한반도 유래 문화재'란 무엇인가. 주로 전쟁 전(일본의 식민통치기, 넓은 의미로 말하면 1905~1945년)에 한반도에서 합법·비합법을 포함해 다른 나라로 건너간 문화재라는 것이 일반적인 인식이다.

---

1 KBS WORLD「文化財」가 62년만에「國家遺産」으로 명칭변경(2024년 5월 17일) https://world.kbs.co.kr/service/news_view.htm?lang=j&Seq_Code=87857#:~:text(2024年6月19日검색)

한국의 문화재보호법 제69조의 3에 따라 2012년 7월 설립된 「국가유산청」 산하 「특수법인 국외소재문화유산재단」은 해외로 반출된 문화재를 체계적으로 조사·연구하고 활용·홍보하는 활동을 지속하는 전문기관이다. 재단은 기본적인 활동 목적의 하나로 해외 박물관과 미술관은 물론 일반 개인에게까지 흩어져 있는 한반도유래문화재의 정확한 실태 파악을 내세우고 있다.

동재단의 조사결과, 2024년 1월 1일 현재의 추계로, 세계에 유출된 「한반도유래문화재」는 24만 6304점이며, 그 중 일본에 있는 것으로 보이는 것은 전체의 약 45%인 10만 9801점에 이른다고 주장하고 있다.[2]

국외소재문화유산의 현황
* 위 그림은 '국외소재문화유산재단' H.P.에서 인용

---

2 國外所在文化遺産財団H.P.「國外所在文化遺産의 현황」 https://www.overseaschf.or.kr/jpn/index.do (2024年6月29日檢索)

또한 해외유출된 한반도유래문화재의 소재국과 점수에 대한 자세한 내용은 다음 페이지의 표와 같다.

일본 소재 한반도유래문화재의 예로 朝鮮鐘을 들 수 있다.

朝鮮鐘은 일본 종보다 금속 성분의 순도가 높고 모양도 우미한 것으로 미술적 평가가 높다. 아래 지도[3]에 게재된 바와 같이 일본 소재의 조선종은 모두 53점 존재가 확인되었다

(그 중 망실 3점, 파편 3점 때문에 50점이 현존한다. 동국대 최응천 교수 작성 자료에 근거함). 현존하는 50점 가운데 1점은 일본 국보로, 20점은 중요문화재로 각각 지정돼 있다. 그 분포를 보면, 홋카이도 이외에 널리 분포하고 있다(아래 그림 참조). 이 수치로 보아도 한국측의 추계치대로 인지는 알 수 없지만, 일본에 많은 한반도 유래 문화재가 있음을 알 수 있다.

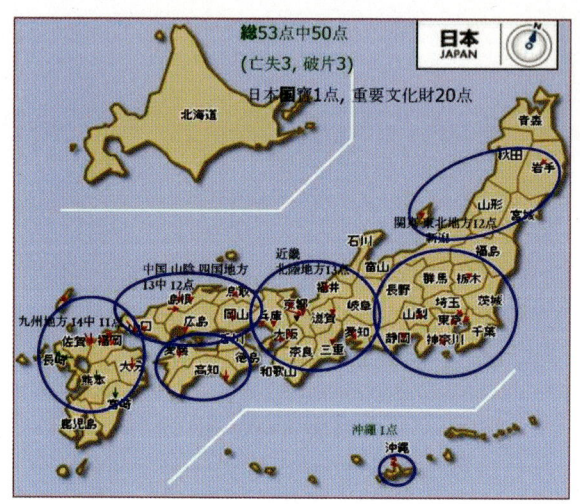

일본소재의 조선반도 유래문화재의 예(한국종의 분포)

* 동국대 최응천 교수 작성 자료 인용

---

3 日本所在의 한반도유래문화재의 예(韓國鐘의 분포), 韓國・東國大學, 崔応天教授作成의 지도 인용.

文化財返還은 1965년 한일 국교정상화 교섭 때 협의 대상이 되었으며, 국교정상화에 즈음하여 '재산 및 청구권에 관한 문제의 해결 및 경제협력에 관한 일본국과 대한민국 간의 협정'과 '문화재 및 문화협력에 관한 일본국과 대한민국 간의 협정'이 체결되었다.

이에 근거해 일본 정부는 문화재 문제가 해결됐다고 주장하는 반면, 한국 정부는 민간 소유도 포함해 비합법적으로 약탈당한 문화재 전반의 반환을 요구해 온 바 있다.

2) 한일간의 협정으로 본 文化財問題의 의미

앞 절에서 소개한 문화재에 관한 한일협정의 내용을 살펴보자.

〈文化財 및 文化協力에 관한 日本國과 大韓民國간의 협정〉[4]
일본과 대한민국은 양국 문화의 역사적 관계에 비추어 양국의 학술 및 문화 발전과 연구에 기여하기를 희망하여 다음과 같이 협정하였다.
제1조 일본국 정부 및 대한민국 정부는 양 국민 간의 문화관계를 증진시키기 위하여 가능한 한 협력을 한다.
제2조 일본국 정부는 부속서에 열거하는 문화재를 양국 정부 간에 합의하는 절차에 따라 이 협정의 효력 발생 후 6개월 이내에 대한민국 정부에 인도한다.
제3조 일본국 정부 및 대한민국 정부는 각각 자국의 미술관, 박물관, 도서관, 그 밖에 학술 및 문화에 관한 시설이 보유하는 문화재에 대하여 다른 나라의 국민에게 연구할 기회를 주기 위하여 가능한 한 편의를

---

4 「文化財及び文化協力に關する日本國と大韓民國との間の協定」「合意議事錄」データベース「世界と日本」(代表·田中明彦)、日本政治·國際關係データベース〈政策研究大學院大學·東京大學東洋文化研究所에서 인용
 https://worldjpn.net/documents/texts/JPKR/19650622.TMJ.html
 https://worldjpn.net/documents/texts/JPKR/19650622.TQJ.html (2024년6월19일검색)

부여한다.
　제4조 이 협정은 비준되어야 한다. 비준서는 가능한 한 신속히 서울에서 교환하도록 한다. 이 협정은 비준서의 교환일에 효력이 생긴다.
　이상의 증거로서 아래 사람이 각자의 정부로부터 이를 위해 정당한 위임을 받아 이 협정에 서명했다.
　1965년 6월 22일에 도쿄에서 일본어와 한국어로 이 책 두 통을 작성하였다.

　日本國을 위해　椎名悅三郞　高杉晋一
　大韓民國을 위해　李東元　金東祚

또, 상기 협정에는「합의 의사록」이 붙어 있는데 다음과 같이 기록하고 있다.

　　한국 측 대표는 일본 국민의 私有하고 있는 한국에서 유래한 문화재가 한국 측에 기증될 수 있기를 희망한다고 밝혔다. <u>일본측 대표는 일본 국민이 그 所有한 이들 문화재를 자발적으로 기증하는 것은 한일 양국간 문화협력 증진에 기여하는 것이므로 정부로서도 이를 권장하는 것이라고 말했다.</u>

　일본측의 일반적인 해석에 의하면, 1965년 한일기본조약 체결과 부속협정의 합의에 의해 한일간에 존재했던 모든 배상은 끝났다고 하는데, 이러한 해석은 한국 측의 주장과 큰 차이를 보이고 있는 근년에 표면화된 이른바 '종군 위안부문제'나 '징용공 문제'를 보면 분명히 알 수 있다.
　그러나 문화재에 관해서는 前述한 회의록에서도 볼 수 있듯이,「일본 국민이 所有하고 있는 문화재를 자발적으로 기증하는 것은 한일 양국간의 문화협력 증진에 기여하는 것이기도 하므로, (일본) 정부로서는 이를 권장하는 것이다」라는 기본적인 관점에서 이미 합의가 이루어지고 있는 것이다.
　즉, 일본정부 및 관계기관이 소유한 한반도유래문화재 뿐만 아니라 민간이 소유한 문화재에 대해서도 '한국에 기증할 것을 권장'하고 있다. 이것은 앞으로도 이 문제에 관해서는 서로 대화하고 접촉해 나갈 용의가 있음을 의미한다.

이렇게 보면 한반도유래문화재 문제는 다른 전후 보상 문제와는 조금 의미가 다른 면을 지니고 있음을 알 수 있다.

3) 文化財問題를 둘러싼 世界의 현황

문화재 문제는 일본과 한국에만 국한된 문제가 아니라 이제 세계적인 과제가 됐다. 특히 유럽 국가들이 근대 이후의 식민지 지배 등의 시기에 아프리카나 중동 국가에서 戰利品으로 가져간 것, 掠奪品으로 가져간 것, 購入한 것 등에 대해 원래 있던 곳(국가)에 반환해야 하는 것 아니냐는 움직임이 세계적으로 활발해지고 있다.

文化財返還의 근거가 되는 것은 다음 3가지의 國際條約이 있다.

① 〈헤이그 조약 (1954년)〉[5]
제1차, 제2차 세계대전에서 문화재의 약탈·파괴가 일어났다. 이 경험을 바탕으로 국제연합교육과학문화기구(UNESCO)가 戰時文化財의 보호를 목적으로 한 국제적인 조약의 필요성을 주장하여 성립된 세계 최초의 보편적인 조약이다.

「武力紛爭時 문화재 보호를 위한 의정서」에서 무력충돌로 발생하는 문화재의 보호를 촉구했다.

---

5 헤이그條約(武力紛爭의 때에 文化財의 保護에 관한 조약)
  https://www.mofa.go.jp/mofaj/gaiko/treaty/pdfs/treaty166_2.pdf.(2024년6월19일 검색)

②〈UNESCO 조약 (1970년)〉[6]

헤이그 조약을 평시에도 적용할 수 있도록 1970년의 제16차 UNESCO 총회에서 채택되었다.
1) 조약을 위반한 문화재의 반출입 및 소유권의 양도를 불법적으로 한다 (제3조)
2) 문화재보호를 담당하는 국가기관을 설립하여 보호대상인 문화재를 목록화한다(제5조)
3) 문화재 반출증명서 제도를 도입한다 (제6조)
4) 불법반출된 문화재의 반입을 금지한다 (제7조)
5) 문화재의 불법 반출입에 관여한 자에 대하여 형벌 및 행정적 제재를 가한다(제8조)
6) 조약상의 조치를 위해 국제적으로 협조한다(제9조)
7) 외국군 점령 시 강제적인 문화재 이전은 불법이다(제11조) 등.

③〈私法統一國際協會(UNIDROIT)조약 (1995년)〉[7]

불법 반출된 문화재를 선의의 제3자가 취득했을 경우의 인정을 어떻게 할 것인가를 둘러싸고 성립된 조약. 도난 또는 불법 반출된 문화재의 소유자 국가(피해자)가 직접 반환을 청구할 수 있는 私法的 권한을 부여하고 있다.

국제사회, 특히 유럽 국가에서는 주로 이들 3개 조약을 기초로 중동아프리카 국가에서 가져온 문화재를 현장으로 돌려보내는 논의와 작업이 현재 진행되고 있다.

잘 알려진 예로서 다음과 같은 경우가 있다.

2017년 11월 28일 프랑스의 마크롱 대통령이 부르키나파소의 '와가듀규'

---

6 UNESCO條約(文化財의 不法한 수입, 輸出 및 所有權移轉을 금지하고 방지하는 수단에 관한 조약)https://www.mofa.go.jp/mofaj/gaiko/treaty/pdfs/t_020414.pdf(2024년6월9일 검색)

7 절취되거나 또는 불법으로 수출된 文化財에 관한 UNIDROIT 조약
https://robatori2.blogspot.com/2010/02/blog-post_1210.html(2024년6월19일 검색)

대학 연설에서 "더 이상 아프리카의 문화유산을 유럽의 미술관·박물관의 죄수처럼 수용해 둘 수는 없다" "아프리카 국가의 문화유산 대부분이 프랑스에 있다는 사실은 본의 아니게 생각한다." 이 상황에 대해 역사적인 설명은 하고 있지만 충분한 정당성은 없다. 아프리카의 유산은 유럽의 개인 컬렉션이나 미술관에만 있어서는 안 된다. 이런 것들은 프랑스뿐 아니라 다카르, 라고스, 코토누에서도 주목을 받아야 한다며 문화재 반환을 약속했다. 이후 2021년 10월에 프랑스는 129년전 식민지 시절 약탈한 왕의 玉座와 祭壇 등 26점을 베냉에 반환했다.

게다가 작년(2023년)과 올해(2024년)만 해도 다음과 같은 문화재 문제 해결 시도의 예를 볼 수 있다.[8]

〈2023년〉
6월 7일 : 미국 메트로폴리탄 미술관, '약탈 미술품 근절 계획' 발표
7월 3일 : 스위스 정부 문화부 장관이 이집트 대사관을 방문하여 고대 이집트 왕 람세스 2세의 石像 조각을 이집트에 반환하였다고 발표
7월 10일 : 네덜란드 정부가 인도네시아와 스리랑카에 문화재 478점을 반환. 이들은 라이덴 민족박물관, 암스테르담 국립미술관 소장품. 인도네시아 정부, 라이덴 化石 4만점 반환 요청
10월 25일 : 호주정부는 주중대사관에 流出文化財 4점과 古生物化石 1점 반환
11월 20일 : 스위스 제네바 민족박물관이 볼리비아 문화부 장관에게 先콜럼버스 시대의 미이라 3구를 반환

〈2024年〉
2월 6일 : 韓國文化財廳과 大韓仏敎 曹溪宗이 보스턴 미술관소장의 「銀製鍍金喇嘛塔形舍利具」를 대여형식으로 일시 귀환하고 舍利의 반환을 합의하고 발표

---

8 「韓國·朝鮮文化財返還問題連絡會議年報2024」에서 인용.

4월 17일 : 미국 뉴요크만하탄 지방검찰국이 中國의 流出文化財 22点을 반
환했다고 발표

유럽 국가들의 이러한 결정 이면에는 문화재 반환을 통해 최근 중국과의 접근이 눈에 띄는 아프리카 국가들과의 관계 개선을 꾀하려는 의도도 있었던 것으로 보인다. 게다가 2023년 7월에는, 러시아의 푸틴 대통령이 주최하는 「러시아·아프리카 정상회의」(상트 페테르부르크)에서 「식민지 지배로 입은 피해의 보상을 요구하고, 문화재의 반환을 추구하기 위해서 협력」하는 것에 합의하고, 洗顔을 채택했지만, 우크라이나 침공 등으로 극렬하게 대립되어 가는 구미에 대항해 국제사회에서의 영향력 확대를 노린 행위라고 하는 견해도 있다. 국제사회의 문화재 문제는 세계적으로 확산되는 극단적인 내셔널리즘을 배경으로 외교적 홍정이나 자국의 세력 확장에 이용되는 등 복잡한 성격을 띠기 시작했다.

이와 같이 문화재를 둘러싸고 국제정세가 격렬하게 움직이는 가운데, 일본은 前述한 3개의 국제조약 모두에 가맹하고 있는 것은 아니며, 민간 소장의 문화재 반환 문제에 대해서는 거의 손대지 않은 상황이 계속되고 있는 것이 현실이다.

2. 國際公共財로서의 문화재

1) 「제로섬 게임」의 한일관계 개선을 위한 시도

한반도유래문화재 문제가 일본내에서 일반인들에게도 알려지기 시작한 것은 21세기에 들어와서이다. 그 배경으로 2000년대 들어 국내에서 일본에 있는 한반도유래문화재 반환 운동이 활발해진 것을 들 수 있다. 경제발전과

함께 戰前의 歷史問題 解決을 위한 市民社會의 意識이 고조되고 있다고 할 수 있다.

韓國에서의 返還運動의 선구는 서울 남쪽에 있는 京畿道・利川郡의 폐사지에 高麗時代에 건립된 아름다운 五重塔(利川五層石塔)을 답사하는 市民運動이었다. 그 석탑은 메이지 시대부터 大正 시대에 걸쳐 활약한 실업가 大倉喜八郎(1837~1928)가 1902년에 자택내에 개관한 일본 최초의 사립미술관・大倉美術館을 전신으로 하는 大倉集古館(도쿄・미나토구)에 소장되어 있다.

石塔은 1915년에 한일병합 5주년을 기념하는 物産展(施政五年記念共進會)때에 서울에서 행사장 장식품의 하나로 조선총독부에 의해 이천에서 반출되었다. 이때 이 物産展에 내방했던 大倉集古館의 이사가, 그 5층탑이 마음에 들어, 조선총독부에 拂下(石塔下付)를 청해, 허가를 얻어 일본으로 이송해 갔다.(1918년).

이후 2000년대 들어 한국 시민들이 중심이 되어 오층탑 반환 운동을 벌였고, 오층탑을 관리하는 大倉文化財団과 협상했지만, 협상은 진척되지 않고 있다.

이처럼 일본 정부가 소유한 문화재에 관해서는 한국 측에 돌아온 것도 있지만, 민간 소유의 문화재에 대해서는 교섭 진전이 어려운 것이 실태이다.

한일 간의 오랜 현안사항인 歷史認識과 관련된 문제 중 하나로 慰安婦問題가 있고, 한일 정부 간에는 여러 차례 해결을 위한 노력이 있었다. 가장 최근에는 2015년 한일 위안부 합의가 이뤄졌지만 결국 잘되지 않았다. 왜 그럴까. 그것은 한일 간의 역사인식과 관련된 문제를 해결해야 한다는 사회적 분위기, 합의의 확산이 한일 양측 모두에서 미흡하기 때문이라고 생각한다.

본 보고의 첫머리에서도 말했지만, 한일간에 존재하는 현안의 대부분은 '제로섬 게임'을 기본으로 한 분쟁을 반복해 왔다고 할 수 있다. 領土問題

(다케시마, 독도 영유권), 歷史認識問題(慰安婦, 徵用工 문제) 모두 양측의 득점과 실점의 총합이 0이 되는, 즉 어느 한쪽이 승자가 되고 다른 한쪽은 패자가 되지 않으면 해결하기 어려운 상황에 빠져 왔다. 그러나 현대의 국제관계에 있어서, 그러한 제로섬 게임에 근거하는 질서는(전쟁에 있어서의 승패가 아니면) 성립할 수 없다. 외교 교섭에 의해 어딘가에 타협점을 찾지 않는 한, 그러한 문제는 해결될 수 없다고 생각된다.

2) 文化財를 共同管理의 문제로 생각하자

그렇다면 한일 간의 문제를 해결하기 위해 한 걸음이라도 나아가기 위해서는 어떻게 해야 할까. 한일 쌍방의 이익이 되고, 합의하고 협력해 해결해 나가는 새로운 아이템(이슈)이 필요할 것이다. 새로운 아이템에 의한 합의가 형성되어 實效性 있는 해결이 발견되면, 그것을 하나의 성공 체험으로서 다음의 현안에 맞서야 한다(맞설 수 있다)는 社會的 合意 形成이 가능하게 될 것이다.

그러한 구체적 성과를 가시적으로 드러내면서 협의할 수 있는 주제로서 文化財 問題를 내세울 수 있다고 생각한다. 예를 들어 문화재 문제를 〈所有權 問題〉로 해결하려는 것은 아니며, 共同所有를 포함한 〈共同管理의 問題〉라는 관점에서 접근하여 한일 양국 정부가 지금까지의 역사를 다시 이해하는 것은 가능하다. 게다가 그러한 견해가 사회에 퍼져 나가면, 그 외의 문제 해결에도 어떠한 좋은 영향이 나온다고 생각한다. 그러한 사회적 분위기 조성에 의해 양국간 관계의 恒久的인 安定을 구축하기를 희망하는 것이다.

그렇다고 해도 文化財 問題로 정말 한일관계가 개선될 것인가 하는 의문은 누구나 가질 것이다. 본인도 불안한 마음이 강했다. 그때, 국제 정치학자로서 알려진 히로시마 시립대학 히로시마평화연구소의 吉川元 명예 교수의 말에 매우 힘이 실렸다. 요시카와 교수는, 논문에서 다음과 같이 말했다.

프랑스와 독일은 4분의 3세기 동안 세 번의 전쟁(普仏戰爭、第1次世界大戰、第2次世界大戰)을 치렀다. 그 원인은 獨佛 양국의 국경에 위치하고, 많은 탄광과 제철소가 집중된 유럽 최대의 공업지대의 하나인 알자스·로렌의 귀속을 둘러싼 전쟁이었다.(중략) 어떻게 하면 독불의 원한관계를 넘을 수 있을까. 프랑스는 전략물자를 공동관리로 함으로써 전쟁을 물리적으로 불가능하게 만드는 것을 생각했다. 프랑스의 정치가 장 모네와 외무장관 로베르 슈만은 독일과 프랑스의 대등한 형태의 석탄·철강을 공동 관리할 것을 제안했다(슈만 플랜, 1950년 5월 9일). 유럽석탄철강공동체조약(ECSC, 1951년)이 체결되어 이듬해인 52년에는 유럽석탄철강공동체(ECSC)가 발족했다. 주권의 일부를 이양하는 최초의 초국가적 국제기구의 탄생이다. 그 후, 유럽 경제 공동체(EEC, 1957년), 유럽 원자력 공동체(EURATOM, 1958년 설립)가 통합되어 유럽 공동체(EC, 1967년)가 되고, 그 후, 유럽연합(EU, 1993년)으로 발전한다. 대립보다는 통합을 원했던 것이다. 오늘날 경제적으로나 정치적으로 통합된 독불양국은 더 이상 독자적인 국익을 주장할 수 없게 됐고 국제분쟁의 원인은 없어졌다.[9]

吉川敎授는 獨佛의 例를 들어, 사이가 나쁜 이웃끼리도, 뭔가 공통으로 임할 수 있는 아이템(이슈)을 발견할 수 있으면, 쌍방의 분쟁은 컨트롤이 가능하다는 것을 이러한 시각에 힘입어 나는 문화재 문제를 본격적으로 다루게 되었다.

3) 認識変容을 위한 文化財敎育의 역할

한일 문화재 문제가 좀처럼 해결을 위해 움직이지 않는 원인은 도대체 어디에 있는 것일까.

---

9 「北東아시아共同体構想의 可能性에 관한 提言」廣島平和硏究所, 吉川元特任敎授 (HPI프로젝트硏究報告書2019년도~2020년도, pp.21~22)

우선 많은 일본인들이 한반도유래문화재가 일본에 있다는 사실을 거의 모르고 있다는 배경이 있다. 애초에 존재를 모르면 문제 해결로 갈 수도 없는 셈이다.

한반도유래문화재에 대한 인지도가 낮고 문화재의 소재지나 현황 파악이 어려워 한일연구기관 등에 의한 일본소재문화재 연구는 극도로 어려움을 가지고 있다는 점에 우선 초점을 두었다. 이에 2019년부터 2021년까지 한국의 국외소재문화유산재단의 연구사업 지원을 받아 '한반도유래문화재에 관한 일본인의 의식조사'[10]를 실시하였다. 조사 결과에서는 일본과 한국의 역사문제를 짙게 반영하는 문화재의 소재에 대해 일본인들이 정확한 정보나 지식을 갖고 있지 못한 실태가 드러났다.

그 조사 결과로부터 특징적인 내용을 뽑아 보자.

이 표를 연령대별로 보면 남성 50대가 가장 높았고(23.9%) 다른 연령대에 비해 눈에 띄었다. 남성 20대에서 「잘 알고 있다」라는 회답은 10.3%이지만, 「다소 알고 있다」「들어 본 적이 있다」를 더하면 74.1%가 인지하고 있었다. 역시 남성 60대도 3요소 합계가 72.4%로 높았다.

(한일관계가 가장 어려운 것으로 알려진) 2019년 조사 결과이기 때문에 많은 사람들이 언론에 보도된 비판적인 한국 정보 속에서 문화재 문제를 접했을 것으로 생각된다. 여성은 50대가 3요소 합계가 69%, 40대가 63.1%로 높은 수치를 보였다.

이 조사 몇 년 전(2012년) 나가사키현 쓰시마시에 있는 3개의 神社·寺院에서 한국인 절도단에 의해 중요문화재 불상 2점 등이 연쇄 도난당하는 사건이 발생했다. 이후 한국 법원이 도난물의 일본 반환을 사실상 거부하는 결정을 내려 한일 간에 외교 문제가 되기도 했다.

---

10 국외소재문화재재단연구지원 「'한반도유래문화재'에 관한 일본 국내인식 연구」, 2021년 2월 치바과학대학 위기관리학부 위기관리 국제관계학연구실 담당교수 오사와분고(원문은 한국어)

한반도(韓國)由來文化財」를 日韓友好의 새로운 아이템으로   233

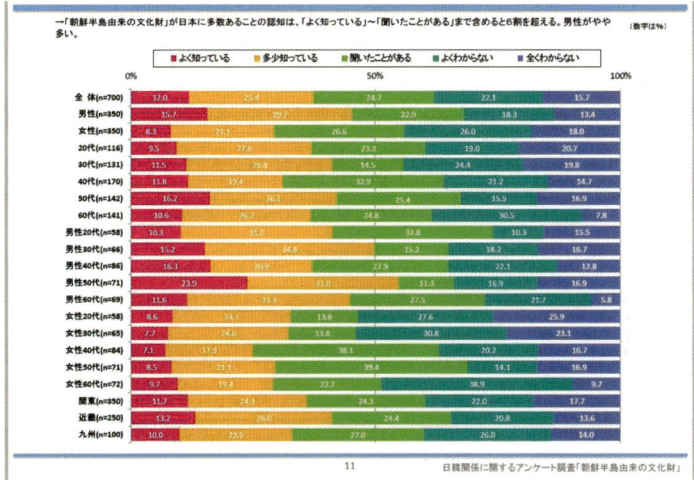

「朝鮮半島由来文化財가 日本에 多數있다는 것에 대한 認知度」(한가지 답변)

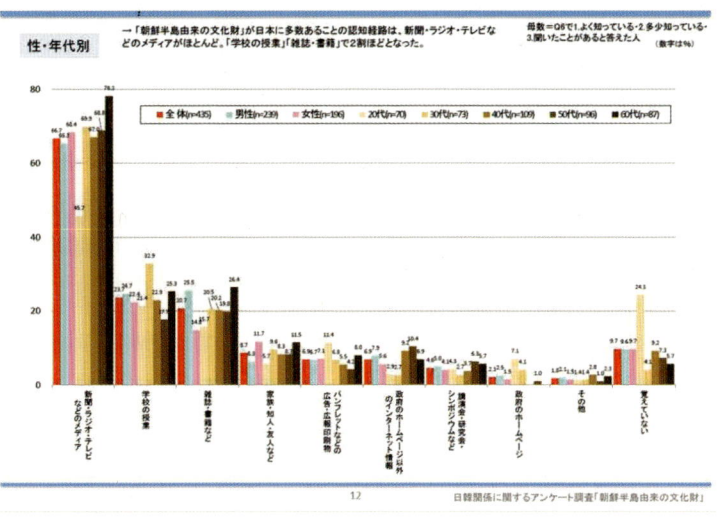

「朝鮮半島由来文化財가 日本에 다수 있다는 認知経路」(3가지까지 回答)

이 사건은 언론에서도 크게 보도됐다. 아마, 50, 60대의 남성의 대부분은, 이 사건을 계기로 문화재 문제에 대한 마이너스의 이미지를 강하게 가진 것이라고 생각된다(조사에서는, 대면의 청취 조사도 하고 있지만, 거기에서도 이 점은 인정된다). 반면 20대 젊은이들은 K-POP 등 한류에 관심이 있지만 한반도 역사에는 별로 관심이 없는 사람이 많았다.

다음으로 한반도 유래 문화재가 일본에 있다는 사실을 알게 된 인지 경로를 찾아보았다.

전 세대를 평균해 보면 신문·라디오·TV 등 미디어를 매개로 하는 인식이 압도적 다수를 차지했다.

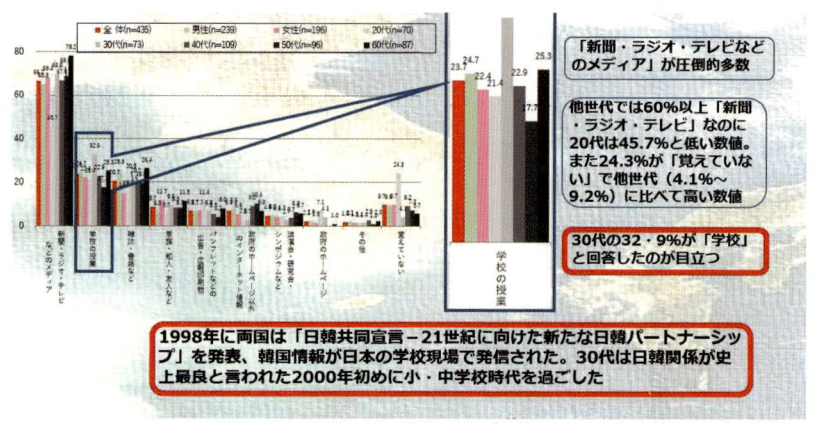

「조선반도유래의문화재」가 일본에 다수 있다는 것의 인지 경로(3가지까지 회답)

그런데 경로 종류별로 분석해보니 흥미로운 결과가 나왔다.

「학교 수업에서 문화재 문제를 알았다」는 응답을 보면 30대가 다른 세대에 비해 압도적으로 큰 비율을 보였다(32.9%, 다른 세대는 20수%)=위의 확대판 그래프 참조.

왜 이런 결과가 나왔을까. 동시에 실시한 대면조사 등의 결과를 보면 다음과 같은 배경이 떠올랐다.

    30대는, 1998년의(小渕惠三首相·김대중 대통령에 의한) 한일 파트너십 선언이 나와 한일 관계가 크게 개선되어, 한국에 관한 정보가 대량으로 일본에 유입된 시대에 유년기를 보낸 세대다. 특히 학교 현장에서는 초등학교, 중학교, 고등학교에서 한일 교류가 전국 각지에서 활발하게 이루어졌을 때였다. 감성이 풍부한 시기에 학교 교육에 있어 천천히 시간을 들여 한국의 다양한 정보를 수신한 것이 이들의 인식에 큰 영향을 미쳤다.

이러한 조사 결과를 통해 한반도유래문화재 문제를 한일 관계 개선을 위한 하나의 아이템으로 다루는 것의 의의에 대해 다음과 같은 것을 확신하였다.

한반도유래문화재가 일본에 다수 있음을 인지한 경로에 대한 질문에서는 30대의 32.9%가 학교 수업이라고 응답한 것이 눈에 띄었다. 이 세대는 1998년 '한일공동선언-21세기를 향한 새로운 한일 파트너십'을 바탕으로 일본 학교에서 각종 한국 정보를 보고 들은 세대에 해당한다. 즉, 학교 교육이 문화재에 대한 지식을 제공했을 가능성이 있다고 할 수 있다.

이어 2023년에는 국외소재문화유산재단의 연구사업 지원을 받아 「일본 교원을 대상으로 한 '한반도유래문화재(한국문화재)' 관련 교육 현황 조사·연구」[11]를 실시하여 현재 그 결과를 집계·분석 중에 있다.

그 중간 경과에 따르면 '한반도 유래 문화재에 대한 인지도'에서는,
① 전체적으로 '잘 알고 있다' '다소 알고 있다'를 합치면 64.0%가 '알고 있다'고 응답했다. '들어본 적 있다'(19.7%)를 더하면 83.7%가 한반도 유래 문화재가 일본에 있음을 인지하고 있을 가능성이 있다. 일반 대상 조사의

---

11 國外所在文化遺産財団研究事業支援「日本敎員을 대상으로 한 『朝鮮半島由來文化財(韓國文化財)』關連敎育의 現況調査·研究」(2024년 9월 현재, 최종보고서 작성중)

51.3%와 큰 차이를 보였다. 교원의 인지도는 일반 시민에 비해 높다고 할 수 있다.

② 연령대별로는 '잘 알고 있다'고 응답한 것은 30대 28.9%가 최고치였고 이어 60대 이상 26.5%, 20대 22.2%, 50대 21.8%, 40대 12.9% 순이었다. 40대의 낮은 수치가 눈에 띄게 나타났다.

또 '수업에서 문화재를 다루는 빈도'에 관한 조사에서는

① 전체로는 한 학기에 두 번 이상, 한 학기에 한 번 정도의 합이 43.2%, 여기에 1년에 두 번 정도, 1년에 한 번 정도를 더하면 91.4%가 1년에 한 번 이상 문화재 문제를 다루고 있는 셈이다.

② 모수가 적은 20대를 제외하면 '한 학기에 두 번 이상' 응답은 30대가 22.2%로 월등히 높았다. 한 학기에 한 번 정도를 더하면 30대는 55.5%로 각 세대 중 유일하게 절반을 넘었다. 30대의 과반수는 한 학기에 한 번 이상 문화재 문제를 수업에서 다룬다고 응답했다.

③ 반면 40대 이상에서는 한 학기에 두 번 이상 응답이 40대 7.4%, 50대 4.5%, 60대 11.1%로 모두 낮은 수치를 보였다.

최종보고에서는 「일반 시민과 마찬가지로 30대의 교원·교육 담당자가 한반도 유래 문화재에 대한 인지도가 높고, 학교 교육의 영향을 많이 받았음을 나타내고 있다. 더욱이 30대 교원은 자신의 수업에서도 한반도 유래 문화재에 관한 수업을 한 경험이 많고 그 빈도도 다른 세대보다 많은 것으로 나타났다고 결론지을 전망이어서 문화재에 관한 교육이 차세대 육성에 큰 역할을 하는 교원에게도 큰 영향을 미쳤음을 확인할 수 있을 것으로 보인다.

3. 文化財教育을 통한 異文化共生에의 도전

1) 異文化共生의 노력 「国立아이누民族博物館」

문화재에 대한 교육이 시간을 두고 올바르게 이루어지면 문화재에 대한 공정한 인식이 높아질 수 있다. 또한 문화재 교육은 다른 문화 공생의 기초를 마련할 가능성이 있다고 본다.

그 가능성을 나타내는 것이 北海道 白老町에 있는 「국립 아이누 민족 박물관」의 대처이다.

아이누 민족의 문제는 오랫동안 일본 국내에서 논의되어 왔지만, 2009년 7월에 나온 '아이누 정책의 기본방향에 관한 지식인 간담회'(좌장: 내각관방장관)의 제언에 따라 2020년 7월에 국립 아이누 박물관이 완성되었다. 일본정부의 국가예산으로 처음 건설된 '異文化 理解・交流'를 목적으로 하는 시설이다.

아이누 민족은 일본 열도 북부 주변, 특히 홋카이도의 원주민 민족으로 일본어와는 계통이 다른 아이누어를 비롯한 고유의 문화를 발전시켜 왔다. 그러나 메이지 유신 이후 일본 정부는 아이누 민족의 日本化 政策을 실시했다. 이 때문에 아이누 固有의 言語・文化나 風習은 급속히 소멸해 갔다.

이에 대해 연구자나 아이누 민족 출신 국회의원 등의 요청으로 일본 국내의 「異文化」를 존속시켜 일본 민족과 아이누 민족이 공생하는 것을 목표로 1997년 「아이누 문화의 진흥 및 아이누의 전통 등에 관한 지식의 보급 및 계발에 관한 법률」(아이누 文化 振興法)이 시행되었다. 동 법에 근거해, 아이누 문화를 振興・創造・發展시키는 거점이 되고, 또한 아이누 민족의 존엄을 존중한 다양한 문화를 가지는 사회를 쌓아 가기 위한 상징이 되는 복합적인 의의나 목적을 가지는 공간을 정비하는 계획이 구체화해 갔다.

그러한 경위로부터 아이누 민족 박물관은,「異文化 共生」「民族 共生」의 장해가 되는, 異文化에 대한 지식・이해 부족을 해소하는 역할을 기대하

여 설립한 것이다.[12]

2) 文化財를 통한 한일관계개선의 가능성

국립아이누민족박물관의 사례를 참고로 나는 한반도유래문화재에 대한 일본인의 낮은 인식을 해소하기 위해서는 한일 양국의 문화재를 전시하고 양국의 문화가 어떻게 서로 영향을 주고 받았는지를 배우는 항구적인 시설의 건설과 적절한 교육 프로그램이 필요하다고 생각했다. 考古學者 및 文化人類學者들과 논의를 통해 다음과 같은 결론에 도달하였다.

> 문화재를 생각할 때 어느 민족이 어느 지역에서 그 문화재를 창조했는지를 중시하는 사고방식은 고고학이나 문화인류학에서는 이미 과거의 것이다. 가치가 높은 문화재는 전 세계인의 마음을 움직이는 것이며, 이로부터 문화재의 보존, 보전의 필요성이 자연스럽게 공감되는 사회적 분위기를 조성하는 것이 인류에게 부과된 共通의 課題이다. 문화재의 소유나 귀속을 둘러싼 문제의 해결은, 「문화재는 세계의 누구에게나 중요하다」라는 기본적인 인식 하에 성립한다. 그러한 인식 실현을 위한 첫 번째 시도로 국립아이누민족박물관의 활동이 시작됐다고 봐도 무방할 것이다

그런 생각을 하던 중 2020년 9월 24일 〈한국일보〉에 다음과 같은 취지의 한국 문화재 전문가의 발언이 실린 것을 보게 되었다.

> (문화재를 소장한 해외) 운영단체와 신뢰관계를 구축해 (우리가) 더 잘 보존하고 관리할 수 있다는 것을 상대방에게 보여줄 필요가 있다. 해외로 유출된 문화재의 반환을 요구하는 사업도 중요하지만 문화재를 현지에 둔 채 교육이나 연구에 이용하는 것도 필요하다.[13]

---

12 參照資料 : 國立アイヌ民族博物館H.P. https://nam.go.jp/(2024년 6월 19일 검색)
13 "문화재 '환수' 못지않게 '현지활용'도 고민해야죠" 고려나전합 환수 성사시킨 최응

이는 다시 말하면, 「문화재나 서로 문화의 가치·의미를 한일 시민이 함께 배우고 이해하는 것은, 양국의 관계 개선, 양국의 항구적인 안정적인 관계를 구축하는 데 있어서 매우 중요한 기초가 된다」는 것을 의미하고 있다.

발언의 배경에는 문화재는 인접한 국가나 민족과의 교류나 자극이 있어야만 생겨난다는 생각이 깔려 있다. 예를 들어 에도시대에 꽃핀 일본의 도자기 문화는 16세기 말 도요토미 히데요시가 조선·중국의 지배를 목표로 시작한 '임진왜란'이라는 불행한 일로 조선에서 끌려온 도공들의 힘이 없었다면 생겨나지도 못했다. 이 사실을 일본인들은 얼마나 이해하고 있을까. 교육을 통해 '異文化交流', '異文化共生'을 배우고 실제 체험하면 '兩國關係 改善 必要'라는 사회적 분위기가 확대되고, 그동안 해결을 포기하거나 회피해 온 한일관계 전반의 현안도 해결로 나아갈 가능성이 높아진다. 이를 위해 한국에 있는 (일본유래)문화재를 일본에서, 일본에 있는 (조선반도유래)문화재를 한국에서 각각 장기간 전시하는 시설을 만들어 양국의 전문가가 공동으로 연구하거나 학생들이 현물을 보며 교류의 역사를 배울 수 있는 기회를 만든다면 문화재는 상호교류의 역사와 상호이해(異文化理解)의 중요성을 생각하는 귀중한 共通財產이 될 것이다.

4. 한일 학생교류와 향후 전개

1) 「쓰시마 국제워크숍」

이상과 같은 생각을 바탕으로 나는 한국의 국외소재문화유산재단과 일본

천 국외소재문화재 재단이사장(2020년 9월 24일, 韓國日報21面 WEB版에서 인용) https://m.hankookilbo.com/News/Read/A20200923093100000077?did=NA?did=NA(2024年6月 19日 檢索)

의 일한문화교류기금의 지원을 받아 동료들과 협력하여 2021년부터 한일학생교류사업「한반도유래문화재를 알기 위한 쓰시마국제워크숍」을 매년 실시하고 있다.

예산의 제한도 있고, 앞서 제언한 恒久施設을 바로 만들기는 어렵기 때문에 한일 학생들이 모여 고대부터 한일교류의 역사적 현장이었던 나가사키현 쓰시마에서 양국교류의 '증거물'을 직접 보고 듣고, 그 경험을 바탕으로 한일 학생들이 의견을 교환하는 행사에 임했던 것이다.

워크숍에서는 먼저 한일전문가 강의를 중심으로 한 공개워크숍을 실시하고, 쓰시마의 역사를 종합적으로 전시하는 쓰시마박물관을 전문가 및 자원관의 안내로 견학한다. 이어 참가 학생들은 택시를 타고 섬 내 희망 장소의 현지 답사를 경험한다.

강의와 현지답사를 통해 왜 한반도유래문화재가 일본에 있는지를 알아보고, 문화재 문제를 해결하기 위해서는 어떻게 해야 하는지를 한일 학생들이 함께 고민할 수 있는 기회를 마련하였다. 또한 쓰시마 주민(고등학생 포함)을 교류하는 자리를 마련하여 편안한 형식으로 친목·상호 이해를 도모하였다. 워크숍이 끝난 뒤 참가 학생들에게 보고서와 보고동영상(VTR)을 만들어 달라고 했다.

애초에 왜 쓰시마에서 워크숍을 개최했는가. 한일교류에 관한 시설과 문화재가 쓰시마에는 산더미처럼 쌓여 있다. 길가에 나뒹굴고 있는 석불, 혹은 일반 민가의 불단 불상 등에서 조사해 보면 중국이나 한반도 유래의 것이 여럿 발견되고 있다.

예를 들면 쓰시마의 인구 20인 정도의 마을인 堂(黒瀬觀音堂)에 2구의 佛像이 있다. 현지인들은 이들 불상을 順產의 부적으로 삼아 수백 년 동안 매년 가을 축제를 해왔다. 두 불상은 각각 국가지정 중요문화재인 銅造如來坐像(통일신라시대, 8~9세기)과 마을지정 유형문화재인 銅造菩薩坐像(조선시대, 15~16세기)이라는 일급 문화재이다.

다른 하나는 2020년 쓰시마 시내 민가에서 발견된 佛像(통일신라시대 8~9세기)이다. 이 민가의 부인이 불단을 정리하던 중 오래된 불단 안쪽에서 이 불상이 나왔다. 규슈국립박물관 연구원이 조사한 결과 1000년 전 통일신라시대에 만들어진 渡來佛임을 알고 부인도 깜짝 놀랐다고 한다.

참고로 규슈국립박물관의 조사에 의하면, 쓰시마에서 발견된 渡來佛은 약 130구이며, 중국이나 한반도에서 5~17세기에 만들어진 것도 존재한다고 한다.

2012년 10월에 쓰시마의 신사와 사원의 불상 2구가 한국 절도단에 의해 도난당하는 사건이 일어났다. 다행히 불상은 부산에서 경찰 당국에 의해 압수되었고 절도단 범인도 체포되어 유죄 판결을 받았다. 단순 절도단에 의한 도난 사건이었지만, 한국측(사찰)이「도난당한 불상은 원래 한국의 절에 있던 것이므로 반환하지 않아도 된다」라고 주장해 재판에 호소했다.

2023년 10월 한국의 대법원은 원고측의 소를 물리치고 불상의 소유권은 나가사키현의 절에 있다고 인정하는 판결을 선고했지만 불상이 언제 쓰시마의 절에 반환될지는 가늠할 수 없다.

처음에 언급했듯이 한반도유래문화재의 문제는 식민통치시대의 것으로 한정하고 있지만, 그 이전의 문화재 취급 방식은 식민통치시대의 문화재 취급에도 적지 않은 영향을 미치고 있다. 그런 현장에도 한일 학생들은 발길을 옮겼다.

2) 성과와 향후의 전개

워크숍에 참가한 학생들은 무엇을 보고 듣고 무엇을 생각했을까.

이하, 학생들이 워크숍 종료 후에 작성한 보고서로부터 그들의 感想의 일부를 소개하고, 본 워크숍에 의한 교육이 발표자가 의도하는「「文化財問題」해결을 항구적인 한일 우호친선의 새로운 아이템으로」라고 하는 목적에 합치하고 있음을 보여주고 싶다.

◇ 2022年度 워크숍報告書에서 인용 ◇

　우선 우리는 강의를 듣거나 쓰시마의 여러 곳을 방문함으로써 쓰시마는 이전에 일본과 조선을 연결하는 양국의 가교역할을 담당했다는 점, 쓰시마와 조선, 각각이 우호적인 관계를 유지하려고 노력했다는 점 등을 배울 수 있었다. 國交가 제한되고 다른 나라의 문화를 배울 기회가 한정되어있는 가운데, 이러한 행사 덕분에 에도시대의 일본문화는 더욱 발전할 수 있었고, 그 두 나라의 가교역할을 했던 쓰시마가 있었기에 지금의 두 나라가 있다고 생각했다. 그리고 이처럼 朝鮮通信使가 있던 시절에는 쓰시마가 일본의 입구로 활약하고 쓰시마에서의 韓日交流가 활성화되면서 그 열기가 일본 전국으로 확산되었다. 즉, 쓰시마의 활성화는 한일교류의 활성화로도 이어지게 된다. 따라서 지금 다시 쓰시마에서의 한일교류가 더욱 활발해지면 그 열기가 일본 전국으로 확산되어 한일교류가 더욱 활성화될 것으로 생각한다. 그리고 쓰시마에서는 韓日文化財를 지금도 소중히 지키고 있다는 점과 쓰시마 고등학교를 비롯한 한국에 대한 이해를 높이는 노력, 우리가 쓰시마의 '朝鮮通信使의 발자취'를 따라가며 한일 학생들이 교류한 점 등을 통해 쓰시마가 다시 한국과의 가교가 될 수 있다고 생각한다. 우리는 쓰시마에서 한일교류가 더욱 활성화되기를 기대하고 있다.

　또한, 이번 워크숍을 통해 우리가 특히 주목한 것은 『文化財는 이전에는 양국의 연결과 교류를 보여주는 것으로서 그 자체로 가치가 발견되었지만, 근대에 이르러서는 소유의 대상이 되었다』는 점이다. 최근에는 문화재의 가치나 소유를 둘러싼 문제 등 다양한 논란이 있어 그 문화재가 누구에게 어떤 가치가 있는지 객관적으로 판단하기란 매우 어려운 일이다. 그리고 그것이 국가 간 혹은 개인 간의 문제를 야기하고 있다. 그러나 그런 가운데서도 그 문화재는 누구의 것인가를 다투는 것이 아니라 본래의 목적인 것처럼 양국의 연결고리의 상징으로 자리매김하여 양국이 함께 문화재를 지켜 나갈 수 있으면 좋겠다고 생각했다.

더불어 우리는 실제로 쓰시마를 방문함으로써 지금까지 알지 못했던 한일교류의 역사를 더깊이 알 수 있었다. 그리고 그것들은 책으로 배우거나 혼자서 배우는 것만으로는 알 수 없는 일이었다고 생각한다. 실제로 눈으로 보고 만짐으로써 느낄 수 있는 것들이 혼자가 아닌 共通의 관심을 가진 자들끼리 모여 배움으로써 얻을 수도 있다는 것을 알게 됐다. 따라서 태어나고 자란 환경도 생활도 다른 우리와 같은 다양한 배경을 가진 사람들이 쓰시마 혹은 한반도의 文化나 文化財, 韓日 文化交流에 관심을 갖고 있다는 共通點으로 인해 이 國際워크숍이라는 자리에 모인 것 자체에 의의가 있었던 것이 아닌가 하는 생각이 들었다.

마지막으로 우리는 이 워크숍을 통해 다른 문화를 이해하는 것의 중요성을 강하게 느꼈다. 왜냐하면 이 워크숍에서 무엇인가를 함께 보고, 서로의 의견을 말하고, 함께 일을 만들어 나감으로써 쓰시마의 韓日交流의 歷史뿐만 아니라 상대방을 깊이 알 수 있었기 때문이다. 朝鮮通信使가 있던 시절에도 서로가 이처럼 상대방을 알고자 하는 자세가 보였다. 따라서 한일 교류를 보다 잘하기 위해서는 우선 상대방에 대해 알고자 하는 노력이 필요하다고 생각한다. 그러면 좀 더 상대방에 대해 알고 싶다는 생각을 하게 될 것이라고 생각한다. 그리하여 상대방에 대해 더 많이 알고, 교류하려는 사람이 늘어나는 것, 그것이 많은 사람들의 認識 變化를 가져오는 계기가 된다. 이는 문화재를 생각할 때도 통한다고 본다. 文化나 文化財를 다룰 때는 그것이 생겨난 배경이나 역사를 충분히 이해하는 것이 필수적이며, 그렇기 때문에 多文化를 이해하는 것이 매우 중요하다. 이처럼 상대방을 이해하려는 자세가 사람 간의 교류, 나아가 국가 간의 外交의 場에서도 중요하다. 또한 이러한 韓日交流 및 韓日關係의 發展을 위해서는 政治的인 對話와 交流뿐만 아니라 우리 한 사람 한 사람의 노력과 적극적인 교류가 필요하다는 것이 이번 워크숍을 통해 증명되었다고 생각한다. 따라서 더 많은 양국 사람들이 直接 만나고 交流할 기회를 더 늘리는 것이 중요하다고 생각했다. 그렇기 때문에 이번처럼 좋은 계기를 이번만으로 끝내지 않고, 앞으로도 적극적으로 교류를 이어가겠다고 생각했다. 이러한 교류를 계속해 나가는 것, 그리고 論議를 계속해 나가는 것이 서로를 理解하고 尊重할 수 있는 韓日關係를 구축하는 첫걸음이 되어 한일관계를 보다 더 나은 방향으로 이끌어 나갈 것이라고 생각한다

① 한일교류의 거점으로서의 쓰시마의 역할 : 쓰시마는 한반도에서 가장 가까운 일본의 영토이며 쓰시마에 남겨진 고대유물에서는 오랜 한반도와의 관계를 알 수 있다. 지리적 근접성으로 인해 쓰시마는 역사적으로 크고 작은 전란의 장소가 되기도 하였으며, 한반도와의 무역과 조공을 통한 경제적 교류의 거점이 되기도 하였다. 특히 에도시대에는 조선통신사를 통한교류의 장소가 됨에 따라 쓰시마에서는 조선통신사를 기억하기 위한 역사관을 세우고 통신사와 관련된 행사를 진행하는 등 선인들이 해 온 한일교류를 다양한 방식으로 오늘날까지 이어 오고 있다. 그러나 2012년에는 海神神社와 觀音寺 佛象이 한국인 절도단에 의해 한국으로 밀반입되는 사건이 있었다. 이 사건으로 인해 한국과 쓰시마의 관계는 악화되었고, 한일 교류 행사의 취소와 한국인 관광객에 대한 부정적인 인식이 생기게 되었다. 더욱이 관계가 점차 회복되는 가운데서도 코로나 바이러스로 인한 팬데믹 상황이 겹치면서 쓰시마와 한국과의 교류는 그 어려움을 더하고 있다.

그러나 오랜 역사 속에서 朝鮮通信使를 통해 끊겼던 일본과 한국의 외교 관계가 회복되었듯이 많은 사람들의 노력으로 일본과 한국과의 교류 거점으로서의 쓰시마의 역할은 끊기지 않고 오늘날까지 남아 있다. 쓰시마가 지금까지처럼 한반도와 일본의 가교 역할을 하고 韓日交流의 場으로 기능할 수 있도록 양국 시민들이 역사와 현재를 기억하는 노력을 해나가는 것

이 필요하지 않을까.

② 쓰시마에서의 한일 學生交流의 意義 : 앞에서 말한 대로 쓰시마는 한반도와 지리적으로가까워 에로부터 많은 교류가 있었으며, 역사적인 사건 중에서는 양국의 關係 惡化에 따른 交流 斷絶과 상호 국민에 대한 認識惡化가 일어난 最前線이기도 했다. 그러나 요즘 한국의 K-pop이나 드라마가 일본에서 유행하고 일본의 애니메이션과 음악이 한국에서 유행하는 등 개인의 상대국에 대한 文化的 關心은 양국의 교류를 연결하는 큰 원동력이 되고 있다. 과거에는 직접 현지까지 가서 서로의 문화를 즐겨야 했던 다른 나라의 문화도 정보통신기기의 발달로 오늘날에는 인터넷을 통해 멀리서도 즐길 수 있다. 또 언어교류 앱이나 SNS를 통해 외국인 친구를 사귀는 것도 어렵지 않게 됐지만 실제로 만나는 것과는 정서적으로 다른 것도 사실이다. 그런 상황에서 한일·일한 교류의 場 역할을 했던 쓰시마에서 한일 학생들이 만나 문화유적지를 방문하고 탐구하면서 서로의 역사를 더 깊이 이해하고 문화에 대해서도 알 수 있었던 이번 워크숍은 매우 뜻깊은 경험이었다. 특히, 일본과 한국이라는 서로 다른 文化的 環境에서 생활해 온 양국의 학생들이 『日本語』, 때로는 『韓國語』를 사용하면서 교류하고, 그 언어의 배경에 있는 문화에 대해서도 이해하고자 서로 다가가면서 조사할 수 있었던 것이 가장 큰 성과였다고 생각한다. 이러한 接近性의 자세는 이번과 같은 민간에서의 교류뿐만 아니라 『국가』 대 『국가』의 관계에서도 중요하지만, 오늘날 한일·일한 관계는 이 부분을 잊어버린 경우도 많다. 그런 의미에서 이번 워크숍은 양국 공통의 역사를 배우고 문화와 언어의 상호 이해를 통해 향후 한일, 일한 교류가 중요하다는 사실을 다시 한번 깨닫게 되는 계기가 됐다. 한일·일한관계를 지탱하는 학생 간의 교류를 통해 양자의 '接近'을 항상 실천해 나가는 것은 未來의 兩國關係를 만드는 것이며, 앞으로도 계속해 나가야 하지 않을까.

③ 향후 문화재 문제 (누구의 것인가, 어떻게 해야 하는가)에 대해서는 쓰시마 문화재의 대부분은 일본과 한국의 교류의 역사로 양국의 것이라고 생각한다. 양국교류의 역사로서 쓰시마속에서 계속 남아 한국과 일본에서 쓰시마로 오는 사람들에게 문화재가 과거를 돌이켜 보고 현재를 다시 바라보는 것으로 계속 있는 것이 중요하다고 할 것이다. 다만, 이른바 양국 관계가 '斷絶'되고 있는 시기에 어느 한 나라에 의해 작가나 보유자의 의도에 반하여 본래 있어서는 안 되는 장소로 이동해 버린 문화재에 대해서는 일률적으로 양국의 것이라고는 할 수 없는 부분이 있다. 특히 쓰시마에는 오랜 역사 동안 다양한 이유로 쓰시마에 남게 된 한반도 유래 문화재도 많다. 이런 문화재를 둘러싸고 佛象 盜難 事件처럼 개인이 법을 어기고 훔치는 사건도 실제로 일어나고 있어 가능한 한 조속히 대처해 나갈 필요가 있을 것이다. 여기서 필요한 것은 개인 차원의 인도가 아니라 공식적으로 문화재의 개수와 보존 상태를 파악하는 國家 次元의 調整이라고 생각한다. 특히 지금까지 오랫동안 자리 잡은 문화재의 의미를 없애고 하루아침에 옮기기란 매우 어려운 경우도 많다. 이러한 경우에는 쓰시마에 남겨진 문화재가 한국(조선반도)의 것임을 알리고 기억하여 확실한 보존과 관리를 약속받는 것이 중요하다고 생각한다. 앞으로는 이 과정속에서 일본과 한국 양국이 서로 다가가면서 문화재를 제자리에 돌려놓는 것이 더 중요하지 않을까

◇ 2023년도 워크숍보고서에서 인용 ◇

「본 보고서를 집필하면서 반원 각자에게 쓰시마에 대한 이미지가 어떤 것이냐는 질문을 했다. 한국에서 온 학생들은 자동판매기와 표지판 등 일본적인 것들이 많이 눈에 띄었고, 일본이라는 '외국에 왔다'는 인상을 품었다는 답변을 얻었다. 한편 일본 학생 중 일부는 한국과의 가까움을 강하게 느꼈다는 답변이 있어 한국어가 적힌 간판이나 한국어를 하는 사람이 인상 깊은 것으로 꼽혔다. 본문을 집필하고 있는 일본 학생인 나도 같은 인상을

받았는데, 일본 학생 중에는 그런 외국으로서의 한국적 요소가 있다는 점에서, 반대로 강조되는 일본인으로서의 정체성을 읽을 수 있는 장소라는 답변도 얻었다. 같은 장소를 둘러싸고 있어도 이처럼 전혀 다른 감상을 각각 품고 있다는 것은 매우 흥미롭지만, 원래 어떤 地域이나 事件에 대한 이미지는 이처럼 천차만별인 것이다. 그렇기 때문에 여러 가지 알력이 생기는 것인데, 우리의 이 대화에서는 누군가가 누군가의 意見을 부정하는 일은 없고, 자신과 다른 감상을 가진 사람이 있다는 사실을 그저 서로 인정할 뿐이었다. 서로가 이런 자세로 있을 수 있었던 것은 향후 文化財에 대한 논의를 생각하는 데 큰 희망을 주는 일이었다. 또 하나 희망이 보였던 장면을 되돌아보면, 박물관 자료에 대한 解說文이 쓰시마와 부산에서도 유사했다는 점을 들 수 있다. 어떤 사건이나 사건 등의 사건을 해설할 때 화자의 주관을 완전히 배제하는 것은 어렵다. 그러나 물질인 박물관 자료를 사물로 파악하고 해설하는 데는 主觀이 필요하지 않다. 예를 들어 크기나 무게, 대략적인 모양은 누가 재도 같아지기 때문이다. 물론, 그러한 정보의 어느 것을 듣는 사람에게 제시할지는 말하는 사람의 재량이지만, 듣는 사람은 그 정보를 같은 입장에서 검증하는 것이 가능하다. 이처럼 듣는 사람과 말하는 사람이 같은 입장에 서서 대화를 나눌 수 있다는 의미에서, 事物을 대상으로 한 對話는 문화재를 둘러싼 논의에 있어서 중요한 것이 될 것이라고 생각한다. 이러한 귀중한 示唆를 얻을 수 있었던 것이 본 워크숍의 큰 수확이었다.」

「우리는 실제로 불상 도난 사건의 현장이 된 神社와 寺刹을 방문했다. 그 중에서 알 수 있는 공통된 특징은 주위나 부지 내에 전혀 인기가 없다는 것이다. 취락에서 떨어진 곳에 있거나 취락 근처에 있어도 사람이 거의 다니지 않는 등, 중량이 있는 불상을 운반하는 대대적인 범죄 행위에서도 쉽게 수행 가능한 상황에 있는 것이다. 또한 보물고에 경보기를 설치해도 바다로 둘러싸인 섬이라는 특성상 항상 바닷바람에 노출되어 바로 부서지는 난점이 있다. 경보기가 쥐 등의 동물에 반응해 버리기 때문에, 일일이 경보가 될 때마다 확인하러 가기 귀찮아 전원을 꺼 버리는 시설도 있다고 한다. AI 등 최신 기술을 도입하는 데도 막대한 비용이 필요하고, 그만큼의 비용을 들일 가치가 있는 佛像이라는 것이 세간의 일반에 인정되지 않으면 도입이 어렵다는 것이었다.

절도단은, 상술한 것과 같은 神社 佛閣 내외의 환경이나, 경보기의 동작 상황, 住持나 神官의 생활패턴 등을 단체 투어 등에 섞여 신중하게 접근하여, 면밀한 계획을 세워 범행에 임한다. 이러한 범죄 행위의 「바이블」이 되고 있는 것이, 연구자가 발표한 논문이라고 한다. 쓰시마에 현존하는 골동품 역사적 가치가 있는 불상을 목록으로 정리한 논문이 연구자들의 의도와 달리 절도단이나 골동품상들 사이에 타깃 리스트가 돼 버린 것이다. 세상 사람들에게 불상의 가치를 알리는 것도 중요하지만, 이러한 부작용이 발생하는 것을 감안하면 불상에 대한 연구나 정보 공개는 보다 신중해야 한다고 하지 않을 수 없다.

시설의 노후화나 경보기 고장 등 도난 사건을 막기 위해서는 여러 가지 장벽이 있지만 가장 변혁해야 할 것은 지역 주민의 의식이다. 쓰시마민에게 불상은 『귀중한 문화재』가 아니라 『생활 속에 녹아들어 날마다 가호를 받는 부처님』인 것이다. 지역이 하나가 되어 위기감을 갖고 불상을 지키는 체제를 구축하기 위해서는 지역 주민들에게 불상의 가치를 알릴 필요가 있다. 한편 골동품적 역사적 가치뿐 아니라 지역 사람들의 마음의 문제에도 눈을 돌릴 필요가 있다. 상술한 바와 같이 불상은 일상 속에 녹아든 존재로 예로부터 지역 사람들의 신앙의 대상, 소중한 마음의 터전이다. 그러한 마음의 근원이 갑자기 빼앗겨 버린 것에 대한 죄는 매우 무겁다고 선생님은 말씀해 주셨습니다. 우리는 『事件』이라고 하면 사실관계나 도난당한 물건의 가치에만 눈을 돌리기 십상이다. 하지만 지역 사람들의 심리적 상실감 같은 마음의 문제에 대한 보살핌이나 신앙을 보호할 방안도 모색해 나갈 필요가 있지 않을까」
* 보고서의 밑줄은 본 논문의 필자(오사와)가 쓴 것이다.
* 2021년도 워크숍은 코로나 사태 때문에 쓰시마가 아닌 후쿠오카, 사가를 행사장으로 실시했다. 이 때문에 이번 발표에서는 학생들의 보고서 내용을 다루지 않는다.

워크숍은, 금년(2024년)도 11월에 실시를 예정하고 있다.

올해는 다음과 같은 개최 취지서를 한일 대학에 보내 학생 추천을 요구했다.

【개최목적】

나가사키현 쓰시마시는 한반도에서 바다를 사이에 두고 불과 50km 거리에 위치해 고대부터 한반도 문화가 일본에 도래하는 창구 역할을 해왔다. 한편 이 근처 때문에 싸움에 휘말리거나 어려운 외교 교섭의 중개역을 맡기도 했다. 쓰시마는 그런 시간의 흐름 속에서 살아온 사람들의 지혜와 경험이 담긴 보고이기도 하다. 그 쓰시마에서 고대부터 일본과 한반도의 교류 역사를 살펴보고, 그 증거가 되는 사적이나 유물이 남아 있는 문화재 소재지를 방문하여 전문가의 강의를 청취함으로써 양국 우호협력의 중요성을 이해하는 것을 목적으로 워크숍을 개최한다.

또한 한국 측으로부터 양국의 역사와 관계성을 보기 위해 임진왜란 관련 자료 등을 다수 전시하는 한국 국립진주박물관을 방문하여 한일 교류와 충돌이 양국의 문화와 문화재에 어떤 영향을 미쳤는지에 대해 알아본다. 일례로 금년도에는 조선의 기술과 일본의 陶土에 의해 완성된 일본의 도자기 문화에 대해 쓰시마 워크숍 강사로 조선인 도공을 시조로 하는 심수관씨(또는 관계자)를 초빙하여 참가자들의 이해와 관심을 높이기로 하였다.

이 행사는 2016년부터 교토·오사카·나라·도쿄·후쿠오카·쓰시마에서 개최해 온 같은 취지의 워크숍 경험을 이어가며, 한일 양국의 대학생·대학원생(일본 9명, 한국 9명)이 쓰시마와 부산·진주를 함께 방문하여 부산·진주의 자연과 독특한 역사·문화를 접함으로써 확고하고 진솔한 배움과 교류가 실현될 수 있도록 노력할 것이다.

문화재에 대해 누구(어느 나라)의 것인가 하는 것을 논할 것이 아니라, 이 문화재가 한일 양국에 있어서 어떠한 의미를 가지고 있는지, 왜 여기에 있는지를 알게 하는 것이 중요하다.

한일 대학생들이 그것을 알게 된 계기로 한일의 오랜 역사에 더 많은 관심을 갖게 하고, 한일관계를 개선할 필요성을 깊이 생각해 머지않아 항구적이고 안정적인 한일 우호친선의 기초를 닦는 핵심적인 인재로 자라주기를 간절히 바라고 있다.

〈필자프로필〉
大澤文護(OSAWA BUNGO)
1957년 동경출생.
廣島大學 政経學部 졸업후, 1980년 每日新聞社 입사, 서울특파원, 마닐라지국장, 서울지국장 역임.
2013년부터 千葉科學大學 危機管理學部 교수.
現在는 天理大學客員教授, 特定非營利活動法人東アジア相互理解促進포럼理事長.
專門은 朝鮮半島情勢、國際安全保障論。博士(危機管理學).
주요저서로 『北朝鮮の本当の姿がわかる本』(1994年、こう書房),『金正恩体制形成と國際 危機管理 北朝鮮核·ミサイル問題で日本人が本当に考えるべきこと』(2017年、唯學書房),共譯書로『砂漠の戰場にもバラは咲く イラク戰爭從軍取材記』(2003年、每日新聞社)가 있다.

「朝鮮半島(韓國)由來文化財」を
日韓友好の新アイテムに
文化財教育が育む市民意識の變容と恒久的和解實現への期待

大澤 文護*

要旨

　ここ數十年の日韓關係は、ゼロ・サムゲームの樣相を呈しているが、それから脱却するための方法として何があるかと考えたときに、戰後の獨仏關係の改善に向けた取り組みを先例として見れば、ともに取り組むことのできるイシューを見つけることが重要と考える。その一つの例として、日本に所在する朝鮮半島由來文化財の返還を巡る問題(以降、文化財問題と表記する)への取り組みが考えられる。文化財問題には、單に、もとの國に返すだけではことが濟まない面もある。教育を通して文化財の現代的な意義、國際公共財としての側面を再認識したうえで解決に取り組むことが重要である。そうしたアプローチにより人々の歴史認識の変容がもたらされ、日韓市民の相互認識に変化が生じる可能性がある。文化財問題を材料に市民意識の変化を圖り、恒久的な日韓親善友好を築くための具体的な教育活動として、古代から日本と朝鮮半島の交流の舞台となってきた對馬での「日韓學生ワークショップ」を實施している。

---

* 天理大學客員教授(元毎日新聞ソウル支局長)
　特定非營利活動法人東アジア相互理解促進フォーラム理事長

なお、韓國では今年5月の「國家遺產基本法」施行により、「文化財」という言葉が「國家遺產」「文化遺產」に変更された。これに合わせて「文化財廳」は「國家遺產廳」に名称を変更した。理由について韓國・國家遺產廳は「ユネスコなどとのグローバルスタンダードの連携を目指し、英語の『heritage』に当たる『遺產』の概念を取り入れた」と說明し、「財貨としての特性が强い『文化財』という名称を『國家遺產』『文化遺產』に変更し、從來の保存と規制を重視していた政策から脱することで『Kへリテージ』を育成し、未來の価値を生み出していく」[1]と述べている。

日本語で作成する本報告書では、混亂を避けるために日本で使用されている「文化財」という用語はそのまま表記し、組織の固有名詞である韓國「文化財廳」は「國家遺產廳」と表記する。また國家遺產廳傘下の特殊法人名を「國外所在文化遺產財団」と表記する。

1. 文化財問題をめぐる日韓と國際社會の現狀

1) 朝鮮半島由来文化財とは何か

「文化財問題」というテーマを掲げたが、この問題についてすぐに理解できる人は多くないと思う。そこでこの問題の所在がどこにあるのかについて、まず考えてみたい。

そもそも「朝鮮半島由來文化財」とは何か。主に戰前(日本の植民統治期、廣義で言えば、1905~1945年)に、朝鮮半島から合法・非合法を含め

---

[1] KBS WORLD「文化財」が62年ぶりに「國家遺產」に名称変更(2024年5月17日) https://world.kbs.co.kr/service/news_view.htm?lang=j&Seq_Code=87857#:~:text (2024年6月19日檢索)

他國に渡った文化財というのが一般的な認識である。

　韓國の文化財保護法第69條の3に基づいて2012年7月に設立した國家遺產廳傘下の特殊法人・國外所在文化遺產財団は、海外に持ち出された文化財を體系的に調査・研究し、活用・廣報する活動を續ける專門機關である。同財団は基本的な活動目的の1つとして、海外の博物館や美術館はもちろん一般個人にまで散在している朝鮮半島由來文化財の正確な實態把握を掲げている。

　同財団の調査の結果、2024年1月1日現在の推計で、世界に流出した朝鮮半島由來文化財は24万6304点あり、うち日本にあるとみられるものは全体の約45%にあたる10万9801点に上ると主張している。[2]

国外所在文化遺産の現況
＊上の図は「國外所在文化遺產財団」H.P.から引用

2　國外所在文化遺產財団H.P.「國外所在文化遺產の現況」
　https://www.overseaschf.or.kr/jpn/index.do

国外所在文化財の現況

29ヵ国 246,304 点 [2024.1.1. 現在]

海外所在文化財の現況

所蔵国	所蔵先		数量(%)
日本	東京国立博物館など	397	109,801 (44.5795%)
アメリカ	メトロポリタン美術館など The Metropolitan Museum of Art	171	65,355 (26.5343%)
ドイツ	ケルン東洋美術館など Museum für Ostasiatische Kunst Köln	27	15,692 (6.3710%)
中国	故宮博物院など	76	13,010 (5.2821%)
イギリス	大英博物館など The British Museum	32	12,805 (5.1989%)
フランス	国立ギメ東洋美術館など Musée national des arts asiatiques–Guimet	11	6,511 (2.6435%)
ロシア	国立東洋美術館など Государственный музей Востока	7	5,384 (2.1859%)
カナダ	ロイヤルオンタリオ博物館など Royal Ontario Museum	9	4,295 (1.7438%)
台湾	国立故宮博物院など	9	3,073 (1.2478%)
オランダ	民族学博物館など Museum Volkenkunde	6	1,999 (0.8116%)
オーストリア	ウィーン民族学博物館など Volkskundemuseum Wien	5	1,799 (0.7304%)
スウェーデン	東アジア博物館など Ostasiatiska museet	7	1,419 (0.5761%)
デンマーク	国立博物館など Nationalmuseet	2	1,281 (0.5201%)
カザフスタン	カザフスタン国立図書館 Национальная Библиотека Республики Казахстан	1	1,024 (0.4157%)
スイス	ベルン歴史博物館など Bernisches Historisches Museum	11	695 (0.2822%)
オーストラリア	ニューサウスウェールズ美術館など Art Gallery of New South Wales	7	547 (0.2221%)
ベルギー	芸術歴史博物館など Museum Kunst & Geschiedenis	4	402 (0.1632%)
ハンガリー	フェレンツ・ホップ東洋美術館など Hopp Ferenc Ázsiai Művészeti Múzeum	2	353 (0.1433%)
バチカン市国	アニマ・ムンディ博物館 Museo Etnologico Anima Mundi, Musei Vaticani	1	298 (0.1210%)
ポーランド	ワルシャワ国立博物館など Muzeum Narodowe w Warszawie	4	235 (0.0954%)
スペイン	民族世界文化博物館など Museu Etnològic i de Cultures del Món	2	96 (0.0390%)
ノルウェー	オスロ国立博物館など Nasjonalmuseet	2	81 (0.0329%)
イタリア	ジュゼッペ・トゥッチ国立東洋美術館など Museo Nazionale d'arte orientale Giuseppe Tucci	3	70 (0.0284%)
ニュージーランド	カンタベリー博物館 Te Whare Taonga o Waitaha	2	36 (0.0146%)
ギリシャ	コルフ・アジア美術館 Μουσείο Ασιατικής Τέχνης Κέρκυρας	1	32 (0.0130%)
チェコ	ナープルステク民俗博物館 Náprstkovo muzeum	1	7 (0.0028%)
スロベニア	チェレ市立博物館 Pokrajinski muzej Celje	1	2 (0.0008%)
シンガポール	シンガポール国立大学博物館 National University of Singapore Museum	1	1 (0.0004%)
イスラエル	イスラエル国立博物館 מוזיאון ישראל	1	1 (0.0004%)

年度別の国外所在文化財の現況

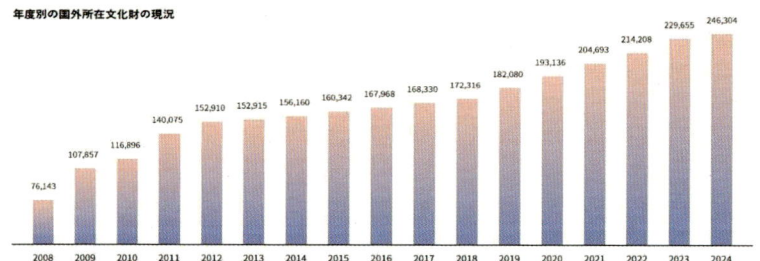

2008	2009	2010	2011	2012	2013	2014	2015	2016	2017	2018	2019	2020	2021	2022	2023	2024
76,143	107,857	116,896	140,075	152,910	152,915	156,160	160,342	167,968	168,330	172,316	182,080	193,136	204,693	214,208	229,655	246,304

日本所在の朝鮮半島由來文化財の例として、朝鮮鐘を取り上げてみよう。

　朝鮮鐘は、日本の鐘よりも金屬成分の純度が高く形も優美ということで、美術的評価が高い。下記の地図[3]に掲載された通り日本所在の朝鮮鐘は全部で53点存在が確認されている(うち、亡失3点、破片３のため50点が現存。韓國・東國大學崔応点教授作成資料に基づく)。現存する50点の中で、1点は日本の國宝として、20点は重要文化財としてそれぞれ指定されている。その分布をみると、北海道以外に廣く分布している(下図參照)。この數値から見ても韓國側の推計値通りかどうかは不明だが、日本に多くの朝鮮半島由來文化財があることが見て取れる。

日本所在の朝鮮半島由来文化財の例(韓国鐘の分布)
　＊ 韓國・東國大學　崔応天教授作成の地図を引用

　文化財返還は、1965年の日韓國交正常化交渉の際に協議の對象となり、國交正常化に当たり「財産及び請求權に關する問題の解決並びに経

3　日本所在の朝鮮半島由來文化財の例(韓國鐘の分布)　韓國・東國大學、崔応天教授作成の地図を引用.

濟協力に關する日本國と大韓民國との間の協定」と「文化財及び文化協力に關する日本國と大韓民國との間の協定」が締結された。

　これに基づき日本政府は、文化財問題は解決濟みと主張する一方、韓國政府は、民間所有も含め、「非合法に略奪された」文化財全般の返還を要求してきた経緯がある。

2) 日韓間の協定からみた文化財問題の意味

前節で紹介した文化財に關する日韓の協定の内容をみておこう。

　　〈文化財及び文化協力に關する日本國と大韓民國との間の協定〉[4]（4）
　　日本國及び大韓民國は、兩國の文化における歷史的な關係にかんがみ、兩國の學術及び文化の發展並びに研究に寄与することを希望して、次のとおり協定した。
　　第一條　日本國政府及び大韓民國政府は、兩國民間の文化關係を增進させるためできる限り協力を行うものとする。
　　第二條　日本國政府は、附屬書に揭げる文化財を兩國政府間で合意する手續に從ってこの協定の効力發生後六箇月以内に大韓民國政府に對して引き渡すものとする。
　　第三條　日本國政府及び大韓民國政府は、それぞれ自國の美術館、博物館、図書館その他學術及び文化に關する施設が保有する文化財について他方の國の國民に研究する機會を与えるため、できる限り便宜を与えるものとする。
　　第四條　この協定は、批准されなければならない。批准書も、できる限

---

[4] 「文化財及び文化協力に關する日本國と大韓民國との間の協定」「合意議事錄」データベース「世界と日本」(代表・田中明彦)、日本政治・國際關係データベース〈政策研究大學院大學・東京大學東洋文化研究所から引用〉
https://worldjpn.net/documents/texts/JPKR/19650622.TMJ.html
https://worldjpn.net/documents/texts/JPKR/19650622.TQJ.html　(2024年6月19日檢索)

りすみやかにソウルで交換されるものとする。この協定は、批
准書の交換の日に効力を生ずる。
　以上の証據として、下名は、各自の政府からこのために正當な委任を
受け、この協定に署名した。
　1965年6月22日に東京で、ひとしく正文である日本語及び韓國語によ
り本書二通を作成した。
　　日本國のために　椎名悦三郎　高杉晋一
　　大韓民國のために　李東元　金東祚

　また、上記協定には「合意議事錄」がついており、次のように記され
ている。

　　〈韓國側代表は、日本國民の私有の韓國に由來する文化財が韓國側に
　寄贈されることになることを希望する旨を述べた。日本側代表は、<u>日本
　國民がその所有するこれらの文化財を自發的に寄贈することは日韓兩國
　間の文化協力の增進に寄與することにもなるので、政府としてはこれを
　勸奬するものである</u>と述べた。〉

　日本側の一般的な解釋によれば、1965年の日韓基本條約締結と附屬協
定の合意により、日韓間に存在したすべての賠償は濟んだとされ、韓國
側の主張と大きな食い違いを見せていることは、近年に顯在化した、い
わゆる「從軍慰安婦問題」や「徵用工問題」を見ても明らかであろう。
　しかし文化財に關しては、前述の議事錄にも見られるように、「日本
國民がその所有するこれらの文化財を自發的に寄贈することは日韓兩
國間の文化協力の增進に寄與することにもなるので、(日本)政府として
はこれを勸奬するものである」という基本的な視点に立って合意がなさ
れている。
　つまり、日本國政府および關係機關が所有する朝鮮半島由來文化財

のみならず、民間が所有する文化財についても、「韓國に寄贈することを勸奬」しているのである。今後も、この問題に關しては相互に話し合い、接触していく用意があること意味する。

こうしてみると、朝鮮半島由來文化財問題は、他の戰後補償問題とは少し意味合いが違う面を持っていることがわかる。

3) 文化財問題をめぐる世界の現況

文化財問題は、日本と韓國に限った問題ではなく、いまや世界的な課題となっている。とりわけ歐州諸國が、近代以降の植民地支配などの時期にアフリカや中東諸國において、戰利品として持ち歸ったもの、略奪品として持ち歸ったもの、購入したものなどについて、元あったところ(國)に返還すべきではないかという動きが、世界的に活發化しつつある。

文化財返還の根據となったのは次の三つの國際條約である。

 〈ハーグ條約(1954年)〉[5]
 第一次、第二次世界大戰で文化財の略奪・破壊が起きた。この経験を背景に國際連合教育科學文化機關(UNESCO)が、戰時文化財の保護を目的とした國際的な條約の必要性を主張して成立した世界最初の普遍的な條約である。
 「武力紛爭の際の文化財の保護のための議定書」の中で、武力衝突によって發生する文化財の保護を求めた。

---

5 ハーグ條約(武力紛爭の際の文化財の保護に關する條約)
https://www.mofa.go.jp/mofaj/gaiko/treaty/pdfs/treaty166_2.pdf (2024年6月19日檢索)

〈UNESCO條約(1970年)〉[6](6)

ハーグ條約を平時にも適用できるよう1970年の第16次UNESCO總會で採擇された。

1) 條約に違反した文化財の搬出入及び所有權の譲渡を不法なものとする(第3條)
2) 文化財保護を担当する國家機關を設立し、保護對象である文化財を目錄化する(第5條)
3) 文化財の搬出証明書制度を導入する(第6條)
4) 不法搬出された文化財の搬入を禁止する(第7條)
5) 文化財の不法な搬出入に關与した者に對して刑罰及び行政的制裁を加える(第8條)
6) 條約上の措置のために國際的に協調する(第9條)
7) 外國軍の占領時における強制的な文化財の移轉は不法(第11條)など。

〈私法統一國際協會(UNIDROIT)條約(1995年)〉[7]

不法に搬出された文化財を善意の第三者が取得した場合の認定をどうするかをめぐり成立した條約。盜難または違法に搬出された文化財の「所有者」「國家」(被害者)」が直接、返還を請求できる「私法的」權限を付与している。

國際社會、とくに歐州諸國では、主にこれら三つの條約を基礎として、中東・アフリカ諸國から持って行った文化財を現場に戻すという話し合いや作業が現在進められている。

良く知られた例として次のようなケースがある。

2017年11月28日にフランスのマクロン大統領がブルキナファソの「ワ

---

6 UNESCO條約(文化財の不法な輸入、輸出及び所有權移轉を禁止し及び防止する手段に關する條約)
   https://www.mofa.go.jp/mofaj/gaiko/treaty/pdfs/t_020414.pdf (2024年6月19日檢索)
7 盜取され又は不法に輸出された 文化財に關する UNIDROIT條約
   https://robatori2.blogspot.com/2010/02/blog-post_1210.html (2024年6月19日檢索)

ガドゥグー」大學での演說で「これ以上アフリカの文化遺産を歐州の美術館・博物館の囚人のように收容しておくわけにはいかない」「アフリカ諸國の文化遺産の多くがフランスにあるという事實は不本意に思う。この狀況に歷史的な說明はつくが、十分な正當性はない。アフリカの遺産はヨーロッパの個人コレクションや美術館にだけ置かれるべきではない。これらのものはフランスだけではなく、ダカールやラゴス、コトヌーでも注目を集めるべきだ」と述べ、文化財の返還を約束した。その後2021年10月にはフランスが129年前の植民地時代に略奪した王の玉座や祭壇など26点をベナンに返還した。

　さらに昨年(2023年)と今年(2024年)だけでも次のような文化財問題解決の試みの例がみられる[8](8)。

　　〈 2023年 〉
　　6月7日：米メトロポリタン美術館が「略奪美術品根絶計畫」を發表
　　7月3日：スイス政府文化省長官がエジプト大使館を訪問し、古代エジプト王ラムセス2世の石像の斷片をエジプトに返還したと發表
　　7月10日：オランダ政府がインドネシアとスリランカに文化財478点を返還。これらはライデン民族博物館、アムステルダム國立美術館の所藏品。インドネシア政府はライデン所藏の4万点の化石の返還も要請
　　10月25日：豪州政府は在豪中國大使館に流出文化財4点と古生物化石1点を返還
　　11月20日：スイス・ジュネーブ民族博物館がボリビア文化相に先コロンブス時代のミイラ3体を返還

　　〈 2024年 〉
　　2月6日：韓國文化財廳と大韓仏教會曹溪宗がボストン美術館所藏の「銀

---

8 「韓國・朝鮮文化財返還問題連絡會議年報2024」から引用

製鍍金喇嘛塔形舍利具」の貸与形式での一時歸還と舍利の返還で合意と發表
4月17日：米ニューヨーク・マンハッタン地方檢察局が中國の流出文化財22点が返還されたと發表

　歐州諸國の決定の裏には文化財返還によって、近年、中國との接近が目立つアフリカ諸國との關係改善を図る狙いもあったとみられる。さらに2023年7月には、ロシアのプーチン大統領が主催する「ロシア・アフリカ首腦會議」(サンクトペテルブルグ)で「植民地支配で受けた被害の補償を求め、文化財の返還を追求するために協力」することで合意し、洗顏を採擇したが、ウクライナ侵攻などで嚴しく對立する歐米に對抗して國際社會での影響力擴大を狙った行爲との見方もなされている。國際社會における文化財問題は、世界的に廣がる極端なナショナリズムを背景に、外交的驅引きや自國の勢力擴大に利用されるなど、複雜な性格も帶び始めている。

　文化財をめぐり國際情勢が激しく動く中、日本は、前述の三つの國際條約全てに加盟しているわけではなく、民間所藏の文化財返還問題についてはほぼ手つかずの狀況が續いているのが現狀である。

2. 國際公共財としての文化財

1)「ゼロ・サムゲーム」の日韓關係改善への試み

　朝鮮半島由來文化財の問題が、日本國內で一般の人々にも知られる

ようになったのは、21世紀に入ってからのことである。その背景として2000年代に入り、韓國內で日本にある朝鮮半島由來文化財の返還運動が活發になったことが擧げられる。経濟發展とともに戰前の歷史問題の解決に向けた市民社會の意識の高まりがあったと言えよう。

韓國での返還運動の先驅けは、ソウルの南にある京畿道・利川郡の廢寺跡に高麗時代に建立された美しい五重塔(利川五層石塔)を巡る市民運動であった。その石塔は明治から大正時代にかけて活躍した實業家・大倉喜八郎(1837~1928)が、1902年に自宅內に開館した日本初の私立美術館・大倉美術館を前身とする大倉集古館(東京・港區)に所藏されている。

石塔は1915年に日韓併合5周年を記念する物産展(施政五年記念共進會)がソウルで開かれた際、會場の裝飾品の一つとして朝鮮總督府によって利川から持ち出された。同物産展に來場していた大倉集古館の理事が、その五重塔を氣に入り、朝鮮總督府に拂い下げ(石塔下付)を願い出たところ、許可を得られることとなり、日本に移送された(1918年)。

その後、2000年代に入り、韓國の市民が中心となり五重塔の返還運動が起き、五重塔を管理する大倉文化財団と交渉するようになったが交渉は進捗していない。

このように、日本政府が所有する文化財に關しては、韓國側に戻ったものもあるが、民間所有の文化財については、交渉進展は難しいのが實態である。

日韓の長年の懸案事項である歷史認識に係る問題の一つに慰安婦問題があるが、日韓政府間では何度か解決に向けた努力がされてきた。直近では、2015年に日韓慰安婦合意がなされたが、結局はうまくいかなかった。それはなぜなのか。日韓の歷史認識にかかわる問題を解決しないといけないという、社會的な雰囲氣、合意の廣がりが、日韓双

方において不十分だからと考える。

　本報告の冒頭でも述べたが、日韓間に存在する懸案の多くは「ゼロ・サムゲーム」を基本とした紛爭を繰り返してきたと言える。領土問題(竹島・獨島領有權)、歷史認識問題(慰安婦、徵用工問題)は、いずれも雙方の得点と失点の總和がゼロになる、つまりどちらかが勝者となり、もう一方は敗者にならなければ解決は困難な狀況に陷ってきた。しかし現代の國際關係において、そのようなゼロ・サムゲームに基づく秩序は(戰爭における勝敗でなければ)成り立たない。外交交涉により、どこかに妥協点を見出さない限り、そうした問題は解決できないと考えられる。

2) 文化財を共同管理の問題として考える

　それでは日韓間の問題を解決に向けて一歩でも進めていくためには、どうすればよいのか。日韓雙方の利益となり、合意して協力して解決していく新たなアイテム(イシュー)が必要となるだろう。新アイテムによる合意が形成され、實效性のある解決が見いだされれば、それを一つの成功體驗として、次の懸案に立ち向かうべき(立ち向かうことが出來る)という社會的合意形成が可能になるはずである。

　そうした具體的成果を目に見える形で現しながら協議できるテーマとして、文化財問題を揭げることできると考える。例えば、文化財問題を〈所有權問題〉として解決しようとするのはなく、共同所有を含む〈共同管理の問題〉という視点からアプローチし、日韓兩政府がこれまでの歷史を理解し直すことは可能である。さらに、そのような見方が社會に廣がっていけば、その他の問題解決にも何らかのいい影響がでると考える。そのような社會的雰囲氣釀成により、兩國間關係の恒久的な安定を築くことを希望するのである。

「フランスとドイツは4分の3世紀の間に3度の戰争(普仏戰争、第1次世界大戰、第2次世界大戰)を戰った。その原因は獨仏兩國の國境に位置し、多くの炭鉱と製鐵所が集中した歐州最大の工業地帶の1つであるアルザス・ロレーヌの歸屬を巡る戰争であった。(中略)どうすれば獨仏の恩讐は超えられるのか。フランスは戰略物資を共同管理にすることで戰争を物理的に不可能にすることを考えた。フランスの政治家ジャン・モネと外相ロベール・シューマンは、ドイツとフランスの對等な形での石炭・鐵鋼を共同管理することを提案した(シューマンプラン、1950年5月9日)。歐州石炭鐵鋼共同体條約(ECSC、1951年)が締結され、翌52年には歐州石炭鐵鋼共同体(ECSC)が發足した。主權の一部を移讓する初の超國家的國際機關の誕生である。その後、歐州經濟共同体(EEC、1957年)、歐州原子力共同体(EURATOM、1958年設立)が統合されて歐州共同体(EC、1967年)になり、その後、歐州連合(EU、1993年)へと發展する。對立よりも統合を望んだのである。今日、經濟的にも政治的にも統合された獨仏兩奧は、もはや獨自の國益を主張することが不可能になり、國際紛争の原因はなくなった」[9]

吉川敎授は仏獨の例を擧げて、仲が悪い隣國同士であっても、なにか共通に取り組むことのできるアイテム(イシュー)を見つけることができれば、双方の紛争はコントロール可能であることを主張したのである。こうした見方に力づけられて、私は文化財問題に本格的に取り組むようになったのである。

---

9 「北東アジア共同体構想の可能性に關する提言」廣島平和研究所、吉川元特任敎授(HPIプロジェクト研究報告書2019年度-2020年度、21~22ページ)

3) 認識変容のための文化財教育の役割

　日韓の文化財問題がなかなか解決に向けて動き出さない原因は一体どこにあるのか。

　まず、多くの日本人が朝鮮半島由来文化財が日本にあることをほとんど知らないという背景がある。そもそも存在を知らなければ、問題解決に向かうことすらできないわけだ。

　朝鮮半島由來文化財に對する認知度が低く、文化財の所在地や現狀把握が困難なために、日韓の研究機關等による日本所在文化財の研究實施は困難を極めているという点にまず、焦点を当てた。そこで2019年から2021年にかけて、韓國の國外所在文化遺産財団の研究事業支援を受けて「朝鮮半島由來文化財に關する日本人の意識調査」[10]を實施した。調査結果からは、日本と韓國の歴史問題を色濃く反映する文化財の所在について日本人が正確な情報や知識を持っていない實態が明らかになった。

　その調査結果から特徴的な内容を抜き出してみよう。

　年代別で見ると、男性50代が一番高く(23.9%)、他の年代に比べ突出していた。男性20代で「よく知っている」との回答は10.3%だが、「多少知っている」「聞いたことがある」を加えると74.1%が認知していた。同様に、男性60代も、3要素の合計が72.4%と高かった。

　(最も日韓關係が嚴しいと言われた)2019年の調査結果であるから、多くの人々がマスコミで報道された批判的な韓國情報の中で文化財問題に接したと考えられる。女性は50代が3要素の合計が69%、40代が63.1%と高い値を示した。

10　국외소재문화재재단 연구지원「'한반도 유래 문화재'에 관한 일본 국내 인식 연구」2021년 2월 치바과학대학 위기관리학부 위기관리국제관계학연구실 담당교수 오사와 분고(原文は韓國語).

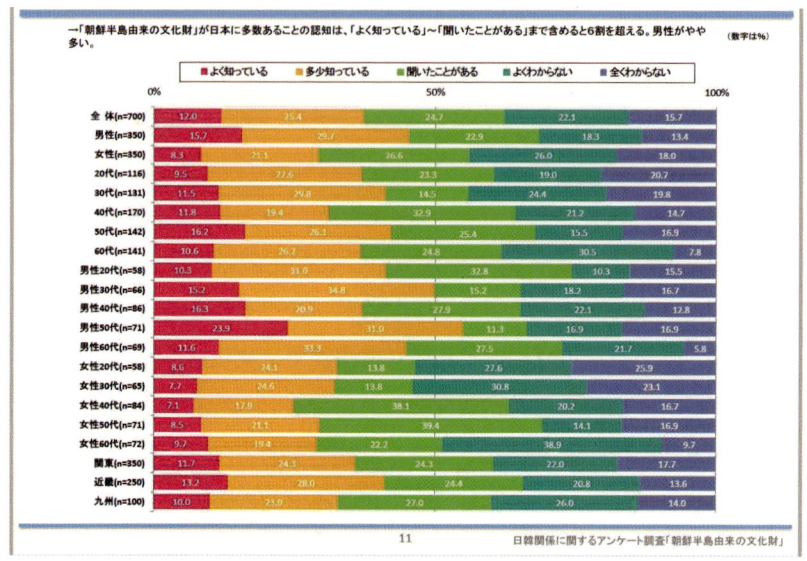

朝鮮半島由来文化財が日本に多数あることの認知度(一つだけ回答)

　この調査の數年前(2012年)に、長崎縣對馬市にある三つの神社・寺院から、韓國人窃盗団によって重要文化財の仏像2点などが連續盗難されるという事件が發生した。その後、韓國の裁判所が盗難物の日本返還を事實上拒否する決定を下し、日韓間で外交問題ともなったことがあった。この事件は、マスコミでも大きく報じられた。恐らく、50, 60代の男性の多くは、この事件を契機に文化財問題に對するマイナスのイメージを強く持ったのだろうと思われる(調査では、對面の聞き取り調査もしているが、そこからもこの点は認められる)。一方、20代の若者たちは、K-POPなど韓流に關心があるものの、朝鮮半島の歴史にはあまり關心がない人が多かった。

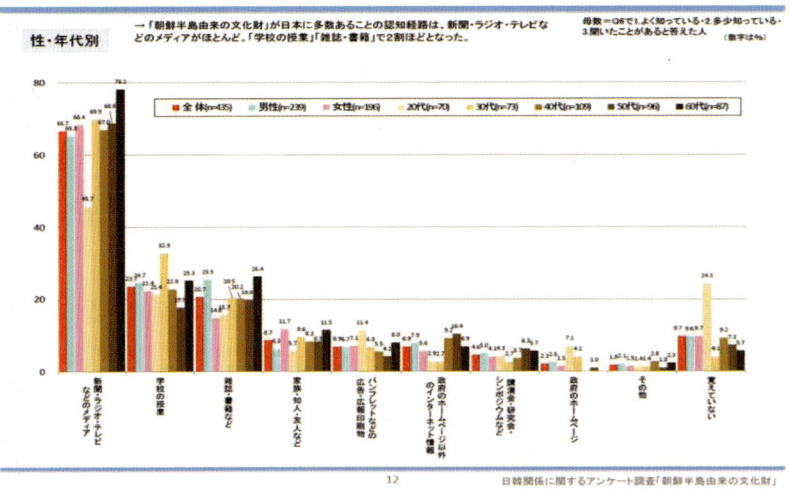

朝鮮半島由来文化財が日本に多数あることの認知経路(3つまで回答)

次に、朝鮮半島由来文化財が日本にあることを知った認知経路をたずねてみた。

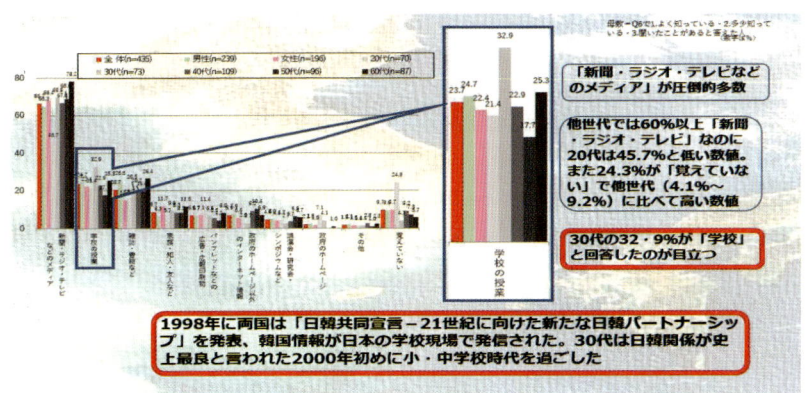

朝鮮半島由来文化財が日本にあることを知った認知経路(3つまで回答)

全世代を平均してみると、新聞・ラジオ・テレビなどのメディアを媒介とする認識が壓倒的多數を占めた。ところが、経路の種類別に分析してみると、興味深い結果が見えてきた。

「學校の授業で文化財の問題を知った」という回答を見ると、30代が他の世代と比べ壓倒的に大きな割合を示した(32.9%、他の世代は20數%)＝上記の擴大版グラフ参照。

なぜこのような結果が出たのか。同時に實施した對面調査などの結果をみると以下のような背景が浮かび上がった。

> 「30代は、1998年の(小渕恵三首相・金大中大統領による)日韓パートナーシップ宣言が出され日韓關係が大きく改善し、韓國に關する情報が大量に日本に流入した時代に幼少期を過ごした世代だ。特に學校現場では、小學校、中學校、高等學校において日韓の交流が全國各地で活發に行われたときであった。感性豊かな時期に、學校教育においてゆっくり時間をかけて韓國のさまざまな情報を受信したことが、彼らの認識に大きな影響を与えた」

これらの調査結果から、朝鮮半島由來文化財問題を日韓關係改善に向けた一つのアイテムとして取り上げることの意義について、次のことを確信した。

朝鮮半島由來文化財が日本に多數あることを認知した経路についての質問では、30代の32.9%が「學校の授業」と回答したのが目立った。この世代は、1998年の「日韓共同宣言—21世紀に向けた新たな日韓パートナーシップ」に基づき。日本の學校でさまざまな韓國情報を見聞きした世代に当たる。つまり、學校教育が文化財に關する知識を提供した可能性があるといえる。

さらに2023年には、國外所在文化遺產財団の研究事業支援を受け、「日本教員を對象にした『朝鮮半島由來文化財(韓國文化財)』關連教育の現況調査・研究」[11]を實施し、現在、その結果を集計・分析中である。

　その途中経過によると、「朝鮮半島由來文化財についての認知度」では、

　①全體で「良く知っている」「多少知っている」を合わせると64.0％が「知っている」と回答した。「聞いたことがある」(19.7％)を加えると83.7％が朝鮮半島由來文化財が日本にあることを認知している可能性がある。一般對象調査の51.3％と大きな違いを示した。教員の認知度は一般市民に比べて高いと言える。

　②年代別では「良く知っている」と回答したのは30代の28.9％が最高値で、續いて60代以上の26.5％、20代の22.2％、50代の21.8％、40代の12.9％の順だった。40代の數値の低さが目立つ結果となった。

　さらには「授業で文化財を取り上げる頻度」に關する調査では

　①全體では「1學期に2回以上」「1學期に1回程度」の合計が43.2％、これに「1年に２回程度」「1年に1回程度」を加えると91.4％が1年に1回以上、文化財問題を取り上げていることになる。

　②母數の少ない20代を除くと、「1學期に2回以上」の回答は30代が22.2％と突出して高かった。「1學期に1回程度」を加えると30代は55.5％と、各世代中で唯一半數を超えた。30代の過半數は1學期に1回以上文化財問題を授業で扱うと回答した。

　③一方、40代以上では「1學期に2回以上」の回答は、40代7.4％、50代4.5％、60代11.1％と押しなべて低い數値となった。

11　國外所在文化遺產財団研究事業支援「日本教員を對象にした『朝鮮半島由來文化財(韓國文化財)』關連教育の現況調査・研究」(2024年9月現在、最終報告書作成中).

最終報告では「一般市民と同様に30代の教員・教育担当者が朝鮮半島由來文化財に對する認知度が高く、學校教育の影響を多く受けたことを示している。さらに30代の教員は、自分の授業でも朝鮮半島由來文化財に關する授業を行った経驗が多く、その頻度も他の世代より多いことがわかった」との結論に至る見込みであり、文化財に關する教育が次世代育成に大きな役割を果たす教員にも、大きな影響を與えたことが確認できそうである。

3. 文化財教育による異文化共生への挑戰

1) 異文化共生の取り組み「国立アイヌ民族博物館」

　文化財に關する教育が時間をかけて正しく行われれば、文化財に對する公正な認識が高まる可能性がある。さらに文化財教育は、異文化共生の基礎を作る可能性があると考えられる。
　その可能性を示すのが北海道白老町にある「國立アイヌ民族博物館」の取り組みである。

　アイヌ民族の問題は、長い間日本國內において議論されてきたが、2009年7月に出された「アイヌ政策のあり方に關する有識者懇談會」(座長：內閣官房長官)の提言を受けて、2020年7月に國立アイヌ博物館が完成した。日本政府の國家予算で初めて建設された「異文化理解・交流」を目的とする施設である。
　アイヌ民族は、日本列島北部周辺、とりわけ北海道の先住民族で、日本語とは系統の異なるアイヌ語をはじめ、固有の文化を發展させて

きた。しかし明治維新後、日本政府はアイヌ民族の日本化政策を實施した。このためアイヌ固有の言語・文化や風習は急速に消滅していった。

　これに對して研究者やアイヌ民族出身の國會議員らの要請で、日本國內の「異文化」を存續させ、日本民族とアイヌ民族が共生することを目指し、1997年「アイヌ文化の振興並びにアイヌの伝統等に關する知識の普及及び啓發に關する法律」(アイヌ文化振興法)が施行された。同法に基づき、アイヌ文化を振興・創造・發展させる據点となり、さらにアイヌ民族の尊嚴を尊重した多様な文化を持つ社會を築いていくための象徴となる複合的な意義や目的を有する空間を整備する計画が具体化していった。

　そうした経緯からアイヌ民族博物館は、「異文化共生」「民族共生」の障害となる、異なる文化に對する知識・理解不足を解消する役割を期待され、設立されたのである[12](12)。

2) 文化財を介した日韓関係改善への可能性

　國立アイヌ民族博物館の事例を参考に私は、朝鮮半島由來文化財に對する日本人の認識の低さを解消するためには、日韓兩國の文化財を展示し、兩國の文化がどのように影響し合って來たのかを學ぶ恒久的な施設の建設と、適切な教育プログラムが必要だと考えた。さらに考古學者や文化人類學者の方々と議論をする中で次のような結論に達した。

　　「文化財を考える時、どの民族が、どの地域でその文化財を創造したのかを重視する考え方は、考古學や文化人類學ではすでに過去のものとなっている。価値の高い文化財は、全世界の人々の心を動かすものであ

12　參照資料：國立アイヌ民族博物館H.P.　https://nam.go.jp/　(2024年6月19日檢索)

り、そこから文化財の保存、保全の必要性が自然と共感される社會的雰囲氣を釀成することが、人類に課せられた共通の課題となっている。文化財の所有や歸屬をめぐる問題の解決は、『文化財は世界の誰にとっても重要』という基本的な認識の下に成立する。そうした認識實現に向けた、最初の試みとして、國立アイヌ民族博物館の活動が始まったと理解しても良いだろう」

そのようなことを考えていたとき、2020年9月24日の「韓國日報」に次のような趣旨の韓國の文化財專門家の發言が掲載されたのを目にした。

「(文化財を所藏する海外の)運營団体との信賴關係を築き、『(我々が)より良く保存・管理できる』ということを相手に示す必要がある。海外に流出した文化財の返還を求める事業は重要だが、文化財を現地に置いたままで教育や研究に利用することも必要だ」[13]

これは言い換えれば、「文化財や互いの文化の価値・意味を日韓市民が一緒に學び理解することは、兩國の關係改善、兩國の恒久的な安定的な關係を築く上での極めて重要な基礎になる」という事を意味している。
發言の背景には、「文化財は隣接する國や民族との交流や刺激がなければ生まれない」という考え方がある。例えば、江戸時代に花開いた日本の陶磁器文化は16世紀末、豊臣秀吉が挑戰・中國の支配を目指して始めた「文祿・慶長の役」という不幸な出來事により朝鮮から連れてこられた陶工たちの力がなければ生まれなかった。この事實を日本人はどれほど理解しているだろうか。教育により「異文化交流」「異文化共生」を

---

13 "문화재 '환수' 못지 않게 '현지 활용'도 고민해야죠" 고려나전함 환수 성사시킨 최응천 국외소재문화재재단 이사장(2020年9月24日、韓國日報21面WEB版より引用) https://m.hankookilbo.com/News/Read/A2020092309310000077?did=NA?did=NA (2024年6月19日檢索)

學び、實体驗すれば、「兩國關係改善は必要」との社會的雰囲氣が擴大し、これまで解決をあきらめたり回避したりしてきた日韓關係全般の懸案も解決に向かう可能性が高まるであう。そのために韓國にある(日本由來の)文化財を日本で、日本にある(朝鮮半島由來の)文化財を韓國で、それぞれ長期間展示する施設を作り、兩國の專門家が共同で研究したり、學生たちが現物を見ながら交流の歷史を學んだりする機會を作れば、文化財は相互交流の歷史と相互理解(異文化理解)の重要性を考える貴重な共通財產となるであろう。

4. 日韓學生交流と今後の展開

1) 「対馬国際ワークショップ」

以上のような考えをもとに私は韓國の國外所在文化遺產財団と日本の日韓文化交流基金の支援を受け、仲間と協力し、2021年から日韓學生交流事業「朝鮮半島由來文化財を知るための對馬國際ワークショップ」を毎年實施している。

予算の制限もあり、先に提言した恒久施設をすぐに作るのは難しいことから、日韓の學生が集まり、古代から日韓交流の歷史的現場であった長崎縣・對馬で兩國交流の「証據物」を直接見聞し、その經驗を基に日韓の學生が意見交換をするという行事に取り組んだのである。

ワークショップでは、まず日韓の專門家による講義を中心にした公開ワークショップを實施し、對馬の歷史を總合的に展示する「對馬博物館」を專門家およびリソースパーソンの案内で見學する。さらに參加學

生はタクシーに分乗して、島内の希望の場所の「現地踏査」を経験する。

　講義と現地踏査を通して、なぜ朝鮮半島由來文化財が日本にあるのかを知り、文化財問題を解決するにはどうしたらよいかを日韓の學生が一緒になって考える機會を設けた。さらに對馬住民(高校生を含む)を交えた交流の場を設け、リラックスした形式で親睦・相互理解を図った。ワークショップ終了後に、參加した學生たちに報告書と報告動畫(VTR)を作ってもらった。

　そもそもなぜ對馬でワークショップを開催したのか。日韓の交流に關する施設や文化財が對馬には山ほどある。道端に轉がっている石仏、あるいは一般民家の仏壇の仏像などの中から、調べてみると中國や朝鮮半島由來のものがいくつも發見されている。

　例えば、對馬の人口20人ほどの集落のお堂(黒瀨觀音堂)に二体の仏像がある。地元の人々は、これらの仏像を安産のお守りとして、何百年もの間、毎年秋にお祭りをしてきた。二体の仏像は、それぞれ國指定重要文化財である銅造如來坐像(統一新羅時代、8~9世紀)と、町指定有形文化財である銅造菩薩坐像(李朝時代、15~16世紀)という一級の文化財である。

　もう一つは、2020年に對馬市内の民家で發見された仏像(統一新羅時代8~9世紀)である。この民家の奥さんが、仏壇を整理していたところ、古い仏壇の奥からこの仏像が出てきた。九州國立博物館の研究員が調べたところ、1000年前の統一新羅時代に作られた渡來仏であることが分かり、奥さんもびっくりしたという。

　ちなみに九州國立博物館の調べによれば、對馬で發見された渡來仏は約130体あり、中國や朝鮮半島で5~17世紀に作られたものが存在するという。

2012年10月に對馬の神社と寺院の仏像二体が韓國の窃盗団によって盗難されるという事件が起きた。幸い仏像は釜山で警察当局によって押収され、窃盗団の犯人も逮捕され有罪判決を受けた。單純な窃盗団による盗難事件であったが、韓國側(寺院)が「盗まれた仏像は元々韓國の寺にあったものだから返還しなくてよい」と主張し、裁判に訴えた。

　2023年10月、韓國の大審院(最高裁判所)は原告側の訴えを退け、仏像の所有權は長崎縣の寺にあると認める判決を言い渡したが、仏像がいつ對馬の寺に返還されるかのめどは立っていない。

　最初に述べたように、朝鮮半島由來文化財の問題は、植民統治時代のものに限定しているが、それ以前の文化財の扱い方は、植民統治時代の文化財の扱いにも少なからず影響を与えている。そのような現場にも日韓の學生たちは足を運んだ。

2) 成果と今後の展開

　ワークショップに参加した學生たちは何を見聞し、何を考えたのだろうか。

　以下、學生たちがワークショップ終了後に作成した報告書から、彼らの感想の一部を紹介し、本ワークショップによる教育が發表者の意図する「『文化財問題』解決を恒久的な日韓友好親善の新アイテムに」という目的に合致していることを示したい。

2022年度ワークショップ報告書から引用

「まず、私たちは講義を聴いたり、對馬の様々な場所を訪れたりしたことによって、對馬は以前、日本と朝鮮を結ぶ兩國の架け橋の役割を担っていたこと、對馬と朝鮮、それぞれが友好な關係を維持しようと

努力していたことなどを學ぶことができた。國交が制限され、他國の文化を學ぶ機會が限られている中、このようなイベントがあったおかげで江戸時代の日本文化はより發展することができたうえ、その兩國の架け橋である重要な場所としての役割を果たした對馬があったからこそ、今の兩國があると考えた。そして、このように朝鮮通信使がいた時代は、對馬が日本の入口として活躍し、對馬での日韓交流が活性化したことで、その盛り上がりが日本全國へと廣がっていった。すなわち、對馬の活性化は日韓交流の活性化にも繋がることになる。よって、今また對馬での日韓交流がより盛んになれば、その盛り上がりが日本全國へと廣がっていき、日韓交流がますます活性化すると考える。そして、對馬では日韓の文化財を今でも大切に守り續けていることや、對馬高校を始めとした韓國への理解を深める取り組み、私たちが對馬の「朝鮮通信使の足跡」を辿り、日韓の學生が交流したことなどによって、對馬が再び韓國との架け橋になり得ると考える。私たちは、對馬で日韓交流がさらに活性化することを期待している。

　また、今回のワークショップを通じて私たちが特に注目したことは『文化財は、以前は兩國の繋がりや交流を示すものとしてそれ自体に価値が見出されていたが、近代になると所有の對象となった』という点である。近年は、文化財の価値や所有をめぐる問題など、様々な議論があり、その文化財が、誰にとってどのような価値があるのかを客觀的に判斷することはとても難しいことである。そしてそれが、國家間あるいは個人間の問題を引き起こしている。しかし、そのような中でも、その文化財は誰のものなのかを爭うのではなく、本來の目的であるように、兩國の繋がりの象徴として位置付けて、兩國が共に文化財を守っていけたらいいと考えた。

　加えて、私たちは實際に對馬へ訪れたことによって、今まで知らな

かった日韓交流の歴史をより深く知ることができた。そしてそれらは、本で學んだり、1人で學んだりするだけでは分からない事であったと考える。實際に目で見て觸れることで感じることができるものが、1人ではなく、共通の關心を持つ者同士で集まって學ぶことで得ることができることもあると知った。よって、生まれ育った環境も生活も違う私たちのような多樣なバックグラウンドを持つ人々が對馬あるいは朝鮮半島の文化や文化財、日韓の文化交流に關心を抱いているという共通点によってこの國際ワークショップという場に集まったこと自體に意義があったのではないかと感じた。

　最後に、私たちは、このワークショップを通して他文化を理解することの重要性を強く感じた。なぜなら、このワークショップで何かを一緒に見たりお互いの意見を言ったり、共に物事を作り上げていったりすることによって、對馬の日韓交流の歴史だけでなく、相手を深く知ることができたからである。朝鮮通信使がいた時代も、お互いがこのように相手のことを知ろうとする姿勢が見られた。したがって、日韓交流をよりよくするには、まずは相手のことについて知ろうとする努力が必要であると考える。そうすれば、もっと相手について知りたいと思うようになるだろうと考える。そうして、相手のことをもっと知ろう、交流しようとする人が増えること、それが多くの人々の認識の変化をもたらすきっかけとなる。これは、文化財について考える時にも通じると考える。文化や文化財を扱う時には、それが生まれた背景や歴史を十分に理解することが不可欠であり、だからこそ、多文化を理解することが非常に重要である。このように、相手を理解しようとする姿勢が、人と人との交流、ひいては國同士の外交の場でも重要である。また、このような日韓の交流および日韓關係の更なる發展のためには、政治的な話し合いや交流だけでなく、私達1人1人の努力や

積極的な交流が必要であることが今回のワークショップを通して証明されたと考える。したがって、より多くの兩國の人々が直接會い、交流する機會をもっと增やすことが大切であると考えた。だからこそ、今回のような良いきっかけを、今回だけで終わらせず、今後とも積極的に交流を續けていきたいと考えた。このような交流を續けていくこと、そして議論を續けていくことが、お互いのことを理解し尊重しあえる日韓關係を築く第一步となり、日韓關係をより良い方向へと導いていくと考える」

「日韓交流の據点としての對馬の役割：對馬は朝鮮半島に最も近い日本の領土であり、對馬に殘された古代遺物からは長くにわたる朝鮮半島との關係が分かる。地理的な近接性によって、對馬は歷史的に大小の戰亂の場所になることもあれば、朝鮮半島との貿易と朝貢を通じた經濟的交流の據点にもなっていた。特に、江戶時代には朝鮮通信使を通じた交流の場となったことから、對馬では朝鮮通信使を記憶するための歷史館が立てられ、通信使と關連した行事を行うなど、先人たちが行ってきた日韓交流を多様な方式で今日まで受け継いでいる。 しかしその一方で、2012年には海神神社と觀音寺の仏像が、韓國人窃盗団によって韓國へ密搬入される事件があった。この事件によって韓國と對馬の關係は惡化し、日韓交流行事の行事取り消しや、韓國人觀光客に對する否定的な認識が生じることともなった。さらに關係が徐々に回復する中においても、コロナウイルスによるパンデミック狀況が重なり、對馬と韓國との交流はその困難さを增している。

しかしながら、長い歷史の中で、朝鮮通信使を通じて途絶えていた日本と韓國の外交關係が回復したように、多くの人々の努力で日本と韓國との交流據点としての對馬の役割は途切れずに、今日まで殘って

いる。對馬がこれまでのように、朝鮮半島と日本の架け橋となり、日韓交流の場としての役割を果たせるよう、兩國の市民が歴史と現在を記憶する努力をしていくことが必要なのではないだろうか。

　對馬における日韓學生交流の意義：先述したとおり、對馬は朝鮮半島と地理的に近く、昔から多くの交流があった一方で、歴史的な事件の中では、兩國の關係惡化に伴う、交流の斷絶や相互の國民に對する認識の惡化が起こった最前線でもあった。しかし、昨今では韓國のK-popやドラマが日本で流行し、日本のアニメと音樂が韓國で流行するなど、個人における相手國への文化的關心は、兩國の交流をつなげる大きな原動力となっている。かつては、直接現地まで行って互いの文化を樂しまなければならなかった他國の文化も、情報通信機器の發達によって、今日ではインターネットを通じて遠くからでも樂しむことができる。また、言語交流アプリやSNSを通じて外國人の友達を作ることも難しくはなくなったが、實際に顔を合わせることとは情緒的に違うのも事實だ。そのような狀況の中で、日韓・韓日交流の場としての役割を果たした對馬において、日韓の學生たちが會って文化遺跡地を訪問し、探求しながらお互いの歴史をより深く理解し、文化についても知ることができた今回のワークショップは、非常に意味深い經驗だった。特に、日本と韓國という異なる文化的環境で生活してきた兩國の學生が『日本語』、時には『韓國語』を使いながら交流し、その言語の背景にある文化についても理解しようと、互いに歩み寄りながら調査出來たことが1番の成果であったと考える。この歩み寄りの姿勢は、今回のような民間での交流だけではなく、『國家』對『國家』の關係においても重要であるが、今日における日韓・韓日關係はこの部分を忘れてしまっていることも多い。その意味で、今回のワークショップは、兩國共通の歴史を學び、文化や言語の相互理解を通じて、今後の日韓・韓

日交流が重要だという事實を改めて悟る契機になった。日韓・韓日關係を支える學生同士の交流を通して、兩者の『歩み寄り』を常に實踐していくことは、未來の兩國關係を作ることであり、今後も継續していくべきではないだろうか。

　今後の文化財問題(誰のものか、どうするべきか)について：對馬における文化財の多くは、日本と韓國の交流の歴史であり、兩國のものであると考える。兩國の交流の歴史として、對馬の中で殘り續け、韓國と日本から對馬に來る人々にとって、文化財が過去を振り返り、現在を見つめ直すものとしてあり續けることが重要といえるだろう。ただ一方で、いわゆる兩國關係が『斷絶』している時期に、どちらかの國によって、作者や保持者の意図に反して本來あるべきではない場所に移動してしまった文化財については、一概に兩國のものとは言えない部分がある。特に對馬には長い歴史の間、多様な理由で對馬に殘るようになった朝鮮半島由來の文化財も多い。このような文化財を巡っては、『仏像盜難事件』のように個人が法を破って盜むという事件も實際に起きており、可能な限り早急に對處していく必要があるだろう。ここで必要になるのは、個人レベルでの受け渡しではなく、公式的に文化財の個數と保存状態を把握する國家レベルでの調整であると考える。　特に、今まで長い間定着してきた文化財の意味をなくし、一朝一夕で移すことは非常に難しい場合も多い。そういった場合には、對馬に殘された文化財が韓國(朝鮮半島)のものであることを知らせ、記憶し、確實な保存と管理を約束してもらうことが重要だと考える。今後は、この過程の中で、日本と韓國の兩國が互いに歩み寄りながら、文化財を本來あるべき場所に戻していくことがより大切なのではないだろうか」

2023年度ワークショップ報告書から引用

「本報告書を執筆するにあたり、班員それぞれに對馬に對するイメージはどのようなものかという質問をした。韓國からきた學生からは、自動販賣機や標識など日本らしいものがたくさん目に入り、日本という「外國に來た」という印象を抱いたとの回答を得た。一方で日本の學生の一部は、韓國との近さを強く感じたとの回答があり、韓國語が書かれた看板や韓國語を話す人が印象深いものとして擧げられた。本文を執筆している日本の學生である私も同じ印象を抱いたのだが、日本の學生の中には、そのような外國としての韓國の要素があることで、逆に強調される日本人としてのアイデンティティが讀み取れる場所だとの回答も得た。同じ場所を巡っていてもこのように全く違う感想をそれぞれ抱いているということは非常に興味深いが、そもそもある地域や事象に對するイメージはこのように千差万別なものである。だからこそさまざまな軋轢が生じるのだが、私たちのこの會話では誰かが誰かの意見を否定することはなく、自分と違う感想を持つ人がいるという事實をただ認め合うのみであった。お互いがこのような姿勢でいられたことは、今後の文化財をめぐる話し合いを考える上でも大変希望となる出來事であった。またもう一つ希望が見えた場面を振り返ると、博物館の資料に關する解說文が、對馬でも釜山でも近似していたことが擧げられる。ある事件や出來事などの事象を解說するとき、話し手の主觀を完全に排除することは難しい。しかし、物質である博物館資料をモノとして捉え、解說するのには主觀は必要ない。例えば大きさや、重さ、大まかな形は誰が測っても同じになるからだ。もちろん、それらの情報のどれを聞き手に提示するかは話し手の裁量であるが、聞き手はその情報を同じ立場で檢證することが可能である。このように、聞き手と話し手が同じ立場に立って話し合いができるという

意味で、モノを對象とした對話は文化財をめぐる議論において重要なものとなると考える。このような貴重な示唆を得ることができたことが、本ワークショップにおける大きな收穫であった」

「私たちは、實際に仏像盜難事件の現場となった神社や寺院を訪れた。その中で分かった共通する特徴は、周囲や敷地内に全くと言って良いほど人氣がないことである。集落から離れた場所にあったり、集落の近くにあっても人がほとんど通り掛からなかったりと、重量のある仏像を運び出す大掛かりな犯罪行爲でも容易に遂行可能な狀況にあるのだ。また、宝物庫に警報器を設置しても、海に囲まれた島であるという特性上、常に海風にさらされてすぐに壊れてしまうといった難点がある。警報器がネズミ等の動物に反応してしまうため、いちいち警報がなる度に確認に行くのが面倒で電源を切ってしまう施設もあるという。AIなど最新の技術を導入するにも莫大な費用が必要で、それだけの費用をかける価値のある仏像であるということが世間一般に認められなければ導入は難しいということだった。

窃盗団は、上述したような神社仏閣内外の環境や、警報器の動作状況、住職や神官の生活パターンなどを団体ツアーなどに紛れ込んで慎重に探り、綿密な計畫を立てて犯行に臨む。こうした犯罪行爲の「バイブル」となっているのが、研究者が發表した論文だという。對馬に現存する、骨董的・歴史的価値のある仏像をリストにまとめた論文が、研究者の意図に反して窃盗団や骨董商の間でターゲットリストとなってしまったのだ。世間一般に仏像の価値を知ってもらうことも重要だが、こうした副作用が發生してしまうことを考えると、仏像に關する研究や情報公開はより愼重に行われるべきだと言わざるを得ない。

施設の老朽化や、警報器の故障など、盗難事件を防ぐためには様々

な障壁があるが、最も変革すべきは地域住民の意識である。對馬島民にとって仏像は、『貴重な文化財』ではなく『生活の中に溶け込み、日々ご加護をいただく仏様』なのだ。地域が一丸となり、危機感を持って仏像を守る体制を構築するためには、地域住民に仏像の価値を知ってもらう必要がある。一方、骨董的・歴史的価値だけでなく、地域の人々の心の問題にも目を向ける必要がある。上述したように、仏像は日常の中に溶け込んだ存在であり、昔から地域の人々の信仰の對象、大切な心の據り所なのである。そうした心の據り所が突如として奪われてしまったことへの罪は非常に重い、と先生は語ってくださった。私たちは『事件』と聞くと、事實關係や盗まれたものの価値ばかりに目を向けがちだ。しかし、地域の人々の心理的喪失感といった心の問題に對するケアや、信仰を保護する方策についても模索していく必要があるのではないだろうか」

＊報告書の下線は本論文の筆者(大澤)が書き加えたものである。
＊2021年度ワークショップはコロナ禍のため對馬ではなく福岡、佐賀を會場に實施した。このため今回の發表では學生たちの報告書內容を取り上げていないことをお斷りしておく。

ワークショップは、今年(2024年)も11月に實施を予定している。今年は以下のような開催趣意書を日韓の大學に送って學生推薦を求めた。

【開催目的】

　長崎縣對馬市は朝鮮半島から海を隔ててわずか50キロの距離に位置し古代から、朝鮮半島の文化が日本に到來する窓口としての機能を果たしてきた。一方この近さゆえに、戰いに巻き込まれたり、困難な外交交渉の仲介役を負わされたりした。對馬は、そんな時間の流れの中で生きてきた人々の知恵と経験が詰まった「宝庫」でもある。その對馬で古代からの日本と朝鮮半島の交流の歴史をたどり、その証據となる史跡や遺物の殘る文化財所在地を訪問し、專門家の講義を聞くことで理解し、兩國の友好協力の重要性を理解することを目的にワークショップを開催する。

　また、韓國側から兩國の歷史と關係性を見るために文祿慶長の役(壬辰・丁酉倭亂)關連資料等を多數展示する韓國國立晋州博物館を訪問し、日韓の交流や衝突が兩國の文化や文化財にどのような影響を与えたかについて學ぶ。その一例として今年度は朝鮮の技術と日本の陶土によって完成した日本の陶磁器文化について、對馬でのワークショップの講師として朝鮮人陶工を始祖にもつ沈壽官氏(または關係者)を招き、参加者の理解と關心を深めることにしている。

　2016年より京都・大阪・奈良・東京・福岡・對馬で開催してきた同趣旨のワークショップの経験を引き継ぎながら、日韓兩國の大學生・大學院生(日本9人、韓國9人)が對馬と釜山・晋州を共に訪問し釜山・晋州の自然とユニークな歷史・文化に触れることで、わだかまりなく、率直な學びと交流が實現できるよう目指す。

　文化財について誰(どちらの國)のものかということを論じるのではなく、この文化財が日韓兩國にとってどのような意味を持っているの

か、なぜここにあるのかを知ってもらうことが大切である。

　日韓の大學生がそれを知ることをきっかけに、日韓の永い歷史にもっと關心持ってもらい、日韓關係を改善することの必要性を深く考えやがては、恒久的かつ安定した日韓友好親善の基礎を築く核心的な人材に育ってくれることを切に願っている。

〈筆者プロフィール〉

大澤文護(OSAWA BUNGO)

1957年東京生まれ。

廣島大學政經學部卒業後、1980年每日新聞社入社、ソウル特派員、マニラ支局長、ソウル支局長などを歷任。

2013年から23年まで千葉科學大學危機管理學部教授。

現在は天理大學客員教授、特定非營利活動法人東アジア相互理解促進フォーラム理事長。

專門は朝鮮半島情勢、國際安全保障論。博士(危機管理學)。

主な著書に『北朝鮮の本当の姿がわかる本』(1994年、こう書房)、『金正恩体制形成と國際危機管理　北朝鮮核・ミサイル問題で日本人が本当に考えるべきこと』(2017年、唯學書房)、共譯書に『砂漠の戰場にもバラは咲く　イラク戰爭從軍取材記』(2003年、每日新聞社)がある。

〈토론문〉

엄태봉 | 대진대학교

　본 글은 한일 양국 간의 문화재 반환 문제를 주제로 양국의 인식 변화를 촉진하고 우호 관계를 구축하기 위한 방안으로 쓰시마에서 실시해 온 「일한학생워크숍」과 같은 활동을 소개하고 있다.

　먼저 문화재 반환 문제를 통해 한일 양국의 협력과 우호 관계를 위해 관련 행사를 실제로 실시하고 있는 오사와 분고 이사장님께 큰 박수와 감사의 말씀을 드리고 싶다. 보통 '한일 관계 개선', '한일 양국 우호 관계 증진'이라는 '말'은 누구나 다 할 수 있지만, 이를 위해 실제로 무언가 행사를 개최하거나 '행동'으로 옮기는 일은 많지 않다. 그러나 오사와 이사장님께서는 2021년부터 문화재 반환 문제를 주제로 「일한학생워크숍」을 실시해 오고 있으며, 국외소재문화유산재단을 통해 동 문제 관련 인식 조사도 실시해 왔다. 역사인식문제라는 접근하기 어려운 문제와 관련하여 한일 양국의 대학생들과 함께 교류 행사를 개최하고 있다는 점은 크게 환영받을 일이고 박수받을 일이라고 생각하며, 가시적인 성과가 언젠가는 나오기를 바라며, 다음과 같은 의견 및 질문을 드린다.

1. 문화재 반환 문제에 대한 입장

　기본적으로 문화재 반환 문제에 대한 입장은 문화(재) 국가주의(Cultural Nationalism), 문화(재) 국제주의(Cultural Internationalism)로 나뉜다. 전자는 문화재가 국가와 민족의 역사, 공동체, 정체성을 나타내는 것이기 때문에 원산국에 반드시 존재해야 하며, 따라서 현 소유국은 문화재를 원산국에 반환해야 한다는 입장이다. 그리스, 이집트, 인도, 중국, 한국 등이 여기에 해당한다. 후자는 문화재가 재산권이나 국가의 관할권, 그리고 문화재의 원산지나 현 소재지와 관계없이 인류의 유산이며, 그 가치를 더 많은 사람들이 공유하기 위해 원산국이 아니라도 적절한 공간에서 있어도 된다는 입장이다. 영국, 프랑스, 이탈리아, 독일, 일본 등이 이에 해당한다.

오사와 이사장님의 글을 본다면, 특히 "한국에 있는 (일본유래)문화재를 일본에서, 일본에 있는 (조선반도유래)문화재를 한국에서 각각 장기간 전시하는 시설을 만들어 양국의 전문가가 공동으로 연구하거나 학생들이 현물을 보며 교류의 역사를 배울 수 있는 기회를 만든다면 문화재는 상호교류의 역사와 상호이해(異文化理解)의 중요성을 생각하는 귀중한 共通財産이 될 것이다"라는 결론에 해당하는 부분을 보면, 1) 오사와 이사장님의 의견은 문화재 국제주의에 해당하는 것 같은데, 맞는 것인지. 2) 그리고 그 입장이 한일 양국 간의 문화재 반환 문제에 있어서 최선의 것인지, 3) 한국에서 전시할 일본 관계 문화재와 일본에서 전시할 한국 관계 문화재로는 무엇이 있는지에 대한 의견을 듣고 싶다.

2. 문화재 반환에 대한 한일 양국의 입장과 새로운 시설 건립 문제

한일 양국에서 문화재 반환 문제에 대해 예를 들어 '일본에 있는 한국 관계 문화재를 반환받지 않고, 일본에서 적절하게 보존해도 된다는 여론이 형성되고 그것이 실제로 이루어질 수 있을까?'라는 생각이 든다. 한국에 있는 일본 관계 문화재 보다 일본에 있는 한국 관계 문화재의 수가 훨씬 더 많을 것이고, 한국의 문화재 반환 문제에 대한 기본적인 입장은 '불법적인 식민지 지배하에 불법적으로 문화재가 약탈/반출되었다'이므로, 일본에서 한국 관계 문화재를 보존/전시/연구할 수 있도록 하자는 의견은 좀처럼 받아들여지기 힘들 것 같다.

오사와 이사장님의 의견과 같이 장기간 전시하는 시설을 새롭게 만드는 것은 어렵지 않을까 생각을 한다. 이미 도쿄 박물관의 동양관 5층에 한국 관계 문화재를 소개하고 있기도 하고, 그와 같은 시설을 만드는 것은 일본 정부의 결단이 필요하기 때문이다. 새로운 시설이 만들어진다고 하더라도 어떠한 문화재를 전시할 것인지, 또한 해당 문화재를 어떻게 설명할 것인지가 문제가 될 것이다. 주지하다시피 일본에 있는 한국 관계 문화재가 어떠한 것이 어디어 얼마나 있는지 현재도 정확하게 파악되지 못하고 있고, 앞으로도 그럴 것이다. 그러한 상황 속에서 어떠한 문화재를 전시할 것인가가 문제가 될 가능성이 높다. 예를 들어 덴리대학에 소재한 안견의 몽유도원도는 자주 전시되고 있지 않다. 일본정부가 몽유도원도를 새로운 시설에 기증 또는 대여해 달라고 했을 때 덴리대학이 이를 받아들일 것인가?

한편 문화재 반환 문제에 대한 한일 양국의 입장은 서로 다르기 때문에 한국정부는 어떠한 문화재에 대해 '약탈'이라는 표현을 차치하더라도, '불법', '강압', '의지에 반해서' 등의 표현을 원할 것이고, 일본은 이를 반대할 것이기 때문이다. 도쿄박물관이 전시하고 있는 오구라 컬렉션을 보더라도 한일회담 당시 한국정부는 불법적으로 반출했기 때문에 이에 대한 반환을 강하게 요구했지만, 일본정부는 응하지 않았다. 이러한 교섭 배경까지도 설명할 수 있을 것인가?

일본정부가 새로운 시설을 만들 수 있을지, 그럴 경우 어떠한 문화재를 전시하면 좋을지, 관련 문화재에 대한 설명을 어떻게 하면 좋을지에 대한 의견을 듣고 싶다.

3. 일본 소재 문화재 찾기

개인적으로 문화재 반환 문제를 연구하는 입장에서 문화재를 반환받는 일도 물론 중요하지만, 어디에 어떠한 문화재들이 얼마나 소재하고 있는지를 파악하는 것이 가장 중요하다. 일본정부나 지자체, 개인들의 적극적인 도움이 없으면, 이를 자세하게 파악하는 일은 어렵다. 일본에 있는 한국 관계 문화재를 찾는 방법에 대해 오사와 이사장님의 의견이 있으시면 들려주시기 바란다.

한일 양 언어문화를 매체로 하는 상호이해 촉진에 관한 연구*

나카가와 아키오中川明夫 | 쇼케이대학교

요지

한국어와 일본어에는 어순이 거의 동일하고 공통적인 한자어를 사용하는 등 공통점을 많이 지니는 반면 직접적인 표현 방식과 간접적인 표현 방식을 선호하는 등 상이점도 많이 존재한다. 본 논문에서는 한일사회가 지닌 상이한 (비가시적인) 내재문화가 한일 양어에 깊이 반영하고 있다고 본다. 이 생각에 따라 일부이기는 하지만 한일 양 언어표현과 내재문화의 관계를 비교 분석했다.

한일사회가 지니는 내재문화는 한일양국이 놓인 '섬나라'와 '반도국가'라는 '환경'의 차이가 크게 영향을 미치고 있다. 즉 언어와 내재문화의 관계에는 한일 양 지역이 지니는 환경적 특징이 반영하고 있는 것이다. 내재문화를 무시하고 가시적인 현상만을 보게 되면 서로 오해하고 갈등하는 원인을 제공하는 결과를 초래한다.

한일 양어와 내재문화가 '환경'의 차이가 원인이 되어 특징 지어지는 사실을 이해한다는 것은 한일사회를 깊이 있게 이해하고 상호이해를 촉진하는 힌트가 될 것이다.

키워드 : 내재문화, 한일 양어, 언어문화, 환경, 상호이해

---

* 본고는 졸고 『脫「韓國傍觀論」入門』(2023)과 「內在文化と日韓兩語との關連性に關する硏究」(2021)에서 일부 내용을 인용했다.

1. 머리말

　우리는 한일관계를 생각하게 될 경우 정치인이나 언론이 전하는 정보를 '무조건' 받아들이는 경향이 있다. 이들 정보의 대부분이 가시적인 현상을 다룬 것들이며 어느 특정한 필터를 통해 조절된 정보일 경우가 많다. 한일 사회가 안고 있는 문제·과제에는 공통점이 있는 반면에 각 사회에 특정한 사정이 반영된 특이한 사정도 있으나 후자를 알리며 이해를 돕는 자료나 기회는 그리 많지는 않다.
　이와 같은 한일관계를 개선하기 위해 우리가 넘어야 할 '담'은 가시적(可視的)인 현상을 발생케 하는 심층적(深層的) 사정을 파악하는 것이다. 그것은 비가시적인 요소이므로 심층적인 문화라고 불러도 될 것이다. 심층적인 문화는 사회에서 일어나는 여러 현상에 영향을 미치기 때문에 심층적인 문화를 무시한 채 가시적인 현상만을 판단할 경우 개인·사회·민족·국가 간에서 오해·갈등을 일으키게 된다.
　심층적인 문화는 한국과 일본 문화의 산물인 언어에도 영향을 미친다.[1] 심층적인 문화가 상이한 언어사회에 사는 외국인 학습자가 목표 언어를 무의식적으로 자기가 속하는 언어문화식으로 콘텐츠를 변이시켜서 어색하게 표현해 버리는 원인 중의 하나가 바로 심층적인 문화의 간섭인 것이다.[2]
　예를 들면 일본어를 외국어로 배우는 한국어 화자들은 '髪が黒くなる藥

---

[1] Sapir.E.(1958, p.69) "실제적으로 '현실세계'의 대부분이 집단의 언어습관을 기반으로 해서 무의식적으로 구축되어 있다 … 우리가 보고 듣거나 다른 방법으로 체험한다는 것들의 거의 대부분은 우리가 속하는 공동체가 지니는 언어습관이 일정한 해석을 선택하게 하기 때문이다."

[2] 鈴木(스즈키 1973)는 눈에 보이지 않아서 알아차리기 어려운 숨은 문화(covert culture)가 외국어를 이해하는 과정에 있어서 간섭을 일으킴으로써 외국어 표현을 무의식적으로 학습자 자신의 문화적 문맥으로 갈아 치우는 일이 흔히 일어남을 지적했다. 스즈키에 의하면 이 숨은 문화의 존재를 알고 이해하는 것이 이문화 이해의 열쇠이자 외국어 학습의 큰의의이다.

머리카락이 까매지는 약' '英語が上手になる方法 영어가 능숙해지는 방법' 등의 일어 문장을 '髮を黑色にする藥 머리카락을 까맣게 만드는 약', '英語を上手にする方法 영어를 능숙하게 하는 방법' 등 타동사를 사용해서 번역하는 경우가 많다.[3]

심층적인 문화는 비언어적 표현에도 영향을 끼치곤 한다. 그 대표적인 예로서 '맞장구(相槌)'을 들 수 있다. 일본어 화자들은 맞장구를 한국어 화자보다 자주 사용하는 경향이 있다. (물론 개인적인 차이는 있음) 따라서 일본어 화자가 맞장구를 많이 치지 않는 한국어 화자를 대할 때 '자기 이야기를 잘 듣고 있는 건가?', '내 이야기가 재미없나?', '나 때문에 기분이 상했나?' 등 오해할 경우가 있다. 또 일본어 화자는 대체로 상대방 이야기를 '잘 듣는' 반면 한국어 화자들은 자기 생각·의견 등을 '주장'하는 태도가 현저하다.[4]

불가시적인 심층적 문화를 무시한 채 가시적인 현상을 해석하려면 외교를 비롯한 국가간 관계에서도 오해가 생기고 서로 다가서기 어려운 존재로 인식하게 되기 쉽다. 기억에 남는 것 중 하나는 역사·영토 문제가 화제가

---

3 森田(모리다 1995, p.114)는 한국어와 일본어 표현이 지니는 특징 중의 하나가 수동태의 사용빈도에 있고 한국어는 일본어에 비해 수동태 표현을 많이 사용하지 않는다고 지적했다.
예를 들면 '雨に降られました.'고 하는 일본어 표현에는 '비에 젖었다'고 하는 상황과 그 상황을 통하여 '슬프다·유감스럽다·놀랐다' 등 부정적인 심리가 내포되어 있다. 위 일본어 표현을 자동번역 기능을 통해 한국어로 번역해 봤는데 '비를 맞았습니다.', '비에 흠뻑 젖었습니다.' 등으로 번역됐을 뿐 원래 일본어 표현이 지니는 부정적인 심리가 내포된 표현을 찾기 어려웠다. 이들 언어현상에 대해 모리다(森田 1995)는 일본어 화자들이 수동태 표현을 선호하는 배경에는 'ソト(가치관을 공유하는 한도가 낮은 존재)'(예 비)를 'ウチ(가치관을 공유할 수 있는 존재)'(예 나/자신)보다 큰 가치를 지닌 존재로 생각하려는 심리가 있음을 주장했다.
4 李善雅(2001)이 실시한 실험에 의하면 일본어 화자들은 자신의 의견을 직접적으로 표현하는 것보다 상대방에게 배려하는 태도가 현저한 반면에 한국어 화자들은 자기주장하는 것을 우선시하는 경향이 있다.

될 때 일부 사람들이 진행했던 시위를 보도했던 언론을 통해 '한국(일본) 국민들은 일본(한국)과 나를 미워한다'고 생각했던 사람들이 적지 않았을 것이다. 한편 반일(반한) 시위가 벌어지던 곳에서 '프리허그(free hugs)'를 시도했던 한국(일본) 젊은이들도 있었는데 그들에게 받아들이고 격려했던 한국(일본) 사람들도 있었고 '나는 일본인들 모두를 미워하는 것이 아니다'고 언급한 사람들도 적지 않았다.

눈과 귀를 통해서 입력되는 정보는 언어(말)로 개념화되면서 '내언화(內言化)'된다. 그 과정을 거쳐서 '이미지화'되고 그 과정이 지속하면 '스키마화' 된다. 예를 들면 긍정적인 뜻을 지닌 '상투적인 표현'은 문제가 없지만 부정적인 뜻을 가진 상투적 표현의 경우 발신자가 수용자에게 부정적인 감정을 줌으로써 오해·혐오 등이 생겨 원만한 커뮤니케이션을 못 하게 되곤 한다. 이러한 현상이 언어가 상이한 지역에서는 더더욱 그렇다.

유감(遺憾)이라는 단어를 예로 들면 전에 일본 정부가 한국 정부에 대해 사죄한다는 뜻에서 이 단어를 사용한 바 있었다. 그 때 한국 사회에서는 이 단어의 뜻을 부정적으로 받아들여 문제가 됐었다. '유감(遺憾)'은 '아쉬움(殘念さ)'을 나타내는 반면에 '상상치 못 하던 상황을 객관적으로 평가함'을 뜻하는 기능도 있기 때문에 사죄하는 문맥에서 사용하게 되면 '책임회피(責任逃れ)'하는 듯한 이미지는 상대방에게 주곤 한다. 그리고 문맥에 따라서는 '비난·불만'의 뜻도 나타낸다. 한국어 '유감'도 일어와 거의 동일한 의미와 기능을 지닌다. 그러나 제일 큰 문제는 '유감'이 정치적인 문맥에서 자주 사용되는 함축적인 표현이라는 점이었다. 그래서 한국 정부에 대해 '정치적·형식적'이라는 부정적인 인상을 주고 말았던 것이라 생각된다.

어느 지역에서 사람들의 가치관·습관이 다른 지역 사람들의 그것과 다르면 사용되는 언어(말) 및 비언어적 표현도 다르기 십상이다. 한일 양어에는 '가나(仮名)도 한글도 실용성을 지닌 문자', '어순이 거의 동일함', '교착어(膠着語)', '어형과 의미가 유사한 한자어가 많음' 등의 공통점이 있다. 반면에 '음절문화(가나)와 음소문화音(한글)''한자 교육에 대해 찬반양론이 있다' '수동태 표현의 사용빈도 차이' '돌려 말하는 표현의 사용빈도 차이' 등 상이점도 적지 않다. 본고는 그 원인 중의 하나로 양언어에 반영된 심층적인 문화의 영향을 인정하는 입장을 취한다.

한일 양 사회에 존재하는 심층적인 문화를 파악하고 그것이 생기게 된 원인을 고찰하는 일은 양 지역에 사는 우리가 서로 공감대를 형성하는 힌트를 제공해 줄 것이다. 본고에서는 심층적인 문화를 '내재문화(內在文化 immanent culture)'라고 부르기로 한다. 그리고 '한일 사회에는 어떤 내재문화가 있는가?', '그 내재문화는 한일 양어와 어떤 관계가 있는가?', '한일 양지역의 내재문화가 형성된 경위는 무엇인가?'에 대한 고찰을 통해 한일 사회에 사는 우리가 상호이해 관계를 촉진할 수 있는 방안을 탐구하고자 한다.

2. 언어표현과 내재문화의 관련성

2.1. 내재문화에 대하여

'문화'에는 여러 정의가 있으나 크게 3가지로 분류된다. 하나는 특정한 사회가 고유한 문화를 가지는 것이 아니라 일반적인 특징을 지닌 결과물을 문화로 보는 관점이고 타이러(Tylor)가 대표적이다.[5] 두번째는 보아즈(Boas)로 대표되는 정의이며 문화를 환경적 제한이나 역사적으로 우연히 발생한 결과 등 특정한 사회에 존재하는 특유한 요소로 보는 관점이다.[6] 세번째로 문화를 다양한 인위적 행동으로 인하여 발생하는 '문화적인 산물을 만들어내는 조건'으로 보는 관점이 있다. 이러한 관점에 따르면 문화적 산물이 그

---

5 Tylor.E.B.(1903[1871])를 참조했음.
6 Stocking, G.W.(1966)을 참조했음.

사회 구성원에게 용인가능(容認可能)한가가 문제가 된다. 따라서 특정 사회의 문화적 산물인 언어표현은 그 사회의 문화가 반영되는 동시에 언어가 지니는 문화적 가치는 특정 사회에서의 용인가능성으로 인하여 결정된다.[7]

그러나 문화에 대한 정의가 다수 있다고 해도 문화가 '사람'을 주체로 하면서 형성·변용·승계되는 점은 공통적이다.[8] 우리는 '인적·물리적, 시공간적'인 환경과 관계를 맺으면서 살고 있는데 언어라고 하는 존재는 우리와 인적·물리적, 시공간적인 환경과의 관계를 나타내는 도구인 것이다.

추상적인 견해이지만 우리 인간에게는 보이는 '몸'과 보이지 않는 '마음'이 있다. 따라서 문화에도 '가시적인 문화'와 '비가시적인 문화'가 있다고 할 수 있다. 鈴木(스즈키 1973)는 후자를 가리켜 '숨은 문화(covert culture)'로 불렀다. 또 金·히라이(平井2005)는 풍토(風土)나 지정학, 민족적인 체험 등이 상호작용함으로써 형성되는 문화적 유형·역사적인 산물의 근본에는 어느 사회·국가·지역 사람들이 만들어 내는 사회현상으로서의 '원형' 또한 '집단적 무의식'이 있다고 주장했다. 본고에서는 이들 '숨은 문화', '원형·집단적 무의식' 등으로 불리는 심층적인 문화를 '내재문화(immanent culture)'로 부르기로 한다.

우리를 둘러싼 환경에는 선천적·후천적인 환경이 있다. 전형적인 선천적 환경은 비인위적인 환경인 지리적 환경이다. 일본에는 섬나라, 한국에는 반도국가라고 하는 선천적인 환경이 있는 것이다.

---

[7] 唐須(도스 1988, pp.91~95) "언어활동에 있어서 우리가 예측할 수 있는 것은 어느 특정한 사람들이 특정한 상황에서 어떻게 발화하는가 하는 일이 아니라 발화가 용인 가능한가 인 것처럼 문화에 있어서도 예측 가능한 일은 특정한 상황에서 특정한 사람들이 어떤 행동을 취했을 때 그 언어행동이 특정한 사회의 구성원들에게 어느 정도 용인되는지에 관한 일이다."

[8] 唐須(같은 책, p.99) "우리 주변에 존재하는 것들이 의미를 지니게 될 계기는 그 존재가 지니는 가치(소쉬르가 지적한 의미에서)로 말미암인데 그 가치는 사람을 중심적인 기준으로 결정된다."

〈그림 1〉 섬나라·일본과 반도국가·한국
* 출전 : (일본)도야마현이 작성한 『環日本海諸國図』

 이들 선천적인 환경은 역사·정치·외교·경제·사상·언어 등 한일 양지역에서 형성·계승해 온 후천적인 환경 형성에 영향을 미쳐 왔다. 실제로 한일 양 사회는 〈도표 1〉처럼 상이한 환경을 갖추고 있다.[9]

 선천적·후천적 환경과 내재문화의 관계에서 전형적인 예는 역사와 민속이다. 한반도는 대륙과 연결되어 있어서 중국·러시아를 비롯한 여러 나라들과 교류하면서 영향을 주고받았다. 동시에 '여몽전쟁'(1231~1270년), '정유호란'(1627년), '병자호란'(1636년) 등 국경을 사이에 두고 수많은 분쟁을 겪었다. 일본과의 사이에서는 '원구'(1274년, 1281년), '임진왜란·정유재란'

---

[9] 사람과 환경과의 관계는 '환경결정론' 및 '환경가능론'의 입장에서 고찰해 왔다. (富田 도미타 2020, pp.277~278) 전자는 사람에 대한 환경적 영향이 지대함을 인정하는 반면 인종차별이나 식민지 지배 등을 정당화하는 근거가 되었다. 후자는 사람은 환경(자연)의 단순한 일부가 아니라 사회적·역사적인 존재이고 환경에 다양하게 적응할 수 있다고 주장한다. 즉 환경은 사람에게 가능성을 부여하는 존재로 간직한다. 본고는 이들 2가지 견해를 융합한 입장에 선다.

〈도표 1〉 한국과 일본이 놓인 환경적 특징

		한국	일본
선천적인 환경 (비인위적)	지형 자연	반도 사계절, 자연재해 있음	섬나라 사계절 있음. 자연재해 많음
후천적인 환경 (인위적)	언어 역사적 사회구조 정치 사상 통치 형태 경제 사상 신앙	한국어 문인 주도의 농경사회 자유민주주의 대통령제 자본주의 집합적(集合的)[10]	일본어 무인 주도의 농경사회 자유민주주의 내각제 자본주의 중층적(重層的)[11]

(1592~1558년), '일제시대'(1905~1945년) 등 세 번에 걸쳐서 갈등의 시대를 보냈다. 덧붙여 현재 국토는 남북으로 분단되어 있다. 국경을 둘러싼 긴장감·위기감 속에서 민족의식이 고조되어 외세의 동향에 예민해질 수밖에 없는 국민성이 형성되었다.

살기 힘들었다고 평가받는 세대가 있다. 그 중에서 2가지는 외세의 침략이 원인이었다. 한반도에 대한 세외의 침략으로는 '임진왜란, 정유재란'과 '일제시대'만이 강조되는 듯한 언급이 있으나 그 외에도 한국은 반도국가로서 외세로 인한 갈등을 수없이 겪어 왔다. 즉 한반도에 사는 사람들에게 있어서 위협은 '사람'이었던 것이다. 수많은 침략과 국내 권력투쟁을 겪으면서 보편성을 찾을 수 있던 요소는 '가족(혈통)'과 '이상'이었다.[12] 이와 같은

---

10 한국사회에도 重層信仰을 볼 수 있으나 일본사회에서의 '神仏習合'과 같은 종교 형태는 흔하지 않다.
11 고대 일본사회의 토속신앙이 발전해 나가면서 神道가 되었다. 神道는 '교주·경전'을 갖추지 않는 '자연종교(自然宗敎, 통속이나 습관을 중심으로 하는 신앙)'이며 현재 일본사회에 큰 영향을 미친다. 神道는 환경에 적응할 수 있는 종교이기에 시대와 사회환경의 변화에 순응하면서 불교·유교·기독교와 같은 '創唱宗敎(교주·경전·교단을 갖춘 종교)'와 잘 융합할 수 있었다. 神道를 축으로 하는 종교적 토대 위에 일본사회에는 여러 종교가 융합한 '重層信仰'이 형성되었다.
12 드라마『대장금』이나『동이』등을 제작한 한국을 대표하는 드라마 감독·李丙勳은 한국사람들은 '꿈'을 소중히 여긴다고 주장한다. 이것은 강대국으로부터 외적 압박을

환경에서는 '사람'에 초점을 두는 가치관이 형성된다.

〈도표 2〉 격변을 살아낸 한반도의 세대

	유년기~노년기
1	몽골로 인한 침략과 약탈
2	경신대기근, 을병대기근
3	임진왜란·정유재란, 정묘호란, 병자호란, 명청전쟁에 대한 파병

한편 섬나라인 일본은 풍부한 자연에 둘러싸여 있다. 자연은 때로는 사람들의 생활 기반을 송두리 채 빼앗아 간다. 사람의 힘을 훨씬 뛰어넘는 자연의 위력과 아름다움과 일체가 되는 것이 일본인들의 근본적인 인생관이다. 하이쿠가 지니는 룰인 '有季定型'에는 자연과 공존하면서 생을 영위해 온 섬나라가 지닌 환경이 짙게 영향을 끼치고 있다. 일본인들은 자연과 함께 사는 환경을 갖춤으로써 안락감을 느낀다. '환경을 갖추고 나서 비로소 안도감을 느끼는' 일본인의 성격은 이와 같은 사정에 기인한다. 일본에 있어서 위협은 태풍·지진 등 '자연'인 것이다.[13]

무엇보다도 지정학적으로 섬나라인 일본은 사방이 바다로 둘러싸여 있기에 외세로 인한 침략이 거의 없었다. 쇄국정책을 취할 수 있었던 것 자체가 한반도와 크게 구별되는 지정학적인 차이점이다. 덧붙여 일본 봉건정권 하의 농경사회에서 국내 이동이 금지되거나 제한되었기 때문에 말(언어)보다 비언어적 수단(눈치보기나 태도)에 위주하는 의사소통을 해도 큰 문제는 없었다. 이와 같은 환경 속에서는 상대방과 환경을 공유하는 일이 삶을 영위하는 데 중요했다.

민속면, 특히 사상·신앙 면에서 한일 양 지역은 공통적이면서 상이한 특

받았고 엄격한 신분제도 하에서 어려운 생활을 영위했던 민족성의 발로이다.
13 オギャンスタン・ベルク(오귀스탄 베르크 1992, p.665) "일본인들이 지니는 문화적 객관적 현실로서 그들은 기후에 매우 예민하다고 할 수 있다."

징을 지닌다.

한국은 반도국가이기 때문에 이웃나라에서 문물이 전파됐다. 특히 유교 사상은 중세 이후 봉건정치의 중심적 개념으로서 국교가 되었고 그 영향 하에서 가족·씨족을 기반으로 하는 '인간'을 중시하는 사회상이 형성되었다고 생각된다.

한편 자연환경을 토대로 해서 발전해 나 온 일본 神道는 교주·교전을 갖지 않는 '자연종교'이고 '創唱宗敎'인 불교·유교·기독교와 상이한 성격을 지닌다. 神道의 신(神)은 자연 속에 존재하고 사람에게 혜택을 준다. 따라서 사람은 자연 환경을 소중히 가꾸면서 신이 임재할 수 있는 환경을 조성해야 한다. 또 神道는 시대와 풍토에 따라 형식을 바꾸면서 '관습·풍습·관례·축제'로서 일본사회에 뿌리를 내리고 있다.

이상과 같은 내용을 토대로 해서 본고는 내재문화를 다음과 같이 정의하려고 한다.

선천적인 환경을 기점으로 하며 사람이 주체적인 입장에 서서 형성되는 후천적인 환경에 영향을 주는 불가시적(不可視的)인 요소

2.2. 한일 양 지역이 지니는 내재문화

개인·지역·사회 제도 등에서 영향을 받겠으나 '행복을 추구하는 태도'와 '자신이 놓인 환경에 적응하려는 태도'는 모든 인간에 있어서 공통적이다. 전자는 욕망·소원에 따르는 '만족감'으로 인하여 결정된다. 인간은 환경에서 분리되지 못하는 존재이므로 환경과 어떠한 관계를 맺으며 존재하고 그 관계 속에서 행복을 얻으려는 존재이다. 다만 환경과의 관계에는 보다 적극적으로 환경에 적응하려는 태도와 환경에 동조함으로써 만족해지려는 태도가 서로 교차하면서 존재한다. 전자와 후자를 각각 '환경주관적', '환경동조

적'인 태도로 볼 수 있을 것이다. 환경주관적인 태도를 취할 경우 자신이나 자신이 속하는 집단의 원하는 바를 성취하기 위해 환경에 적응하려는 '이상 지향적'인 가치관이 형성된다. 한편 환경동조적인 태도로 환경에 적응하게 되면 '상황 지향적'인 가치관이 형성된다.

본고는 일본사회에서는 환경동조적인 자세·태도를 지녀서 상황 지향적인 사고방식을 취하는 사람이 한국사회보다 많고 한국사회에서는 환경주관적인 자세·태도를 지녀서 이상 지향적인 사고방식을 취하는 사람이 일본사회보다 많다고 본다. 이와 같은 한일 양 사회가 보이는 내재문화는 〈도표 3〉과 같이 정리된다.

내재문화는 소위 '주의'로 불리는 강제력을 지니는 것이 아니고 '이원론(二元論)'으로서 한정되는 것도 아니다. 한국사회에도 상황 지향적인 사고방식으로 기울어지는 사람들도 있고 일본사회에도 이상 지향적인 사고방식으로 기울어지는 사람들이 있다. 본고에서는 비록 같은 환경에 처해 있어도 한국사람은 이상 지향적인 사고방식을 취하고 일본사람들은 상황 지향적인 사고방식을 취하는 확률이 높다고 본다. 내재문화는 특정한 사회가 지니는 보편적인 성격인 동시에 사회 구성원에 따라 차이가 나는 개별성을 띠는 요소이며 서로 교류함으로써 변화가 일어날 수 있는 다양성을 띠고 있다. "(문화라고 하는 것은)교류하는 것이고 계속 병용하는 것이고 모방되는 것이며 궁극적으로는 개인이 선택하고 결단하는 문제'이기 때문이다.[14]

어느 특정한 사회의 구성원들이 지니는 내재문화는 특정한 풍토가 빚어낸 사회상과 구성원 개개인이 사용하는 언어표현에 영향을 미친다.

다만 이와 같은 일본사회에서는 '환경에 순응하면서 이상 하는 바를 성취하려는' 상황 지향적인 태도가 현저하고 한국사회에서는 '현실에 만족하기 보다는 더 높은 이상을 성취하려는' 이상 지향적인 태도가 현저하다.

각각 이와 같은 태도를 지니면서 환경에 적응하며 행복을 누리려는 경향

---

14 西川(니시카와 2001, p.277)를 참조했음.

이 있다고 본다. 이와 같은 가설이 옳다면 이들 내재문화(태도)는 한일 양어에 반영되어 있을 것이다.

〈도표 3〉 한일사회가 지니는 내재문화[15]

	한반도		일본
내재문화	행복을 추구하는 태도		
	환경주관적 ←	환경에 적응하려는 태도 →	환경동조적
	이상 지향적		상황 지향적
특징	・희망사항・소원을 중요시 ・직접적인 표현을 선호 ・계몽적인 역사관 등		・입장・책임을 중요시 ・간접적인 표현을 선호 ・객관적인 역사관 등

2.3. 내재문화와 언어표현의 관계

그러면 내재문화는 언어표현에 어떤 형식으로 반영되는 것인가? 언어표현을 정확히 이해하고 구사하기 위해서는 '대상(사물)-생각-어형' 관계를 습득할 필요가 있다. 이 관계는 원어민들이 모어에 대해 갖추는 심리적 타당성(psychological validity)을 형성하는 요소이다. 원어민들은 이 '대상-생각-어형' 관계를 이해・활용할 줄 아는 능력을 언어 생활을 통해서 (정도 차이는 있으나) 체득한다.[16] 특정한 언어사회에는 특정한 내재문화가 존재하고 그것이 '대상-생각-어형' 관계를 사회를 구성하는 사람들 사이에서 공유할 수 있는 후천적인 환경을 형성하고 있다.

---

15 졸고(2023, p.12)를 참조했음.
16 본고는 언어표현이 특정한 사회에서 용인가능성을 지니게 되는 근원적인 요소를 내재문화로 본다. '대상(사물)-생각-어형' 관계에는 내재문화가 반영되어 있기에 특정한 언어사회가 지니는 '대상-생각-어형' 관계에는 특정한 '선택조건(selectional restriction)'이 반영된다. 이 선택조건에는 개개인의 언어감각・습관・의도 등으로 인하여 차이가 생기듯이 언어표현과 내재문화의 관계에는 보편성과 개별성이 반영된다.

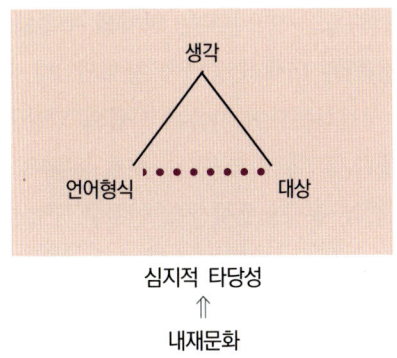

〈그림 2〉 언어표현과 내재문화의 관계

언어표현은 개인·지역·세대 등에 차이가 나는 다양성을 지닌다. 동시에 언어표현에 반영된 내재문화에도 보편성과 다양성이 융합되어 있다. 따라서 언어표현과 내재문화의 관계를 분석함에 있어서는 한일 양어에서 보편성을 지니는 언어표현을 연구대상으로 삼아야 한다. 본고는 보다 보편적인 언어표현을 대상으로 삼아 한일 양어의 심층에 존재하는 요소(내재문화)의 관련성을 분석하고자 한다.

다만 본고가 연구대상으로 삼은 언어표현은 한일 양어의 일부분에 불과하며 본고의 분석 결과만으로 한일 양어와 내재문화 전반을 밝혀냈다고는 할 수 없겠으나 앞으로 이루어질 연구에 대한 주춧돌로서의 역할은 할 수 있다고 생각한다.

2.4. 한일 양어에 반영된 내재문화

2.4.1. 문자

한국과 일본에는 고유문자인 가나(仮名, 히라가나·가타카나)와 한글이 있다. 가나와 한글은 실용성을 추구한 점에서 공통점을 지닌다. '히라가나'

는 한자 초서체(草書体)를, '가타카나'는 한자의 부수를 변경해서 만들어졌다. 한편 한글(훈민정음)은 15세기 중엽에 창제되었다. 한글의 모음은 삼재(三才, 天·地·人)를 상징화했으며 자음은 사람의 입안구조가 낼 수 있는 5가지 소리인 '軟口蓋音(牙音)·舌音·脣音·齒音·喉音'을 발생케 하는 발음기관을 상징화한 모습과 음양오행사상을 연결한 구조로 만들어졌다.

가나는 모음과 자음이 그 원형을 엿볼 수 없는 음절문자(音節文字)인 반면에 한글은 모음과 자음이 원형을 유지한 채 결합하는 음소문자(音素文字)이다. 또 한국어에는 일본어에서 찾기 힘든 '자음+모음+자음'이 결합하는 경우도 흔히 찾아볼 수 있다. 이 '자음, 모음, 자음' 구조는 일본어와 상이한 음률을 만들어낸다.

언어생활 면을 관찰하면 현재 일본어는 '히라가나·가타카나·한자(어)·로마자(영어 표기)·아라비아 숫자」5가지를 문맥에 따라 구사하면서 이루어진다. 일본어가 지닌 이와 같은 문자 체제에는 시각적인 아름다움을 중요시하는 일본어 화자들의 미의식이 반영되어 있다. 일본인들은 이들 5가지 문자가 형성하는 형식에 안도감을 느끼는 것이다. 즉 일본어는 상황에 따라서 문자를 구별해서 사용하는 일에 예민한 언어라고 할 수 있다.[17] 덧붙여 일본어의 한자는 문맥에 따라서 발음이 달라진다. '生'을 예로 들면 이 한자에는 'iki(ru), uma(reru), sei, sho' 등 12가지 발음이 있다. 이것에 인명·지명이나 숙어(예 生憎 ai(niku)'를 포함시키면 40여 가지 발음이 있는 셈이다.

한편 한국어는 시각보다 청각에 예민한 언어라고 할 수 있겠다.[18] 예를 들면 일본어 '三人, 三角, 三枚'의 '三'을 한글로 표기하면 '산 san, 상sang, 삼sam'이 되어 발음 차이가 확실해지는데 일본어로서는 이와 같은 차이를

---

17 "지적인 일본어인 경우 문자로 쓰여진 문어가 기본적인 틀이고 필요에 따라 그것을 음성화하는 특징이 현저하다고 해도 과언이 아니다."(日本語教育學會 1982, p.471)
18 "한국말의 언어적 특성은 문자적 차원보다는 구술적인 차원에서 그 독특하고 오묘한 맛과 멋이 살아난다."(일상문화연구회1996, p.219)

표기할 수 없고 언어생활에서 차이점을 의식하지도 않는다.

일반적으로 한국어에서는 '한글, 한자, 숫자, 영어'이라는 4가지 문자가 사용되는데 언어생활은 한글만으로도 큰 불편함은 없다. 다만 한글 표기로는 '동음이의어'를 문맥 없이 구별하기가 어렵다. 한국어를 일본어로 번역할 때 매우 어려운 항목은 '이름, 지명'이다. 예를 들면 '수정'이라는 이름만으로는 '洙晶'인지 '秀情'인지 '守靜'인지 알아 맞추기란 매우 어려운 일이다.

한국어 어휘 중에서 약 65%가 한자어이다. 현재까지 '한글 한자 혼용론'과 '한글 전용론'이 각각 장단점을 가리는 논쟁이 벌어지고 있는데 이와 같은 현상은 일본사회에는 없다. 이전에 이 문제를 토론하는 TV프로를 시청한 적이 있다. 그 때 주장된 내용은 주로 다음과 같았다.

· 한글 전용론
  a. 한글만 사용해도 언어생활에는 아무 지장이 없다. 난해한 한자(어)를 학생들에게 가르칠 필요는 없다.
  b. 한자교육은 40년에 이른 일본통치시대의 잔해이다.
· 한글 한자 혼용론
  c. 한글만으로는 동음이의어를 구별하지 못 한다.
  d. 한국어 어휘 중에서 65~70%는 한자어가 차지한다.

한국에서는 1948년에 '한글 전용법'이 제정되어 공용문을 한글로 작성하는 것이 법률로 결정됐다. 1980년에는 학교 교육에서 한자교육을 금지하는 '한자어 사용금지령'이 발령됐다. 한국사회에 있어서의 한자(어) 사용에 대한 논의와 태도에는 반도국가로서 수많은 고난의 역사를 엮어 온 지정학적·역사적인 사정이 반영되어 있다.

2.4.2. 표현

(1) 존재사(存在詞)

일본어에는 존재사 'ある·いる'와 'ない·いない'가 있고 한국어에는 '있다'와 '없다'가 있다.

〈도표 4〉 'いる·ある, いない·ない'와 '있다, 없다'의 대응관계

いる / ある	있다

いない / ない	없다

'いる'와 'ある'를 사용하는 대상에 대해 어느 대학교 학생에게 물어 봤더니 'いる'는 사람이나 동물 등 생물에게 'ある'는 그 외 사물에 사용한다'고 하는 답이 제일 많았다. 그렇다면 '花木がある(꽃이나 나무가 있다)', '乘り物などがいる(승차할 수 있는 사물이 있다)'고 하는 문장에 일본어 화자들이 위화감을 안 느끼는 까닭이 무엇인가?

例1)
① 公園にはたくさんの木がある。(공원에는 많은 나무들이 있다.)
② (タクシー乗り場で)いたいた, 驛前にタクシーがいますよ。
  ((택시 타는 곳에서) 있어, 있어. 역 앞에 택시들이 있어요.)

결론부터 말하면 'いる'는 스스로 움직인다(움직일 것 같다)고 화자가 판단하는 존재에 대해 사용하고 'ある'는 움직이지 않다(움직일 수 없는 것 같다)고 판단하는 존재에 대해 사용된다.[19] 예를 들면 늦은 밤에 택시를 잡으려고 하는 사람이 택시 타는 곳에서 손님을 기다리는 택시를 보고 '夕ク

---

[19] 三浦(미우라 1975, pp.150~154) '(일본어 화자들은)대상을 계속 움직이는 존재라고 파악했을 경우에는『いる』를, 비록 같은 대상이라고 움직임을 사상(捨象)하여 정지하는 존재로 파악했을 경우에는『ある』를 구별하면서 사용한다.'

シーがいる(택시가 있네)'라고 말할 경우가 흔히 있다. 또 일본어 화자들은 특정한 사물이 특정한 장소에 존재함을 가리켜서 'いる'을 사용한다.[20] '兄は韓國にいます。(형(오빠)은 지금 한국에 있어요)', '彼は獨りで部屋にいるのが好きだ。(그는 혼자서 방에 있는 것을 좋아한다.)' 한편 '次, お降りの方, ありませんか。(다음에 내리실 분 안 계세요?)', '昔々, ある所にお爺さんとお祖母さんがありました。(옛날 옛날에 어느 곳에 할아버지와 할머니가 있었어요.)' 하고 표현하듯 미지의 사물이 불특정한 장소에 존재함을 표현할 경우에는 'ある'를 사용하곤 한다. 동시에 '(가게 간판) カブトムシあります。(투구벌레 있습니다(팝니다))'라고 표현하는 듯이 자유스럽게 움직이지 못 하는 특수한 상태에 놓여 있는 존재에도 'ある'가 사용된다.[21] 즉 일본어에서는 '상황'에 초점을 두어서 'いる・ある'를 사용하는 것이 일반적이다. 한편 한국어의 존재사 '있다・없다'는 '존재한다・존재 안 한다'고 하는 관점을 기준으로 하여 존재하는 사물에는 '가시적, 불가시적'임을 떠나서 '있다'가 사용된다.

森田(모리타 1995)는 시각적인 감각이 일본어 표현에 깊이 반영된다고 지적한다.[22] 본고에서는 그 원인을 시작에 초점을 두는 일본사회가 지니는 문화적 요소가 일본어 표현에 반영됨을 지적하는 바이다. 일본문화 '축소

---

20 中島(나카지마 1987)를 참조했음.
21 山口(야마구치2004)가 시간이 지나면 이동할 존재'에 대해서는 'いる'를, '시간이 지나도 움직이지 않을 존재'에는 'ある'를 사용한다고 주장했듯 'いる・ある'를 사용함에 있어서는 시각에 초점을 두어서 인식하려는 (일본어)화자의 특징이 반영되어 있음을 알 수 있다.
22 森田(모리타 1995, pp.99~100) "(일본어 화자들은) 세상의 모든 것, 세상 자체가 자신과의 인간관계로서 인식하려고 한다. 사회, 세상이란 자기자신과 관계 짓지 않으면 인식하지 못한다…늘 주변 사람들 눈치만 보고, 남이 자기를 어떻게 보고 있는지, 그것만이 인생에서 가치를 지닌다고 생각한다. 그 결과 세상 사람들에게 잘 보이도록 신경을 쓰는 삶을 살게 되는데 사람들이 나를 보고 있다는 태도로 인하여 여러 가지 특이한 일본어 표현을 탄생케 한다."

지향적(縮み志向的)'이라고 정의하는 견해가 있는데 본고에서는 '시각 지향적'이라고 정의하는 것이 알맞다고 생각한다.[23] 시각적으로 파악하기 위해서는 규모가 작고 콤팩트하면서 손으로 잡을 수 있는 크기가 적당하다. 하이쿠(俳句)가 세계에서 제일 짧은 정형시가 된 원인으로서는 이와 같은 시각에 호소하는 문화가 반영되어 있는 것이다. 일본 애니메이션 기술에는 '음영에 대해 예민하고 명암을 잘 구별시킬 수 있는' 문화적 특성이 돋보인다. 외국인들이 습득하기 어려운 일본 커뮤니케이션 방법의 하나인 '察し(알아서 짐작하기)'도 시각문화의 하나이다. 즉 일본어 화자(개인적인 차이가 있음)는 시각을 중심으로 해서 존재를 판단하는 경향이 현저하다고 하겠다. 이 특성은 사물이 놓인 상황을 중요시하는 상황 지향적인 태도에 기인한다.

(2) 지시대명사~'ア 계통', '그 계통'~

한일 양어에는 '근거리, 중거리, 원거리'를 나타내는 지시대명사 'コ 계통·ソ 계통·ア 계통'과 '이 계통, 그 계통, 저 계통'이 있다. 이들 지시대명사가 나타내는 거리감은 거의 1대 1로 대응한다. 화자 가까이에 있거나 화자가 소유하는 사물에는 'コ 계통, 이 계통'을, 서로 비슷한 거리를 두는 사물에는 'ア 계통, 저 계통'을, 중간적인 위치에 있으면서 수신자 가까이에 있는 사물에는 'ソ 계통, 그 계통'이 사용되는 것이 일반적이다.

하지만 1대 1로 대응하지 않는 경우가 있다. 그것은 원거리를 나타내는 'ア 계통'과 중거리를 나타내는 '그 계통' 지시대명사이다. 예를 들면 표현하고자 하는 대상물이 눈앞에 없을 경우에는 일본어로는 'あの人'으로 표현하지만 한국어로서는 '그 사람'으로 표현한다.

다음 예문 2) ①, ②가 발화되는 장면에서는 한국어도 일본어도 먼 곳에 있는 '눈으로 보이는 존재'에 대한 긍정적인 평가(예문 ①)와 부정적인 평가(예문 ②)를 'ア 계통·저 계통'을 사용함으로써 나타낸다. 한편 '눈에 안

---

23 李御寧(1982)을 참조했음.

보이는 존재'에 대해 긍정적으로 평가할 경우(예문 ③) 및 부정적인 평가를 할 경우(예문 ④)에는 일본어는 'ア 계통'으로, 한국어로서는 '그 계통'으로 표현한다.

例2)
① (도와준 사람을 가리키면서)あの人のお陰で助かりました。
   저 분(アの方) 덕분에 살았습니다.
② 私たちの前に座っているあの人, 指名手配の犯人に似ていない。
   우리 앞에 앉아 있는 저 사람(アの人) 수배중인 범인을 안 닮았어?
③ 今度の選擧ではあの人に投票するつもりです。
   이번 선거에서는 그 사람(ソの人)에게 투표할 생각이에요.
④ あの人, 政治家なんて勤まらないよ。
   그 사람(ソの人)은 정치인 노릇을 할 수가 없지.

'눈 앞에 존재하지 않는 사물'에 대하는 심리적 거리를 나타내기 위해서 일본어로는 원거리를 나타내는 'ア 계통' 지시대명사를 사용하는 반면 한국어로서는 중거리를 나타내는 '그 계통' 지시대명사를 사용하는 언어현상에는 어떤 심층적인 요소가 반영되어 있는 것인가?

'ア 계통' 지시대명사를 사용하면 발신자・수용자 모두에게 동등한 거리감이 생긴다. 그래서 화자의 사물에 대해 공동의식 같은 것이 생김으로써 대상물에 대해 공감대를 형성하기 쉬워진다.[24] 특히 화제로 삼으려는 존재가 눈앞에 없을 경우 발신자는 눈에 안 보이는 대상물이 수신자 눈앞에 있는 듯한 거리감을 설정함으로써 화제에 대한 공유가 효율적으로 이루어진다.

한편 같은 상황을 '그 계통' 지시대명사로 표현하는 까닭은 안 보이는 존재를 수신자와 가까운 존재로서 설정함으로써 화제를 직접적으로 던지면

---

24 森田(모리타 2002)를 참조했음.

되는 한국어가 지니는 특징이 있기 때문이다. 한국사회에는 화제를 상대방 (주변)에게 쉽게 물어보기 쉬운 심리적인 거리감이 있다. 한편 일본어에는 안 보이는 대상물을 발신자와 수신자 모두가 공유할 수 있는 환경을 설정하고 싶다(해야 한다)고 하는 의식이 현저하는 사회적 분위기가 있다. 그러한 의미에서 'ア 계통' 지시대명사에는 수신자를 자신의 영역으로 끌어들이는 기능이 있다고 할 수 있다. 이에 비하면 한국어에는 발신자는 자신이 말하고 싶은 화제를 상대방에게 직접적으로 발화할 수 있는 심리적인 기능이 있다고 하겠다. 일본어에서는 원거리를 뜻하는 'ア 계통' 지시대명사로 표현하는 대상물을 중거리를 뜻하는 '그 계통' 지시대명사로 표현하는 한국어에는 발신자가 관심을 가진 사물을 수신자에게 직접 물어보고 표현하는 행동을 좋다고 보는 한국사회의 문화가 엿보인다.

(3) 의문사 의문문(疑問詞疑問文)

'이것이 뭐예요? ('これは何ですか。')', '이게 얼마예요? ('これはいくらですか。')', '날씨가 어때요? ('天氣はどうですか。')' 등 한국어에서는 회화를 시작할 때에 일본어 조사 'が'에 해당하는 조사 '가/이'가 사용되는 것이 일반적이다. 물론 '이것은 뭐예요?'처럼 일본어 조사 'は'에 해당되는 조사 '는/은'가 사용될 경우가 있으나 조사 '가/이'를 의문사(疑問詞)와 함께 사용할 경우가 일반적이다. 한편 동일한 상황에서는 일본어에서는 'これは何ですか。', 'これはいくらですか。', '天氣はどうですか。'처럼 표현한다.

일본어 조사 'が'에는 '신정보(新情報)'임을 뜻하거나 '해설이나 설명'을 요구하는 기능이 있다. 한편 조사 'は'에는 '구정보(旧情報)'를 뜻하는 기능이 있다.[25] 즉 '○○は+疑問詞'라고 하는 문장은 '○○'을 공통적인 화제(주제)로 삼는 의문사 의문문이다.[26]

---

25 한국어 조사 '가/이' 및 '는/은'에도 각각 '新情報', '旧情報'를 나타내는 기능을 인정하는 견해가 있다. (왕문용·민현식 1993, p.137)

예 3) 'いらっしゃいませ。' 'あの、この靴はいくらですか。'
    (어서 오세요.)   (저, 이 구두가 얼마예요?)

예3)처럼 'この靴(이 구두)'에 대해 값을 모르는 발신자(손님)는 '구두'를 미지의 사물로 인식해서 조사 'が'를 사용하면서 질문하는 것이 이치에 맞는다. 실제로 발신자(손님)과 수신자(점원)는 같은 장소에서 눈 앞에 있는 같은 상품을 보고 있고 두 사람의 공통된 화제는 값이기 때문에 조사 'は'를 사용하면서 화제의 공유를 일부러 안 해도 될 것이다. 하지만 이와 같은 상황에서 어찌 손님은 'これは~?'처럼 구정보를 뜻하는 조사 'は'를 사용하는 것일까? 이 언어현상에 대해 본고에서는 다음과 같은 가설을 세웠다.

> '일본사회에서는 사람과의 관계에서 '융합(和)'이 중요시된다. 융합을 이루기 위해서는 상대방과 화제나 환경을 공유할 필요가 있다. 공유하기 위해서는 이미 알고 있는 관계를 만들어서 갈등하지 않는 상황을 만들 필요가 있다. 특히 처음 만난 사람과 화제를 공유하고 있는 '기지의 관계(旣知の關係)'를 설정할 수 있다면 서로 부담이 줄어서 대화하기 편한 상황이 생긴다. 이와 같은 심리가 적용해서 대화 첫 장면에서 'これは(이것은)+의문사'라는 문장을 발하는 것이 아닌가? 그렇다면 이와 같은 문장에는 인간관계에서 충돌을 피하려는 심리가 반영된 표현이라 할 수 있다.'

대화의 첫 장면에서 조사 'は'를 사용해서 의문사 '何(무엇)·誰(누구)·いくら(얼마)·どこ(어디)·いつ(언제)' 등을 사용하게 되면 발신자와 수신자는 화제를 고유한 상황에 놓이게 되며 동일한 화제에 따라 갈등하는 것없이 대화를 주고받을 수 있게 되는 상황이 생긴다. 그러한 의미에서 이들 표현은 수사성을 지니는 '쿠션회화(어감이 부드러우며 상대방을 배려하는 회

---

26 " 'は'에는 수신자가 관심을 가지는 사물을 뜻하는 명사에 붙어서 그 명사가 문장의 '주제'임을 가리키는 기능이 있다." … 조사'が'에는 붙은 명사가 문장의 주제가 아님을 나타내는 기능이 있다.(野田 노다 1996, p.3, p.11)

화)'의 한 종류라 할 수 있다. 한편 '이것이 뭐예요?'와 같은 발화문은 주어를 명시하면서 직접적으로 답(뭐, 어디, 얼마 등)을 요구하는 표현이다.

대화 첫 장면에서 사용하는 'これは+疑問詞'이라는 표현에는 상대방과 화제를 공유하고 대화에 들어가기 전에 융합된 관계를 형성하는 것을 중요시하는 심리가 반영되어 있다.

(4) 과거·완료 표현

일본어로 'まだ來ていません'로 말해야 할 상황에서 한국어 화자들이 '아직 안 왔어요.'(직역 'まだ來ませんでした。')처럼 소위 과거형으로 표현하곤 한다. 이와 반대로 한국어 화자 중에서 적지 않은 사람들이 행사나 수업이 끝났을 때에 'ありがとうございました。(직역 '감사했습니다.')'처럼 말해야 할 상황에서 'ありがとうございます。(직역 '감사합니다.')'라고 말한다. 일본어에서는 문장을 '~た'로 끝내야 할 문맥에서 현재형을 사용하거나 '~ています(고 있습니다)'처럼 말해야 할 문맥에서 소위 과거형을 사용하는 등 한국어와 일본어에서는 '현재, 과거'에 대한 상이한 개념이 있는 듯싶다.

문장 끝 부분에서 사용하는 助動詞 'た'는 어느 행동이 완료한 것을 확인했음을 나타낸다. 한국어도 '과거형=완료 의식에 대한 확인'이라는 견해가 있어서 일본어와 공통된다.[27]

한편 일본어에서 부사 'まだ(아직)'를 사용할 경우는 '~ている・ていない'(직역 '고 있-, 고 있지 않-)'를 사용해서 문장을 끝내는 것이 일반적이다. 부사 'まだ'에는 '완료되지 않았으나 언젠가 완료할 가능성이 있다'고 하는 '미확인'을 나타내는 의미가 있다. 완료한 것을 확인 가능할 경우에는

---

27 왕문용·민현식(1993, pp.246~258)은 어미「었」가 지니는 기능을 어떤 결과가 현재까지 지속하고 있는 상태를 뜻하는 mood기능이며 그것을 '실현의식 實現意識'이라고 명명했다.

'지나간' 뜻을 담아 助動詞 'た'를 사용하는 것이 일본어의 발상이다. 그래서 'まだ來ませんでした。'처럼 말하게 되면 도착이라는 행동이 완료하지 않은 상황에서 도착한 것으로 인식한다는 모순성을 느끼게 한다.

완료한 상황에서 'ありがとうございます。'라고 말하거나 지속하고 있는 상황을 'まだ來ませんでした。'처럼 완료표현을 사용해서 말하는 한국어 표현에는 '과거는 현재와 끊을 수 없고 계속 이어지고 있는 존재'라고 하는 개념이 반영되어 있다. 이것은 한국사회에서는 '현재는 과거의 일부분이며 언제라도 과거로 돌아갈 수 있다'고 하는 개념의 현현이다. 金·平井 (히라이 2015)는 한국문화의 원형을 '원점으로의 귀결'로 지적했다. 이것은 많은 한국 사람들은 '현재로부터 과거로 반드시 돌아갈 수 있다'는 사고방식을 지니고 있다는 것이다. 이 문화성은 때로는 '역사문제는 아직 끝나지 않았다'고 하는 견해로 귀결된다. 이에 대하여 일본사회에서는 과거는 '벌써 지나간 존재, 돌이킬 수 없는 존재'로 생각한다. 일본 속담 '水に流す(물로 흘려 버리다)'고 하는 표현이 있듯 지나간 과거는 망각(忘却)해야 할 존재인 것이다. 과거·현재라고 하는 시간의 흐름을 언어로 명백히 구별하는 일본어 표현에는 '과거란 돌이킬 수 없다'고 하는 개념이 반영되어 있다.

(5) 대우표현(待遇表現)

특정한 사회에는 특정한 거리 의식이 반영된 '敬語, 常語, 卑語' 아니면 '敬体, 常体, 卑体'라고 불리는 대우표현이 있다. 이들 표현은 '어형, 기능, 적용'을 지닌다.[28] 본고는 그 중에서 '적용'면에 초점을 두어서 한일 양어의 대우표현과 내재문화의 관계를 고찰하려고 한다.

일본어의 대우표현의 큰 특징 중의 하나는 '자기와 가까운 사람을 높여서 말하지 않는 어형을 사용하는 점'에 있다.[29]

---

28 菊池(기쿠치 2010)를 참조했음.
29 柴田(시바타 1979)를 참조했음.

예 6)
もしもし、お父さんはいらっしゃいますか。(여보세요. 아버님은 계세요?)
いいえ、今、父はおりませんが。(아뇨, 지금 아버님은 안 계세요.)
そうですか。いつお歸りですか。(그래요? 언제쯤 들어오세요?)
すぐ歸ると思います。(금방 오세요.)

위 일본어에서는 가족에 대해 존경도0인 어형을 사용됐다. 한편 한국사회에서 성인이 된 자식은 연령이 많은 가족에게 말할 때, 가족을 제3자에게 말할 때에 존댓말을 사용하는 것이 일반적이다.[30]

두 번째 특징으로 대우표현에 반영된 유교사상을 들 수 있다. 예 7)는 드라마 『겨울연가』의 한 장면인데 여자주인공은 남자주인공이 동갑내기라 알게 된 순간부터 '너'나 '야', '무섭지 않아?' 등 반말(卑語·卑体)을 사용하기 시작했다.

예 7)
여자 ここは一体どこ？起こさないでどういうことですか。
남자 ……。
여자 何年生…ですか。
남자 2年生。
여자 おい、ゴリラが恐くないのか。二年生の中でお前みたいに度胸のある子は見たことない。早く來ないで何してるんだ？相乗りすれば、タクシー代浮くだろう！

이 장면을 일본어로 옮긴 자막에서는 '恐くないのか？→恐くないの？', '見たことない→見たことないわ' 등 소위 여성 말투로 불리는 표현으로 바꿔 표현했다.

---

30 그러나 어머니에 대해서는 성인이 된 자식도 존댓말을 사용 안 하는 경우가 많은 것 같다.

한국어는 원칙적으로 자신과 상대방을 '연령, 조직적 지위'의 고저(高低)을 기준으로 해서 대우표현의 어형을 선택하는 '절대경어'이다. 이것에는 '장유유서(長幼有序)'라고 하는 유교사상이 크게 영향을 미치고 있다. 일본어의 경우 자신과 상대방이 놓인 상황을 위주로 해서 대우표현의 어형을 결정하는 '상대경어'이다. 일본사회에서는 다음과 같은 상황에서는 상대방에게 꼭 경어를 사용하지 않아도 된다.

기준 ① 자기가 상대방보다 연상임이 분명할 경우
기준 ② 자기가 상대방에게 어떤 혜택을 제공하는 입장에 있을 경우
기준 ③ 친한 사이의 사람들(가족, 친한 친구 등)

그러나 이들 기준은 세대·성별·감정·장면 등 개인적이며 한정된 조건으로 인하여 달라지는 유동성을 지닌다. 덧붙여 상황에 따라서는 연하인 상대방에게 존댓말을 사용하기도 한다. 또 기준 ②는 '그때그때마다 적용되는' 기준이다. 이렇듯 일본어의 대우표현은 발신자가 놓인 상황에 따라 어형이 바뀌는 유동성을 띠고 있어서 한국어보다 더욱 복잡하다고 하겠다.[31]

한일 양어의 대우표현에서 더 한 가지 차이점은 '공개성(公開性)'이 어형에 적용되는 점이다. 일본사회에서는 친한 사이에서 주고받는 편지나 메일에서 존댓말을 사용하는 것이 일반적이다. 그 이유는 메시지가 기록되고 그것을 누군가가 볼 가능성이 있다고 생각하기 때문이다.[32] 한편 한국사회에서는 이와 같은 일은 드물다.

한일 양어의 대우표현은 발신자와 수신자의 친밀 정도, 장면, 상대에 대한 거리감 등이 조건인 점에서는 공통적이지만 일본어의 대우표현이 보다 '장식성'이 많아 화자가 놓인 상황에 따라 어형이 변하는 등 유동성을 많이

---

31 日本語教育學會(1990, p.152) "경어(대우표현)의 사용에는 단어와 문장에 대한 규칙적 운용에 앞서 상황이나 인간관계에 대한 적절한 판단(장면 판단)이 요구된다."
32 韓·梅田(한··우메다 2009)를 참조했음.

딴다.³³ 한편 한국어의 대우표현은 상대방과의 귀속적인 관계(연령, 혈연·지연 등)가 주된 적용 기준이 된다. 이와 같은 특징을 보면 한국어의 대우표현이 일본어보다 고정적이라 할 수 있다.

(6) 돌려 말하는 표현

일본사회에서 '피동표현'이 빈번히 사용되는 것에 대해서는 기술한 바와 같다. 피동표현 중에서도 제일 특이한 표현은 '迷惑の受身'라고 불리는 표현이다.

예 8)　① 雨に降られました。
　　　② 社長に殘業させられました。

한국어도 피동표현이 존재하지만 능동표현(비 피동표현)을 사용할 수 있는 경우에는 수용표현을 사용하지 않을 경우가 많은 것 같다. 예 8) 문장들을 한국어로 옮겨 보면 각각 '비를 맞았어요.', '사장님이 잔업을 시켰어요.'가 될 것이다. 영어번역을 자동번역해 봤는데 예 8) ①은 'I fell in rain./I was caught in the rain./I got caught in the rain.', 예 8) ②는 'The boss made me work overtime./I was made to work overtime by a president.' 등으로 번역됐다.

'迷惑の受身' 표현에는 발신자가 놓인 상태, 당한 행동을 제3자의 입장(주체)에 놓는 발상이 반영되어 있다. 그 제3자는 자신의 힘으로는 주관하지 못 하거나 하기 어려운 존재이다.

전에 언급했듯 森田(모리타 1995)에 의하면 일본어 화자들은 자신이 당한 사태를 타동사를 사용해서 표현하는 것을 선호하지 않는다. 즉 자기 의

---

33 日本語敎育學會(같은 책, p.378) "특히 현대사회에는 존중한 말투(丁寧語·美化語)가 주류를 이룬다. 이것은 현재사회에서 대우표현이 수신자에 초점을 두어서 사용되는 현상과 일치된다. 수신자를 대우표현의 중심적 존재로 초점을 둔다는 것은 일본어의 대우표현이 장면에 알맞게 표현되는 '상대경어·사교 경어'임을 가리킨다."

사대로 행동하는 것이 아니라 상황으로부터 영향을 받아서 현재 상황이 되었다고 하는 발상을 하게 되는 것이다. 상대방과 갈등하지 않는 환경을 만들려는 배려에서 간접적으로 표현하는 '돌려 말하는 표현'들이 일본사회에서는 많이 사용되는데 일본어의 피동표현도 그 중 하나인 것이다.

예 9)
① 'あんなことするから, 皆に嫌われるんだよ.'
    (저런 짓을 하니까 많은 사람들이 싫어하는 거야.)
② '私のどこが悪いって言うの?' 'なぜって, みんなそう言っているよ.'
    (내가 왜? 내가 뭘 잘못했다고?) (왜라니, 다들 그렇게 말해.)
③ (부부싸움) '警察呼ぶわよ.'
    (경찰 부른다!)

예 9) ①과 ②는 발신자는 '자기'이지만 나라는 존재를 애매하게 숨기고 주변 사람을 끌어들이는 듯한 언행을 함으로써 '비판을 받아도 당연하다'고 하는 상황을 만들어낸다. 그리고 예 9) ③처럼 부부간의 문제에 제3자(경찰)를 개입시킴으로써 상대방을 'ソト' 존재로 밀어내려는 심리가 강조된다. 예9) ①~③ 표현에는 'ヨソ' 아니면 'ソト'에 속하는 존재를 대화에 개입시킴으로써 'ウチ'가 지니는 존재가치를 낮추고 상대방을 '에워싸려는' 심리가 엿보인다.

이와 같은 표현은 한국어에도 있으나 일반적이라 하기 어렵다. 한국사회에서는 자기 생각이나 감정을 직접적으로 표출하는 경우가 많기 때문이다. 따라서 자기가 놓인 환경을 고려하면서도 자기를 주장하는 경향이 있다. 한국사회에서는 일본사회보다 돌려 말하는 표현을 사용하는 빈도가 낮은 이유는 이와 같은 정서적인 차이에 기인한다.[34]

---

[34] "일본어는 사물을 가리켜서 말하는 것보다 사물을 감싸듯 말한다고 하는 것이 적절하다. 한국어의 경우 다소 듣기 싫은 의미를 지닌 내용이라도 가능한 한 사실을 애

대우표현도 마찬가지지만 돌려 말하는 표현에는 한일사회의 인간관(人間觀)이 반영되어 있다.

한반도는 반도국가로서 내란과 주변국으로부터 수많은 침략을 당해 왔다. 덧붙여 왕을 축으로 하는 중앙집권체제 하에서 백성들은 힘있는 사람들로부터 짓밟히면서 살아왔다. 이와 같은 복잡한 환경에서 혈연을 중심으로 하는 집단의식이 형성됐는데 그것을 상징하는 말이 '우리'이다. '우리'를 접두사로 붙여서 말하는 대상은 '친근감·혜택·귀중함' 등을 갖춘(아니면 그렇게 믿는) 존재들이다. 우리 공동체에는 강한 연대의식이 있다. 한편 우리 공동체 이외 존재는 '남'으로 불리어 신경을 쓰거나 책임을 지지 않아도 되는 존재로 생각된다.

우리 공동체의 핵은 '나'이고 '나'와 제일 가까운 우리는 '가족'이다. 바꿔 말하면 우리 공동체에 속하는 사람·사물은 자기 가족처럼 절대적으로 신뢰할 수 있고(신뢰하고 싶은) 疑似家族으로서의 가치를 지닌다.

동시에 많은 한국 사람들은 우리의 범위를 넓히려고 하므로 '남'의 존재에게도 말을 걸거나 접촉하는 것을 거리끼지 않는다. 한국사람들이 호의를 느끼거나 관심이 있는 선배/후배들에게 가족명칭으로 부르는 언행에는 상대방을 우리 공동체로 인정하는(하려는) 심리가 반영되어 있다.

매하게 말하지 않고 사실 노출하듯 말하려는 태도가 일반적이다."(李御寧2004, p.161)

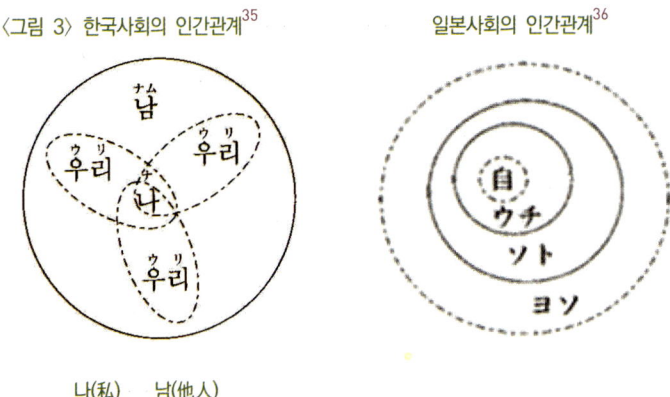

〈그림 3〉 한국사회의 인간관계[35]　　일본사회의 인간관계[36]

나(私)　　남(他人)

한편 'ウチ'에 속하는 사람들은 '가족, 친한 친구' 등 마음이 잘 통하고 가치관을 공유할 수 있는 사람들이고 'ソト'는 '회사 동료, 상사, 교수/교사, 자주 가는 가게 주인' 등 사회적인 관계를 공유하는 소위 아는 사람이며 'ヨソ'의 관계는 자신과 직접적인 관계를 지니지 않는 사람들을 말한다. 'ヨソ'에 속하는 사람이라도 '袖すり合うも他生の縁(옷깃을 스친 인연도 인연)'라 할 수 있는 상황이 되면 '남의 눈치를 보다 世間の目を氣にする', '남들 앞에서 부끄럽다 よそ様の前で恥ずかしい'하고 흔히 말하듯이 행동을 삼가하거나 억제하게 만드는 '세간·세상'으로서의 기능을 지니게 된다. 일본문화를 '수치감 恥'을 강조하는 문화라고 불리는 이유 중의 하나가 '세간'이라는 존재가 일본사회에서 언행의 규범이 되어 있기 때문이다.[37]

다만 'ウチ·ソト·ヨソ'의 각 영역에는 중간적 영역(中間領域)이 존재한다. 그래서 이들 3가지 영역의 경계선은 애매하여 상황을 파악하면서 말투

35　任·井出(임·이데 2004)를 참조했음.
36　三宅(미야케 1993)를 참조했음.
37　司馬遼太郎·ドナルド·キーン(시바 료타로·도널드 킨 1984, pp.132~133) "즉 섬나라에서 사람들이 살고 있고 웬지 모르게 이웃이 가까워서 오늘 저녁 반찬까지 서로 알게 되는 사회잖아요. 자연히 남이 보기에 부끄러운 일을 하지 못 한다는 개념만으로 사회 안녕질서가 유지됩니다. 그런 특징을 가진 나라는 찾기가 어렵습니다."

를 선택할 필요가 있다. 이 중간적 영역을 河合(가와이 1999)는 '중공구조(中空構造)'라고 명명하고 일본인들이 심리적 심층이라 주장했다.[38] 이 애매한 경계선은 이질적인 요소가 들어왔을 경우에 인간관계가 심각해지지 않도록 '미지근한 물과 같은 관계'를 형성하는 기능이 있다.

일본사회가 지니는 중공구조에서는 입장·환경에 동조하는 것(주변 사람의 '칸막이'를 넘지 않는 것)이 예의라 여겨진다. 그렇기 때문에 일본사회에서는 이 칸막이를 뛰어넘는 행위인지 아닌지를 잘 생각해야 한다. 한국사회처럼 큰소리로 말하는 행위는 칸막이를 뛰어넘는 행위로 여겨진다. 상황을 고려하지 않고 자기를 주장하는 직접적인 커뮤니케이션은 '눈치가 없다, 자기중심적이다' 등 안 좋은 평가를 받기 십상이다. 이와 같은 문화가 있기에 일본사회에서는 돌려 말하는 표현이 많이 사용되는 것이다. 바꿔 말하면 일본어식 커뮤니케이션은 '유추'라고 하는 필터를 통해서 이루어진다. 유추가 순조롭게 이루어지는 사이가 'ウチ'인 것이다.

한편 한국사회에는 기본적으로 '우리 공동체'만에 신경을 쓰면 되는 인간관이 있어서 우리 공동체에서의 인간관계가 제일 강한 동조압력을 가한다. 한국사회에는 우리 공동체 안에 존재하는 종적인 계위(階位)에 따라 대우표현을 사용하는 문화가 있다. 덧붙여 한국사회에 있어서의 '우리'와 '남'의 벽은 일본사회보다 낮고 얇다. 그렇기 때문에 존댓말을 사용하면서도 친밀한 관계를 맺기가 어렵지 않다. 한국사회에서 돌려 말하는 표현이 많이 사용되지 않는 이유는 '남'에 대해 칸막이를 넘기 쉬운 사회문화가 있기 때문이다.

의사소통 문화가 한일 양 사회에서 차이가 나므로 실제 커뮤니케이션 현장에서 갈등이 생길 원인이 된다. 〈도표 5〉는 일본인과 결혼하고 일본에서 사는 한국인 여성 24명을 대상으로 실시한 설문조사이다. 조사결과가 나타내듯 한국사회에는 일본사회보다 자기 생각·감정을 직접적으로 표출하는

---

38 河合(가와이 1999)를 참조했음.

(할 수 있는) 문화적 요소가 있음을 알 수 있다.

〈도표 5〉 일본인과 결혼한 한국인에 대한 설문조사의 결과

질문	Yes	No	보통	모르겠다
가족에게는 자기 생각/마음을 솔직히 말해야 한다.	75%	8.3%	※16.7%	8.3%
가족에게 자기 생각/마음을 솔직히 말한다.	54.2%	20.8%	25%	0%
배우자는 내 생각/마음을 잘 이해해 준다.	41.7%	8.3%	45.8%	4.2%
배우자는 나에게 자기 생각/마음을 솔직히 말한다.	45.8%	12.5%	33.3%	8.3%
일본사회는 솔직한 의사사통을 할 수 있는 사회이다.	4.2%	83.3%	8.3%	4.2%

※는 '경우에 따라 다름'

2.4.3. 문학~정형시~

정형시는 '사용하는 단어 숫자, 단어 배열에 관한 특정한 규칙을 지니는 단형시'이다. 일본에는 '하이쿠(俳句)·단카(短歌)·센류(川柳)'가 있고 한국에는 '시조 時調'가 있다. 전자는 '5·7 음률'을, 후자는 '3·4 음률'을 가지고 있다.[39]

『万葉集』에는 '마스라오부리(ますらおぶり, 객관적이며 남성적인 시풍)'을 풍기는 시가가 수록되어 있다. 그 후 편성된 『古今和歌集』(905년)및 『新古今和歌集』(1205년)이 편성되었을 시대가 되자 '다오야메부리(たおやめぶり, 주관적이며 여성적인 시풍)'을 지닌 시가가 주류를 차지하게 됐다. (예 '見わたせば花も紅葉もなかりけり 浦の家の秋の夕暮れ' 후지와라노

---

[39] "575음률을 지니는 정형만큼 일본시다운 리듬은 없다.…그리고 일본어 리듬으로서 이만큼 친근감과 자연스러움이 느껴지는 리듬도 없다.(後藤 고토 2018, p.78)," "이것은 우리 나라 歌謠의 基本的 韻律의 형식이라고 볼 수 있으니 우리 民族의 호흡에 알맞은 형식이라고 할 수 있다"(具本嚇他 1992, p.110)라고 주장하듯 일본 短歌·俳句가 지니는 '5·7음률'과 시조가 지니는 '3·4음률'은 野崎(노자키 2008, p.122)도 지적했듯 한일 양 언어사회에 내재하는 눈에 안 보이는 음률이다.

데이카 藤原定家) 중세에 이르러 마쓰오 바쇼(松尾芭蕉)가 등장하고 나서 다시 'ますらおぶり'의 시풍을 지닌 하이카이(俳諧, 후일 하이쿠 俳句)가 주류를 이루게 됐다. 하이쿠는 12세기에 만들어진 '俳諧連歌'를 시조로 하고 바쇼로부터 마사오카 시키(正岡子規)에 이르는 역사적 흐름 속에서 하이쿠로서의 문학 장르를 이루게 됐다. 하이쿠는 '5-7-5'라고 하는 세계에서 제일 짧은 단시문학이다. (예 '古い池や蛙飛びこむ水の音' 松尾芭蕉)

한편 14세기 말에 성립한 시조는 '초장(初章), 중장(中章), 종장(終章)'이라는 3단 구조와 '3·4 음률(아니면 4·4 음률)'로 조합되는 규칙이 있다. 문자수에는 약간의 변동이 있을 수 있으나 종장은 반드시 '3음률, 5음률(6~7음률도 가능함)'로 시작해야 한다.

초장	3, 4, 3(4), 4	이몸이 죽어죽어 일백번 고쳐 죽어
중장	3, 4, 4(3), 4	백골이 진토되어 넋이라도 있고 없고
종장	3, 5(6~7), 4, 3	임향한 일편단심이야 가실 줄이 있으랴

정몽주 『丹心歌』

하이쿠와 시조의 차이점은 어휘 사용과 독특한 음률로 구성되는 구조에 있다. 어휘 중에서도 자연이나 계절을 상징하는 '季語' 사용 여부에서 큰 차이가 난다.

하이쿠의 주제는 섬나라·일본의 계절과 밀접한 관계를 지닌다.[40] 季語란 구의 주제(季題)을 나타내는 강한 내포성을 지닌 단어이다. 바꿔 말하면 시인이 수신자들과 공명하기 위한 장치가 季語이다. 기술한 바쇼 하이쿠에서

---

40 "季語는 계절을 나타내는 말이고 생활 속에 수없이 존재한다. 그것은 우리 일상생활이 계절의 법규와 일치하지 않으면 존재하지 못 하기 때문이다."(福田 후쿠다 1996, p.46)

季語는 여름을 나타내는 '蛙 개구리'이다.

例10)　서러워 붉은 만큼　　　　悲しきかな 赤きほど
　　　　붉어서 여윈 만큼　　　　　赤きため やつれ細れるほど
　　　　단 하루 뜰불 속에　　　　 一日のみ野火の中で
　　　　속속히 들끓다가　　　　　 煮えたぎり續けつつ
　　　　이제야 바람으로 온　　　　時に遲れて 風となりてとぶらふ
　　　　너를 내가 어쩌나　　　　　汝は何を願へりや

　　　　조금씩 조금씩 더　　　　　少しずつ, もう少しずつ
　　　　조여 오는 통증에　　　　　締め上げらるる痛みに
　　　　간담이 끊어져도　　　　　 內臟が立ち切るれども
　　　　삭신이 비틀려도　　　　　 五体が捻じるれども
　　　　꺾인 채 꽃으로 피느니　　　折られしままの花と咲くのなら
　　　　네 가슴에 피겠다　　　　　汝の胸で咲かまほし
　　　　　　　　　　　　　　　　　　　　　　　　　한분옥 『장미』

　한편 시조에는 전통 하이쿠처럼 季語를 사용한다는 엄한 규칙은 없다. 위 시조 작품에는 바쇼의 작품처럼 계절을 내포하는 단어는 없고 정열적인 표현과 제목(장미)가 시가 나타내는 계절이 여름임을 시사한다. 전통 시조로부터 현대 시조에 이르기까지 시조 시에는 일반적인 단어, 고어를 비롯해 시인이 창작한 단어들이 풍부하게 사용된다. 시조는 3·4음률이라고 하는 리듬과 3단계 구조라는 그릇에 다양한 단어를 담아서 맛보는 서정성이 짙은 시라고 할 수 있겠다.[41]

　센류(川柳)는 季語를 사용하지 않아도 되는 5·7음률을 지니는 정형시이

---

41 "한시와 시조로 대표되는 우리의 서정 단시는 대체적으로 사물을 빌어서 자신들의 정서를 표현하거나, 시인 자신의 직접적인 진술을 통하여 시의 의미를 전달하고 있다."(윤여탁 1998, p.177)

다. '뱉어 내다/토로하다(吐く)·말하다/언급하다(ものす)'고 하듯이 센류는 시인이 표현하고자 하는 내용을 자유롭게 읊는 점, 음률 외에는 특별한 규칙이 없는 점에서 시조와 유사점을 지닌다.

시정을 표현하는 방법에 있어서 하이쿠는 단시형에도 불구하고 사생적(寫生的)이다. 하이쿠에서는 주격일체(主格一体)의 주체는 시인 외에 환경이 된다. 하이쿠의 주제는 시인이 놓인 장면(환경)이다. 그 장면에는 시인이 지니는 주체성이 스며들고 있다. 하이쿠가 지니는 이 사생성은 우리 자아를 둘러싸는 환경과 일체가 되는 경지에서 형성된다.[42]

하이쿠에 있어서 시정을 자극하는 요소는 'わび(와비 : 변화하는 사물의 아름다움)·さび(사비 : 劣化하는 사물에 대해 아름다움을 느끼는 미의식)'이다. 무카이 교라이(向井去來)가 'さびは句の色なり('사비'는 하이쿠를 물들게 하는 색이다)'라고 말했듯이 'さび'는 하이쿠 시인에게 'わび'를 느끼게 하는 아름다움이다. 바쇼는 '먼저 형태를 표출하라. 마음은 숨겨라.'고 가르쳤는데 표현하고자 하는 내용 전부를 말하지 않고 최소한의 표현으로 '유추'를 자아내는 데에 하이쿠의 묘미가 있다.

또 사물이 변해가는 모습은 한 환경이 다른 환경으로 옮겨 가는 과정을 거친다. 그 과정에서 시정을 느끼며 그것을 표현하기 위해서는 사물의 변화를 파악하려는 날카로운 관찰 태도가 필요하다. 바쇼는 이 '吟行'을 통해 하이쿠를 읊었고 그 작품에 담은 정경을 '座 모임'에서 유추시킴으로서 사람들과 공감하려고 했다. 즉 협동성(協働性)을 통해서 유추하기 위해서는 사생적인 시가 알맞은 것이다.

---

42 "이 歲時記가 일본 풍토의 참된 문법이다. 歲時記는 사물이 장소와 다른 사물들과 구체적으로 관계를 맺으면서 존재하고 배치되고 질서가 세워지기 위한 통어법(統語法)을 구체화시킨다.…나는 그것을 '통태(通態)'가 아니라 '주위(周囲) ambiant'라고 부른다. 예를 들면 이 '주위(周囲)'는 전에 인용한 하이쿠가 나타내는 풍경 전체에 존재한다. 그러려면 그 하이쿠는 문법적으로도 논리적으로도 구별되는 주어는 존재하지 않는 것이다."(オギュスタン・ベルク2019, pp.52~53)

시인이 정경을 최소한의 말을 사용함으로써 유추시키려는 자세는 시조 시인에 있어서도 마찬가지이다.[43] 그러나 시조가 하이쿠와 구별되는 점은 시인이 자신이 놓인 환경을 받아들이면서 자기 심정·생각을 '토로하는' 직정적인 표현 태도에 있다.[44] 이 double standard로 인해 '恨 한'이 생기는 것이다. 한은 이상과 현실의 격차를 한탄하면서 이상으로 삼는 모습을 동경하는 심정이기 때문이다.[45] 반도국가로서 외세로 인한 침략에 노출되면서 국내에서 계속되는 권력 투쟁과 엄한 신분제도 하에서 살았던 한국의 시인들은 시조의 음률을 빌려 자신의 한을 표출했다. '자연, 사랑, 충성심'이 시조의 주된 주제인 까닭은 반도국가라는 비인위적인 환경과 유교국가로서의 인위적인 환경이라는 복잡한 환경이 시인들의 삶에 영향을 미쳤기 때문이고 생각된다.[46]

---

43 "이와 같은 '표출'와 '숨김'이 만들어 내는 긴장감과 갈등을 통해서 하이쿠는 존재의 의미를 획득했다. 이와 같은 점에서 시조가 지니는 규율은 하이쿠가 지니는 규율과 명확한 접점을 찾아볼 수 있다."(柳成浩 2018, p.95)
44 李御寧(2003, 司馬책, p.269)는 "묘사하는 문학보다 관념을 주장하는 시가가 한국에서는 일반적이고 사랑을 받는다."고 하면서 한국문화는 관념적이고 일본문화는 감각적이라고 주장했다.
45 小倉(오구라 1998)를 참조했음.
46 20세기에 들어 시조혁신운동이 李秉岐·李殷相을 중심으로 해서 일어났다. 李秉岐는 시조가 나아가야 할 방향에 대해 다음과 같이 주장했다.
① 실감, 정감을 표현해야 한다. ② 시제 범위를 확대해야 한다. ③ 참신한 표현을 사용해야 한다. ④ 격조(格調)에 변화를 가미해야 한다. ⑤ 복잡하고 다양화하는 현재 생활을 반영하기 위해 連時調를 창작해야 한다.(尹學準 1992, pp.335~336) 李秉岐와 거의 동시대에 하이쿠진흥운동을 일으킨 미즈하라 슈오시(水原秋櫻子)는 저서 『하이쿠를 만드는 방법(俳句の作り方)』에서 제시한 '注意六條 禁忌八條'과 李秉岐가 정한 내용에는 공통점이 있는 반면에 차이점도 있어서 흥미롭다.
【注意六條 : ① 詩凶을 잘 포착한다. ② 단어 숫자를 살 시킨나. ③ 생략을 능숙하게 한다. ④ 단어 배치를 궁리한다. ⑤ 이해하기 쉬운 표현을 사용한다. ⑥ 정중히 읊는다.】【禁忌八條 : ① 계절감이 없는 시는 읊지 않는다. ② 같은 구에서 같은 계절을 나타내는 단어를 사용하지 않는다. ③ 공상을 시제로 하지 않는다. ④ 같은 시에 'や·かな'를 동시에 사용하지 않는다. ⑤ 반드시 17자로 시를 만든다. ⑥ 감동을 노출하

한편 한국사회에서는 한의 심정을 '興 홍'을 가지고 소화하며 풍류를 자아내는 문화가 있다.[47] 이 문화는 삶의 희로애락을 '輕み(산뜻함, 平明함)'을 통해서 표현하려는 하이쿠와 유사하다. 다음 시조는 황진이가 사랑하는 남성을 그리워하면서 읊은 작품인데 어딘가 하이쿠의 '輕み'와 통하는 시정이 느껴진다.

예 11)
足袋つぐや ノラともならず教師妻　　스기타 히사죠(杉田久女)
苺ジャム 男子はこれを食う可らず　　다케시다 시즈노죠(竹下しづの女)
痩蛙まけるな一茶是に有　　　　　　　고바야시 잇사(小林一茶)

冬至ㅅ달 기나긴 밤을 한 허리를 버혀 내여
春風 니불 아래 서리서리 넣었다가
어른 님 오신 날 밤이여든 구비구비 펴리라

황진이 『무제』

한반도의 사람들은 자신의 심정을 3·4음률의 리듬으로 직접적으로 표현해 왔다. 그와 같이 읊어지는 시조는 자연스레 주관적인 시풍을 지니게 된다.

무형의 심정을 한정된 언어형식을 빌리면서 구현화하는 정형시는 문학 장르로서는 말할 것도 없고 존재 자체가 문화유산이다. 세계 문화 속에서도 찾아보기가 힘들 훌륭한 정형시 문학을 지니는 한일사회는 정형시를 통해서 서로 문화를 이해하며 존경할 수 있는 공감대를 형성할 수 있다.

이상과 같이 일부 항목이기는 하나 한일 양어의 언어표현을 심층적인 관점에서 비교 고찰했다. 그 결과는 다음 〈도표 6〉처럼 정리된다.

지 않는다. ⑦ 감동을 과장하지 않는다. ⑧ 남의 시를 모방하지 않는다.】
47 김백균(2007)을 참조했음.

〈도표 6〉 본고에서 분석한 한일 양어의 항목과 그것에 반영된 심층적인 문화

	일본어	한국어
문자	시각 중심	청각 중심
존재사(存在詞)	상황에 따르는 적용조건 있음	적용 조건 없음
지시대명사	관계성 중시	거리감 중시
의문사 의문문	간접적인 문의	직접적인 문의
과거·완료 표현	현재·과거가 단절적	현재·과거가 계속적
대우표현	보다 상황적	보다 귀속적
돌려 말하는 표현	많이 사용	사용
정형시 (시조, 하이쿠)	간접적인 시정 표현 보다 즉물적(繪畵的)	직접적인 시정 표현 보다 즉아적(音樂的)
언어표현의 특징	한국어보다 高文脈的	일본어보다 低文脈的

본고가 분석한 한일 양어의 언어표현의 특징을 정리하면 다음과 같다. 일본어에는 발신자·수신자가 놓인 환경을 배려하는 태도로 언어표현을 선택하는 반면 한국어에서는 환경에 배려는 하면서도 자신의 생각·심정·원하는 바를 표출하려는 태도가 현저하다. 이와 같은 견해에 따르면 본고가 〈도표 3〉에서 제시한 한일 양 사회가 지니는 내재문화는 언어표현과 관련성이 있다고 할 수 있다. 즉 (본고에서 분석한) 일본어 표현에는 한국어에 비해 상황 지향적인 내재문화가, 한국어 표현에는 이상 지향적인 내재문화가 각각 현저히 반영되어 있는 것이다.

다음은 한일 양 사회가 지니는 내재문화가 어떤 경위를 거치면서 형성됐는지를 고찰하기로 한다.

2.5. 한일사회가 놓인 환경과 내재문화

그러면 한일 양 시화의 내재문화는 어떤 경위를 통해서 형성된 것인가? 일반적으로 배경지식을 공유하기 쉬운 소규모 커뮤니티에서는 구성원 사

이에서 간결하고 짧은 말투로 의사소통을 영위할 수 있다. 한편 대규모 커뮤니티에서는 구성원 사이에서 의사소통이 빈번히 이루어지기 때문에 언어(말)를 사용하면서 자신의 의지, 생각을 명백히 전달해야 한다. 게다가 후자의 경우 사회 구성원들이 다양한 언어에 노출되는 다언어·다문화 사회를 이루게 된다.[48] 한국은 반도국가이고 면적도 주변국가보다 크지는 않다. 하지만 반도국가이기 때문에 다양한 사람, 문화와 빈번한 접촉을 반복해 왔다. 때로는 그 접촉이 강제와 고통을 수반하는 것이었으나 우여곡절을 겪으면서 주변국가의 문화를 공유하는(공유해야 하는) 커뮤니티의 일원으로 '대규모 사회'를 형성했다. 그래서 섬나라·일본과 달리 언어(말)를 매체로 하는 커뮤니케이션을 중시하는 풍토, '사람'에 대해 예민한 문화·역사가 엮어왔다고 생각된다. 본고가 한국사회가 지니는 내재문화를 '이상 지향적'이라고 주장하는 근거 중의 하나는 여기에 있다.

오귀스탄·베르크(1992, 2019)가 주창하는 '풍토학'에 따르면 자연환경과 인간적 환경(이들이 융합해서 풍토가 형성됨)에는 상호작용하는 관계에 있다고 본다. 즉 인간과 자연환경은 상호작용을 일으키면서 '環世界(milieu)=풍토'를 형성한다. 하지만 일본사회에 있어서는 형이상학이 현상과 본질을 구별하는 이원론적(二元論的)인 발상은 발달하지 못 했다. 본고가 분석한 일본어 표현이나 하이쿠도 마찬가지로 사람은 언어표현에서 주체적 입장에 서지 않고 'ソト·キソ'(주위)를 주체로 세우는 경향이 있다. 사람을 둘러싸는 상황을 주체 입장에 세워 놓고 상황과 융합하면서 자기를 표현하려고 하는 일본어의 특징은 일본사회가 형성해 온 '상황 지향적'인 내재문화가 반영된 것이다.

한일 양 지역에서는 섬나라·반도국가로서 지니는 지정학적 특징으로 인하여 각각 특정한 풍토가 형성되었고 그 풍토를 반영한 내재문화가 발생했으며 그 내재문화가 각 지역의 역사·정치·외교·경제·사상 및 언어표현에 영

---

48 ガイ·ドイッチャー(가이 도이처 2012, pp.146~147)를 참조했음.

향을 미치고 있다. 보다 '상황 지향적', 보다 '이상 지향적'인 특징을 띠는 내재문화가 현저한 한일 양 사회에서 각기 독특한 특징을 지닌 언어문화가 형성됐다.

3. 맺음말 – 언어문화에 대한 이해를 통한 상호이해 촉진을 위하여

본고는 한일 양 사회에는 상이한 내재문화가 있고 그것이 한일 양어에 반영되어 있는 현상을 언어표현을 비교 분석함으로써 고찰했다. 본고가 분석한 언어표현은 한일 양어의 일부분이었으나 한국 양 사회의 내재문화와 언어표현이 관련성을 지닌 현상을 관찰할 수 있었다. 즉 일본어에 있어서는 발신자와 수신자가 놓인 상황에 알맞은 언어형식을 선택하려는 '상황 지향적'인 태도가 한국어보다 현저하고 한국어에 있어서는 상황을 고려하면서도 자신의 생각·감정·원하는 바를 직접적으로 표현하려는 '이상 지향적'인 태도가 일본어보다 현저하다. 그리고 이들 내재문화는 한일 양 사회가 놓인 환경으로부터 영향을 받으면서 형성·계승해 온 것이다. 이와 같은 '환경(풍토)→내재문화→언어'라는 관계를 무시한 채 표면에 나타나는 가시적인 현상만을 보고 판단하게 되면 암초에 부딪치는 배처럼 감정과 사고가 좌초하며 오해가 생기게 마련이다. 내재문화에 대한 이해 없이 한일 양 사회를 논하는 것은 '수박 겉 핥기'로 끝날 허무감을 내포하고 있다.

이와 같은 갈등을 해소하는 하나의 방법은 한일 양어에 반영된 내재문화를 이해하고 그것을 직접적으로 체험하는 것이다. 그리고 언어를 배우면서 언어표현과 더불어 언어에 내재된 심층적인 요소를 경험하는 것이다. 언어학습을 통해서 얻게 될 언어능력은 그 언어가 사용되는 언어사회에 있어서의 대인관계와 밀접한 관계를 지니므로 그 언어사회에 적응하기 위한 자신의 커뮤니케이션 양식을 바꿔 주는 계기를 제공해 준다. 언어학습이라고 하는 것은 단순히 목표 언어가 사용되는 사회의 성원이나 공동체와 의사소통하기 위한 스킬을 획득하는 것만이 목표가 아니라 상대방의 지적·정적인 세계에 깊이 들어갈 수 있는 스키마를 획득하는 것이다.[49]

한일 양국 간에서 교류사업이 활발해질수록 보다 심층적인 교류가 필요하게 될 것이다. 좋든 싫든 간에 이웃나라인 한일 양국은 상호이해 관계를 구축해 나가야 한다. 하지만 주인의식도 없고 자기만의 견해를 고집하면서 표면적인 현상이나 제3자를 통해서 들은 내용만을 가지고 상대방을 비판하려는 사람은 '구경꾼'밖에 안된다. 구경꾼이 되지 않기 위해서는 정부나 매스미디어는 한정된 정보뿐만 아니라 다양한 정보를 제공함으로써 사회 성원들이 스스로 생각하는 기회를 제공해야 한다. 한일 양 지역에 사는 우리에게 제일 큰 과제는 '탈 구경꾼'이 되는 것이다. 한국과 일본에는 어떤 환경적 차이가 있고 그 환경이 양국에서 사는 우리의 언어와 내재문화에 어떻게 반영되어 있는지를 스스로 생각하고 문제를 찾아내고 그것을 풀려는 태도를 지니면서 서로를 진지하게 대하게 될 때 지금보다 더 상호이해가 가능한 관계를 구축할 수 있게 될 것이다. 그리고 이 일련의 과정은 한일 양 사회에 사는 우리 자신을 발견하는 시점을 제공해 줄 것이다.

본고는 일부 한일 양 표현만을 연구대상으로 삼았기에 앞으로 그 범위를 넓혀가면서 한일 양어와 내재문화의 관계를 고찰해 나갈 생각이다.

---

49 ジョセフ・ジュールズ(조셉 줄스 2007)를 참조했음.

참고문헌

具本爀 他(1992), 『韓國文學新講』, 開文社
김백균(2007), 「'흥(興)', 그 우연성과 진정성에 대한 고찰」, 『철학탐구』 21, 중앙대학교 중앙철학연구소
왕문용·민현식(1993), 『국어 문법론의 이해』, 개문사
윤여탁(1998), 『시 교육론 Ⅱ』, 서울대학교출판부
柳成浩(2018), 「存在と言語の擴散による叙情の頂点」, 『沈香』, DK출판사.
일산문화연구소(1993), 『한국인의 일상문화』, 한울
韓盼玉(2018), 『沈香』, DK出版社
李御寧(1982), 『「縮み」志向の日本人』, 學生社
李御寧(2004), 『「ふろしき」で讀む日韓文化』, 學生社
李善雅(2001), 「議論の場における言語行動－日本語母話者と韓國人學習者の相違－」, 『日本語教育』 111, 日本語教育學會
任榮哲·井出里咲子(2004年), 『箸とチョッカラク』, 大修館書店
オギュスタン·ベルク(1992), 『風土の日本　自然と文化の通態』, ちくま學芸文庫
オギュスタン·ベルク(2019), 『風土學はなぜ何のために』(木岡信夫譯), 關西大學出版部
小倉紀藏(1998), 『韓國は一個の哲學である』, 講談社現代新書
ガイ·ドイッチャー(2012), 『言語が違えば, 世界も違って見えるわけ』(椋田直子譯), インターソフト
韓美卿·梅田博之(2009), 『韓國語の敬語入門』, 大修館書店
河合隼雄(1999), 『中空構造日本の深層』, 中公文庫
菊池康人(2010), 『敬語再入門』, 講談社學術文庫
後藤比奈夫(2018), 「日本語の音樂性」, 『俳句』 第67卷第8号, 角川文化振興財団.
柴田武(1979), 「敬語と敬語研究」, 『言語』 6月号, 大修館書店
司馬遼太郎(2003), 『アジアの中の日本』, 文藝春秋
司馬遼太郎·ドナルド·キーン(1984年), 『日本人と日本文化』, 中央公論新社
ジョセフ·ショールズ(2013), 『深層文化』(長沼美香子譯, 2013), 大修館書店
鈴木孝夫(1973), 『言葉と文化』, 岩波新書
唐須敎光(1988), 『文化の言語學』, 勁草書房

富田啓介(2020),『あれもこれも地理學』、ベレ出版
中川明夫(2022),「內在文化と日韓兩語との關連性に關する硏究」,『尙絅大學
　　　硏究紀要　人文・社會科學編』54号, 尙絅學園
中川明夫(2023),『脫「韓國傍觀論」入門』, 現代図書
中島文雄(1987),『日本語の構造』、岩波新書
西川長夫(2001),『國境の超え方』、平凡社
日本語敎育學會(1982),『日本語敎育事典』、大修館書店
日本語敎育學會(1990),『日本語敎育ハンドブック』、大修館書店
野崎充彦(2008),「時調-朝鮮的敍情のかたち-」,『韓國語敎育論講座』第4卷,
　　　くろしお出版
野田尙史(1996),『「は」と「が」』、くろしお出版
福田甲子雄(1996),「季語の種類と選び方」, 廣瀨直人『季語と切字と定型と』、
　　　角川書店
牧野成一(1996),『ウチとソトの言語文化學　文法を文化で切る』、アルク
三浦つとむ(1975),『日本語の文法』、頸草書房
三森ゆりか(2003),『外國語を身につけるための日本語レッスン』、白水社
三宅和子(1993)、「日本人の言語行動とウチ・ソト・ヨソの概念」、『日本語敎
　　　育方法研究會誌』
森田良行(1995),『日本語の視点』、創拓社
森田良行(2002),『日本語文法の發想』、ひつじ書房
山口明穗(2004),『日本語の論理　言葉に現れる思想』、大修館書店
尹學準(1992),『朝鮮の詩ごころ-「時調」の世界』、講談社學術文庫
Sapir, E.(1958[1926]). The status of linguistics as a science. In D.G. Mandelbaum(Ed), Culture, Language and Personaliry. Berkely, CA :University of Calfornia Press.
Stocking, G.W.(1966). Franz Boas and the Culture Concept in Historical Perspective, American Authropologist 68.
Tylor, E.B.(1903[1871]). Primitive Culture, Mohn Murray, N.Y.

日韓兩言語文化を媒介にした相互理解促進に關する研究*

나카가와 아키오 中川明夫 | 尚絅大学

要旨

　日本語と韓國語には語順がほぼ同じで、共通の漢字語を使用するなど共通点が多くある反面、間接的な表現、直接的な表現を好むなど、相違点も多く見られる。本稿は、日韓社會には相違した(非可視的な)内在文化があり、それが日韓兩言語に反映していると考える。この考えに従って、一部ではあるが日韓兩言の言語表現と内在文化との關係を比較分析した。

　日韓社會の内在文化には、日韓兩國が置かれた「島國」「半島國家」というそれぞれの「環境」の違いが影響している。つまり、言葉と内在文化の關係には、日韓兩地域が置かれた環境的な特徴が反映しているのである。内在文化を無視し、可視的な現象だけを見ようとする態度は、お互いに誤解を生み、葛藤が生じさせる原因となる。

　日韓兩語と内在文化の關係が「環境」の違いによって特徴づけられることを理解することは、日韓兩社會を深く理解することに繋がり、ひいては相互理解を促進するヒントとなり得る。

キーワード ：内在文化, 日韓兩言語, 言語文化, 環境, 相互理解

---

* 本稿では、拙稿『脱「韓國傍觀論」入門』(2023年)、拙稿「内在文化と日韓兩語との關連性に關する研究」(2021年)の一部を拔粹・補足した

1. はじめに

　私たちが日韓關係を考える場合, 政治家やマスコミが伝える內容を「飲み込む」式に受け入れてしまう傾向がある。それらの情報はほとんどが可視的な現象であり, ある特定のフィルターにかけられた情報でもある。日韓社會が抱える問題・課題には共通したものがある反面, それぞれの事情が反映した特異的な事情も存在するが, 後者を考える資料および機會は多くない。

　そのような日韓關係において, 私たちが乘り越えなければならない「垣根」とは, 可視的な現象を生む原因としての深層的な事情である。それは往々にして非可視的な要素であり, これを深層的な文化と呼んでもいいであろう。深層的な文化は, 社會全般の樣々な現象に影響を与えるため, 深層的な文化を無視し, 可視的な現象のみを觀る場合, 個人・社會・民族・國家間に誤解・葛藤を引き起こす。

　この深層的な文化は, 日韓兩文化の產物である言語にも影響を与えているはずである。[1] 深層的な文化が異なる言語圈である外國語を學習する者が外國語表現を無意識のうちに自己の文化のコンテクストに置き替えて表現してしまう原因の一つは, 自己の言語に反映された自國語に反映された深層的な文化の干涉である。[2]

---

[1] Sapir.E.(1958, p.69)「實際には「現實世界」の大部分が無意識のうちに集團の言語習慣に基づいて構築されている…我々が見たり聞いたり, または他の何らかの方法で體驗するというのは多くの場合, 我々が屬している共同體の言語習慣が一定の解釋を選擇させるからである。」

[2] 鈴木(1973)は, 目に見えにくいだけに氣がつかないかくれた文化(covert culture)が外國語を理解する過程において干涉を起こすことで外國語表現を無意識のうちに自己の文化のコンテクストに置き換えて解釋してしまうことを指摘した。鈴木によれば, この隱れた文化に氣づくことが異文化理解の鍵であり, 外國語學習を學習する意義の一つである。

例えば，日本語を學習する韓國語話者は，「髮が茶色くなる藥」「英語が上手になる方法」という一人称が受ける事態を「髮を黑色にする藥　머리카락을 까맣게 만드는 약」「英語を上手にする方法　영어를 능숙하게 하는 방법」と，他動的な日本語で表現してしまいがちである。[3]

深層的な文化は，非言語的な表現にも反映している。その代表的な例として「相槌」があげられよう。日本語話者は相槌を韓國語話者より頻繁に使用する傾向にある(もちろん，個人差はある)。よって，日本語話者が相槌をあまり打たない韓國語話者に對して，「話を聞いているのだろうか」「話に關心がないのだろうか」「氣分を害させてしまったのか」など，誤解してしまう場合がある。さらに，日本語話者は相手の發話を「聞き入れる」態度が顯著な反面，韓國語話者は自己の考え・意見などを「主張する」態度が顯著である。[4]

不可視的な深層文化を無視して可視的な現象を解釋することは，外交をはじめ國家的な關係においても誤解を生み，歩み寄り難い存在として認識される原因となる。記憶に新しいところでは，歷史・領土問題が公論となり，一部の國民が行った反對デモの樣子をクローズアップするマ

---

[3] 森田(1995, p.114)は，日本語と韓國語の言語表現の特徴の一つに受動態を使用する頻度の違いがあり，韓國語ではあまり受動態が使われないと指摘した。
例えば，「雨に降られました。」という表現には，「雨に濡れた」という狀況とそれによって「悲しい・殘念だ・驚いた」という負の心理が內包されている。この文章を複數の自動翻譯ソフトを通じて韓國語に翻譯したり韓國語話者に尋ねてみたりしたが，「비를 맞았습니다. 雨を当たりました(直譯調)。」または「비에 흠뻑 젖었습니다. 雨にびっしょり濡れました(直譯調)。」などと翻譯され，日本語が持つ負の心理まで表現されなかった。森田(1995)によると，日本語話者が受動態を頻繁に使用する背景には，「ソト」(例：雨)の存在を「ウチ」(例：私)の存在より上位に置こうとする心理が反映している。

[4] 李善雅(2001)によると，日本語話者は自己の意見をストレートに表現するより相手を配慮するストラテジーを取る反面，韓國語スピーカーは自己主張を優先する傾向が強い傾向にある。

スコミ報道を通じ,「韓國(日本)の國民は日本(韓國)を嫌っている＝私を嫌っている」と受け取った視聴者は少なくない。一方で, 反日(反韓)デモする韓國(日本)で「フリーハグ」を行った兩國の若者に理解を示した韓國(日本)の人たちも少なくなく,「私は日本人が憎いのではない」と語った韓國人もいる。

　目や耳を通じてインプットされる情報は, 言葉(ことば)で概念化されて「內言化」される。内言化されることで「イメージ化」され, それが持續されると「スキーマ化」される。「決まり文句」を例にあげると, ポジティブにスキーマ化された決まり文句ならいいのだが, ネガティブな場合は對象には誤解・嫌惡・逃避などのイメージが根づいてしまい, 円滑なコミュニケーションに支障が生じてしまう場合がある。これは, 言語が違う地域同士ならなおさらである。

　例えば, 以前, 日本政府が韓國政府に謝罪するという意図で「遺憾」を使用したことがある。「遺憾」には「殘念さ」を意味する反面,「想定しなかった狀況を客觀的に評価する」意味もあるため, 謝罪する文脈で使用すると「責任逃れ」と捉えられがちである。さらに, 文脈によっては「非難・不満」などのネガティブな意味も表す。韓國語の「遺憾 유감」もほぼ同じ意味と語用の機能を持つ。最も大きな問題は,「遺憾 유감」は政治的な文脈で多く使われ, 含みを持った表現である点である。そのため, 韓國政府に對して「政治的・形式的」だというネガティブな印象を与えてしまったのだと考えられる。

　ある地域の人たちの価値觀・習慣が異なると, そこで使用される言語表現または非言語表現も異なる。日韓兩語には「仮名もハングルも實用性を追求した文字である」「語順がほぼ同じ」「膠着語である」「語形と意味が共通した漢字語が多い」など共通点がある反面,「文字が音節文字(仮名)と音素文字(ハングル)」「漢字敎育に對して贊否兩論がある」「受動態

の使用頻度の違い」「遠まわしな表現を好む文化性の違い」など，相違点も少なくない。本稿は，その原因の一つとして兩言語に反映された深層的な文化の影響を認識する立場を取る。

　日韓兩社會の深層的な文化を把握し，その内在文化が生じた原因を考察することは，日韓兩地域に住む我々が共感帶を形成できるヒントとなるはずである。本稿では，深層的な文化を「内在文化immanent culture」と呼び，「日韓社會に存在する内在文化とは何か」「内在文化と日韓兩語とはどのような關係があるのか」「内在文化を形作っている原因は何か」を考察することで，日韓兩社會が相互理解を促進できる方案を考察することを研究目的とする。

2. 言語表現と内在文化との關聯性

2.1. 内在文化とは

　「文化」には様々な定義が存在するが，大きく分けると3とおりの定義に分類できる。一つは，特定の社會が固有の文化を持つのではなく，一般的な特質を結果物(物)と捉える觀点で，タイラー(Tylor)に代表的される。[5] 二つ目は，ボアズ(Boas)に代表される定義で，文化を環境の制限や歴史的偶然の結果など，特定の社會に特有な要素とみる觀点である。[6] 三つ目は，文化を多様な人爲的な行動によって得られる「文化的産物を作り出す條件」と見る觀点である。この觀点によると，文化的産物がその社會の成員に容認可能かどうかが問題の中心となる。これらの見解による

5　Tylor.E.B.(1903[1871])を參照。
6　Stocking, G.W.(1966)を參照。

と，言語表現は特定社會の文化的な產物であり，その社會に特定される文化が反映されていると同時に，言語の文化的な価値は特定の社會における容認可能性によって決定されることになる。[7]

しかし，文化に對する定義は複數あろうが，「人間」を主體として形成・変容・承継される点では共通している。[8] 我々は「人的・物的，時空間的」な環境と關係を結びながら生を營むが，言語とは我々と「人的・物的，時空間的」な環境との關係を表現するツールとなっている。

抽象的な見方ではあるが，人間には目に見える「身体」と目に見えにくい「心」がある。よって，文化にも「見える文化」と「見えにくい文化」があることになる。鈴木(1973)は，後者を「かくれた文化(covert culture)」と呼んだ。金・平井(2005)は，風土や地政學や民族的な體験などの相互作用によって形成されてきた文化のパターン・歴史的な產物が，ある社會・國家・地域の人たちの作り出す文化現象や社會現象を生み出す「原型」または「集團的無意識」であると主張した。本稿では，これらの「かくれた文化」，「原型・集團的無意識」または「內在的論理」などと呼ばれる深層的な文化を「內在文化(immanent culture)」と呼ぶことにする。

我々を取り囲む環境には先天的・後天的な環境がある。先天的な環境で最も典型的なものは，非人爲的な環境としての地理的な環境である。日本には島國，韓國には半島という先天的な環境があるのである。

---

[7] 唐須(1988, pp.91~95)が「言語活動において，我々が予測できるのは，ある特定の人が特定の狀況において，どのような發話をするかということではなく，なされた發話が容認可能かどうかといったものであるように，文化においても，予測可能なのは，ある行動が特定の人によって特定の狀況でなされたとき，それがその社會の成員によって受け入れられるものであるかどうかということである」と主張したように，言語表現は容認可能という点において文化的な価値を帶びる。

[8] 唐須(同書, p.99)「われわれの回りに存在するものが意味を持ってくるのはそれが持っている価値(ソシュール的意味の)によるのであるが，その価値は人間中心の基準によってきめられていることは疑いない。」

〈図 1〉島国・日本と半島国家・韓国
＊ 出展：富山縣が作成した『環日本海諸國図』

　この先天的な環境は，歴史・政治・外交・経濟・思想そして言語など，兩地域で形成された後天的な環境の形成に影響を及ぼしている。實際，日韓兩社會は〈表 1〉に示したように異なった環境を持っている。[9]

　先天的・後天的な環境と內在文化との關係で典型的な例は，歷史と民俗である。韓半島は大陸と陸續きであるために，隣國である中國・ロシア・日本をはじめとする複數の國家の影響を直に受けた。同時に半島であるがために「麗蒙戰爭(123~1270年)」「丁卯胡亂(1627年)」「丙子胡亂(1636年)」など，國境を境にした數々の爭いが展開され續けた。日本との間では

9　人と環境との關係は「環境決定論」と「環境可能論」で捉えられて來た(富田2020, pp.277~278)。前者は人に對する環境の影響の大きさを認める反面， 人種差別や植民地支配などを正当化する論據ともなった。これに對して後者は，人は環境(自然)の單なる一部であるだけではなく，社會的・歷史的な存在であり，環境に對する多樣な反応を示すと主張し，環境が人に可能性を与える要素となるとする。本稿はこれら２つの立場を融合した立場を取るものである。

〈表 1〉日本と韓国が持つ環境の特徴

		韓国	日本
先天的な環境 (非人爲的)	地形	半島	島國
	自然	四季あり，自然災害あり	四季あり，自然災害が頻發
後天的な環境 (人爲的)	言語	韓國語(朝鮮語)	日本語
	歴史的社會構造	文人主導の農耕社會	武人主導の農耕社會
	政治思想	自由民主主義	自由民主主義
	統治形態	大統領制	內閣制
	経濟思想	資本主義	資本主義
	信仰	集合的[10]	重層的[11]

「元寇(文永・弘安の役，1274年，1281年)」「壬申倭亂・丁酉再亂(文祿・慶長の役 1592年~1558年)」「日本の軍閥による統治時代(1905年~1945年)」という3度に亘る大きな葛藤に苦しんだ。現在でも國土が南北に分断されるなど，周辺國家との緊張感が續いている。國境を越えた侵略を経験した緊迫感を持って生きざるを得ない緊迫感・危機感の中で，民族としての團結力が強化され，外勢の動向に敏感にならざるを得ない國民性が形成された。

生きるのが最も大変だったと韓國で評価されている世代がある。このうち2つは外勢の侵略によるものである。韓半島に對する外勢の侵略として「朝鮮出兵」と40年におよぶ「日本による統治時代」がクローズ

---

10 韓國でも重層信仰が見られるが，仏教徒は仏教の，キリスト教徒はキリスト教の各々の教理を信じ，それぞれの教理に従って儀式を行います。宗教間の對話や協働はあるが，日本の「神仏習合」のような宗教形態は韓半島では特殊である。

11 古代日本にはシャーマニズム信仰があり，これが発展して「神道」となったが，神道は教祖・経典を持たない「自然宗教(風俗や習慣としての信仰)」であり，現在も日本社會の隅々に浸透している。神道は環境に適合できる信仰であり，時代と社會環境の変化に適応できるが故に，仏教・キリスト教などの「創唱宗教(教祖・教典・教団を持つ信仰)」とうまく融合することができた。神道を軸とした宗教的土台の上で日本社會では仏教・儒教・キリスト教などとの融合が進み，「重層信仰」社會が形成された。

アップされがちだが, その他にも韓半島は半島國家として數多くの侵略を受けて來たのである。つまり, 韓半島の人々における脅威は「人間」だったである。數多くの侵略と内部鬪爭の中で繼續性を持つものとは「家族(血統)」と「理想」だった。[12] このような環境下では,「人間」を中心とする価値觀が顯著になったと考えられる。

〈表 2〉激動を生きた韓半島の世代

	幼年期~晩年
ワースト1	モンゴルの侵入と略奪
ワースト2	庚申大飢饉, 乙丙大飢饉
ワースト3	朝鮮の役, 丁卯の亂, 丙子の亂, サルフの亂への派兵

一方, 島國である日本は豊かな自然に囲まれている。自然は時には驚異として生活の土台を根こそぎ持って行く畏敬の對象でもある。人力を遙かに超える自然の強さ・美しさと一体化する生き方が日本人の根本的な人生觀なのである。俳句の「有季定型(5, 7, 5の律格と季節を表す季語を持つ)」には, 日本の自然と共存して生きる環境が色濃く影響している。したがって, 日本人は自然と共にいる環境の下で安樂を感じる文化性を持つ。「環境が整ってはじめて安堵感を感じる」日本人の性格はここに由來すると考えられる。日本人における脅威とは台風・地震などの「自然」なのである。[13]

---

12 韓流ドラマ『대장금チャングムの誓い』や『동이 トンイ』などを製作した韓國を代表するドラマ監督・李丙勳は, 韓國人は「夢」を大切にすると主張する。これは強大國との外的な壓力に苛まれ, 嚴格な身分制度の中で厳しい生活を強いられた中で培われた民族性である。

13 オギャンスタン・ベルク(1992, p.665)「日本人の文化の客觀的現實として, 彼らは氣候にたいへん敏感であると言える…氣候の変化に對する感受性が日本人ひとりひとりに氣質の変異を作り出し, その変異の幅は文化が感受性を敏感にしなかった場合を想定した時より大きいということである」

何よりも地政學的に島國である日本は四方を海に囲まれているため，外勢による卽時的な侵略はほとんど起こらなかった。鎖國政策が取れたこと自體，韓半島と大きく差別化される地政學的な特徴である。さらに，封建農耕社會下で國內の移動が制限された環境では，言葉よりも目や態度による意思疎通で十分であった。この環境の中でお互いに環境の共有に重点が置かれる內在文化が形成されたと考えられる。

民俗面，特に思想・信仰面においても日韓兩地域は共通していながらも相違する点がある。韓國は半島であるために中國をはじめ外國文化が一早く伝えられた。特に，儒敎思想は中世以降の韓半島での封建政治と國民生活を統治する思想とされた。その影響もあって家族・氏族・地緣を基とする「人間」重視の価値観が形成されたと考えられる。

一方，日本の神道は，日本列島の自然環境を土台としている。神道は敎祖・敎理を持たない「自然宗敎」であり，「創唱宗敎」である儒敎・仏敎とは異なる性質を持つ。神道の神は自然の中におり，人を戒めながら惠を与えてくれる。よって，人は自然環境を尊重し，神が宿ることができる環境を整えなければならない。そして，神道は時代や風土によって形を変えながら人々の「慣習・風習・ならわし・祭り」として日本社會に根付いている。

沖縄・濟州島の生活を東京・ソウルでできないように，韓國と日本が持つ先天的な環境は，それぞれの地域性(風土)を生み，その風土の中で後天的な環境が形成された。

以上の內容を基に，本稿では內在文化を次のように定義するものである。

> 先天的な環境を起点として生じ，人を主体として形成される後天的な環境に影響を与える不可視的な要素[14]

2.2 日韓両地域が持つ内在文化

　個人・地域・社會体制などの影響の程度差および個人的な差はあれど「幸福を求める態度」と「自己の置かれた環境に働きかけようとする態度」は人間に共通している。前者は欲望・要望に對する「滿足感」によって決定される。人間は環境から分離しては存在できないため、環境と何らかの關係をもって存在し、その關係の中で幸福を得ようとする存在である。ただ、環境との關わり方には、より環境に働きかけようとする態度と環境に同調しようとする態度が交錯しつつ存在する。前者と後者をそれぞれ「環境主管的」「環境同調的」と呼ぶことにする。環境主管的な態度で幸福感を得ようとする場合、自己や自己が屬する集団の望み・願いを環境に働きかけて成就しようとする「理想志向的」な価値觀が顯著になる。一方、環境同調的な態度の下では「狀況志向的」な価値觀が付加される。

　本稿は、日本社會では環境同調的な姿勢・態度を備えた狀況志向的な思考が顯著に見られ、韓國社會では環境主管的な姿勢・態度を備えた理想志向的な思考が顯著に見られる傾向があると仮定する。日韓社會の内在文化をまとめると＜表3＞になる。

　内在文化は所謂、「主義」と呼ばれる強制力を持つものでも、二元論として限定されたものでもない。韓國社會に住む人の中にも狀況志向的な思考をする人もおり、日本社會に住む人にも理想志向的な思考をする人もいる。それでも、日韓社會を比較した場合、理想志向的な思考とする人と狀況志向的な思考を人がそれぞれ韓國社會と日本社會に多いと言えるというのが本稿の主張である。「(文化とは)交流するものであり、変容し續けるものである、模倣されるものであり、究極的に個人の選擇

---

14 風土とは人間を主体とした先天的な環境と後天的な環境である。この風土によって可視的な文化と不可視的な文化が生じる。

と決斷の問題である」からである。[15] 內在文化は特定の風土に培われる社會相と個人の性質において普遍性と多樣性を內包した要素である。そして，內在文化は兩社會の文化的な產物である言語表現に影響を与えているはずである。

〈表 3〉日韓社会の内在文化[16]

	韓半島	日本
内在文化	幸福を求める態度	
	環境主管的 ← 環境に働きかける態度 → 環境同調的	
	理想志向的	状況志向的
特徴	・「望み・願い」を重視 ・直言的な表現を好む ・啓蒙的な歴史解釈　　など	・「立場・責任」を重視 ・間接的な表現を好む ・客観的な歴史解釈　　など

2.3. 内在文化と言語表現との関係

それでは，內在文化は，言語表現にどのように反映しているのであろうか。言語表現を正確に驅使するためには「對象(事物)-考え-語形」の關係を習得する必要がある。この關係は，ネイティブスピーカーが母語に對して備えている心理的な妥當性(psychological validity)を形成する要素であり，ネイティブスピーカーはこの「對象(事物)-考え-語形」の關係を理解・活用できる能力を自分が屬する環境(言語生活)の中で(程度の差はあれ)習得している。[17] 特定の言語社會には特定の內在文化が存在し，その

---

15 西川(2001, p.277)を參照。
16 拙稿(2023, p.12)を參照。
17 本稿では，言語表現が特定の社會で容認可能にする根源的な要素を內在文化と見なす。
「對象(事物)-考え-語形」の關係には內在文化が深く關連している。特定の言語社會に存在する「對象-考え-語形」の關係には，特定の「選擇條件(selectional restriction)」が反映し

內在文化によって「對象－考え－語形」の關係を社會の成員がお互いに共有できる後天的な環境を形成している。

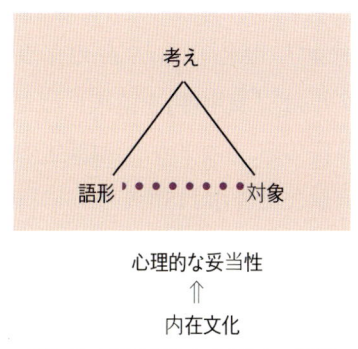

〈図 2〉言語表現と内在文化との関係

　言語表現には個人・地域・世代などによって多様性が見られる。同時に，言語表現に反映している內在文化にも普遍性と多様性が混合している。したがって，分析に当たっては日韓兩語の普遍的な言語表現を研究對象とする必要がある。本稿は，より普遍的な言語表現を對象として取り上げ，日本語と韓國語の言語表現とその深層に存在する要素(內在文化)との関連性を分析するものである。ただし，本稿が分析對象とする言語表現は日韓兩語の一部のカテゴリーであり，これをもって日韓兩語の言語表現と內在文化との關連性を断定するには限界性があるが，同研究を進めるにあたっての礎石的な役割は担うことができると考える。

ている。しかも，この選擇條件は個人の言語感覺・習慣・意図などによって差が生じるように，言語表現と內在文化との關係には普遍性と個別性が反映している。

2.4 日韓両語に反映する内在文化

2.4.1. 文字

　日本と韓國には固有文字・仮名(ひらがな・カタカナ)とハングル(한글)がある。仮名とハングルは,「實用性」を追求した点で共通点している。「ひらがな」は漢字の草書体を,「カタカナ」は漢字の省畫を借用して作られた。一方, ハングル(訓民正音)は15世紀中期に創製された。ハングルの母音は三才(天・地・人)をシンボル化し, 子音は人間の口の構造から出る5つの音「軟口蓋音(牙音)」「舌音」「唇音」「齒音」「喉音」を發する發音器官を象形文字化した形と陰陽五行思想を結びつけて作られた。

　仮名は母音と子音が原型を留めていない音節文字でもあるが, ハングルは母音と子音が原形を保持したまま1ブロックの文字を形成する音素文字である。さらに, 韓國語には「子音＋母音＋子音」が1ブロックのスタイルもある。「初音, 中音, 終音」の構造が日本語とは異なるリズムを醸し出す。

　言語生活において, 現代の日本語は「ひらがな・カタカナ・漢字・ローマ字・アラビア數字」を文脈によって使い分ける。日本語のこの文字の組み合わせには, 視覺的な美しさを重要視する日本人の美意識が反映されている。日本人は5つの文字が織りなす形に安堵感を覺えるのである。日本語は狀況によって文字を使い分けることに敏感な言語なのである。[18] さらに, 日本語の漢字の大部分は文脈によって讀み方が違う。例えば,「生」の發音には「い(きる), うま(れる), セイ, ショウ」など12通りもの讀み方がある。名前や「生憎」などの熟語を含めると40あまりの發

---

[18]「知的な日本語の場合には, 文字で書かれたもののほうが元であって, 必要に応じてそれが音聲化されるのだといってもよいくらいである。」(日本語教育學會 1982, p.471)

音になる。

　一方，韓國語はより聽覺に敏感な言語だと言える。[19] 例えば，「三人，三角，三枚」の「三」をハングルで書いてみると「산 san, 상 sang, 삼 sam」と違う表記になるが，日本語の仮名ではこの微妙な違いは表記できない。

　一般的に，韓國語では「ハングル，漢字，數字，外來語」の4種類が使われるが，ハングルだけでも言語生活は不自由しない。ただ，ハングルだけの表記では「同音異義語」を區別しにくいという欠点もある。韓國語を翻譯する時，非常に難しいのは「名前」と「地名」である。例えば，「キム・スジョン」という名前を漢字に直す場合，「金洙晶」「金秀情」「金修靜」など數多くの漢字語があり得る。

　韓國語の語彙の約65％は漢字語である。現在でも「ハングル漢字混用論」と「ハングル專用論」に二分されているが，このような現象は日本社會では皆無に近い。以前，この問題に關する言語學者のテレビ討論會が開催されたが，それぞれの主張は次のとおりであった。

・ハングル專用論
　a. ハングルだけでも言語生活が十分できる。難解な漢字を學生に教える必要はない。
　b. 漢字教育は40年に及んだ日本統治時代の名殘りである。
・ハングル漢字混用論
　c. ハングルだけでは「同音異義語」を區別できない。
　d. 韓國語の語彙の65～70％は漢字語である。

韓國では1948年に「ハングル專用法」が制定され，公用文はハングルで

---

[19] 「한국말의 언어적 특성은 문자적 차원에서보다는 구술적인 차원에서 그 독특하고 오묘한 맛과 멋이 살아난다.(韓國語の言的な特徵は，文語レベルより口語レベルみにおいてその獨特で奧ゆかしい味と趣が感じられる。)」(일상문화연구회1996, p.219)

書くことが決められ、1980年には學校教育で漢字教育を禁止する「漢字語使用禁止令」が發令された。

韓國社會における漢字語の使用に對する對立には、半島國家として數々の苦難を強いられた地政學的・歴史的な事情が影響している。

2.4.2. 表現

(1) 存在詞

日本語の存在詞である「ある・いる」「ない・いない」に該当する韓國語は、それぞれ「있다」「없다」である。

〈表 4〉「いる・ある、いない・ない」と韓国語の「있다, 없다」の対応関係

いる / ある	있다		いない / ない	없다

「いる」と「ある」を使う對象の基準とは何なのであろうか。某大學の學生にこの質問をしたところ、「「いる」は人間や動物などの生き物に、「ある」はそれ以外の物に使う」と答えた學生が多かった。それでは「花木がある」「乗り物などがいる」というセンテンスに違和感がないのはどうしてだろうか。

例1) ① 公園にはたくさんの木がある。
② (タクシー乗り場で)「いたいた、驛前にタクシーがいますよ。」

結論から言うと、「いる」は自ら動く(動きそうだ)と話者が判斷できる存在に、「ある」は動かない(動けない)と判斷できる存在に使えるのである。[20] 例えば、深夜にタクシーを拾いたい人が乗り場に駐車しているタ

クシーを見て「タクシーがいる」と言ったりする場合がある。また，我々は「特定の事物が特定の場所に存在する」と認める場合には「いる」を使って「兄は韓國にいます。」「彼は獨りで部屋にいるのが好きだ。」などと表現する。[21] 一方，「次, お降りの方, ありませんか。」「昔々, お爺さんとお祖母さんがありました。」と言うように，未知の事物が不特定な時と場所に存在する場合には「ある」を使う。同時に，「(店の看板)カブトムシあります。」というように，自由に動けない特殊な狀態にある存在にも「ある」を使う。[22] 日本語では「狀況」に重点を置いて「いる・ある」を使うのである。一方，韓國語の存在詞「있다・없다」は，「存在する・存在しない」という觀点が基準であり，存在するものは見えようが見えまいが「있다」を使えば問題はない。

　森田(1995)は，視覺的な感覺が日本語の表現に大きく影響していると指摘する。[23] その原因として日本社會には視覺に重点を置く文化性があることが擧げられる。日本文化を「縮み志向」だと定義する見解があるが，私は「視覺志向」だと定義した方がより適切だと思う。[24] 視覺でとら

20　三浦つとむ(1975, pp.150~154)「對象を動きまわるものと把握したときには『いる』を，たとえ同じ對象でも動きを捨象して靜止的に把握したときには『ある』を，使い分けているのである。」
21　中島文雄(1987, pp.21~22)を參照。
22　山口(2004)が「時間が経てば移動して行く存在」には「いる」を，「時間が経ってもそこにある存在」には「ある」を使うとしたように，「いる・ある」の使用には視覺を中心とした(日本語)話者の認識が反映している。
23　森田(1995, pp.99~100)「世の中のすべてのもの, いや, 世の中すらも, 自分との人間關係としてしかとられようとしない。社會, 世間, 世の中とは自分と人との關係以外の何ものでない…絶えず周圍の人の目を氣にし, 人様がどう見ているのか, そのことばかりが人生で価値を持つ。その結果, 世間の人によく見られるようにと腐心することになるのだが, 見られるという世渡りの常が, さまざまな特異な日本語を生むこととなる。」
24　李御寧(1982)を參照。

えるには「規模が小さく, コンパクト」, そして「手に持てる(持てるかのような)」大きさがいいのである。「俳句」が世界で最も短い定型詩である理由には, この視覺に訴える文化性が反映されている。また, 日本のアニメーションには「陰影感覺に敏感で, 明暗を際立たせる」文化性が生かさせている。外國人が習得し難い日本語の「察し」によるコミュニケーション法も視覺文化の一つである。つまり, 日本語話者(もちろん個人差はあるが)は, 視覺を中心として存在を判斷する傾向に强いのである。これは事物が置かれた狀況を重要視する狀況志向的な內在文化が反映した現象である。

(2) 指示代名詞~「ア系」「ユ系」~

　日本語と韓國語には「近距離, 中間距離, 遠距離」を表す指示代名詞「コ系・ソ系・ア系」と「이系, 유系, 저系」がある。こられ3系統の距離感は, ほぼ1對1で對應する。話し手の近くに存在する事物や話し手に屬する事物には「コ系, 이系」を, お互いに距離がある事物には「ア系, 저系」を, その中間的な位置にあって聞き手の近くにある事物には「ソ系, ユ系」が使用される。

　しかし, 1對1で對應しない場合もある。それは遠距離の「ア系」と中距離の「ユ系」である。例えば, 指示する對象が目の前にいない時に使う「あの人」は, 韓國語では「ユ (その) 사람」となる。

　次の例2)①から②が發される場面においては, 日本語も韓國語も遠くにいる「見える存在」に對するプラス評價(例①)とマイナス評價(例②)として「ア系・저系」を使う。一方, 「見えない存在」に對するプラス評價(例③)とマイナス評價(例④)を日本語では「ア系」で表すが, 韓國語では「ユ系(中距離)」で表す。

例2)
① (救けてくれた人を指差しながら)あの人のお陰で助かりました。
　저 분(アの方) 덕분에 살았습니다.
② 私たちの前に座っています。あの人, 指名手配の犯人に似ていない。
　우리 앞에 앉아 있는 저 사람(アの人) 수배중인 범인을 안 닮았어?
③ 今度の選擧ではあの人に投票するつもりです。
　이번 선거에서는 그 사람(ソの人)에게 투표할 생각이에요.
④ あの人, 政治家なんて勤まらないよ。
　그 사람(ソの人)은 정치인 노릇을 할 수가 없지.

　「目の前に存在しない事物」に對する心理的な近さ・遠さを日本語では遠距離の「ア系」で表す反面, 韓國語では中距離の「ユ系」を使う現象の深層にはどのような要素があるのであろうか。
　「ア系」に視点を切り替えると話し手・聞き手ともに同等の距離感が生じて話題とする對象に對して一體感が生じて對象を共感しやすい距離感ができる。[25] 特に, 話題にする存在が目の前にない場合, 話者は目に見えない對象を聞き手が見えるかのような觀念的な距離を共有できる。
　一方, 同じ狀況を韓國語で「ユ系」で表すのは, 見えない存在を聞き手に近い存在としてセッティングして話題をダイレクトに投げかければいいからである。韓國社會には話題を相手に投げかけられる心理的な距離感がある。一方, 日本語には目に見えない對象を自他が共有する環境にセッティングしたい(すべきだ)という意識が强く反映している。その意味で, 日本語の指示代名詞「ア系」には, 相手を自分のテリトリーに引き込む機能がある。一方, 韓國語には, 話し手は自分の言いたいことを聞き手にダイレクトに發話できる心理的な機能がある。日本語で遠距離の「ア系」の指示代名詞で表す對象を中間距離の「ユ系」で表現する

---

25 森田(2002)を參照。

韓國語には，話し手が關心を持つ事物を聞き手に直接，問いかけること
を良しとする言語文化が反映している。

(3) 顯題文(疑問詞疑問文)

「이것이 뭐예요? (直譯調 これが何ですか」「이게 얼마예요? (直譯調 こ
れがいくらですか」「날씨가 어때요? (直譯調 天氣がどうですか」など，韓
國語では會話の出だしで名詞に助詞「が」に相當する助詞「가/이」が一般
的に使われる。もちろん，「이것은 뭐예요?」と日本語の助詞「は」に相當す
る助詞「는/은」が使われる場合もある。しかし，日本語では同じ狀況で「こ
れは何ですか」「これはいくらですか」「天氣はどうですか」と表現する。

日本語の助詞「が」には「新情報」または「解說や說明」を求める意味があ
る。一方，助詞「は」には「舊情報」を表す意味がある。[26] そうすると，「〇
〇は＋疑問詞」という文は，「〇〇」を共通の話題(主題)にすることが目的
である顯題文である。[27]

　　　　例3) 「いらっしゃいませ。」「あの，この靴はいくらですか。」

例3)のように，「この靴」について話し手(客)は商品に對する情報もな
いうえ，主題は未知の「値段」なので助詞「が」を使うのが理屈にあってい
る。實際，話し手(客)と聞き手(店の人)は同じ場所で同じ商品を見ており，
客と店員の主な話題は値段であるはずなので，話題の共有をわざわざし
なくもいいはずである。しかし，なぜ客は「これは～？」と「これ」を舊情

---

26 韓國語の助詞「가/이」と「는/은」にも「新情報」「舊情報」を表す機能を認める視点があ
る。(왕문용・민현식 1993, p.137)
27 「「は」は，聞き手にとって關心がありそうな名詞の後について，その名詞がその分
の「主題」であることを示す働きをする…「が」という助詞は，その前の名詞がそ
の分の主題でないことを表す働きをする。」(野田1996, p.3, p.11)

報とする言い方をするのであろうか。この現象に對して本稿では次のような仮説を立てた。

> 「日本社會では人との和が重要視される。和するには，相手と話題や環境を共有することが必要である。共有するには既知の關係になって葛藤しない關係を作る必要がある。特に，初對面の相手と話題を共有している「既知の關係」を設定すると，お互いに負担が輕減し，話しやすくなる。その心理が働いて話の出だしで「これは＋疑問詞」と言うのではないか。とすると，この言い方には衝突を避けようとする心理が反映しているのではないだろうか。」

會話の初出しで助詞「は」を使って「何・誰・いくら・どこ・いつ」などの疑問詞を使うと，會話する兩者は話題を共有した狀況となり，その狀況の下で同じ話題に沿って葛藤なくやり取りできる狀況が生じる。その意味で，これらの日本語表現は修辭性の強い「クッション會話」の一種だと言える。一方，韓國語の「이것이 뭐예요?」などは，「이것 これ」と指示した事物が「뭐 何」であるかという新しい情報をやりとりするダイレクト性を帶び，話し手が「知りたいこと，尋ねたいこと」を直接投げかける表現となる。

話の始まりで使う「これは＋疑問詞」という表現には，話題を提供することで相手との環境の共有を重要視する發想が反映している。

(4) 過去・完了表現

日本語では「まだ來ていません」と言うべき狀況を韓國語では「아직 안 왔어요(まだ來ませんでした)」と過去形で表現するのが一般的である。逆に，韓國人の多くは，イベントや授業が終了した時に日本語で「ありがとうございます」と言ったりする。日本語の文末表現「～た」と表わすべき狀態

を現在形で言ったり「~ています」と言うべき狀況で過去形を使ったりするなど, 日本語と韓國語では「現在, 過去」に對して異なった感覺がある。

　文末表現「~た」は, ある行動が完了したことが確認濟みであることを示す。韓國語でも「過去形＝完了意識の確認」という見方があるのでこの点において日韓兩語は共通している。[28]

　一方, 日本語では副詞「まだ」を使う時には「~ている・ていない」で文を結ぶのが一般的である。副詞「まだ」には「完了していないが, いつか完了する可能性がある」という「未確認」の意味がある。完了したことが確認できる場合には「過ぎ去った」現象として助動詞「た」を使って表現するのが日本語の發想である。だから, 「まだ來ませんでした」と言うと, 到着が完了していない狀況を到着したものとして認識してしまう矛盾が生じる。

　完了した狀態で「ありがとうございます」と言ったり, 今も續いている狀態を「まだ來ませんでした」などと完了表現で言ったりする韓國語には, 「過去と現在は切り離せない」という概念が反映していると考えられる。韓國社會では「現在は過去の一部であり, いつでも過去に戻れる」と考えるからである。金・平井(2015)は韓國文化の原型を「原点にもどること」と指摘する。韓國人は「現在から過去に絶えずもどれる」と考えるのである。この文化性は時として「歷史問題はまだ終わっていない」という見解に發展する。これに對して, 日本社會では過去は「過ぎ去ったもの, 取返しのつかないもの」と捉えられる。「水に流す」という表現が象徵するように, 過ぎたことは忘却の對象になるのである。日本語が過去・現在という時間の流れを言葉ではっきりと區別することには「過去は取り戻せない」という概念が影響している。

28　왕문용・민현식(1993, pp.246~258)は, 過去を表す語尾「~었」の機能をある結果が現在にまで持續している狀態を表すムード(mood)であるとし, 「실현의식 實現意識」という概念を主張した。

(5) 待遇表現

　特定の社會には特定の距離感が反映され「敬語, 常語, 卑語」または「敬体, 常体, 卑体」と呼ばれる待遇表現がある。待遇表現は「語形, 機能, 適用」の3つの要素から成り立っている。[29]　ここでは,「適用」面に焦点を当てて日韓兩語の待遇表現と內在文化との關係を考察してみる。[30]

　日本語の待遇表現が韓國語と大きく点は,「身內を高めない語形の使用」にある。

> 例 6)「もしもし, お父さんはいらっしゃいますか。여보세요. 아버님은 계세요?」
> 　　　「いいえ, 今, 父はおりませんが。나요, 지금 아버님은 안 계세요.」
> 　　　「そうですか。いつお歸りですか。그래요? 언제쯤 돌아오세요?」
> 　　　「すぐ歸ると思います。금장 오세요.」

　例18)の日本語では家族(身內)に對して尊敬度0の語形を使っている。一方, 韓國社會では成人した子どもは年配の家族に對する場合, 第三者との話題にする場合に敬体を使うのが一般的である。[31]

　韓國語の敬語法の特徵として, 儒敎思想の影響があげられる。例7)は韓流ドラマ『冬のソナタ』の一場面だが, 同じ學年と分かった瞬間から「너(お前・あんた・君)」や「おい, 恐くないのか」「お前(あんた)」など, 卑語・卑体を使い出している。

> 例 7)
> 女性　ここは一体どこ？起こさないでどういうことですか。

29　菊池康人(2010)を參照。
30　柴田武(1979)を參照。
31　韓國社會では成人した子どもは母親に對しては常体または卑体を使う場合が少なくない。

男性　……。
女性　何年生…ですか。
男性　2年生。
女性　おい,ゴリラが恐くないのか。二年生の中でお前みたいに度胸のある子は見たことない。早く來ないで何してるんだ？相乗りすれば,タクシー代浮くだろう！

　このシーンの日本語字幕では「恐くないのか？→恐くないの？」「見たことない→見たことないわ」など,女ことばと称される言葉遣いに直されている。

　韓國語は, 原則的に相手が自分より「年齢や社會的な地位が高いかどうか」を見分け, それによって固定的な言葉遣いをする「絶對敬語」である。これは「長幼有序」という儒教思想の影響である。一方,日本語は話し手が聞き手との關係や兩者が置かれた狀況によって待遇表現を決定する「相對敬語」である。日本社會では次のような狀況では尊体を必ずしも使わなくてもよい。

　　　基準①　相手より明らかに年上の時
　　　基準②　恩惠を与える立場にいる時 (恩惠の關係)
　　　基準③　親しい間柄 (家族, 友人など)

　しかし,これらの基準は世代・性別・氣分・場面など個人的・場面的な選擇條件によってズレが生じ得る。さらに,基準①は立場によって年下の相手に敬体を使う。基準②は「その場限り」の言葉遣いとしての特徴を有する。日本語の待遇表現は, 話者が置かれた狀況に左右されやすく,より複雜である。[32]

---

[32] 日本語教育學會(1990, p.152)「敬語は,語や文の規則的な運用の前に,その場その場の

日韓兩語のもう一つの違いは，「公開性」が語形に適用される点である。日本社會では親しい間柄でも手紙やメールにも敬体を使う場合が多い。これはメッセージが殘り，それを誰かが見る可能性があるという心理が働くからである。[33] 一方，韓國社會ではこのようなことは少ないと言える。

　日韓兩語の待遇表現は，話し手と聞き手の親疎關係，場面・相手に對する距離感が條件になっている点では共通しているが，日本語はより「よそおい的」色彩が強く，話者が置かれた狀況によって語形が變化するなど，流動性が強い待遇表現が使われる。[34] これに對して，韓國語の待遇表現の適用基準は，相手との歸屬的な關係(年齡，血緣・地緣など)に重点が置かれる。こられの点で，待遇表現では韓國語が日本語より固定的であると言える。

(6) 遠回しな表現

　日本社會で「受身表現」が頻繁に使われることは既述したが，中でも最も特異な受身表現は「迷惑の受身」である。

　　　例 8) ① 雨に降られました。
　　　　　　② 社長に殘業させられました。

　韓國語にも受身表現はあるが，能動態(非受身)で表現できる場合は受身形を使わないようだ。例文8)を韓國語に翻譯すると，「비를 맞았어요.

　　狀況や人間關係をどう捉えるか(場面把握)の適切な判斷が求められるのである。」
33　韓・梅田(2009)を參照。
34　日本語教育學會(同書, p.378)「特に現代は，ていねい語(丁寧語・美化語)の優勢が注目されている。これは，現代の敬語の聞き手中心性という点と一致する。聞き手中心性ということは，場面に応ずる表現をするという性格をもち，それは，相對敬語・社交敬語の性格である。」

(雨を受けました)」,「사장님이 잔업을 시켰어요.(社長は殘業をさせました)」となる。英語譯も自動翻譯してみたが、①は「I fell in rain./I was caught in the rain./I got caught in the rain.」、②は「The boss made me work overtime./I was made to work overtime by a president.」などと翻譯された。

迷惑の受身表現には、自分が置かれた狀態・行動を第3者として主體に立てる發想が反映している。第3者とは自己の力ではコントロールできないか、しにくい「ソト」の存在である。

既述したが、森田(1995)によると日本語話者は自分が受ける事態に他動的な言い方をすることを好まない傾向が強い。つまり、自分の意思で行動したのでなく、狀況の影響でそうなる(なった)という發想を好むのである。相手と葛藤しない環境を作ろうとする配慮が反映した「遠まわしな表現」が日本語では使われるが、受身表現もその一つなのである。

    例9)
    ① (ルールを守らない車に對して)「あんなことするから、皆に嫌われるんだよ。」
    ②「私のどこが惡いって言うの?」「なぜって、みんなそう言っているよ。」
    ③ (夫婦喧嘩の場面)「警察呼ぶわよ。」

例9) ①と②では發話の主體は「私(自分)」なのだが、私の存在をぼやかしつつ回りの人を卷き込む言い方をすることで「批判されて當然だ」という批判の程度が強調される。さらに、例9) ③のように夫婦間の問題に第3者(警察)を介入させることで、相手をソトと見なす態度が顯著になる。例9)①~③の表現には、「ヨソ」または「ソト」の存在を介入させることで、相手を「囲い込もう」とする心理が反映している。

例9)①~③に準ずる表現は韓國語にもあるが、一般的であるとは言い

難い。その理由は，韓國社會では自己の考えや氣持ちなどを直接的に表出する場合が多いためである。自分が置かれた環境を考慮しつつも自己をダイレクトに主張する傾向の強い韓國社會では遠まわしな表現は日本語ほど使われないのである。[35]

待遇表現も同様であるが，遠回しな表現には日韓社會の人間觀が反映していると考えられる。

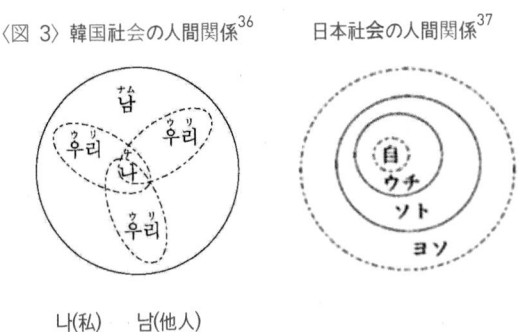

〈図 3〉韓国社会の人間関係[36]　　日本社会の人間関係[37]

나(私)　　남(他人)

韓半島は半島國家として，內亂と隣國からの侵略を數多く受けて來た。さらに，王をトップとする中央集權體制で弱者は力のある者に踏みつけられた。このように複雑な環境の下で血緣中心の強い集團意識が形成されたが，それを象徴する言葉が「우리 ウリ」である。「ウリ」を接頭詞として呼ばれる對象は，「親しみ・恩惠・貴重さ」を備えた(そう信じる)存在である。ウリ共同體には強い連帶意識が反映している。一方，ウリ共同體以外の存在は「남 ナム 他人」と呼ばれ，神経を使ったり責任を負っ

---

35 「日本語の場合は，物事を示すというよりは，それを包むといったほうがよいものが多い。韓國語では多少それがきつい意味の內容でも，なるべく事實を包み込まないで，そのとおりに表にむき出しにするほうがノーマルである。」(李御寧2004, p.161)
36 任榮哲・井出里咲子(2004)を參照。
37 三宅和子(1993)を參照。

たりする必要がない間柄とされる。

　ウリ共同体の核は「私」であり、「私」と最も近いウリは「家族」である。言い換えれば、ウリ共同体の人・モノは自分・家族のように絶對的に信賴できる(「信賴したい」)疑似家族的な存在なのである。

　同時に、韓國の人たちはウリの範囲を廣げることを好むので、「ナム」の間柄でもよく話かけたりコンタクトを取ったりする。韓國の人たちが親しみを感じたり關心があったりする先輩や後輩に家族名稱を使うのは、相手をウリ共同体として認める(そのような間柄になりたい)心理が働いているからである。

　一方、ウチの間柄は「家族、親友」など氣心の知れた氣の置けない人たち、ソトとは「會社の同僚、上司、先生、よく行く店の店員」など社會的な關係を共有している知り合い、ヨソとは自分とは直接的な係わり合いのない間柄である。しかし、ヨソの間柄でも「袖すり合うも他生の緣」と言える狀況になると、「世間の目を氣にする」「よそ樣の前で恥ずかしい」と言うように、言動を監視したり制御したりする「世間・よそ樣」の機能を持つようになる。日本文化が「恥」を強調する文化であると言われるのは、日本社會では「世間」という存在が言動の規範となっていることに起因している。[38]

　ただ、「ウチ・ソト・ヨソ」のそれぞれの領域には中間領域がある。そのため、3つの境界はかなり曖昧で、狀況の把握をしつつ言葉遣いを選択せざるを得ない。この中間領域を河合(1999)は「中空構造」と命名し、日本人の心の深層とした。[39] 境界の曖昧さには、異質なものが入ってきた時

38　司馬遼太郎・ドナルド・キーン(1984)「つまり変な島國で人間が住んでいて、なんとなく隣近所がせせこましくて、きょうのおかずまでわかっちゃうような社會でしょう。ですから、恥ずかしいことはできないということだけで社會の安寧秩序が保てる。その程度のことだけで國が保てる社會というのは、不思議な國です。」
39　河合隼雄(1999)を參照。

に深刻にならない「ぬるま湯のような關係」を作る機能がある。

　この中空構造では立場・環境に同調すること(自他の「しきり」を乗り越えないこと)が良しとされる。そのため，日本社會ではしきりを乗り越えることに愼重になりがちである。韓國社會のように大聲で話したりする行爲は，しきりを乗り越える行爲とされる。周りの空氣に合わせず自己の主張をダイレクトに主張する人は，日本社會では「空氣が讀めない人，自分勝手な人」と評価されがちである。この特徴のために，日本社會では遠まわしな表現が好まれるのだと考える。言葉を替えれば，日本式のコミュニケーションは「類推」というフィルターを通じて行われるのである。類推できる間柄がウチなのである。

　一方，韓國社會には基本的にウリ共同体に氣を使う螺旋狀の人間關係があるので，ウリ共同体の人間關係が最も強い同調壓力を持つ。韓國語の待遇表現にはウリ共同体における縱的な階位があり，それに從って語形を選ぶ文化がある。しかも，韓國社會での「ウリ」と「ナム(他人)」の壁は日本より低く，薄いため，語形面では敬語を使いながらも親密な情關係を結びやすい。また，韓國で遠まわしな表現をあまり使わないのは「ナム」の人に對して「しきり」を超えやすい文化があるためだと考える。

　日韓兩社會の意思疎通に對する文化性の違いは，コミュニケーションの場において葛藤を生じさせる原因にもなる。」〈表5〉は日本人と結婚し，日本に滯在している韓國出身の女性24名を對象として行ったアンケート調査の結果である。調査結果が現しているように，韓國社會には日本社會より自己の考え・氣持ちをダイレクトに表出する(できる)文化性があると言える。

〈表 5〉日本人と結婚した韓国人に対するアンケート調査の結果

質問	Yes	No	普通	分からない
家庭では自分の氣持ちをいつも率直に話すべきか。	75%	8.3%	※16.7%	8.3%
家庭で自分の氣持ちを率直に表現しているか。	54.2%	20.8%	25%	0%
配偶者はあなたの氣持ちをよく受け止めてくれるか。	41.7%	8.3%	45.8%	4.2%
配偶者は自分の氣持ちをあなたに率直に打ち明けるか。	45.8%	12.5%	33.3%	8.3%
日本社會では率直なコミュニケーションが取りやすいか。	4.2%	83.3%	8.3%	4.2%

※ 印は「場合による」

2.4.3. 文學~定型詩~

　定型詩とは「使う單語の數, 單語の配列などにルールがある詩」で, 日本には「俳句・短歌・川柳」, 韓國には「시조 時調」があり, それぞれ長い歴史を持っている。前者は「5・7調」を, 後者は「3・4調」のリズムを持つのが大きな特徴である。[40]

　『万葉集』には「ますらおぶり」が漂う詩歌が収められている。その後,『古今和歌集(905年)』『新古今和歌集(1205年)』が編成される中で,「たおやめぶり」を帶びた詩歌が主流を占めるようになった。(例:「見わたせば花も紅葉もなかりけり 浦の家の秋の夕暮れ」藤原定家) その後, 芭蕉によって體系化された俳句になって, 再び「ますらおぶり」調の詩歌が現れた。俳句は12世紀に成立した「俳諧連歌」に始まり, 松尾芭蕉~正岡子規

---

[40]「五七五音の定型は, 日本語の詩歌の中でも最も人口にし易いリズムである…そして日本語のリズムとして, こんなに親しみ易い自然なリズムも他にないのである」(後藤比奈夫 2018, p.78), または,「d 이것은 우리 나라 歌謠의 基本的 韻律의 형식이라고 볼 수 있으니 우리 民族의 호흡에 알맞는 형식이라고 할 수 있다(これ(4, 3の韻律)は我が國の歌謠の基本的な韻律と見ることができるため, 我が民俗の呼吸と言うに相應しい形式だと言える)」(具本嚇他 1992, p.110)と言われるように, 短歌・俳句の「5・7調」と時調の「3・4調」という音律は, 野崎(2008, p.122)も指摘するように日韓兩言語社會に內在する目に見えない音數律である。

の流れの中で大成された定型詩で, 5-7-5という世界で最も短い音數律を特徴とする。(例：「古い池や蛙飛びこむ水の音」松尾芭蕉)

一方, 14世紀末に成立した時調は「初章, 中章, 終章」の3章と「3・4調(または4・4調)」の音數律で構成される6句・文字數45字前後で構成される。文字數には多少の幅が認められるが, 終章の初出は必ず「3調, 5調(6~7調も可能)」にしなければならない。

   初章 3, 4, 3(4), 4   이몸이 죽어죽어 일백번 고쳐 죽어
   中章 3, 4, 4(3), 4   백골이 진토되어 넋이라도 있고 없고
   終章 3, 5(6~7), 4, 3   임향한 일편단심이야 가실 줄이 있으랴
                    鄭夢周『丹心歌』

俳句と時調の大きな違いは, 語彙の使用と獨特な音律によって構成される句構造にある。前者は「季語」使用の有無, 後者は音節數と構造で大きな違いを見せる。その中でも, 自然を象徴する「季語」の有無は大きな違いである。俳句の主題は島國・日本の季節(自然)と深い關係にある。季語とは句の「季題」を表す內含性の強い言葉である。言い換えると, 讀者と共鳴するための裝置が「季語」なのである。先の芭蕉の句の季語は「蛙」で, 季節は夏の句となる。

  例10) 서러워 붉은 만큼   悲しきかな 赤きほど
     붉어서 여윈 만큼   赤きため やつれ細れるほど
     단 하루 들불 속에   一日のみ 野火の中で
     속속히 들끓다가   煮えたぎり續けつつ
     이제야 바람으로 온   時に遅れて 風となりてとぶらふ
     너를 내가 어쩌나   汝は何を願へりや

조금씩 조금씩 더	少しずつ, もう少しずつ
조여 오는 통증에	締め上げらるる痛みに
간담이 끊어져도	內臟が立ち切るれども
삭신이 비틀려도	五体が捻じるれども
꺾인 채 꽃으로 피느니	折られしままの花と咲くのなら
네 가슴에 피겠다	汝の胸で咲かまほし

韓盼玉『장미』

　一方, 時調には季語を使うという明確な約束事はない。上の時調には芭蕉の句のように季節を表す單語はなく, 情熱的な表現とタイトル(장미薔薇)が夏の句であることを示唆している。伝統時調から現代時調まで, 時調には一般的な單語から古語や詩人が創作した單語まで, 多種多様な言葉が盛り込まれており, 時調は3・4調というリズムと3段階構造という器に多彩な單語を盛って味わう叙情性の強い詩であると言える。[41]

　「川柳」は季語を使わなくてもいい5・7調の定型詩で, 「切れ字」や「文体(文語調・口語調)」などの約束事もない。川柳を「吐く・ものす」というように, 作者の表現したい內容を自由に詠む点, 語彙的な決まり事がない点で時調と川柳には共通点がある。

　詩情の表し方において, 俳句は修辭性が強い短詩形にも係わらず寫生的である。句に主語が不明確であり, 「私」なしに語句は組み立てられる。俳句では主格一体の主体は詩人以外の環境に置かれ, 句を通じて詩人の喜怒哀樂は環境と一体となる。俳句の主語は詩人が身を置く「場面(環境)」である。言葉を替えれば, 場面に詩人の主体性が染み込んでいるのであ

---

41 「한시와 시조로 대표되는 우리의 서정 단시는 대체적으로 사물을 빌어서 자신들의 정서를 표현하거나, 시인 자신의 직접적인 진술을 통하여 시의 의미를 전달하고 있다. (漢詩や時調に代表される韓國の叙情短詩は, 大部分, 事物を通じて自己の情緒を表現したり詩人の直接的な陳述を通じて詩の意味を伝達する。)」(윤여탁, 1998, p.177)

る。俳句の持つこの寫生性は，自我を取り巻く環境との一体化よってもたらされる。[42]

俳句において詩情を刺激する要素が「わび・さび」である。向井去來が「さびは句の色なり」と語ったように，「さび」とは俳人に「わび」を感じさせる美しさなのである。芭蕉が「まず，形を表出し，心を裏に隱せ」と教えたように，表現したいことを全部は言わずに，最小限の表現で「類推」を醸し出す点に俳句の特徴がある。

また，形が変化する姿は一つの環境が別の環境に移動する過程を経る。その過程で詩情を感じ，表現するためには，やはり形の変化に敏感な觀察力が必要となる。芭蕉はこの「吟行」を通じて句を詠み，その句に込めた情景を「座」において類推を媒介として共感することを求めた。すなわち，協働性を活かして類推するには輕やかで寫生的な句がいいのである。

詩人が情景を最小限の言葉を使い，類推を念じて詠む姿勢は時調も同じである。[43] しかし，時調が俳句と異なる点は，詩人が置かれた環境を受け入れつつも自己の願い・想いを「吐き出す」直情的な表現態度にある。[44] このダブルスタンダードが「恨 한」を生じさせるのである。恨とは理想

---

[42] 「この歲時記が，つまり日本の風土の眞の文法なのだ。歲時記は，ものが場所や他の事物と具体的に關係しながら存在し，位置づけられ，秩序立てられるための統語法を具体化している。だから，こういった存在を，文法書の意味では「主語」と呼ぶのは，不当である…私はそれを「通態」ではなく，「周囲」(ambiant)と呼ぶことを決意した。たとえば，この「周囲」は，前に引用した俳句が呼び起こす風景の全体に存在する。まさしくそのために，その俳句は文法的にも論理的にも，それと見分けられる主語をもたないのである。」(オギュスタン・ベルク2019, pp.52~53)
[43] 「このような「表出」と「隱れ」が織りなす緊張と葛藤を通じ，俳句は存在の意味を獲得したのである。この点において，時調詩の規律は，俳句の持つ規律と明確な接点を見出すのである。」(柳成浩 2018, p.95)
[44] 李御寧(司馬 2003, p.269は「描寫する文學より，何かの觀念を主張する歌が韓國では一般的で，よく愛唱される」としつつ，韓國文化は觀念的，日本文化は感覺的であると主張した。

と現實のギャップを嘆き，かつ理想に憧れる感情だからである。[45] 半島國家として外勢の侵略に露出され，權力鬪爭が續き，嚴しい身分制度の下で生き續けた社會環境で恨を感じざるを得なかった韓國の詩人たちは，時調のリズムで自らの恨を表出したのである。「自然，愛，忠誠心」が時調の主流なるテーマを占めるのは，半島國家として度重なる他國の侵略を受け，儒敎國家として嚴しい身分制度で生を營んだ韓半島の人々の複雑な情勢が映しているためだと考えられる。

なお，韓國社會では恨を「興 흥」をもって消化し，風流を醸し出す文化がある。[46] この概念は，喜怒哀樂を「輕み」通じて表現する俳句と類似している。下の時調は女流詩人であり妓女でもあった黃眞伊が戀しい男性を想って讀んだ一首であるが，どこか俳句の輕みに通じる「興」の詩情が感じられる。

  例 11) 足袋つぐや ノラともならず敎師妻　　杉田久女
     苺ジャム 男子はこれを食う可らず　　竹下しづの女
     痩蛙まけるな一茶是に有　　　　　　　小林一茶

  冬至ㅅ달 기나긴 밤을 한 허리를 버혀 내여
  霜月の長い々夜を二つに斷ち切り
  春風 니불 아래 서리서리 넣었다가
  春風のように暖かい布団の中に疊み入れて
  어른 님 오신 날 밤이여든 구비구비 펴리라
  戀しい貴方が來る夜になったら ぐるぐる
      伸ばし 短い夜につないで長い夜にしましょう
         黃眞伊『無題』

---

45 小倉(1998)을 參照.
46 김백균(2007)을 參照.

韓半島の人たちは自己の心情を表す語彙を3・4調の器にダイレクトに表出して來た。自ずと時調は主觀的な詩調を帶びるようになる。

　無形の心を限られた言語形式を借りて具現化する定型詩は文學ジャンルとしてはもちろん，その存在自体が文化遺産である。世界の文學でも類を見えない優れた定型詩を持つ日韓社會には定型詩を通して互いの文化を理解し，尊敬する共感帯を作り得る素材がある。

　以上，一部ではあるが日韓兩語の言語表現を深層的な觀点より考察した結果をまとめると〈表6〉のようになる。

〈表 6〉本稿が分析した日韓両語の項目とそれに反映している内在文化

	日本語	韓国語
文字	視覺中心	聽覺中心
存在詞	狀況による適用條件あり	適用條件なし
指示代名詞	關係性重視	距離感重視
顯題文(疑問詞疑問文)	間接的な問いかけ	直接的な問いかけ
過去・完了表現	現在・過去が斷絶	現在・過去が継續
待遇表現	より狀況的	より歸屬的
遠まわしな表現	より多く使用	使用
定型詩(俳句，時調)	間接的な詩情表現 より卽物的(繪畫的)	直情的な詩情表現 より卽我的(音樂的)
言語表現の特徵	より高文脈的	より低文脈的

　「環境」をキーワードにして本稿が分析した日韓兩語の言語表現を整理すると，日本語には話し手・聞き手が置かれた環境に配慮して表現を驅使する態度が顯著な反面，韓國語では環境に配慮するも自己の思い・考えを打ち出す態度がより顯著に感じ取れる。よって，本稿が考察した言語表現においては〈表3〉で提示した内在文化と日韓兩語の言語表現はリンクすると言っても大きな齟齬はないと考える。つまり, (本稿が扱った) 日本語の言語表現には韓國語より狀況志向的な内在文化が，韓國語の言語

表現には理想志向的な內在文化が顯著に反映しているのである。

2.5 日韓両社会が置かれた環境と内在文化

それでは，日韓社會の內在文化はどのような経緯を経て形成されたのであろうか。

一般的に，背景の知識を共有できる小さなコミュニティーでは，言葉による意思疎通を簡潔にすることができる。一方，他人同士のコミュニケーションが頻繁に起こる大きなコミュニティーでは，いちいち言葉で明確な疎通を図らなければならない。そして，後者は成員が様々な言語にさらされる多言語・多文化社會となる。[47] 韓國は半島國家であり，周辺國と比較しても國土が廣くはない。しかし，半島國家であるために，人や文化と様々な接触をして來た。その接触は時には強制と苦痛を伴うものであったが，紆余曲折を経る過程で韓半島は周辺國の文化を共有する(共有せざるを得ない)コミュニティーの成員として「大規模な社會」を形成して來たと言える。そのため，島國・日本とは異なり，言葉(ことば)によるコミュニケーションを重視する風土，「人間」に敏感な文化・歷史が生まれたと考えられる。本稿が韓國社會の內在文化を「理想志向的」と主張する根據の一つはここにある。

オギャスタン・ベルクが主唱する「風土學(メソロジー)」では，自然環境と人間環境(これらが融合して風土が形成される)が相互に作用し合う關係と見る。つまり，人間と自然(環境)は相互作用しつつ「環世界(milieu)＝風土」を形成するのである。日本社會の特徴は，西洋の形而上學が現象と本質とを峻別する二元論的な發想は存在しない点である。本稿が分析した一部の日本語表現，そして俳句もそうであるが，人は言語表現

---

47 ガイ・ドイッチャー(2012, pp.146~147)を參照。

の主體の位置には立たず,「ソト・ヨソ」(周圍)が主體の位置に置かれる傾向がある。日本語の言語表現において, 狀況を主體(人)の上に置きつつ狀況と融合させて自己を表現しようとする特徵は, 日本社會の風土が生んだ「狀況志向的」な內在文化が反映したものである。

日韓兩地域では島國・半島國家としての地政學的な特徵によって風土が形成され, おのおのの風土を反映した內在文化が生じ, それがそれぞれの歷史・政治・外交・經濟・思想および言語表現に影響を與えていると見るべきである。より「狀況志向的」, より「理想志向的」な日韓兩社會の內在文化はこの環境の中で形成された。

3. おわりに～言語文化の理解を通じた相互理解のために～

本稿は, 日韓兩社會には異なる「內在文化」があり, それが日韓兩語に反映していることを言語表現の比較を通じて考察した。本稿が比較分析した日韓兩語の言語表現は一部ではあったが, 內在文化とリンクしていることを觀察することができた。つまり, 日本語では話し手と聞き手が置かれた狀況を重要視する「狀況志向的」な態度が韓國語より顯著であり, 韓國語では狀況を考慮しながらも自己の思い・感情・望みを表現することを優先する「理想志向的」な態度が日本語より顯著なのである。そして, この內在文化は日韓兩社會が置かれている(置かれて來た)環境の影響を受けて形成・繼承されて來たものである。この「環境(風土)→內在文化→言語」という關係を理解せずに表面化された可視的な現象だけを見ていると, 暗礁にぶつかる船のように感情が座礁して誤解が生じてしまう。內在文化を理解することなしに日韓兩社會を論じることは,「仏作って魂入れず」の結果に終わる虛しさをはらんでいる。

この葛藤を解消する方法の一つが日韓兩言語を學習し，言語と內在文化の關係を理解し，直接体驗することである。それは，言語能力はそれが使用される言語社會における對人關係のパターンと密接な關係があり，言語學習とは相手の言語社會が有する文化を理解し，その文化に適応するために自己のコミュニケーション樣式を変える契機になるからである。言語學習とは單に目標言語が使用される個人や共同体とコミュニケーションするためのスキルを獲得することだけに終わるのではなく、相手の知的・情的な世界に深く入り込むことができるスキーマを獲得することである。[48]

　日韓兩國の交流が活發化されればされるほど，より深層的な交流が必要とされる。良かれあしかれ隣國である日韓兩社會は，相互理解の關係を築いていかなければならない。しかし，主体的な意識もなく，自分の見方だけ捉われ，表面的な現象や又聞きした內容をもって相手を批判する行爲は「見物人」のそれでしかない。そのためには、政府やマスコミは，絞った情報ではなく多樣な情報を兩社會の成員に提供し，考える機會を作らなければならない。その意味で，日韓兩地域に住む我々にとっての最大の課題は、脱・見物人になることである。韓國と日本にはどのような環境的な違いがあり，それが兩國に暮らす私たちの言語と內在文化とどのように關連しているのかを自ら考え，紐解く態度をもって兩國を見つめ直すと，相互理解できる基盤が築けるはずである。そして，この一連の考察は日韓兩社會に暮らす我々自身を見つめなおす視点をもたらしてくれるはずである。

　日韓兩語と日韓社會が持つ內在文化との關係について，さらに範囲を廣げつつ継續して研究を進めることで，日韓兩社會の相互理解の促進に貢獻していく所存である。

---

48 ジョセフ・ジュールズ(2007)を參照。

引用・参考文献

李御寧(1982),『「縮み」志向の日本人』, 學生社
李御寧(2004),『「ふろしき」で讀む日韓文化』, 學生社
李善雅(2001), 「議論の場における言語行動－日本語母語話者と韓國人學習者の相違－」,『日本語教育』111, 日本語教育學會
オギュスタン・ベルク(1992),『風土の日本　自然と文化の通態』, ちくま學芸文庫
オギュスタン・ベルク(2019),『風土學はなぜ何のために』(木岡信夫譯), 關西大學出版部
小倉紀藏(1998),『韓國は一個の哲學である』, 講談社現代新書
ガイ・ドイッチャー(2012),『言語が違えば, 世界も違って見えるわけ』(椋田直子譯), インターソフト
韓美卿・梅田博之(2009),『韓國語の敬語入門』, 大修館書店
唐須敎光(1988),『文化の言語學』, 勁草書房
河合隼雄(1999),『中空構造日本の深層』, 中公文庫
菊池康人(2010),『敬語再入門』, 講談社學術文庫
後藤比奈夫(2018),「日本語の音樂性」,『俳句』第67卷第8号, 角川文化振興財団
柴田武(1979),「敬語と敬語研究」,『言語』6月号, 大修館書店
司馬遼太郎(2003),『アジアの中の日本』, 文藝春秋
司馬遼太郎・ドナルド・キーン(1984年),『日本人と日本文化』, 中央公論新社
ジョセフ・ショールズ(2013),『深層文化』(長沼美香子譯, 2013), 大修館書店
鈴木孝夫(1973),『言葉と文化』, 岩波新書
富田啓介(2020),『あれもこれも地理學』, ベレ出版
中川明夫(2022),「內在文化と日韓兩語との關連性に關する研究」,『尙絅大學研究紀要　人文・社會科學編』54号, 尙絅學園
中川明夫(2023),『脫「韓國傍觀論」入門』, 現代図書
中島文雄(1987),『日本語の構造』, 岩波新書
西川長夫(2001),『國境の超え方』, 平凡社
日本語教育學會(1982),『日本語教育事典』, 大修館書店
日本語教育學會(1990),『日本語教育ハンドブック』, 大修館書店
野崎充彦(2008),「時調－朝鮮的叙情のかたち－」,『韓國語教育論講座』第4卷,

くろしお出版
野田尙史(1996),『「は」と「が」』, くろしお出版
牧野成一(1996),『ウチとソトの言語文化學 文法を文化で切る』, アルク
三浦つとむ(1975),『日本語の文法』, 頸草書房
三森ゆりか(2003),『外國語を身につけるための日本語レッスン』, 白水社
森田良行(1995),『日本語の視点』, 創拓社
森田良行(2002),『日本語文法の發想』, ひつじ書房
山口明穗(2004),『日本語の論理 言葉に現れる思想』, 大修館書店
具本嚇 他(1992),『韓國文學新講』, 開文社
김백균(2007),「'·흥(興)', 그 우연성과 진성성에 대한 고찰」,『철학탐구』 21, 중앙대학교 중앙철학연구소
왕문용·민현식(1993),『국어 문법론의 이해』, 개문사
윤여탁(1998),『시 교육론·Ⅱ』, 서울대학교출판부
柳成浩(2018),「存在と言語の擴散による敍情の頂点」,『沈香』, K출판사.
일산문화연구소(1993),『한국인의 일상문화』, 한울
韓盼玉(2018),『沈香』, DK出版社
Sapir, E.(1958[1926]). The status of linguistics as a science. In D.G.Mandelbaum(Ed), Culture, Language and Personaliry. Berkely, CA :University of Calfornia Press.
Stocking, G.W.(1966). Franz Boas and the Culture Concept in Historical Perspective, American Authropologist 68.
Tylor, E.B.(1903[1871]). Prinmitive Culture, Mohn Murray, N.Y.

⟨토론문⟩

안수현 | 부산가톨릭대학교

　나카가와 아키오 교수님의 본 논문은 한국어와 일본어의 언어적 표현의 심층에 두 나라의 내재 문화(immanent culture)가 원동력으로 작동된 가설을 세웠고, 한일 양국의 차이를 충분히 설명할 수 없었던 논리적 아포리아를 발견할 가능성을 심도 있게 제시한 중요한 작업이라고 생각합니다. 한국어와 일본어는 유사한 어순과 공통적인 한자어 사용 등 여러 공통점을 가지고 있으나, 본 연구는 두 언어의 차이점에 주목하여 양국이 위치한 역사적, 풍토적 '환경'의 영향에 따른 결과라는 지점을 방대한 논거 자료로써 제시하고 있습니다.
　연구에서 제시한 가장 흥미로운 부분 중 하나는 두 나라의 풍토적 특성이 곧 내재 문화에 직접적인 반영이 곧 언어와 문화에 미친 영향입니다. 일본이 섬나라로서 자연환경과의 조화를 중시한 반면, 한국은 반도국가로서 외부의 침입과 갈등을 경험하면서 형성된 현실 타개의 성격을 지닌 이상주의적 성향을 보인다는 분석은 두 나라의 언어적 표현에서 나타나는 차이를 이해하는 데 중요한 단초를 제공한다고 보았습니다. 예를 들어, 존재사의 경우 일본어의 '상황주의', 한국어에서는 존재 여부가 더 중요시하며 이러한 차이는 한일 두 사회가 언어를 통해 문화적 가치와 세계관의 표현 양상을 파악할 수 있었습니다.
　연어어, 관계성과 거리성의 지시대명사 문제, 상황을 예지한 선택적 의문문, 과거와 현재 시제의 단절과 계속, 대우표현의 방향과 피해 수동문과 능동문의 한일 양국의 적용 등 언어적 요소를 통해 두 나라의 내재 문화가 언어에 반영된 구체적인 예문을 통해 정밀하게 분석했습니다. 이러한 언어적 차이는 각 사회의 문화적 태도와 가치관이 반영된 결과로 볼 수 있습니다. 양국의 정형시 문학 언어에 나타난 시적 표현을 통해 서정의 진술 과정을 설명했습니다. 일본의 정형시, 하이쿠(俳句)와 와카(和歌)는 간결함과 자연과의 조화를 중시하는 반면, 한국의 시조(時調)는 보다 직설적인 표현을 통해 작자의 감정을 강하게 전달한다고 했습니다.

이러한 차이는 언어가 단순한 의사소통 도구를 넘어 각 시대별 사회의 내재적 문화를 반영하고 그 구체적인 사례를 제시하고 있다는 점에서 매우 설득력을 가진다고 볼 수 있습니다. 그러나 이 연구는 두 가지 측면에서 추가적인 논의가 필요합니다.

첫째, 내재 문화의 개념에 관한 추가 설명입니다. 한일 양국의 내재 문화를 바탕으로 두 나라의 언어적 표현 차이를 설명하려고 시도했습니다. 그러나 내재 문화라는 개념 자체가 다소 모호하게 정의되고 있으며, 그로 인해 몇 가지 모순이 발생하고 있습니다. 예컨대 내재 문화의 특성을 비가시적이지만 사회 전반에 걸쳐 영향을 미치는 심층 문화의 양상으로 설명하고 있지만, 이 개념은 매우 넓고 구체적인 분석 없이 사용되기 때문에 실제로 어떤 요소가 내재 문화에 속하는지 명확하지 않습니다. 이로 인해 내재 문화가 언어적 표현과 어떻게 구체적으로 연결되는지에 대한 설명이 논의되어야 합니다. 또한, 내재 문화가 언어 표현에 어떻게 영향을 미치는지에 대한 논의에서, 문화적 차이와 역사적 맥락을 충분히 고려하지 않은 채 단순히 '섬나라'와 '반도국가'라는 환경적 차이에 의해 내재 문화가 형성되었다고 결론짓는 것은 다소 단편적입니다. 풍토적 요소가 문화 형성에 중요한 역할을 할 수는 있지만, 그것만으로는 복잡한 내재 문화 현상을 설명하기에 충분하지 않습니다. 따라서 내재 문화의 개념을 보다 명확하게 정의하고, 이를 바탕으로 한 언어적 표현의 차이를 설명할 수 있는 논거를 부탁드리겠습니다.

둘째, 이상주의 지향과 상황주의 지향 규정에 대한 문제점입니다.

본 연구에서 제시한 언어 표현에서 발화되는 이상주의와 상황주의는 한국과 일본의 내재 문화를 설명하는 핵심 개념임에는 틀림없는 듯 합니다. 그러나 이 두 개념의 정의와 적용을 올바르게 해석하기 위하여 교수님의 견해를 듣고자 합니다.

한국어 표현의 경우 이상주의 지향적이라고 규정하고, 일본어 표현은 상황주의적이라고 규정하는 것은 이분법적 접근입니다. 두 사회 언어는 모두 이상지향적 요소와 상황주의적 요소를 동시에 가지고 있으며, 이 요소들은 상황에 따라 다르게 나타날 수 있습니다. 예를 들어, 일본 사회에서도 이상을 중시하는 문화적 요소가 존재하며, 한국 사회에서도 상황에 따라 행동을 조정하는 태도가 나타날 수 있습니다. 이러한 복합적인 요소들을 고려하지 않고 단순히 이분법적으로 규정하는 것은 두 사회의 복잡한 현실을 충분히 반영하지 못하는 문제점을 가지고 있습니다.

또한, 이상주의와 상황주의라는 개념이 구체적으로 무엇을 의미하는지에 대한 설명이 부족하며, 이 개념들이 실제 언어적 표현에 어떻게 반영되는지를 설명하는 과정에서 논리적인 연결이 충분히 이루어지지 않았습니다. 예문을 제외하고 두 개념의 차이를 충분히 이해시키지 못하며, 결과적으로 논리적 설득력을 약화시킬 수 있기 때문입니다.

그럼에도 불구하고 나카가와 아키오 교수님의 본 연구는 한국과 일본의 언어와 문화를 이해하는 데 중요한 단초를 제공하고 있으며, 이를 통해 양국 간의 상호이해를 촉진할 수 있는 다양한 가능성을 제시하고 있습니다. 본 연구는 학문적 의미뿐만 아니라, 실질적으로도 한국과 일본 간의 이해와 협력을 증진시키는 데 기여할 수 있을 것으로 확신합니다. 앞으로도 지속적인 내재 문화 연구 성과를 통해 보다 구체적이고 실질적인 한일 양국 언어 문화를 이해할 수 있는 담론의 장이 마련되기를 바랍니다.

종합토론

〈종합토론〉

손승철 안녕하십니까. 손승철입니다. 오늘 학술대회는 오전 10시부터 시작해서 지금 오후 4시가 다 되어 가는데, 발표한 주제가 기조 발표까지 합쳐 모두 8개가 됩니다. 그리고 발표주제가 다양한 분야라서 여러 가지 내용이 좀 다르고, 관심 분야에 따라서는 재미가 있을 수도 있지만, 한편으로는 소화하기가 좀 쉽지 않을 거 같아서 종합토론을 하면서 조금 생각을 모아야 될 것 같습니다.

약정토론이기 때문에 선생님들 미리 토론문을 다 작성하셨지만, 그것만 하지 마시고 그걸 중심으로 종합토론을 하면서 무언가 전체적으로 흐름이 모아지는 방향으로 토론이 전개가 되었으면 좋겠습니다. 토론 시간은 2시간입니다. 120분인데, 모두 8개의 주제입니다. 그래서 대략 주제 당 한 10분 정도씩 질의응답을 하고, 나머지 시간은 자유롭게 토론하는 식으로 진행하겠습니다.

첫 번째 주제는 음악입니다. 음악에 대해서는 단국대학에 장유정 교수님께서 발표를 해주셨습니다. 거기에 대해서 약정토론으로 홍익대학에 나카무라 시즈요 교수님께서 토론을 해주시겠습니다. 부탁드립니다.

나카무라 시즈요 홍익대학교 나카무라 시즈요라고 합니다. 장유정 교수님의 발표를 잘 들었습니다.

대중음악의 한일교류에 대해서 아주 자세하게 양국 간의 가요 교류의 양상을 말씀해 주셨습니다. 저는 이 분야에 문외한이라서 자세히는 모르겠지만 제가 아는 것을 가지고 두 가지 질문으로 드리겠습니다.

첫 번째 소감으로서는 트로트가 일제 강점기 일본 유행가의 번완곡으로 제작되었기 때문에 트로트를 왜색 노래로 간주하는 것이 적절한가하는 문제 제기에 대해 저도 동일한 문제를 느끼고 있습니다. 그리고 한국에서 트로트는 일제와 비슷한 시기에 발생했지만, 독립적으로 발전하고 성장한 대중음악의 장르이며, 특히 한국의 트로트가 한국어로 한국인의 정서를 충실히 반영하여 당시 사람들에게 호응을 얻었다라는 것에 대해서 말씀하셨습니다.

그런데 그 구조에서 저도 한국 가요가 일본의 단순한 영향을 받았다고 보기는 어렵다고 생각하고 있습니다. 특히 식민지 시기처럼 양국 간의 교류가 활발했던 시절에는 두 나라의 음악이 상호관계 속에서 성장하고 그리고 변화가 있었을 거라고 생각합니다.

그리고 이거는 개인적으로 제가 80년대에 봤던 미디어 세계 이야기입니다만, 옛날에 일본 쇼와 시대의 대표적인 작곡가 고가 마사오시가 계시는데 미소라 히바리 카나지 그런 거를 작곡을 하신 분입니다. 그분이 한국의 음악에 대해서 이야기를 하신 인터뷰를 봤는데요. 그때는 그분이 젊은 시절에 어머니와 함께 일제 식민지 시대에 조선에 살았다고 합니다. 10년 정도 지내셨고, 그때 접했던 한국 음악에 대해 상당히 감명받았다는 내용으로 인터뷰를 하셨습니다.

한국 음악에는 한이 있다. 그러나 한국인은 그 감정을 복수나 분노로 푸는 것이 아니라 아리랑과 같은 민속 노래로 통해서 이렇게 표현을 한다. 그래서 고가씨는 나는 한국적인 특유의 박자를 좋아한다라고 말을 했답니다. 그리고 그 슬픔 한스러운 감정도 민속 노래에 담아 부르는 한국인의 밝고 강한 민족성에 대해서 그렇게 감동했다라는 것을 언급하셨습니다.

특히 그의 슬픈 멜로디는 전후의 그 어려운 사회 속에서 인기를 얻어서 쇼와 가요에 자리를 잡았습니다. 이처럼 일본 음악 세계에서도 잠재적으로 한국의 정서가 담겨있지 않을까 찾을 수 있지 않을까라는 생각을 했습니다.

그래서 구체적인 질문을 하나를 드리고 싶은데요.

저는 그렇게 엔카에 대한 나쁜 생각은 없지만 아까 발표석에서도 왜색이라는 말이 테마의 하나가 된 것 같습니다.

왜색에 대해서 역시 일본 음악이 퇴폐적이다라는 그런 이미지 그런 것이 있다는 것이라고 생각합니다. 근데 1965년에 동백 아가씨가 금지곡으로 지정되기도 하고 그게 불릴 때까지가 아마 1987년 불렸다고 하면은 굉장히 오랫동안 그런 이미지 그렇게 지배하고 있었던 것 같습니다.

그래서 김대중 정권에서는 그것이 조금 불리기도 했지만, 여전히 영화 속 아니면 애니메이션 속에서는 그렇게 적극적으로 엔카가 등장하지 않았다는 것입니다. 그리고 그것이 현재에 이르기까지 일본 엔카가 기반되어 있지 않다는 이유로 역시 일본 음악 속에 있는 퇴폐적인 그런 소질 특히, 술집 여성들의 한숨과 그리고 동반 자살등에 대해서 여러 가지의 어두운 면이 가사 속에 담겨 있다는 것이 문제가 아닐까라고 생각합니다.

특히 1970년 80년대에 고도 경제 성장을 이룬 일본은 동시에 많은 사회적인 부작용도 있었습니다. 그리고 빈부 격차 차별과 사회에서의 낙오 등이 전후의 부흥기에는 보지 못했던 퇴폐적 사조로 나타났습니다. 그리고 그런 배경이 오히려 엔카를 성장 시킨 요소가 되어서 엔카가 많이 발전했다고 합니다.

그리고 이 시대의 선진적인 음악으로 1975년에 150만 장이 팔렸던 쇼와 카레스 스카라는 노래인데요. 이것은 한국 사회에서 좀 개방하기가 어렵지 않을까라는 가사 내용을 담고 있습니다.

예를 들어서 마즈시잔이 마케다 이에 세키니 마케다 고노마치모 와레다 이소키데니 시노카 정말 이렇게 희망을 찾을 수 없는 절망적인 이런 내용들의 가사가 인기를 많이 얻었다고 하는데, 대중가요는 대중의 감성과 정서와 감정이 담겨 있다고 할 때, 일본의 어두운 면을 강하게 반영하고 있는 이러한 일본 엔카가 한국 사회에서 쉽게 받아들이기가 어렵다고 생각합니다. 그게 1998년에 잡지 등에서도 이런 문제점 그러니까 일본 문화의 폭력성, 음란성의 논의가 있었지만, 그러한 사회의 풍조가 한국으로 이렇게 엔카 개방의 큰 장애물이 되지 않았을까 생각합니다. 앞으로 일본 엔카 개방에 어떤 전개가 있을지 그에 대한 교수님의 의견을 궁금합니다. 이게 하나입니다.

두 번째 질문은 교수님도 아까 잠깐 이렇게 같이 서로 이야기를 나눠봤지만 언어적인 내용입니다. 그거 성인가요, 그리고 전통가요 예를 들면 아리랑 등 다양한 언어로 표현되어 왔던 그 트로트의 역사적인 내용을 디지털 데이터를 통해서 연구를 하시면 좀 재밌지 않을까 그런 생각으로 들어서 교수님께 그런 의향이 있을지 확인을 하고 싶었습니다. 잘 부탁드립니다.

손승철 예 직접 바로 답변을 해주시죠.

장유정 네 나카무라 시즈요 선생님 정말 감사합니다. 토론을 잘 들었고요. 일단 고가 마사오는 저도 관심이 있는 작곡가입니다. 근데 제가 고가 마사오를 더 이렇게 전면에 부각시키지 않은 이유 중에 하나는 그게 오히려 또 엔카와 트로트를 이야기하는 데 약간 반발심을 갖지 않을까 이런 생각이 좀 있어서 조심스러워서 언급을 안 했었는데요. 이분이 인천에서 어린 시절을 살았었거든요. 그리고 이분이 만들었던 엔카 같은 경우는 고가풍이라고 해서 일본의 다른 작곡가들하고는 또 다르게 얘기를 합니다. 저는 그 부분이 한국에서 살았던 유년 시절을 보냈던 그 경험이 녹아 들어갔을 거라고 분명히 보고 있는데요.

저는 근데 고가의 목소리로 이야기를 듣고 싶었는데 마침 나카무라 시즈요 선생님께서 고가 마사오가 인터뷰하는 내용을 보셨다고 해서 만약에 나중에라도 이거 어떤 출처나 제가 더 확인할 수 있는 걸 좀 알려주시면 이제는 제가 마음 놓고 이분이 직접 이렇게 말했다고 하면서 언급을 할 수 있을 것 같아요. 그래서 그 부분을 부탁드리겠습니다. 그 다음에 여기에서 가사 이야기를 하셨는데요. 일단 동백 아가씨가 금지곡으로 지정된 것은 1965년이고요. 박정희 정권 하에서 보통 한일 수교에 반발해서 정권에서 이것을 왜색으로 규정했다고 보통은 이야기합니다. 근데 제가 그 당시 한국일보에 거의 출퇴근하다시피 하면서 혼자서 며칠 동안 자료를 다 뒤졌거든요. 근데 국가 정부 차원에서 이거를 금지했다라는 증거는 찾기 어려웠습니다. 이거는 제가 알아보고, 그리고 인터뷰를 직접 한 바에 따르면 방송 관계자들이 알아서 속된 말로 알아서 기었다고 해야 될까요? 그러니까 알아서 그런 것들을 금지시켰는데요. 왜냐하면 이분들은 서양 음악이 지식인들한테 서양의 클래식이 가장 음악적으로 훌륭한 거라면 이분들이 보기에 이러한 노래들은 왜색이라는 걸로 규정할 수밖에 없었던 거죠. 그래서 방송 금지를 했었고 그것 때문에 이제 이미자의 동백 아가씨, 그다음에 기러기 아빠, 섬마을 선생님 이렇게 대표곡들이 1987년까지 계속 금지가 되었었습니다. 박정희 정권에서 박정희 대통령은 오히려 엔카나 트로트를 좋아했었습니다. 황성의 적이나 타향살이인데 황성의 적은 황성 옛터라는 노래고요. 또 심수봉이 직접 자전적 소설에서 또 밝힌 적이 있는데요. 심수봉이 가서 불렀던 노래들이 일본 엔카 같은 노래였습니다. 그래서 이건 조금 더 살펴볼 필요가 있을 것 같고요. 아까 말씀하셨던 것처럼 일본의 어떤 가사나 주제가 한국에서 받아들여지기 어렵지 않았을까라고 하셨는데요. 그런 게 없었던 거는 아니긴 합니다. 왜냐하면 윤심덕이 1926년에 불렀던 이거는 물론 엔카는 아닙니다만 도나우강의 잔물결이라는 노래에 한국어 가사를 입혔지만, 그 어떤 나라에서도 도나우강의 잔물결이라는 그 클래식에다가 죽음에 대한 찬미의 가사를 넣는 경우는 없습니다. 그래서 그 사의 찬미도 보면은 삶에 열중한 가련한 인생아 너는 칼 위의 춤추는 자로다. 그리고 3절이 허영에 빠져 날뛰는 인생아 너 속였음을 네가 아느냐 세상의 것은 너에게 허무니 너 죽은 후에 모두 없도다. 그래서 굉장히 허무하고 절망적인 가사로 이루어져 있었기 때문에 그 가사 자체가 어떤 영향을 끼쳤을지는 조금 더 살펴봐야 할 것 같습니다.

그리고 세 번째로 저도 좀 이 부분에 관심이 많습니다. 제가 일제강점기에 활약했던 작사가들의 가사들을 모아서 어학적으로 말뭉치라고 하죠. 그거를 돌려서 어떤 어휘의 빈도수가 가장 높게 나오는지를 조사해서 그걸로 논문을 쓴 바가 있습니다. 그래서 그러한 작사가들을 모아서 사랑과 죽음의 노래 일제강점기 대중가요 작사가론이라는 책을 낸 적이 있는데요. 그때 하면서 말뭉치 같은 것들을 통해서 어휘의 빈도수를 가지고 이야기하면 작가마다 본인들이 주력하고 있는 어떤 부분들을 찾아낼 수 있겠다. 작가로 가사에서의 특징들을 찾아낼 수 있겠다라는 생각을 했었습니다.

근데 트로트 같은 경우도 물론 트로트, 도로또 또 여러 가지 용어에 좀 한계가 있어서 그런 부분들을 잘 좀 고려를 해야겠지만 말씀하셨던 것처럼 디지털 분석이나 데이터 마이닝 이거 저도 해가지고 지금 12월에도 저희 한국대중음악학회에서 임영웅 특집으로 학술대회를 하려고 하거든요. 그래서 제가 하고 싶은 게 바로 기사에서 임영웅이 어느 정도의 빈도수를 가지고 그리고 어떻게 관련성이 있는 어휘로 많이 나오는지를 살펴보려고 합니다. 그러면 뭔가 좀 그림이 좀 그려지지 않을까라는 생각이 있어서요. 이 부분 저도 관심 있는 부분이고요. 다만 기술적인 부분에서 제가 능력이 없어서 이런 부분들을 어디서 조금 좀 도움을 받을 수 있는지 알려주시면 하도록 하겠습니다. 감사합니다.

나카무라 시즈요 감사합니다. 잘 들었습니다.

손승철 답변 내용에 만족하십니까?

나카무라 시즈요 네 만족합니다. 특히 디지털 부분의 분석에 대한 기대가 저도 큽니다. 기술적으로 열심히 준비해 주시면 감사하겠습니다.

손승철 요즘에 TV를 보는데 Top 10 Show가 있지요? 그 가수들이 일본 아이돌이죠?

장유정 예, 일본 아이돌도 있고, 좀 오래된 나이 든 가수도 있고, 다 섞여 있죠.

손승철 예, 그런데 깜짝 놀랐어요. 그러니까 전에는 가끔 가수들이 개인적으로 출연해서 노래하는 거는 봤는데, 그렇게 집단으로 나와서 그냥 무대를 꽉 채우고, 그리고 무대뒤에는 태극기와 일장기를 걸어 놓고 공연을 하더군요. 그런데 시청자는 양국 국기에는 관심이 없고 노래들을 너무 잘하더라고요. 한국 가수고 일본 가수고 국기에는 관심이 없더군요. 그런 현상을 어떻게 보십니까?

장유정 일단 그게 어떤 시대적인 트렌드이기 때문에 이게 뭐 좋다 나쁘다를 떠나서 우리가 그걸 거부감 없이 보게 됐다라는 거는 그만큼 대중의 인식이 많이 달라졌다라는 생각이 들고요. 저도 그거 굉장히 좋아하고 잘 보거든요. 또 보다가 울컥울컥하기도 하고 내가 이 노래도 알고 있었네? 이 노래도 알고 있었네? 그러니까 미처 인식하지 못했던 노래들이었는데 사실은 무의식적으로 또는 제가 의식하지 않았지만 알고 있던 노래들이더라고요.

그래서 앞으로 아마 한일 관계에서 그러니까 문화가 교류를 하는 데 있어서 굉장히 중요한 기능을 한다라고 본다면 되게 중요한 일을 할 거라는 생각이 들고요. 그리고 이제 또 기대하는 게 또 이제 남자 편이 2024년 하반기에 또, 시작을 할 거란 말이죠. 그래서 그렇다면은 이거 또 한 번 더 어떻게 붐이 일어나지 않을까라는 생각이 드는데 그거 외에 또 다른 역사적인 또 이런 것들하고 엉켜 있어서 단순하게 이럴 거라고 예측하기는 어려울 것 같고요.
 여러 복잡한 상황들을 좀 잘 봐야 할 것 같습니다.

손승철 그거 방송을 꽤 여러 차례 했잖아요?

장유정 계속 이어서 하고 있죠.

손승철 하고 있는데 일반 시민들이 그런 거에 대한 어떤 부정적인 어떤 코멘트나 그런 거는 없나 보죠?

장유정 아마 있을 것 같기는 한데요. 근데 그렇게 그러니까 긍정적으로 보는 입장들이 많아서 그런가, 조금 부정적인 거는 크게 드러나지는 않는 것 같아요. 근데 지금 만약에 이런 역사적인 문제, 뉴라이트 문제부터 해가지고 이게 불거지면 이것도 약간 영향을 받지 않을까라고 좀 저는 좀 생각은 들긴 하더라고요.

손승철 그러니까 방송국에서 그것을 기획하는 사람들 입장에서는 제가 보기에는 노래를 메인으로 한다면 굳이 태극기고 일장기고 그렇게 뒤에 깔 이유가 있을까 그러네요. 그거 없이 해도 되는데 그거를 깔고서 한다는 거는 거기에 대한 어떤 안티가 제기되더라도 문제가 제기되더라도 나름대로 방송국의 어떤 입장 같은 게 아마 있지 않았을까? 그런 어떤 의도가 상당히 궁금해요.

장유정 그러면 이제 그걸 기획하는 분이 옛날 이제 아까도 얘기했지만, 미스트롯 했던 서혜진 PD거든요. 서혜진 PD가 TV조선에 있다가 MBN에 가서 그걸 만들었어요. 그러니까 아마 그분의 어떤 의도가 무엇인지를 좀 알 수 있으면 좀 우리가 그게 왜 그랬는지 확인할 수 있을 것 같은데요.

손승철 다음에 기회되시면 그거 한번 가지고 논문 쓰셔도 재밌을 거 같아요

장유정 저도 그쪽에 관심 많습니다.

손승철 아까 영화 발표에서도 나왔지만 오갱키데스카 그거 뭐였죠? 제목이 〈러브레터〉 그게 영화의 어떤 전환기가 됐잖아요. 그런 것이 음악에서도 가능한 게 아닐까요?

장유정 예 변곡점이 될 것 같습니다.

손승철 그러니까 상당히 주목할 만한 사건일 수 있다. 그런 생각이 드네요. 나중에 또 통합적으로 한번 또 좀 이야기하기로 하고요. 두 번째 주제로 바로 넘어가겠습니다. 두 번째는 영화였습니다. 한국영상대학교의 함충범 교수님 발표에 대해서 나리카와 아야 선생님께서 토론을 해 주시겠습니다.

나리카와 아야 안녕하세요. 나리카와 아야입니다. 저는 아사히 신문 기자라고 했지만 아사히신문 그만둔 지가 7년 됐고요. 아사히 신문 근무했던 기간은 9년이라서 약간 좀 다른 이야기도 해야 될 것 같은데 지금 예영준 편집국장님 오셨지만 중앙 선데이에도 칼럼을 쓰고 있고 프리랜서 기자로 활동하고 있습니다.
　조금 토론문 전에 지금 말씀하셨던 거에 좀 추가로 말씀드리고 싶은 게 있는데 저도 한일 가왕전 보면서 이렇게 일본어 가사로 한국 방송의 노래

가 그렇게 많이 나오고 거의 거부감 없이 부정적인 반응 그렇게 크게 없이 할 수 있다는 것 자체에 좀 놀랍기도 했는데 그 직전에 일본에서도 아니면 비슷한 일들이 있었는데 뭐냐면 하나는 홍백가왕전 그러니까 코하쿠다가센 때 뉴진스가 한국어로 노래를 했거든요. 근데 지금까지 홍백가왕전에 많은 케이팝 아티스트들이 나왔지만 일본어로 노래를 했었거든요. 일본어 노래가 아직 데뷔 전이라서 없었다는 것도 있는데 뉴진스가 그렇게 한국어로 노래를 했었고, 그리고 또 아이러브유라는 일본 TBS 드라마인데 최종협이라는 배우가 주연했습니다. 일본 드라마에 한국 배우가 주연했거든요. 근데 그 특이했던 점이 한국어로 대사를 하는데 한국어 대사에 일본어 자막이 없는 부분들이 있었습니다. 왜냐하면 속마음을 한국어로 하고 상대방 일본인 배우가 그거를 못 알아듣는 걸 시청자들한테 공유하는 그런 방식이었거든요. 네 저도 그것도 놀랐거든요. 그러니까 한국어로 대사를 하는데 그게 일본어 자막도 없이 TBS 방송에 나가도 괜찮나 싶었는데 그거에 대한 부정적인 반응도 별로 없었거든요.

근데 뒤에 한중 가왕전이 있어서 양쪽에서 지금 비슷하게 그렇게 거부감이 없이 반응하는구나라는 생각을 해서 지금 추가로 먼저 잊어버리기 전에 말씀드렸습니다.

손승철 그러니까 양국 국민들은 이미 그런 수준까지 갔는데 오히려 지식인들이나 어떤 방송이나 정치가들은 괜히 지레 그런 걸 걱정하는 게 아닌가 수준이 그런 생각이 드네요. 알겠습니다. 하시죠.

나리카와 아야 예 제가 지난주에 사실 일한문화교류기금에서 도쿄에서 하는 토크 세션도 참여했었거든요. 저도 계속 왔다 갔다 하고 있는데 거기서도 〈러브레터〉 얘기가 역시 나왔습니다. 나오면서 저는 거기 계신 분들한테 〈러브레터〉 보셨냐고 손들어 달라고 했거든요. 근데 거의 일본에서 했으니까 일본 분들이 오신 건데 한 10%도 안 됐어요. 그래서 〈러브레터〉가 아마도 여기 계신 분 10% 이상은 보셨을 것 같은데 그러니까 한국에서는 엄청난 일본 영화 하면 〈러브레터〉라고 할 정도로 존재감이 있는데 일본에서는 그런 영화가 있어? 그런 정도거든요. 그러니까 한국에 대한 지식이 있는 사람들은 알지만, 일반 일본 사람들한테는 그렇게까지 특별한 영화는 아니었다는 건데.

손승철 그러니까 정서상 그게 한국 사람하고 코드가 맞는 모양이군요?

나리카와 아야 네네. 그런 얘기도 포함해서 좀 오늘 말씀드리려고 하는데 한일 영화 교류에 대해 오랫동안 제가 관심을 갖고 왔는데 그래서 특히 함충범 교수님께서 쓰신 책 『한일영화 교류관계사』라는 두꺼운 책이 있는데 교과서처럼 제가 여러 번 읽으면서 많은 것을 배워왔던 책이라 이렇게 토론 기회를 얻게 돼서 정말 영광입니다. 감사합니다.

일본 대중문화 개방과 한류 붐에 대한 연구는 많지만 100년 전부터 120년 전부터 현재까지의 긴 기간을 거시적으로 분석하는 연구는 함충범 교수님 연구 외에는 찾기 어렵고 이번 발제도 그만큼 가치가 있다고 생각합니다. 우선 영화를 포함한 한국과 일본 교류는 지적된 바와 같이 과거 식민지 피지배 경험에서 비롯된 역사 문제 해결 방식을 둘러싼 인식 차이 등으로 정체되는 경우가 많았습니다. 그럴 때마다 마치 윤활유와 같은 역할을 해준 것이 바로 대중문화였는데 그 대표적인 사례 중 하나가 드라마 겨울연가라고 생각합니다.

1998년부터 시작된 일본 대중문화 개방은 1999년 제2차, 2000년 제3차 개방으로 이어졌지만 2001년에 역사 교과서 문제를 둘러싼 대일 강경책으로 추가 개방이 중단되었습니다. 이게 원래는 2002년 한일월드컵 전에 전면 개방이 목표였다고 해요.

근데 저도 그게 궁금했거든요. 그러니까 〈한일 가왕전〉도 그렇지만 일본어 가사의 노래가 방송에 안 나오는 거랑 일본 드라마가 지상파에서 방송이 안 되는 거랑 일본 대중문화가 끝까지 못하고 일부 좀 제한이 돼 있는 상태로 끝났다라는 인식이었거든요. 그 방송국마다 그거를 법률로 금지한 건 아니지만 풀지 못하고 있는 상황이고, 국민감정이랑 많은 고려를 하면서 하는 것 같은데 그래서 어떻게 돼서 이렇게 멈췄지? 이 부분을 찾다가 저도 알게 된 건데 2001년에 역사 교과서 문제 때문에 한 번 멈췄었고 그다음에 2003년, 2004년에 그렇게 하자라고 해서 전면까지는 아니지만, 영화는 전면이고 개방 다시 됩니다.

근데 그 사이에 일본에서는 2003년부터 드라마 〈겨울연가〉가 방영되면서 2004년에 NHK 지상파에서 한류 붐이 시작하는데 그런 시기여서 아마도 많은 이해가 있었고, 그 사이에 또 한·일 월드컵 성공적으로 개최됐으니 그런 분위기 속에서 다시 개방 2003년, 2004년에 개방한 거 아닐까? 라는 생각도 하고 있는데, 문화라는 게 한쪽에서 환영받는 걸 보면 또 그거를 받아들이기 쉽게 되는 그런 분위기도 있는 것 같습니다.

그런데 지적한 것처럼 일본에서는 한국 드라마 케이팝이, 한국에서는 일본 애니메이션이 인기를 끌고 있지만, 애니메이션 이외의 영화에 대해서는 양국의 영화가 상대국에서 강력한 힘이나 존재감을 발휘하지 못하고 있는 것도 사실인 것 같습니다. 칸 영화제에서 황금종려상을 수상하고, 아카데미 시상식에서 작품상 등 4관왕을 차지한 봉준호 감독의 〈기생충〉은 일본에서 한국 영화 흥행 기록을 갱신하는 히트작이 됐지만, 사실 그전에 1위 기록은 1차 한류 붐 때 개봉한 〈내 머릿속의 지우개〉였거든요. 근데 이게 2004년 영화예요. 그래서 거꾸로 말하면 15년 동안 주목할 만한 히트작이 없었다는 건데, 저는 2000년대 한국에 유학하고 한국 영화에 빠져서 한국 영화 일본에 소개하는 입장에서 좀 아쉽긴 해요. 그러니까 내 머릿속의 지우개 이후에 없었나? 기생충 이전에 영화가 그렇게 일본에서 흥행을 못했나 싶은데,

그러니까 한국에서 거의 매년 관객 수가 1천만 명을 넘는 영화가 나오는 거에 비해 일본 내 한국 영화의 흥행은 아쉬운 상태인 것 같습니다. 지금도 사실은 서울의 봄이 일본에서 하고 있는데 전체 순위를 보면 역시 별로 많은 사람이 보는 것 같지는 않습니다.

한편 한국에서는 지난해 일본 애니메이션 영화 〈스즈메의 문단속〉과 〈더 퍼스트 슬램덩크〉가 합쳐서 천만 명의 관객을 동원했습니다. 그러나 실사 영화의 경우 일본 대중문화 개방을 위해 99년에 한국에서 개봉한 이바이숀지 감독의 〈러브레터〉를 능가하는 히트작은 오랫동안 없었고, 드디어 미키다가 카이로 감독의 〈오늘 밤 세계에서 이 사람이 사라진다 해도〉 라는 영화가 이거 주목하는 사람이 많이 없는데 사실 한국에서 110만 명을 넘는 관객 수를 기록했습니다.

이게 교수님도 말씀하셨듯이 〈러브레터〉 시기에 관객 수가 좀 명확하지가 않아서 110만 명보다 더 많이 봤을 수도 있는데 분위기상 110만 명보다 많이 본 것 같은데 근데 기록상은 일단 〈오늘 밤은 세계에서 이 사람이 사라진다 해도〉가 거의 1위가 된 것 같습니다.

그렇지만 이것도 한 1995년 영화거든요. 〈러브레터〉가 〈오늘 밤 세계에 이 사람이 사라진다 해도〉가 2022년 영화고, 그 사이에 그렇게 일본 실사 영화가 없었나라는 의문이 들긴 합니다.

이게 사실 제가 이런 생각을 한 계기가 2016년에 일본에서 아직 제가 아사히 신문 기자로 문화부에 있었던 당시에 신카이 마코토 감독 키미노 나마에와 〈너의 이름은〉이라는 영화랑 〈신고질라〉라는 영화 두 작품이 엄청 히트를 쳤거든요. 근데 다음 해에 제가 아사히 신문 그만두고 한국에 오니까 키미노 나마에와 〈너의 이름은〉 엄청 히트를 하는데 〈신고질라〉는 거의 뭐 개봉했나 싶을 정도로 반응이 없거든요. 그러니까 애니메이션은 잘 되는 반면, 영화는 일본에서 잘 되는 대중적인 영화가 한국에서 잘 소개되지 않고 잘 모르는 사이에 끝나는 느낌이 많이 받습니다.

그리고 아까 교수님 말씀하신 것 중에 되게 놀랐던 부분이 한국에서 수입하는 외화 그러니까 외국 영화 중에 1위가 편수로 치면 1위가 일본 영화라고 하시고 저도 반대는 조사해봤거든요. 반대는 일본에서 수입하는 외국 영화 중에 1위는 계속 미국 영화입니다. 1위는 계속 미국이고 2위 3위를 계속 왔다 갔다 하는 게 한국 영화거든요. 그것도 1년에 한 50편 이상입니다. 저는 한 20편 정도 생각했었는데 편 수로는 정말 많이 들어오긴 하는데 한국에서 일본 영화도 마찬가지고 그렇게 큰 영화들이 많이 안 오고 작은 영화들, 별로 주목받지 못한 예술적인 영화가 많이 오는 것 같아서 편 수에 비해 존재감이 별로 없다는 느낌이 들거든요. 그래서 두 가지 질문 교수님께 의견을 여쭤보고 싶은데요.

첫 번째는 한국에서는 일본 영화에 관한 것입니다. 최근 〈러브레터〉를 제작하신 카라이 신야 프로듀서 제작자를 만나서 이야기를 나눌 기회가 있었는데요.

일본에서는 특별한 히트작이 아니었던 〈러브레터〉가 한국에서 히트를 칠 수 있었던 이유에 대해 가와이 프로듀서는 이거는 교수님 말씀하신 거랑 거의 비슷한데, 일본 대중문화 개방에 의해 먼저 개봉한 영화는 하나비, 가게무샤, 우나기 같은 국제 영화제에서 호평을 받았지만, 대중적인 영화는 아니었고 그러니까 왜냐하면 세계 4대 영화제 수상작부터 개방을 했거든요. 그래서 그다음에 그래서 한국 관객들은 일본 영화가 어렵다 좀 다가가기 쉽지 않다라고 느꼈을 수 있는데 그다음에 개봉한 〈러브레터〉는 한국 관객들도 공감할 수 있는 대중적인 영화였기 때문에 성공한 거 아닌가라는 말씀이었습니다. 그런데 2000년대 한국 영화가 지속적으로 흥행에 성공하는 것이 한국에서 일본 영화의 흥행 성적이 부진했던 이유 중 하나라는 점도 이해되는데 이렇게 교수님이 지적하셨는데 그럼에도 불구하고 한국에서 애니메이션을 제외한 일본 영화의 존재감이 너무 작다라고 느껴집니다.

한국에서 알려진 일본 영화감독은 요즘은 코라다 히로카즈, 하마구 지리

우스케 같은 국제영화제에서 높은 평가를 받고 있는 감독들인데 그분들은 사실 일본에서도 흥행 감독은 아닙니다. 그러니까 평가가 높은 거지 많은 관객이 보는 영화는 아니거든요. 일본에서 흥행에 성공한 영화가 한국에서는 개봉하지 않거나 개봉하더라도 그다지 눈에 띄지 않는 경우가 많은 것 같습니다. 이러한 상황이 계속되는 요인은 무엇인지 일본 영화는 애니메이션을 빼고, 대중적이지 않다는 편견이 있는 건지 교수님은 어떻게 생각하시는지 여쭤보고 싶습니다.

두 번째로는 이것도 카와이 프로듀서한테 들은 얘기지만 카와이 프로듀서는 한일 합작 영화 〈역도산〉 2004년에 영화인데 〈역도산〉이라는 영화도 제작하셨고 그래서 지금도 한일 합작 영화의 제작 제의를 받고 있다고 합니다. 그런데 이에 대해서 한국 측에서 얘기하는 것은 이번 정권 사이에 제작하자라는 것입니다. 그러니까 이렇게 조건을 제시한다는 것은 정권이 바뀌면 또 한일 관계가 어떻게 될지 모른다는 이유 때문인 것 같습니다. 그러니까 그나마 한일 관계가 괜찮을 때 만들자는 것인데 저도 이게 영화 관계자들한테 들은 얘기로 느낀 바가 있는데 2019년 당시 일본 정부의 수출 규제로 인해 한국에서 일본에 대한 반감이 고조됐을 때 일본 영화를 배급받는 한국 회사 대표는 이미 수입한 일본 영화가 개봉할 수 없게 됐다고 한탄했고, 한일 합작 영화 프로듀서는 제작이 중단됐다고 한탄했던 기억이 납니다.

그러니까 이게 한일 합작하는 제작사라든가 일본 영화를 수입하는 배급사라든가 그런 회사들이 크지 않습니다. 작은 회사들이기 때문에 이런 한일 관계에 엄청난 영향을 받습니다. 그래서 이렇게 다음 정권이 어떻게 될지 모르니까 지금 만들자고 하는 것도 저는 이해가 가는데 대중문화는 한일 관계가 악화됐을 때 윤활유 역할을 하기도 하지만, 반대로 한일 관계 악화로 인해 그 역할 자체가 할 수 없는 그런 기회가 없어지기도 하는 것 같습니다.

지속 가능성을 고려할 때 가능한 한 한일 관계에 악영향을 받지 않고 문화 교류를 지속할 수 있는 것이 중요한데 이를 위해 정부 차원과 민간 차원에서 무엇을 할 수 있을지 너무 어려운 문제지만 과거로부터 무엇을 배울 수 있을지 교수님 의견을 듣고 싶습니다.

손승철 간단히 그냥 바로 답변해 주시죠.

함충범 예 감사합니다. 아주 중요한 두 가지 질문을 해주셨는데요. 본론으로 넘어가서 질문에 답을 하는 것으로 하겠습니다.

일단 첫 번째 질문이 일본 영화가 한국에서 이렇게 흥행이 잘 되지 않는데, 애니메이션 빼고 대중적이지 않다는 편견이 있는 것은 아닌지에 대한 질문을 하셨습니다. 저는 편견을 갖고 있지 않은데요. 대중들은 갖고 있을 수도 있다는 생각이 듭니다. 그리고 여기서 말하는 대중성은 일본 영화 관객의 대중성과 한국 영화 관객의 대중성이 다르다라는 전제를 해야지 우리가 이 현상을 이해할 수 있을 것 같습니다.

무슨 말씀이냐 하면 한국에서 엄청나게 크게 히트한 영화가 일본에서 그렇게 되지 않는 이유 중 하나는 제가 생각하기에는 역사적인 문제가 들어가 있다라는 생각이 들거든요. 통계적으로 봤을 때 한국 영화가 천만 이상의 관객을 동원했을 때는 남북의 어떤 대치 상황을 소재로 다룬다거나 과거 일본과의 관계를 다루는 경우가 많은데 전자는 일본에 가서도 성공하는 사례가 좀 있는데 후자는 참 가져가기가 어렵거든요. 명량 같은 경우 역대 최고의 흥행 기록을 세웠는데 그것을 일본 관객한테 보여준다는 것은 아무리 한일 관계가 좋아도 좀 부담스러울 것 같습니다.

그럼 반대로 일본의 애니메이션이 한국에 잘 받아들여지는데 여타 실사 영화는 그렇지 못하다라는 부분 여기에 대해서는 아까 점심시간 때 말씀을 잠깐 나눴지만, 일본 내에서도 사실 전통적으로 애니메이션이 강세를 보여 왔다라는 것이 하나가 있을 거고요.

또 하나는 해석적으로 보면 과거 사례들도 보더라도요. 그러니까 아까 제가 한국에서 지어진 최초의 영화 상설관이 일본인 극장이라고 말씀드렸지만, 1923년에 한국에서 만들어진 최초의 상업 영화가 일본인들이 만든 영화거든요. 그 영화가 바로 춘향전이었어요. 왜 그것을 만들었을까 생각해보면 이미 일본이 강점하기 전부터 1870~80년 전부터 일본에서는 춘향전이 막 번역이 되고 책으로 많이 유통이 됐다고 저는 들었는데요. 그런 대중성이 있으니까 대중들은 전혀 다른 얘기를 선호할 것 같지만 실제로는 어느 정도 알고 있는 얘기를 선호하는 그런 통계적인 것이 있거든요.

그래서 애니메이션이 한국에서 어떻게 받아 들여 졌느냐라는 생각을 한국 입장에서 해보면 대중문화 수입 금지 기간에도 70년대 정도부터 일본 애니메이션 안방극장에서 방영이 됐거든요. 그래서 우리가 알게 모르게 어떤 그런 일본 애니메이션의 어떤 형식적이라든지 이런 패턴들이 한국 관객 입장에서는 좀 익숙해 있지 않았을까라는 그런 가정을 좀 해볼 수 있을 것 같습니다. 이게 첫 번째 질문에 대한 답변이 될 수 있을 것 같고요.

두 번째 한일 관계에 악영향을 받지 않고 문화 교류를 지속할 수 있는 것이 중요한데 정부 차원과 민간 차원에서 무엇을 할 수 있을지에 대한 질문을 하셨는데요. 제가 어떻게 답을 할 수 있겠습니까? 안 싸우는 게 답일 것 같습니다. 그러니까 한일 관계가 악화되면 그 무엇도 되지 않을 것 같아요. 전 세계를 제패했던 할리우드 영화가 태평양 전쟁 다음 날 한국하고 일본에서 상영 금지당했거든요. 그다음부터 해방까지 상영을 못했어요. 법적으로 왜 법은 아니지만 이제 제도적으로 해방기가 딱 돼서 한국에서 95% 이상을 점유한 게 할리우드 영화고 일본에서도 패전기 때 거의 뭐 그 정도까지는 아니지만, 상당 부분 미국 영화가 강세를 보이거든요. 두 국가가 싸우면 어떠한 것도 안 되는 것 같습니다. 그래서 정부 차원에서는 영화 쪽으로 이렇게 신경을 써서 해달라 이렇게 할 수는 없고 제 개인적인 바람은 정권의 성격이 좀 달라지더라도 어느 정도 기조는 좀 유지해 주는 것이 영화 산업에 있어서는 또 아니면 대중문화 산업에 있어서는 좋은 일이 아닐까라는 그런 생각을 하게 됩니다.

아까 한일 가왕전 얘기가 나왔는데 일장기를 보고 그러니까 텔레비전에 일장기가 크게 나온 그때하고 제 개인적으로는 방송에서 한중일이라는 그 표현이 한일중으로 바뀐 그 시기하고 좀 비슷한 것 같거든요. 그래서 그것이 대중의 어떤 거센 어떤 저항이 있다며는 일장기를 뗐을 텐데 그런 것이 없기 때문에 이제 가게 되는 거잖아요. 어느 정도 정부의 정책 대외 정책이라든지 외교 정책하고 맞물려 있는 것은 확실할 것 같습니다. 정부에게는 저는 그런 것을 좀 바라고 싶고, 민간 차원에서는 다른 방법은 없을 것 같아요. 이 대중이라는 것은 사실 자비가 없어요. 그냥 재밌는 영화 있으면 가서 보는 거거든요.

한국하고 일본이 그동안 합작을 했을 때 80년 전하고 똑같이 한국의 관객하고 일본의 관객을 상정하고 잘 만들어서 저기서도 흥행하고 여기서도 흥행하자라고 해서 합작을 한 경우가 제일 많은데 저는 이제 글로벌 시대잖아요. 오늘 주제도 그렇고 국제화 시대 때는 세계 시장을 겨냥해야지 살아남을 수 있다. 그 말씀을 드리고 싶습니다. 그리고 그것이 최근에 가장 강하게 증명된 것은 바로 기생충이라는 영화인 것 같습니다. 이 정도까지 하겠습니다.

손승철 지금 영화만 가지고 얘기하는데 영화는 영화관에 가야 되잖아요. 그런데 요즘에는 TV가 한국에서는 그 채널W 있잖아요. 일본 방송 전문인데 거기서 일본 드라마를 해요. 그중에 제가 〈오싱〉하고 〈북쪽에서〉를 아주 재미있게 보는데 그러니까 드라마 경우는 또 다를 거 아닌가요? 그런데 한국에는 채널W처럼 일본 전용 채널이 있는데 반대로 일본은 한국 전용 채널이 있습니까?

나리카와 아야   전용 채널이 있긴 있는데 일본은 아주 비싸거든요. 그러니까 케이블 TV인데 제가 예를 들어서 스카이캐슬 같은 드라마가 한국에서 히트를 쳐서 일본에 소개하고 싶다 생각해도 그 케이블 TV에 가입하는 사람이 거의 없어서 너무 비싸서 한 달에 7만 원인가 그 정도예요.

근데 일본이랑 한국이랑 조금 다른 게 넷플릭스가 일본에서는 한국에서 지상파 포함해서 방송국에서 한 드라마들은 일본에서 넷플릭스 통해서 볼 수 있거든요. 그런데 일본 방송국에서 하는 드라마들이 넷플릭스에 거의 안 나오거든요. 오리지널 드라마만 넣지. 그게 저작권 문제 때문입니다. 일본어 제작위원회 방식으로 만들어서 권리자가 너무 많기 때문에 그렇게 쉽게 해외에 내보낼 수 없다는 사정이 있다고 합니다.

손승철   넷플릭스는 얼마예요 한 달에

나리카와 아야   만 원 정도.

손승철   그렇구나. 근데 드라마가 이렇게 확산이 되면 영화하고 또 다른 의미에서 반응이 달라질 것 같은데.

나리카와 아야   네 맞습니다. 그러니까 2020년에 〈사랑의 불시착〉이랑 〈이태원 클라스〉가 넷플릭스를 통해서 일본에서 대히트를 쳤는데 그래서 그 시기랑 〈기생충〉이 아카데미상 받은 시기랑 겹쳐서 그래서 영화에 대한 관심 한국 영화에 대한 관심이 더 높아졌다고 보는데 약간 지금 영화 드라마의 경계선이 없어졌습니다. 그러니까 영화가 잘 안 되기도 하고 OTT로 전 세계에 퍼지는 게 드라마다 보니까 지금 일본 쪽에서도 그렇게 한국 드라마 영화 이렇게 나눠서 보지는 않는 것 같습니다.

손승철 그러면 저 옛날에 후유노 소나타(겨울연가) 이런 것들은 어느 방송에서 한 거에요?

나리카와 아야 그거는 NHK가 위성 방송에서 처음에 했다가 그게 반응이 너무 좋아서 지상파에서도 하고 그러면서 폭발적으로

손승철 전용 채널은 없지만, NHK에서 할 수 있다. 알겠습니다. 아니 제가 그 생각이 지금 한일 양국의 코로나 직전에 제일 이제 왕래가 많았을 때 올해는 아마 천만이 넘을 것 같은데 한국 사람이 700만 명이 일본을 방문했고 일본 사람이 거의 300만 명이 한국에 왔어요.

그 이동, 관광 이런 걸 생각하면 아마 이제 tv나 드라마 이런 것도 아마 굉장히 달라지지 않을까? 그런 거 빨리 신경 쓰면 돈 좀 벌지 않을까 모르겠네. 하여튼 여담입니다만 너무 재밌네요.

그러면 이제 세 번째 주제인데 사실은 조금 사정이 있습니다. 종교 분야에 제점숙 교수님이 발표하신 종교의 토론자가 중앙선데이 편집국장이신 예영준 기자님이 토론인데 지금 회사에 급한 일이 있어가지고 5시에는 나가셔야 된대요. 그래서 죄송합니다만 순서를 좀 바꿔서 예영준 국장님 먼저 하시고 다시 돌아가도록 하겠습니다.

예영준 방금 소개받은 중앙일보 예영준입니다. 저는 한일문화교류기금의 운영위원을 몇 년째 맡고 있습니다. 그런 연유로 해서 오늘 이 회의에 참석해서 토론을 해달라는 부탁을 받았는데 제가 주일 특파원 활동을 비롯해서 일본 문제를 오랫동안 하면서 주로 주요 관심사는 아무래도 정치 경제 그 다음에 특히 한일 관계에서 과거사 문제 이런 쪽인데 상대적으로 관심이 좀 소홀한 분야인 종교 문제를 손 교수님이 지정을 해 주셔가지고 처음에 좀 난감했던 기억이 있습니다.

그런데 지금 제 옆에 계신 이제 제점숙 선생님 발표문을 제가 몇 차례 정독을 해보고 보면서 이거 맡기를 잘했다. 제가 미처 생각하지 못했던 그런 점들 또는 간과하기 쉬운 점들을 잘 기술을 해주신 데 대해서 상당히 일단 깊은 인상을 제가 받았고요.

제가 상식으로 알고 있던 것과 조금 다른 이야기는 아니지만, 상식만으로는 생각해내지 못했던 부분들을 잘 지적을 해주신 것 같아서 그런 부분을 위주로 해서 사전에 제출한 토론문에 쓴 내용들을 간추려서 조금 말씀드릴까 합니다.

뭔가 하면 제가 상식이라고 말씀드린 부분은 이런 거죠. 저뿐만 아니라 한국인의 다수는 일제 강점기에 동화 정책이 시행되면서 다른 분야와 마찬가지로 종교도 예외가 아니었을 것이고 그 과정에서 일본의 불교 그다음에 특히 신도가 이 동화 정책에 동원되면서 그 과정에 일본의 불교 교단들이 자발적이든지 아니면 강요 내지는 압력이나 이런 것에 의해서 비자발적인 협력을 강요당하고 그런 일정한 동화 정책의 역할을 했다. 식민 정책에 상당히 협력적인 역할을 했을 것이다. 이런 인식을 갖고 있는 게 한국인들의 상식일 겁니다.

저는 이제 예전에 개인적으로 업무와 관련해서 일본 우익의 뿌리를 좀 탐구를 해본 적이 있는데 그때 소위 대륙 낭인이라는 집단에 대해서 조사한 적이 있습니다.

근데 그게 청일전쟁에서 러일 전쟁으로 이어지는 시기에 일본 정부나 군부와 밀접한 관련을 맺고 한국이나 중국 대륙에 진출해서 활동을 하던 민간인 엄밀하게 말하면 민간인이죠.

민간인 집단을 말하는 것인데 그걸 대륙 낭인이라 그러는데 한국에도 와서 그중에 일부가 이제 명성황후 시해 사건 일으키고 그렇게 했었죠. 거기에 연루된 사람 중에 다케다 한시라는 사람이 있습니다. 그 사람은 나중에 체포돼서 일본에 가서 재판도 받고 했던 사람인데 그 사람이 사실은 신분이 일본 승려였습니다. 승려로서 한국에 와서 그런 어떻게 보면 일본 한국인의 입장에서 볼 때는 한국 침략의 첨병 역할을 했죠. 그리고 나중에 그 사람이 현양사 흑룡회 이런 멤버들하고 굉장히 아주 밀접한 관계를 가지고 있었고 그다음에 이제 일진회를 배후 조종한 사람 중에 하나로 돼 있습니다. 상당히 영향력을 발휘한 사람이고 그리고 실제로 한일 병합이 된 다음에는 한국에 와서 승리로서 활동을 공개적으로 활동을 했고 그다음에 그렇게 하다 보니까 한국 불교 종단에 굉장히 큰 영향력을 가지고 있었다고 하는 사람입니다.

그 사람의 종파가 조동종인데 선생님 발표문의 도표를 보면 조동종이 숫자는 많지 않지만, 한국에 사찰을 가지고 있었던 것으로 나옵니다. 그 사찰 중에 하나가 군산에 가면 우리가 지금 동국사라는 절이 있는데 군산 도심에 있습니다. 군산이 과거에 동양 척식 회사라든지 식량을 내보내는 기지였기 때문에 그 당시 기관들로 사용된 일본식 건물들이 많이 남아 있고 그게 지금 근대 문화유산으로 해서 군산시가 관광자원으로 활용을 하고 있는데, 제가 보니까 젊은 사람들 상당히 많이 오더라고요. 근데 그중에 그 코스 중에 하나가 동국사입니다.

동국사에 가보면 한쪽에 그 사찰은 특이하게도 일본식으로 지어진 일본 사찰 건물이 우리 사찰하고 조금 양식이 다르죠. 그대로 남아 있는데 그 한쪽에 가면 탑이 하나 있어요. 그 절은 현재는 지금 한국 조계종이 인수를 위해서 한국 사찰이 돼 있고요. 과거에는 일본 조동종 사찰이었는데 일본 조동종 종단에서 보내온 몇 년 전에 보내온 사죄문 같은 비석이 있습니다. 그 비석에 뭐라고 적혀 있냐면 2012년에 비석을 보내왔는데 그 비석을 참사문이라고 하고요. 참사문이라는 것은 참회와 사과 이 두 가지 아마 앞글자 딴 것 같습니다.

거기에 어떻게 돼 있냐면 조선을 종속시키려 했고 우리 종문은 그 첨병이 되어서 한민족의 일본 동화를 획책하고 황민화 정책을 담당하는 추진자가 되었다는 문장이 있습니다. 그것을 사죄를 하는 의미에서 2012년에 사찰에 보내와서 그 자리에 세웠고요. 그 옆에 보니까 위안부 소녀상도 같이 세워져 있는 것을 제가 본 적이 있습니다. 일본 조동종이 인정했던 바와 같은 이런 내용들이 바로 우리가 한국인들이 갖고 있는 일제강점기에 일본 불교 종단이 어떤 역할을 했던가에 대한 아마 가장 상식적인 생각이 아닐까? 이렇게 생각하고요.

그런데 이런 상식에 묻혀서 잘 살펴보지 않았던 다른 측면들을 선생님 발표문이 보여주고 있는데, 이 발표문을 제가 보면 개항 이후에서부터 일제강점기와 해방 이후 지금에 이르기까지 일본계 종교기구나 종교시설이 어떻게 한국에 들어와서 교세를 확장해 왔고 해방 이후에 일제히 한국에서 철수했다가 1965년 한일 국교 정상화 이후에 다시 진출해서 오늘에 이르기까지의 과정을 아주 세세하게 잘 보여주고 있습니다.

특히 관보 자료를 아주 꼼꼼하게 조사해서 개항 이후 일제강점기까지 한국 국내에 존재했던 일본계 종교시설의 숫자를 통계로 집계했는데 이런 것은 상당히 의미 있는 성과라고 평가됩니다.

제가 토론자로서 이제 특히 인상 깊게 본 것은 근대 개항을 기점으로 해서 일제강점기 동안에 일본 종교시설이 양적으로 줄곧 확대되어 온 배경, 확대되어 온 것은 이제 통계로 입증돼 있는데 그 배경과 그 시설의 역할이 무엇이었나 이런 부분들을 추론해서 발표문에 밝히고 있습니다.

한반도 통치와 동화 정책과의 그런 연관성 속에서 일본계 불교 종파나 신도의 역할을 생각하는 것이 이제 한국인들은 상식화돼 있다고 제가 말씀을 드렸는데 발표문은 이런 거시적인 관점보다는 조선에 이주해 온 일본 거류민의 시점에서 그들에게 종교시설을 매개로 한 어떤 생활상의 필요가 존재했을 것이고, 그 종교시설들이 그들에게 일본 고려인들에게 일종의 커뮤니티 기능을 제공해 주었을 것이다. 그런 내용을 밝히고 있어서 저는 굉장히 이 부분을 흥미롭게 봤습니다. 여기에 대해서는 생활사 연구라든지 좀 더 실증적인 구체적인 연구를 통해서 더 밝혀져야 될 부분이 많겠지만 저는 일단 선생님의 관점에 상당히 납득을 하고요.

그거는 지금 일본 국민의 생활상을 봐도 알 수가 있을 겁니다. 불교 신자가 아니라고 하더라도 대부분의 일본인은 가정에 불단을 모셔놓고 또 우리는 유교식 제사를 지내지만, 일본에서는 불교식으로 스님 모셔가지고 기일되면 스님을 모셔서 독경을 하고 염불을 하고 이렇게 하죠. 그런 전통을 본다면 일제시대에는 더 그런 전통이 더 강했을 텐데 그러면 그 그룹인들에 의한 필요는 굉장히 높았을 것이다 이렇게 추론할 수 있을 겁니다. 그래서 우리가 자칫 놓치기 쉬운 이런 부분들을 잘 지적을 해 주신 것을 저는 높이 평가를 합니다.

그렇다면 만약에 이제 그런 관점에서 볼 때는 당시에 한국에 와 있던 일본 종교시설의 대부분이 거류인의 종교 활동 내지는 또는 장례라든지 이런 생활상의 필요에 의한 것이라고 하면 일본계 종교의 교파들이 불교로 대표되겠지만 한국 국민에게는 그렇게 확고하게 뿌리를 내리지 못한 것이 아니었던가 그것이 사실에 더 가까운 게 아닐까 저는 그런 결론으로 유출을 할 수 있다고 생각합니다. 실제로 보면 주요 도시에서 일본 거류민과 한국 일반 서민들 사이에서는 사실 생활 무대가 많이 다르고 공간적으로도 다르고 이랬으니까 같이 종교 활동을 하는 일은 아마 드물지 않았을까 이런 생각을 하거든요.

그러니까 이런 내용들은 제 선생님과 다른 연구자들이 공동으로 집계한 통계 자료 이외에도 조금 더 구체적인 자료를 통해서 밝혀졌으면 하는 그런 바람들이 있습니다.

그래서 질문을 한 가지 드린다면 일제강점기에 국한해서 본다면 그 당시에 종교를 매개로 한 한일 민중 간의 교류나 문화 전파가 과연 어느 정도 수준으로 이루어졌던 것일까 그런 질문 하나 좀 드리고 싶습니다. 이번 발표의 제목이 「한일 종교 문화의 교류」라는 제목이 들어있는데 교류라는 차원에서 어느 정도가 어느 정도 수준에 이르렀던가 하는 궁금증이 하나 있습니다. 이제 그건 과거 이야기고요.

지금 현재 진행형의 이야기를 하자면 이 발표문에서는 우리가 흔히 일본 신흥 종교라고 하거나 또는 소수 종교, 어떻게는 컬트라고까지 하는데 특히 이제 지면을 많이 할애한 게 SGI, 창가학회와 관련된 부분인데요. 이 부분을 집중적으로 논하면서 우리가 크게 관심을 두지 않는 사이에 신도 수가 국내에 와 있는 SGI 신도 수가 150만에 이르고 전국적으로 조직을 아주 세부적으로 갖추고 있다. 상당한 교세를 확장해 왔고 그 확장을 어떻게 하면 빠른 속도로 할 수 있었던가 뿌리를 내릴 수 있었던가에 대해서 포교 전략적인 차원에서 잘 설명을 해 주셨습니다.

그래서 국내에서는 신흥 종교라고 해서 대체로 이제 창가학회 관련된 문제들은 우리 한국 내에서는 학계나 언론이나 이런 공개적으로는 잘 이야기하지 않는 부분인데 이 발표문을 보니까 조금 더 우리가 평소에 잘 언급하기를 꺼리는 부분인데 이게 자세하게 드러나 있었다라고 생각을 합니다.

이제 포교 전략이라든지 이런 관련을 본다면요 예를 하나 든다면 일본계 종교임에도 불구하고 독도 영토 문제, 한일 간의 독도 영토 문제 같은 게 일어나면 여기에 있는 SGI 교단 차원이라고 해야 될까요? 아니면 이제 교인들의 자발적인 차원에서 오히려 한국 입장을 독도는 한국 영토다라는 그런 입장을 공개적으로 밝힌다든지 한국 입장을 두둔하는 이런 것들이 좀 상당히 흥미로웠고 시사점이 있다고 생각하고요.

제가 알기로는 얼마 전 이제 이케다 다이사쿠 회장이 고인이 되셨는데 그분이 생전에 유관순·안창호 이런 한국독립운동가들을 높이 평가하는 발언들을 일본 신도들에게도 했다 그러고요. 그게 다시 이제 역으로 한국에 들어와서 한국 교인들에게도 전파가 돼 있으니까 한국 교인들의 일본 종교를 믿는 데 대한 어떤 거부감 이런 것을 좀 완화시키는 작용을 하지 않았을까 이런 추정을 해봅니다. 어쨌든 이 SGI의 교세 확장에 대해서는 좀 더 심층적인 연구가 필요하지 않을까 이렇게 생각하고요.

관련돼서 이제 발표자께 좀 질문을 드린다면 난묘호렌게쿄 이런 이름에서 보면요. 이게 법화경이지 않습니까? 법화경인데 한국불교에서 법화경을 해석하는 거 하고, 이 창가학회가 해석하는 것이 교리적으로 과연 어떤 차이가 있는지 그래서 만약에 기존에 그래서 기존 한국 불교들에게는 수용하기 어려운 점이 있는 건 아닌지 그런 걸 좀 여쭙고 싶고요.

그 다음에 창가학회는 일본 안에서는 사실은 발표문에도 좀 언급이 돼 있습니다만 교인의 숫자에 비하면 상당히 지명도와 평가가 상당히 좀 저하돼 있는 종교인데 그래서 이제 정치와 연관이 되어서 활동을 하는 부분들이 있죠. 그래서 전반적으로 이렇게 좋은 이미지는 아닐 텐데 그런 이유는 교민은 상당한 숫자가 있고 그다음에 정치적 영향력을 갖고 있는데 창가학회 일본 사회 내에서의 이미지는 그렇게 높다고 할 수 없는 그런 배경 이유는 무엇인지 그런 것을 좀 여쭙고 싶습니다.

손승철 예 간단하게 답변해 주세요. 길어지면 5시에 못 갈 것 같은데요 (웃음)

제점숙 네 감사합니다. 꼼꼼하게, 분량이 좀 많았는데 그걸 꼼꼼하게 읽어주시고 그리고 좋은 코멘트 그리고 질문 감사드립니다. 방금 말씀하신 질문에 대해서 간단하게 제가 말씀을 드리면 일단 조동종 관련해서는 종교시설이 두 번째로 많았습니다.

제일 첫 번째가 진종대곡파, 진종 본원 사파 그다음에 조동종 그다음에 진종대곡파 이렇게 해서 꽤 조선에서는 영향력이 있었던 그런 조동종이었고요. 동국사 절과 관련해서 아까 참사문 관련해서 말씀 주셨는데 그 스님을 직접 뵌 적이 있어요. 그분이 일본에서 책도 냈어요. 조동종은 식민지 조선에서 무엇을 했는지 그 반성의 뜻으로 책을 내신 적도 있었는데 돌아가셨어요. 한 몇 년 전에, 그렇게 식민지 조선인한테 잘못한 부분에 대해서 그게 이제 반성하고 그러시는 지금, 이제 그런 승려들도 있다는 거 말씀을 좀 주셨고 결국 조선에서 포교는 실패했습니다. 조선인 대상의 포교는 실패했습니다. 그래서 조선총독부가 안 되겠다 싶어서 처음에는 일본 불교를 밀어줬는데 그다음에는 조선의 불교를 조선총독부가 직접 관할을 하기 시작합니다. 그게 사찰령이거든요. 그게 이제 한국 병합하자마자 1911년 그러한 내용이 있었습니다.

그러면 이제 질문에 대한 답변 첫 번째 질문은 이제 한일 종교 문화의 교류가 일제강점기 때 어떤 식으로 전개가 되었는지 그 부분을 말씀해 주셨는데요. 일반적으로 조선인과 상호 교류라는 것은 조금 안 맞을 것 같고요. 일반적으로 일본 불교 종교를 매개해서는 일단 문명적인 부분 예를 들면 처음에 1877년에 일본 불교 오쿠무라 인시라는 사람이 처음 등장하게 되는데 그 사람이 처음에 이제 문명적인 물건들 성냥이라든가 그리고 책이라든가 그런 것들을 가지고 조선인들의 환심을 사기 위해서 그런 것으로 처음에 교류를 하기 시작합니다. 관련된 일기가 있기 때문에 그 내용에 구체적으로 많이 그런 부분이 적혀있는데 이 사람의 여동생이 자기도 이제 조선에 가서 포교를 해야 되겠다 싶어서 광주에 양잠을 하는 실업학교를 만들게 됩니다. 그래서 조선인한테 기술을 알려주자 이런 것도 있었고요.

그리고 1920년대 3.1운동 이후에는 일본 불교가 사회사업을 시작하게 되는데 그때 이제 옷 만드는 재봉 기술이라든가 이런 걸 조선인한테 기술적으로 이렇게 교육을 시키는 실업학교들이 많이 증가하게 됩니다. 기타 등등 조선인에 대한 포교는 실패했지만 유독 본원 사파랑 정토종은 조선인 대상의 포교가 어느 정도 성공을 했고 신자 수도 꽤 있었습니다. 이 정도 제가 첫 번째 질문에 대한 답변 말씀드리고요.

두 번째 질문은 솔직히 제가 이 파경의 교리는 잘 몰라서 사실은 SGI 관계자분한테 급하게 톡을 보냈습니다. 근데 보냈는데 저도 모르겠더라고요.

그래서 저 나름대로 죄송해요. 저 나름대로 해석을 했는데 결국은 한국의 법화경과 한국 SGI 법학경은 이 법화경의 교리를 어떻게 실천하는가에 있어서 한국 SGI, 그러니까 창가학회 같은 경우에는 이걸 생활로 가져간 것 같습니다. 그래서 생활에 베이게 해서 근행이라든가 창제를 하는 그러한 활동을 통해서 인간 중심으로 행복 가족 지역 이런 식으로 해서 사회에 참여하고 나 스스로가 변하게 만드는 그걸 이케다 다이사쿠의 사상까지 접목을 시켜서 하는 것이 법화경을 해석해 나가는 SGI의 특징이 아닐까라고 이 부분은 제 나름대로 해석을 한번 해봤습니다. 교리 부분은 제가 좀 더 공부를 열심히 한번 해보도록 하겠습니다.

마지막으로 세 번째 질문인데, 원래 정치와 종교는 분리가 되는 게 맞는데 창가학회 같은 경우는 공명당을 만들고, 그리고 이케다 다이사코는 평화운동을 열심히 했습니다. 전 세계적으로 했는데 나중에 자민당과 연계를 하게 되죠. 근데 자민당 같은 경우는 헌법 9조를 이렇게 강하게 보통 국가가 되기 위해서 주장을 하고 있기 때문에 이 부분은 이케다 타이사코의 사상하고도 맞지 않는 그런 부분들이 있어서 특히 연구자들 간의 비판이 엄청 많아서 컬트 중에 하나로 이렇게 평가를 하는 연구자들도 엄청 많습니다.

그럼에도 불구하고 교세가 한국에도 그렇고 전 세계적으로 이렇게 확산이 되고 있는 이유는 저희가 인터뷰를 갔을 때 이 신자들 대상으로 정치 얘기를 물어보거든요. 한국에서도 혹시나 정치하고 관련성이 있는가 싶어서 살짝 조심히 보는데 전혀 별개로 생각을 하고 있어요. 자기는 정치는 잘 모르겠고 공명당이 뭔지도 모르는 사람들도 있을 정도로 관심이 일단 없다라고 생각을 하시면 될 것 같아요. 그래서 신앙하고 정치를 분리해서 생각을 하고 무엇보다 이 SGI의 포교 활동에서는 강제성이 저희가 이제 질문을 했을 때 어떻게 입신했어요? 라고 물었을 때 강제성이 그렇게 없는 것 같더라고요. 장시간을 오래 잡고 천천히 천천히 천천히 스며들어서 자기 아픈 것을 해결을 하게 되면 이렇게 입신을 하는 것으로 해서 조금 친근하게 포교를 한다고 해야 될까요? 그런 포교적인 특징이 아무래도 교세 확산에 도움이 되지 않았을까라는 부분으로 저는 이제 정치하고는 좀 별개로 생각하고 있는 느낌이었습니다.

손승철 혹시 제가 교수님 종교가 뭐냐고 물어도 실례가 안 될까요?

제점숙 종교가 없습니다. 저희 엄마가 그냥 불교여서 초파일에 절에 비빔밥 먹으러 어릴 때 몇 번 간 적이 있고, 솔직히 주변에 종교를 가진 사람이 종교 연구를 하긴 하거든요. 근데 보니까 한쪽으로 좀 치우쳐서 무교인게 다행이라고 저는 생각을 하고 있습니다.

손승철 저는 천주교입니다만 제가 강원대학교에서 정년퇴직을 했는데 그때 춘천에 살았거든요. 바로 집 옆에 SGI가 있었어요. 그래서 SGI의 존재를 알았죠. 그게 뭔가 했더니 창가학회였고, 사학과 교수라서 지방 답사 여행을 많이 했는데 전국에 시군 단위에 거의 외형적으로는 똑같은 건물들이 굉장히 많고, 혹시 SGI 아닌가 하면 틀림없이 SGI였습니다. 아까 150만 명이 신자라고 그러는 거 보니까 그러면 그렇겠구나 이런 생각이 들어요. 그런데 그 SGI가 선생님 발표문에 보니까 공동체 의식을 강조하고 인간관계의 신뢰를 또 가족의 행복 지역의 발전 그거 진짜 종교 아닌가 그런 생각이 드는 거예요. 처음서부터 우리는 일본 하며는 뭔가 의도를 가지고 있지 않을까. 의도가 전혀 없지 않겠지만 결국 추구하는 거는 똑같이 종교의 어떤 목적을 갖고 있는 게 아닌가 하는 생각도 드는군요. 근데 반대로 일본에서의 통일교 현황은 어떤가요?

제점숙 안 그래도 통일교에 대해서 아까 질문을 주시긴 했는데 솔직히 제가 통일교 현황도 이 논문 안에 집어넣으려고 자료까지도 준비하고 신문

자료도 보고 했었는데, 분량이 20페이지가 넘어가버릴 것 같아서 이건 좀 너무 실례인 것 같아 이번에 통일교 빼자 해서 요번에 넣지 못했는데 통일교와 관련해서는 아베 총리가 죽고 나서 계속 관련된 보도가 엄청나게 홋카이도의 사쿠라이 교수라고 계속 tv에 나오고 그 정도로 일본에서는 통일교에 대한 인식은 엄청 안 좋습니다. 그에 대한 비판이 엄청 많고 두꺼운 책을 그 교수님이 다른 연구자랑 냈는데 협박도 많이 받으셨고요.

　그래서 조금 위험을 느끼기도 했습니다만 아마 통일교 그러니까 결혼을 하잖아요. 일본 여성과 시골에 우리 한국 남성이랑 결혼을 해서 그 가족 관계 그리고 문제점 이런 것들을 남편 폭력 이런 것들 전부 다 일본의 연구자들이 실제로 조사를 다 했어요. 그래서 그런 내용들을 다 책에다가 적어놓다 보니 통일교에서 이건 잘못됐다 하면서 그렇게 했는데 그러다가 아베 사건 문제가 크게 터져가지고 그래서 정치와 결국은 자민당과 관련성이 있는 걸로 그렇게 그 문제를 계속하고 있더라고요. 요즘 조금 잠잠해진 것 같기도 합니다만 …

손승철　그 신자 숫자는 어느 정도 될까요?

제점숙　통일교 신자 수까지는 제가 잘 모르겠는데 그래도 자민당에

손승철　SGI하고 비교하면 150만 되나? 선문대학 우리 저기 선생님 통일교 좀 아시죠? 신자가 일본에 어느 정도 돼요?

다사카 마사노리　6만 명 그렇지 않을까요?

제점숙　그래서 이제 비교 대상으로 한국에서는 SGI, 일본에서는 통일교 이런 식으로 서로 다른 현상이 일어나고 있다.

한국에서는 통일교에 대해서 그렇게 일본처럼 문제가 막 부각되거나 그렇지 않은 것처럼 SGI도 한국에서는 그렇지 않고 해서 약간 비교 대상으로 좀 삼기는 삼는 것 같습니다.

손승철 그러면 한국 사람들이 종교에 대해서 조금 더 개방적인가요?

제점숙 종교에 대한 개방성은 저는 일본인이 아닐까. 일본 쪽이 아닐까 싶습니다. 저는 그렇게 생각합니다.

손승철 아니 일본 신도를 만약에 종교를 생각하면 절대적이지 않나? 일본에서는 외래 종교에 대한 어떤 거부감 이런 게 굉장히 더 우리보다 강할 것 같은데?

제점숙 저는 통일교 같은 경우에는 어떤 식으로 포교 전략을 세우는가 보니 제가 책을 그때 사쿠라이 선생님이 적은 걸 보니까 일제강점기 때 일본이 조선인한테 잘못하지 않았냐 그 죗값을 너희가 치러야 된다라는 논리를 펼치면서 그렇게 하기 위해서는 한국인 남성과 결혼을 해야 된다. 이거를 이렇게 해서 결혼하는 사람이 많다는 걸 합동 결혼식을 올리고 있잖아요. 그래서 그게 조금 한국인들의 포교 전략이 정말 치밀하게 잘 짜여져 있는 듯한 저는 그런 느낌을 받았어요. 한국 교회가 일본에서 어느 정도 자리를 잡을 수 있는 이유도 그런 면이 아닐까라는 생각이 듭니다.

예영준 제가 관련된 좀 궁금증이 있었거든요. 그게 뭐냐 하면 약간 걱정을 했던 게 아베 총리 저격 사건이 터졌을 때, 범인이 통일교 신자고, 한국에서 건너간 종교니까 이제 반한 감정이 크게 일어날지 모르겠다는 걱정을 했었는데 그 당시에도 일본 분들에게 물어봤어요. 그랬더니 아마 그러지 않을 거라고 하거든요. 그리고 실제로 나타나는 현상도 그러지 않았어요.

그게 반한 감정으로 연결되지 않았는데, 만약에 지금 반대로 일본계 종교의 신도에 의해서 만약에 한국에 유사한 사건이 있었다면 아마 굉장한 반일 감정이 일어났을 겁니다.

그런데 그게 왜 일본에서는 그게 반한 감정으로는 연결이 안 되는지 거기에 대한 제가 명쾌한 설명을 들은 적이 없는데 혹시 여기 계시는 일본 선생님이나 답변을 주실 만한 분이 계시면 좀 한번 궁금해서 여쭤봅니다.

손승철 그 답변이 어렵겠죠. 누가 답변하실분 있으시면 부탁드립니다. 근데 하여튼 굉장히 좀 흥미로운 주제입니다. 5시니까 나가서야 될 것 같습니다. 종교 파트는 이 정도 하고 5분정도 쉴까요? 어떨까요? 한 5분 쉬고 다시 하겠습니다.

손승철 지금 시간이 5시 7분인데요 저희가 시간이 6시까지로 계획이 되어 있습니다. 일찍 시작해서 일찍 끝날 줄 알았는데 그 시간이 지금 벌써 5시가 넘었는데, 4개가 남았어요. 그래서 지금부터는 조금 효율적으로 하기 위해서 토론문은 이미 작성이 돼 있으니까 전체 다 언급하지 마시고 필요한 부분만 간략하게 해서 2개 이내로 한 4분 이내로 해주시고 또 답변도 그렇게 해주세요. 그래서 무조건 6시면 끝내겠습니다. 자 다시 돌아가서 음식입니다. 음식에 관해서는 김수성 교수님 발표해 주셨는데 거기에 대해서 도리우미 유타카 선생님께서 질문해 주시겠습니다.

도리우미 유타카 안녕하세요. 도리우미 유타카입니다. 제가 원래 전공이 역사 쪽이고 그러니까 식사나 요리에 대해서는 전혀 모르기 때문에 열심히 논문을 읽고 생각해서 어떻게 생각할까 그런데 그거를 하나하나 읽어도 지식이 없기 때문에 질문도 안 나와요. 그러니까 아 그렇구나, 그렇구나. 그렇게 알게 되는 부분이어서 질문도 안 나와서 어떻게 생각할까 그렇게 생각했는데 조금 먼저 이야기하고 싶은 것은 이 논문 자체가 에도 시대와 조선시대 초기에 있는 그 요리책을 양도 방대하고, 언어도 그 시대의 언어고, 그리고 여러 가지 기술 부분도 어려운데 그거를 하나로 묶어서 비교했다는 것 자체가 아주 대단한 노력이다. 대단한 논문이라고 높이 평가할 수 있다 그렇게 생각합니다.

그리고 그 시대가 어떤 시대인가 제가 조선시대에는 잘 모르겠지만 에도 시대에 대해서는 약간 아는 바가 있어서 말씀드리면 에도시대 이전에 전국시대가 있었어요. 일본 사무라이끼리 전쟁을 많이 하는 시대였는데 그 시대 후에 에도 막부가 평화를 구축하기 위해서 그 군인들로 무사를 쓰면서 대규모 토목 공사를 많이 했습니다. 그 대규모 토목 공사 때문에 큰 강에 습지 지대가 다 논, 밭으로 농경지로 변경되어서 82페이지 위에 표를 보시면 알 수 있듯이 1450년대에 비율로 100으로 정도였던 것이 1600년에 총 172로, 그리고 1700년에는 300으로 대폭 농경지가 확대해서 먹을 것으로 고민하는 시대가 끝났다. 그러니까 좋은 시대가 왔다. 그런 시대였습니다. 그러니까 이런 책이 나왔구나. 그렇게 생각할 수 있다는 부분을 하나 지적을 하고, 그리고 구성 부분을 읽으면서 느낀 것은 『料理物語』와 『음식디미방』의 구성을 보면 『요리물어』에는 해산물이 많습니다. 그리고 담수어까지도 생각하면 수산물이라고 할 수 있는 것 같던데, 그러면 그것이 비율이 거의 50%예요. 그러니까 50%나 수산물을 먹고 있었던 것이 그것이 양으로는 연결할 수는 없지만 그래도 종류로서는 50%를 차지하고 있구나. 그걸로 느낄 수 있고 그것에 대해서는 한국은 수산물 비율로 보면 9.6%밖에 없어요. 그러니까 한국은 일본 거와 비교해서 수산물이 많지 않구나.

근데 그 이유를 아미노 요시히코라는 역사가가 일본 역사가들의 지금까지의 해석이 틀렸다. 일본은 아주 바다를 잘 이용하는 나라다. 그러니까 바다에서 물고기를 잡아서 생선으로 여러 가지 먹는 것이 굉장히 많았다. 근데 그것을 역사가들이 다 보지 못하고 있었다. 그런 지적을 열심히 하는 역사학자가 있었는데, 그런데 그 역사학자의 지적이 맞는 것 같기도 하다. 그렇게 느꼈습니다.

그리고 또 다른 부분은 작은 부분인데 약간 지적하면 조미료 부분에서 일본에서는 간장이 없어요. 된장을 이용해서 조미료를 만들고 있는데 한국에서는 간장이 많이 나왔는데 그것에 대해서 저는 의문스럽다는 것은 간장의 기술을 제가 조금 여러 가지 책으로 읽은 적이 있는데 간장 기술은 일본이 훨씬 더 빠르다고 했어요. 그런데 그거를 보면 이때 간장이라는 것은 어느 탕에 있는 간장인가 약간 어떻게 되어 있는지 조금 의문스럽다는 부분 궁금하다는 부분이 있고, 그리고 이때도 아직 고추를 쓰지 않았구나. 그리고 마늘보다 생마늘을 많이 썼다는 것을 알았습니다. 그런데 그런 부분에 약간 자세한 설명을 들을 수 있으면 듣고 싶다는 것이 있고, 그리고 젓갈에 대해서 게장, 게에 대한 요리법이 나와 있는데 아주 자세히 잘 되어 있는 것 같아서 이곳이 아마 그 연장선상에서 간장 게장이 있는 것 같은데 그런 대단한 요리법이 이 시대부터 있으니까 이렇게 간장 게장이 맛있게 잘 되어 있는 것 같다고 생각이 듭니다.

그리고 술에 대해서 술은 집집마다 다 만들고 있었다는 것을 보면서 일본은 그렇지 않는데 그러니까 원래 있는 그 술 만드는 회사가 아니지만, 업자들이 있었어요. 그런데 그런 것에 비교해서 한국은 집집마다 만들고 있다는 것을 보면서 이런 문화가 있구나. 술을 집집마다 만들고 있구나. 그런 거를 느낄 수 있어서 인상 깊었습니다. 이 정도로 하겠습니다.

손승철 답변 간단히 말씀해 주시죠. 뭐 특별히 질문이 없습니다만 …

김수성 압축을 해서 빨리 마치도록 하겠습니다. 일단 질문은 크게 네 가지로 간장과 고추 그리고 젓갈, 술에 대한 네 가지 질문인데 간장 같은 경우에는 일본의 어떤 간장 수준이 낮다는 게 결코 아닙니다. 오히려 조선 못지 않게 일본은 간장이 발달한 나라이기도 한데 그렇다면 왜 이 『요리물어』가 간행된 시기에 간장에 대한 정보가 없느냐라는 그게 가장 중요한 핵심이거든요.

왜 그러냐 하면 당시에 간장의 경우에 아무나 또 누구나가 쉽게 양조장을 만들어서 생산할 수 없었던 시기에요. 그래서 이거는 상류 계층이 운영하는 그런 부분도 있기 때문에 교도의 유아사가 이 간장을 생산하는 곳입니다. 그러다 보니까 에도까지 유아사에서 간장을 운반하게 되는데 주로 항로를 이용해서 배를 이용해서 에도까지 운반한 그런 형태로 저는 알고 있습니다. 그래서 그 당시에 하행선이라는 말에 일본어로 '쿠다리'라는 표현을 씁니다. 그래서 쿠다리 쇼유라는 이름이 있는데 그래서 교토에서 공급을 받은 이 간장을 사용하다 보니까 아무나 사용할 수 없고 어느 정도의 좀 상류층의 계층들이 사용할 수 있었다라는 거죠.

그런데 이게 해소가 된 것은 에도 중기 이후로 에도에도 양조 시설을 갖추게 됨에 따라서 에도에서도 후기가 되면 자유롭게 좀 간장을 사용할 수 있겠다 그래서 이렇게 되었다라는 겁니다. 이 정도로 일단 제가 줄이고요.

그리고 고추 같은 경우에는 여러 가지 이유가 있습니다. 고추는 양반의 어떤 신분에서, 고춧가루는 외세로부터 들어온 음식이라는 거죠. 재료라는 겁니다. 그래서 유교를 철저히 이렇게 지켰던 조선의 사대부가 외국에서 사용했던 그러한 재료들이 쉽게 들어오자마자 양반들도 함께 즐길 수 있다. 그것은 상상할 수 없습니다. 그래서 어떤 문화적 차가 있고 또 먹고 나서 이 도포 자락에 쉽게 말하는 의관의 예를 들어서 고춧가루를 흘리거나 국물을 흘렸을 때 굉장히 천박하고 어떤 천민적인 냄새가 납니다. 그래서 그런 부분도 좀 거리를 두었던 이유이기도 하고, 또 한 가지는 고추가 한의학에서 좀 좋지 않은 형태로 많이 기록이 돼 있었습니다. 예전에 본초학에서도 그렇게 소개하고 있어서 너무 많이 먹게 되면 몸을 해친다라는 기록들에 따라서 아마 고추 사용은 적지 않았나 합니다. 왜냐하면 고추 외에도 후추나 산초, 생각 등의 충분한 재료들이 대신할 수 있었기 때문에 실제 김치에도 고추를 쓰지 않았습니다. 조선시대 때 그래서 조선 말 후기로 넘어서면서 김치를 여러 가지 젓갈과 양념을 함께 섞어서 만드는 김치 문화가 탄생하게 된 겁니다. 그래서 삼국시대에는 주로 산초를 이용한 매운맛을 내는 맛은 산초를 이용했다 그렇게 이해하시면 되겠습니다. 그 정도로 해서 정리하도록 하겠습니다.

손승철 에도시대 조선 후기에 양국의 요리서라고 그러나요? 하여튼 그 비교가 굉장히 재밌는데, 그런데 지금 한일 수교 이후에 서로 예를 들어서 한국 음식이 일본에 제일 영향을 많이 준 게 뭐고 반대로 일본 음식으로 한국에 제일 영향이 영향을 많이 준 게 뭐고 그거 혹시 말씀 가능하실까요?

김수성 그 수치에 대해서는 제가 말씀드리기가 어렵고요. 다만 우리 일본에서 좀 그래도 2000년 이후에 상당한 부분 음식과 관련해서 영향을 미친 게 바로 대장금이라는 드라마였어요. 그래서 그 당시에는 이 대장금이라는 게 방영이 되면서 저도 이제 일본에서 일본인을 대상으로 요리 교실을 열면서 한국 문화를 가르치는 실제 요리를 함께 만들면서 한국 문화에 대한 나름대로 또 기초 어떤 강좌를 했던 그런 기억이 있었거든요.

손승철 지금 현재 일본인들이 제일 좋아하는 한국 음식이 대개 뭔가요?

도리우미 유타카 일본의 김치도 물론이지만 2000년 정도 때는 한국의 라면은 신라면밖에 없었어요. 그런데 지금은 불닭볶음면 다 있어요. 한국에 있는 보통 라면은 여러가지 종류가 다 있어서 놀랄 만한 정도로 정말 많습니다. 그러니까 그리고 여러 가지 종류도 다 들어갔고 그 재래김이나 재래 된장이나 그런 것까지 마트에 다 있습니다.

손승철   그러니까 예를 들어서 한국 같으면 홍대 앞에 가면 아니면 어디 강남에 가면 우동집, 라면집, 무슨 돈가스집 그거 많잖아요. 그거 다 영향 아닌가요?

도리우미 유타카   네 신주쿠 그런 데 가면 순대국밥도 있고 여러 가지 짜장면도 있습니다.

김수성   제가 중요한 거 한 가지 말씀드릴게요. 특히 백화점에 좀 브랜드가 있고 퀄리티가 있는 백화점에서도 나물을 팝니다. 그래서 바로 집에 가서 밥 위에 나물을 얹고, 고추장을 얹으면 되는 그런 타입의 세트 메뉴가 이제 백화점 샐러드 코너에 판매를 하고 있다라는 것은 비빔밥에 대한 인식도 굉장히 선호도가 높아졌고요.

손승철   요새 tv 보면 박세리가 나와서 박세리하고 누구 나오죠? 또 탤런트 누가 나와 가지고 팝업 푸드라는 그런 방송이 있잖아요. 그러니까 그런 것들이 음식 문화에 굉장히 영향을 미칠 거란 말이죠. 그래서 현재는 수교 이후에는 한일 음식 문화가 어떻게 지금 교류하고 있을까가 궁금하네요.

김수성   그 부분은 나중에 발간 전에 제가 짧게나마 동향을 좀 제가 좀 조사해서 보충하겠습니다.

손승철   그래서 조금 보충해 주시면 원래 학술대회의 취지에 맞지 않을까 생각합니다. 하여튼 굉장히 흥미로운 주제입니다. 저도 개인적으로는 조선시대의 조선통신사를 전공하는데, 조선통신사들이 일본에 갔을 때 일본에서 음식 접대하고 뭐 이런 것들이 많이 나오거든요. 그래서 그것을 생각하면서 선생님 논문을 아주 재미있게 봤습니다.

김수성 근데 제가 실제 다 말씀을 드리지 못하는 좀 아픈 사연도 내용도 있습니다. 실제로 『음식디미방』에는 개 요리가 엄청 많습니다. 그런데 그런 부분을 그렇게 강조할 만큼의 자리가 아닌 것 같아서 일단 제가 그 부분에 대해서 언급 안했습니다.

손승철 역사 속에서 그랬다는데요.

김수성 특히 이제 곰 같은 웅장이라고 소개돼 있는데 이 곰 요리라든지 그 다음에 개 요리는 정말 특수 부위까지 아주 깔끔하게 정리가 잘 돼 있어요. 제가 왜 이 『요리물어』에 대해서 좀 더 많은 관심을 가지게 됐냐면은 지금 한국국학진흥원에서 이 『음식디미방』을 유네스코 지정을 위해서 지금 준비 중이거든요. 거기에 제가 전문가 자문으로 좀 활동을 하면서 이 『요리물어』는 앞으로 한일 교류에 있어서 예를 들면 일본인들은 『음식디미방』을 요리를 한다. 퓨전으로 만들어 본다든지 아니면 한국인들은 일본의 『요리물어』 텍스트를 기반으로 해서 창의적인 일본 요리를 만들어서 경연대회를 연다든지 그게 이제 요리라는 거 식문화라는 것은 문화에 위화감이 전혀 없는 벽이 없는 콘텐츠 중에 하나이기 때문에 그러한 경연대회를 통한 상호 문화에 대한 어떤 이해라든지 그런 것들도 앞으로 좀 좋은 프로그램이 만들어졌으면 하는 생각이 듭니다.

손승철 역사는 있는 그대로 팩트를 얘기해 줘야죠. 과거에 그랬다는데 그게 무슨 문제가 되겠습니까.

김수성 예, 그러면 기회가 되면 다음에 2부작으로 제가 다시 소개해 드리도록 하겠습니다.

손승철 그래요. 그러세요. 한번 기회를 만들겠습니다.

김수성 솔직하게 쓰겠습니다.

손승철 예 감사합니다. 이번에는 네 번째, 2부 첫 번째 주제인데 체육에 관련된 겁니다. 체육분야는 서울신학대학의 오현석 교수님 발표해 주셨는데 고려대학의 김영근 선생님께서 토론해 주시겠습니다.

김영근 고려대 글로벌 일본연구원의 김영근입니다. 오사와 분고 교수님께서 15대 심수관 선생님을 소개하면서 작년에 제가 그분을 만났는데 이 스피치를 가장 잘하는 방법이 뭐냐라고 이제 그 부분을 스피치를 하면서 김종필과 다나카 선생의 소개를 하면서 스커트하고 스피치는 짧게 해라 라는 말씀을 주셨어요. 그래서 또 사회자님께서 4분이라는 제안을 요소를 했는데 또 저희들이 또 한참 기다렸고 그래서 한 10분은 아니지만 10분 이내로 끝내도록 하겠습니다.

손승철 그러면 안 되는데… (웃음)

김영근 예. 하여튼 뭐 중요한 것은 이게 저희들이 논의가 중요한 것이고, 하여튼 상관없이 죄송합니다. 오늘 이 논문 자체가 이제 축구 관련된 이 내셔널리즘 자체를 담론 분석을 해가지고 정말 흥미롭게 잘 읽었습니다.
　근데 이 관련된 그런 내셔널리즘을 세 가지, 저항적인 내셔널리즘이냐, 아니면 근대 국가 발전 과정에 있어서의 발전론이냐, 세 번째가 어떻게 보면 반미 같이 한번 해보자라는 반미적 내셔널리즘이라는 건데, 반미적 내셔널니즘은 사실은 김수웅 국장님께서 소개해 주셨던 80년대부터 한국과 일본의 학생 교류 한·일 학생 포럼, 한·일 학생회의 한·일 학생 교류 이런 부분들이 나타나는데 그 부분 자체에서는 이미 미·일 학생 포럼이라든지 이런 부분들에 있어서의 약간의 피로감이 있는데, 영어도 좀 잘 안 되는데 한국하고 좀 얘기해 보는 게 어떤가라는 거에서 아까 40년의 회고를 하면서 굉장히 중요한 문화 교류의 장을 소개시켜주고 있는데 저는 이제 88년부터 한·일 학생 포럼에 참석을 했고, 그 다음에 어떤 EXCHANGE 프로그램을 만들어서 활동을 해왔었습니다.

근데 오늘 토론으로 돌아와서 주로 오현석 교수님이 저항적 내셔널리즘 그러니까 필승 코리아를 외치면서 필승 담론 우리가 한번 이겨보자 물론 이제 가정 내 정치에서 이 나카무라 교수님 같은 경우는 이제 사모님이 한국분이시니까 이거 남편하고 싸우는 있는 한이 있더라도 내가 진짜 내셔널리즘으로 오늘 일본을 이겼으면 좋겠다라는 그런 부분들이 이제 나타나는데 실질적으로 저는 이런 한국의 역사적인 경험이나 일제 강점기 시대에 이 저항적 내셔널리즘 자체가 유형화 소개시켜 준 그런 근대적 발전론 국가가 개입하고 세 번째에 반미라는 그런 부분까지도 같이 맞물려 가지고 이게 전개되면은 훨씬 더 재밌겠다는 생각이 들어서 2021년에 이 논문을 투고하는 책으로 나오는 데 있어서는 조금 같이 맞물려 가지고 나왔으면 좋겠다.

그래서 제가 제안하는 것은 어떻게 보면 이 스포츠 내셔널리즘의 정치 사회학을 어떤 한일전 축구 관련 담론의 변형을 중심으로라는 제목으로만 바꾼다 하더라도 더 명쾌하게 나오지 않을까라는 생각을 해봤고요.

그래서 관련해서 이 개선 방향인데 첫 번째는 굉장히 제한적인 사례 분석으로 보입니다. 그런데 저는 개인적으로는 박주영을 그다지 높이 평가하지 않았고 또 박주영을 그렇게 좋아하지 않아서 오히려 어떤 박지성이라든지 아니면 다른 마지막 103페이지에 소개하고 있는 다른 부분들 그러니까 2000년대 올림픽 개발학 비슷한 그런 개념에서의 이미 또 일본 사회학 분야에서 아까 손흥민 선수의 사례를 갖다가 별도로 했지만 그런 부분들이 현재적으로 차지하는 부분 자체를 연동해서 본다면 일반 독자들에게 가독성을 높일 것이라는 생각이 들었고요.

그 다음에 한일 이외의 부분 관련해서는 특히 80년 또는 우리는 한일 간의 관계에서는 1998년 김대중 오부치의 한일 평화 공동선언에 의해서 실질적으로 문화가 개방됐고 2002년 한일 공동월드컵을 통해서 그 이후에 겨울연가가 방영되고 많은 변화를 일으키는데, 그런 부분에서 이 담론 분석 자체가 가지는 내셔널리즘 자체가 실제로 이 부분에 대해서 최근에 교토국제고등학교의 우승에 관련해서 여론에 대한 그 글 내용은 확연하게 다릅니다. 일부에서는 현장에 가보면은 전혀 야유 없었다고 합니다.

그 다음에 여기서 어떤 한국에 관련된 노래가 나와도 물론 NHK 자막에는 완전히 별도로 나왔습니다마는 그런 부분들은 실질적으로 받아들이는데 미디어의 어떤 부분 자체가 굉장히 중요하다는 걸 생각한다면 이 스포츠 내셔널리즘이 영토 내셔널리즘이라든지 아니면 어떤 문화 제국의 문화 내셔널리즘에 비하면 정답이 없기 때문에 영토라는 것은 이 내 땅인데 아니면 다른 싸우는 국제법에 해당하는 부분 자체에 서는데, 여기서는 정답이 없는 부분에서 누가 이길지 모르는 상황에서 내셔널리즘 자체에서는 다르게 나타나는 측면에서 두 번째는 오현석 분석 틀 렌즈 자체를 다른 스포츠 종목이나 이런 부분들 또는 다른 국가들 한·중이라든지 어떤 그런 미·일이라든지 이런 부분들을 확대를 하면 사실은 한국이 지금 노벨 과학상 28대 0이거든요.

근데 다른 데에서는 세계 랭킹이 떨어진다 하더라도 일본은 잡고 죽자라는 그런 분위기에서 이게 올라가는데 한국에 비해서 실력이 약간 떨어져 있는 분야에서 예를 들어서 양궁 분야에서 일본이 이런 스포츠 내셔널리즘을 느끼지는 않거든요. 그러니까 김우진 선수가 실제로 한국 양궁의 금메달 5개를 최종적으로 땁니다. 파리올림픽에서. 근데 거기서 제가 봤을 때는 이게 김우진 선수 이기려면 10점 만점인데 11점을 쏘든가 아니면 김우진을 쏴 가지고 하여튼 이렇게 가야 되는데, 그렇게 되면 그런 부분에서 스포츠 내셔널리즘에서 이 축구의 내셔널리즘의 이런 부분 자체에서 현장에서는 안 나타난다는 거거든요.

예를 들어 지금 나카가와 교수님이 듣고 계시지만 다문화 공생 가족이라든지 실제로 어떤 응원하는 형태들이 완전히 바뀌어 있는 상태에 이런 부분들이라는 것은 굉장히 재미있는 주제고 또 저희들이 한일 간의 어떤 신시대를 열면서 협력으로 공존를 하고 있는 과정에서는 이 스포츠라든지 이런 부분들이 어떤 문화 교류의 양상에서 가장 중요한 부분이기 때문에 더욱더 가야 된다는 것이고요.

세 번째 부분은 이제 간단하게 읽어주시면 되겠습니다마는 제가 유학 가게 되는 과정에서 이 월드컵의 정치경제학이라는 책 자체가 번역이 돼서 나오거든요. 계명대 이성환 교수가 번역을 했는데, 그런 부분들을 참고 문헌에 이제 제가 들고 있는 게 어떤 스포츠 내셔널리즘 또는 이걸 크게 내셔널의 변화가 어떻게 1988년 올림픽과 또는 여기는 2002년 한·일 월드컵을 비교하는데 실제로 88올림픽과 동계올림픽과 2020년 1년 연기됐습니다마는 하계올림픽을 이렇게 비교하는 과정 자체에서 실제 이런 부분들이 어떤 식으로 사회를 반영하고 그런 스포츠 내셔널리즘이 작동을 하고 있어서 오늘의 주제인 국제화 시대 글로벌 시대에 한국과 일본은 이 문화에 대해서 특히 이 부분에 대해서 어떻게 협력의 길을 걸어가야 된다는 것을 봐야 된다는 입장에서 결론적으로 질문이라기보다는 여러 발표자과 토론해서 굉장히 미크로로 들어가는 부분이 있단 말이에요. 종교라면은 통일교 몇 명이냐 이런 부분들로 들어가는데 이걸 이런 토론에서는 더더욱 거시적으로 끌어내는 부분이 필요하다. 자체에서 그러니까 결국은 이 책 자체가 나오는 데 있어서는 최소한 세 줄 정도는 이 한일 문화교류기금에서 지시 사항을 두고 결국은 한일 협력 방안을 강한 그러니까 내년이 한일 국교 정상화 60주년이고 전후 80년입니다. 올해가 어떻게 보면 한일 국교 정상화 59주년에 이런 한일 문화교류기금 40주년을 축하하는 자리인데 그런 부분에서는 공통으로 얘기할 수 있는 부분 자체의 결론이든 문제의식이든 그 부분을 넣어서 전체적으로 한 마디씩을 써줘서 이 책 자체가 지향하는 모습 너무 미크로로 들어갈 필요는 없을 것 같다는 생각에 하여튼 토론이 길어졌습니다. 이상입니다.

손승철 예 감사합니다. 거시적으로 뭉뚱그려서 답변해 주십시오.

오현석 조언 감사드립니다. 근데 지금 지적하신 부분은 제가 좀 생각했던 부분이고요. 이제 제가 한 가지 말씀드리고 싶은 거는 한·일전 관련해서 타자로서 일본을 바라보는 내셔널리즘이라는 것이 제가 궁극적으로 생각하고 있는 부분은 뭐냐면 제가 1995년에 3월 30일 제가 일본의 도쿄로 어학연수를 떠났는데 그때 제가 어학연수 갔던 목적은 그 당시 제 세대에서 김영근 선생님도 마찬가지겠지만 일본이라는 나라는 분명 우리 세대에서는 발달된 자본주의 어떤 선진국의 어떤 자세로 우리가 뭔가 배우러 가는 어떤 그런 세대에서 공부를 했는데, 요즘 MZ 세대들 그러니까 요즘 세대들 아이들이 왜 일본어 공부하고 일본어를 공부하는 그런 걸 보면은 사실 오늘 얘기했던 저항적 내셔널리즘과 상당히 거리가 있습니다.

이 아이들은 보면은 저는 상당히 그 부분이 되게 고무적이고 긍정적으로 바라보고 있는 이유가 일본이라고 하는 나라를 콤플렉스의 대상의 국가로 보지 않고 옆 나라이고 그냥 여행 가기 좋고 가까운 나라고 이런 어떤 친화적인 어떤 감각에서 일본에 접근하고 있어서 거기에서 발생되는 어떤 필승 내셔널리즘은 많이 약화돼 있다.

그러니까 그런 부분은 우리가 내서널리즘을 제가 이걸 연구하면서 상당 부분 앞으로 한일 관계에 있어서 반드시 고려해야 될 부분이 아닌가? 그래서 그런 부분에 있어서 좀 실사례로 좀 분석을 하다 보니까 다소 희석된 부분도 있지만 강조하고 싶은 그런 부분이 있었기 때문에 앞으로 페이퍼에 있어서도 그걸 반드시 고려해서 작성하도록 하겠습니다.

손승철 예 감사합니다. 제일 마음에 드시는 답변입니다. 이렇게 해서 우리가 오늘 발표한 주제 가운데서 5개가 일단 토론이 됐습니다.

그런데 오늘 사실 종합토론에 지향점은 회고와 전망입니다. 근데 지금까지 음악이나 영화, 음식, 체육, 종교까지 포함해서 상당히 부분 회고가 된 것 같아요. 보니까 이제 남은 2개 주제는 자연스럽게 이 전망을 말씀하고 계신 게 아닌가 이렇게 생각이 되네요. 그렇죠? 예를 들어서 교육도 그렇고 문학도 그렇고 선생님들 지향점이 그랬던 것 같아요. 물론 회고도 있지만 그래서 이제는 그 전망에 맞춰서 토론도 해주시고 답변도 해주시면 자연스럽게 오늘 종합토론의 어떤 결론이 만들어지는 게 아닌가 이렇게 기대를 합니다. 지금 시간이 20분 남았습니다. 그러니까 5분씩만 해주시면 딱 좋겠네요.

먼저 교육의 오사와 분고 선생님 발표에 대해서 엄태봉 선생님께서 토론을 해주십니다. 그런데 엄태봉 선생님은 이 문화재 반환 문제를 가지고 박사학위를 받았거든요. 일본 동북대학에서 그래서 그 문제를 가지고 토론을 하면 오늘 밤을 새도 안 끝납니다. 그러니까 제안하신 부분에 대해서 선생님이 제안하시는 부분에 대해서만 토론해 주세요.

엄태봉 안녕하세요. 대진대학교 국제지역학부에서 일본학을 가르치고 있는 엄태봉이라고 합니다. 먼저 이제 문화재 반환 문제를 통해서 이 한일 양국의 우호 관계를 위해서 관련 행사를 실시하고 계시는 오사와 분고 선생님께 큰 박수와 감사의 말씀을 드리고 싶습니다.

보통 한일 양국의 우호 관계 증진 이라는 말은 누구나 다 할 수는 있지만 그거를 실제로 몸소 몸으로 실천하는 사람은 그리 많지 않다고 생각을 합니다. 그런데 오사와 선생님께서는 이제 몇 년 전부터 문화재 반환 문제 좀 역사 인식 문제와 관련 깊은 이러한 민감한 문제를 가지고 대학생들과의 관련 활동을 실시해 오고 계신데요.

또 다른 한편으로는 아까 발표하신 국외소재 문화재 재단을 통해서 이 문제에 관한 일본 내 인식도 조사를 하고 계십니다. 저도 문화재 반환 문제를 연구하는 사람으로서 이와 같은 오사와 선생님의 활동을 알고 나서 감사하는 마음도 들었고 또 부끄러운 마음도 들었습니다. 그래서 유학생 때 한 10여 년 전에 문화재 반환 문제에 관련된 모 시민단체에서 잠깐 활동을 했었습니다. 그래서 평양 율리사지 5층석탑 그것과 관련한 번역도 하고 그 다음에 소식지에 글도 기고하기도 했었는데 이제 그때는 박사 따고 한국 돌아오면 논문도 쓰고, 물론 이런 시민단체 등에서 문화재 반환 문제 관련 활동도 열심히 하자라고 생각했는데 좀 여러 가지 바쁘다는 핑계로 그런 활동을 실제로 하지 못하고 있습니다. 그래서 오사와 선생님의 활동에 대한 감사의 마음 그리고 또 부끄러운 마음이 교차하면서 복잡한 마음 속에서 좀 글을 읽었습니다.

이제 토론에 관해서 세 가지 말씀드릴 텐데요. 손승철 교수님께서 말씀드린 바와 같이 중요한 부분만 말씀드리도록 하겠습니다. 그래서 이제 문화재 반환 문제와 관련해서 이 존 메리맨이라는 학자가 있는데 미술 법학자입니다.

그래서 문화재 반환 문제에 대해서 문화재 국가주의 또는 이제 문화재 국제주의 이 두 가지로 이렇게 나누고 있는데 오사와 선생님의 발표를 보면 문화재 국제주의에 해당한다고 생각을 하는데 이것이 맞는지 그리고 그러한 입장이 한일 양국 간의 문화재 반환 문제에 있어서 최선의 것인지 그리고 또 하나가 한국에서 전시할 일본 관계 문화재 그리고 일본에서 전시할 한국 관계 문화재는 무엇이 있는지에 대해서 의견을 듣고 싶습니다.

그리고 두 번째로는요. 한국에서 일본 문화재 반환 문제에 대해서는 반환을 받아야 된다라는 게 기본적인 입장입니다. 그래서 이러한 입장에서 봤을 때 일본에서 한국 관계 문화재를 보존 전시 연구할 수 있도록 하자는 의견은 한국 여론에서는 좀처럼 받아들여지기 힘들지 않을까라는 생각을 합니다. 이것은 방금 말씀드린 대로 문화재 반환 문제에 대한 한일 양국의 입장이 서로 다르기 때문인데요.

예를 들어서 어떠한 전시관에서 관련 문화재를 전시한다라고 했을 때 한국의 입장인 문화재를 불법적으로 약탈 강탈해 갔으니 그거를 반환을 하라고 한국 정부가 주장하고 있다. 이러한 것들도 설명을 할 수 있을지라는 의문이 듭니다. 그래서 혹시 설치가 된다면 어떠한 문화재를 전시하면 좋을지 그리고 관련 문화재에 대한 설명을 어떻게 하면 좋을지에 대한 의견을 듣고 싶습니다.

이제 3분 15초인데 마지막으로요. 이제 일본 소재 문화재를 찾는 방법인데요. 문화재 반환 문제를 연구하는 입장에서 문화재를 이제 한국 사람으로서 문화재를 반환받는 일은 중요하다고 생각을 하는데 이제 그보다 중요한 거는 일본 어디에 어떠한 문화재가 얼마큼 있는지를 정확하게 되도록이면 정확하게 조사하는 게 중요하다고 생각합니다. 이러한 일본에 있는 한국 문화재를 찾는 방법에 대해서 오사와 선생님의 의견이 있으면 들려주시기 바랍니다.

손승철 예 감사합니다. 간단하게 답변 부탁드립니다.

오사와 분고 네 감사합니다. 우선 제 활동에 대해서 매우 칭찬을 해주셨습니다. 정말 솔직하게 이거에 대해서 너무 감사하게 생각하고 있어요. 왜냐면 그렇게 좋은 평가를 잘 받기가 힘들거든요.

국제주의에 해당하는가라는 질문을 주셨는데 이것에 대해서는 저는 부당하게 불법으로 반출된 것에 대해서는 당연히 반환되어야 한다고 생각하고 있습니다. 그러면 부당하게 불법적으로 반출된 것 그것이 어떠한 방법으로 언제 누가 어디에 어디로 반출했는가 그것을 알 수가 없습니다. 그것이 지금의 문화재 문제의 현실이라고 생각합니다.

그런 식으로 문화재가 어디에 있는지를 알 수가 없고, 누가 가지고 있는지 알 수 없고, 오히려 2012년에 쓰시마 불상 도난 사건 이후에 그런 문화재를 은닉하거나 아니면 가지고 있다라는 것을 공표하지 않는 공표는 커녕 오히려 그것을 숨기는 그런 분위기가 일본 국내에 있습니다. 그런 분위기가 있는 것은 사실입니다.

그리고 그런 상황에서 그렇다면 한일의 문화재를 각각 시설 공동의 시설에서 전시하고 연구하자 이것은 물론 지금 당장 실현하는 것은 매우 어렵습니다. 이것도 지적하신 대로 어려운 문제라고 생각합니다. 그렇다면 그러한 어려움을 어떻게 해결할 수 있을까 이것이 오늘 저의 발표의 메인이었는데요. 그것을 위해서 교육이 매우 중요하다라는 것을 제가 오늘 발표 속에서 주장을 했습니다.

교육이 중요하다. 그렇다면 어떤 교육을 해야 하는가, 어떤 교육을 함으로써 어떤 효과를 거둘 수 있을까? 이것을 구체적으로 연구해 나가야만 이 문화재 문제의 가장 중요한 핵심적인 문제 어디에 있는지 알 수 없다. 어디 있는지 알 수 없으면 연구를 할 수가 없죠. 토론도 할 수 없습니다. 그것이 어디에 있는지를 알기 위해서는 교육이 필요합니다.

특히 제가 오늘 말씀드리진 않았지만 지금 제가 연구하고자 하는 것이 학교 교사에 대한 인식 변화입니다. 특히 학교 선생님들 중에는 이 문제에 대해서 알고 싶고 이제 공부하고 싶고 가르치고 싶다고 생각하는 사람이 많지만, 교과서가 없고 교재가 없습니다. 연수회가 없고 스터디 모임이 없다. 라는 그런 말씀들을 많이 하고 계십니다. 이것이 대면 조사 결과 이것을 알 수 있었습니다.

그중에서도 예를 들면은 조금만 더 말씀드릴게요. 일본 국내에는 '지역이 생각하는 세계사'라는 500명이 넘는 역사 고등학교 선생님들의 모임이 있습니다. 그분들이 제가 이제 연락을 했더니 한국 선생님을 좀 소개해 달라라는 말씀들을 하셨습니다. 저는 그 말에 고무되어 있는데요. 왜냐하면 어디에 문화재가 있는지 왜 그곳에 있는지 그것을 제일 잘 알고 있는 것은 대학 선생님이 아닙니다. 정부 관계자가 아닙니다. 지방 각 지방에 있는 학교의 선생님들입니다. 초등학교·중학교·고등학교 선생님들입니다. 이분들에게 이분들의 인식이 바뀌면 일본 국내에 있는 문화재는 더 많이 표면화될 것이라고 저는 생각하고 있습니다.

또 한 가지만 더 말씀드리겠습니다. 이 문화재 문제 이것은 한일 양국에서만 말하는 것이 매우 어렵습니다. 내셔널리즘도 있으니까요. 앞서 내셔널리즘에 대한 이야기도 있었습니다만 중국은 어떨까요? 대만은 어떨까요? 제가 이 연구를 하면서 대만의 역사학자랑 토론을 했습니다. 대만은 지금까지 이 문화재 문제와 관련해서 중국만을 바라봤습니다. 그런데 대만은 지금 이건 정치적인 문제인데 중국이 아니라 대만을 이제 생각해야 합니다. 그런 시대입니다. 지금은 그래서 근데 대만은 이 지금의 문화가 어떻게 형성이 됐는지 일본도 생각해야 되고 동남아시아도 생각해야 되고 또 더 거슬러 올라가면 네덜란드도 생각해야 합니다. 그런 분위기가 조성이 되어 있습니다.

더 포괄적인 앞서도 좀 더 이제 마크로적인 거시적인 이야기라는 말씀을 하셨는데 한일 간의 문제뿐만 아니라 이 문화재 문화를 생각할 때 세계 속에서의 이런 한·일 간의 문화는 어떤 것인지 어떤 교류를 해야 하는지라는 관점을 가질 필요가 있다. 라고 생각을 하고 앞으로 이 문화재 문제 속에 중국, 중국은 당장은 어려울 것 같습니다. 근데 대만의 연구자나 학생을 이제 참여시키는 것도 지금 생각을 하고 있습니다. 이것은 아직 구상 단계이

긴 한데요. 그렇게 하면 앞서 말씀하신 것처럼 그런 문화재 문제 해결이 어려운 문제인데 그리고 또 어디에 있는지도 알 수 없는 그런 문제가 조금 더 명확해지지 않을까라는 희망을 지금 보고 있습니다. 답변 이상으로 마치겠습니다. 감사합니다.

손승철 제일 모범적인 팀인 것 같습니다. 감사합니다. 저도 할 말 있지만, 시간 관계상 줄이고요. 이제 마지막입니다. 마지막 문학 파트인데 마지막 문학은 나카가와 아키오 선생님 발표에 대해서 안수현 선생님께서 간단하게 부탁드립니다.

안수현 정말 오래 기다렸습니다. 마지막 토론자입니다. 부산 가톨릭대학 인문학연구소에서 13세기 일본 문학을 공부하고 있는 안수현입니다. 오늘 나카가와 아키오 선생님의 발표 잘 들었고요.

선생님은 다음과 같은 가설을 세우셨네요. 한국과 일본의 양국 언어를 이것이 발화될 때 그 심연에서 작동되는 내재 문화라고 하는 키워드를 내세우셔서요. 물론 이제 그 내재 문화라고 하는 게 각국의 고요한 생각 덩어리이겠습니다마는 그건 잠시 뒤에 다시 한번 물어보도록 하고요. 그러나 어쨌든 우리나라에 저는 이런 생각을 해봅니다. 저는 이제 문학을 공부하다 보니까 문학은 언어 예술이거든요. 언어라고 하는 건 하루아침에 나오는 것이 아니라 그의 심리가 그리고 표면으로 또 소리로 발화되는 그리고 기억됨으로써 그것이 개선되는 하나의 에너지다라고 생각을 해요. 그러면 역으로 우리의 문학은 뭐냐라고 봤을 때 우리는 안타깝게 우리는 문자를 가지지 못했습니다.

그래서 다만 우리가 이미 알고 있는 고조선 시대 때 이성계의 조선하고 다르고요. 공무도하가라는 노래부터 우리가 출발을 해야 될 것 같아요. 그래서 지금 현재는 백제와 고구려의 노래는 폄하되었고요. 신라의 노래 향가

만이 근대에 계승돼 오다가 우리가 13세기에서 14세 우탁 선생의 이른바 시절 가조라고 하는 건 나중에 2세에 의해서 명명되기도 합니다마는 어쨌든 시조라는 이름으로 우리나라의 정형시가 지금까지 계승돼 오고 있습니다.

근데 일본의 개념은 처음부터 형태가 변하지 않았습니다. 일본은 처음부터 711년의 고사기라든가 720년 일본 서기에 와카하라는 형태로 이른바 31개의 문자로서 그들의 사유를 마음껏 노래해 왔다는 사실입니다. 그래서 예컨대 마이오시 같은 경우는 아주 주관적인 남성성을 드러냈고요. 고킨 쇼와 같은 경우는 아주 객관적 여성성을 드러낸 그야말로 여성화 젠더 자체를 여성화로 치달았던 그 노래가 바로 신고킹스의 가장 대표적인 작가를 구지와라 테가라는 사람이 있어요. 그는 고대에서 중세를 넘어가는 데 있어서 빼놓을 수 없는 인물이기도 한데 그의 시가 우리 나카가와 선생님께서 언급을 해주셨어요.

예컨대 미와타세바 하나노 모미지노카타리 우라노 토메아노 아키노 유그레라고 하는 노래를, 부재의 미를 드러내고 있다라고 하는 데 있어서 이것은 그야말로 암울한 중세를 벗어남으로써 새로운 부재 중에 부재를 드러난 어떤 동적인 인간의 모습을 발견하고자 했던 것이 아닐까 그러나 여기서도 식상합니다. 그래서 아까 말씀하셨던 우리 토리요미 선생님께서 일본은 약 130년 전국 시대를 겪잖아요. 그래서 그 인간성은 무너지고요. 그때는 일본이 강한 자의 철학만이 살아남아요. 약자는 죽어도 된다라고 하는 거죠. 그것을 종합 정리한 사람 아마 오다 노부나가라는 사람은 잘 아실 것 같고요.

그 이후에 일본은 새롭게 문화 정책으로 급변하게 됩니다. 통일 이후 그것이 바로 하이카이라고 하는 아주 코믹한 노래예요. 근데 코믹한 노래가 너무 대중화되니까 이것이 다시 이 물론 하이쿠라는 마사오카 시키가 쉽게 얘기해서 나중에 근대화 됩니다마는 조금 진지해 보자 좀 예술로 만들어보자라고 하는 노래가 아까 말씀하신 맛죠 바에 흐르 이케아 카바조 토비코 미즈노 오토 모토라지 요리온 센소 그 시에 대해서 분석을 많이 하셨습니다만은 그러나 어쨌든 이런 어떤 언어의 모든 점의 그 원형에 아까 나카가와 선생님께서는 내재 문화라고 하는 것이 작동을 했었고 그럼 이러한 내재 문화라고 하는 게 과연 선생님께서는 지리적인 특성 다시 말해 환경 결정론에 의한 것이 맞는지 그것이 첫 번째 질문입니다.

두 번째는 예컨대 대명사를 말씀을 하시고요. 또 존재 동사를 말씀하시고 대우 동사·피동사 이와 같은 것들을 다 말씀을 하셨는데 그때 선생님께서 언급하신 거는 거리성이라든가 관계성 말씀하셨고요. 근데 이걸 종합 정리했더니 이상주의, 한국인은 이상주의 경향이 강하다라고 말씀을 하셨고 일본인은 상황 지향주의다라는 말씀을 하셨어요.

다소 애매모호할 수는 있으나 저는 이러한 맥락을 조금 비틀어서 오히려 한국인은 이동하는 사회 즉 이동 지향적인 사회에 조금 익숙해 있고요. 오히려 일본은 정착하는 데 있어서 좀 집착하려고 하는 경향이 있습니다. 다시 말하면 예컨대 일본인 분들의 상황주의 지향주의적인 성향을 우리의 한국인 같으면 이동주의 지향성 또는 이동주의라고 해석을 할 수도 있지 않을까 아니면 일본 같은 경우에 상황 자체를 정착주의로 설명은 또는 해석이 가능하지 않을까가 두 번째 질문입니다.

손승철 간단히 답변 부탁드립니다.

나카가와 아키오 네 감사합니다. 간단하게 5분 한국어로 할게요. 먼저 지리적인 요소 말입니다. 직접적으로 내재 문화하고는 연결을 할 수 있다고 할 수는 없다고 예민하네요. 할 수도 있고 할 수도 없고 왜냐하면 저기 서울의 생활을 제주도에서 할 수 없듯이 제주도의 생활을 서울에서 할 수 없듯이 일본도 마찬가지입니다.

오키나와의 생활을 구마모토에서 할 수 없듯이 역시 지리가 다르면 역사가 다르거든요. 그리고 민속도 다릅니다. 그래서 그런 면에서 굉장히 지리적인 여건이 문화에 특히 내재 문화에 영향을 준다는 것은 저는 있다고 생각합니다. 다만 직접적인 영향이라는 거는 할 수 있을지 모르겠습니다. 저도 아직도 그 답을 못 내고 있는 상황이고요.

그리고 두 번째 선생님께서 저기 이상지향주의 그리고 일본의 상황 지향주의죠. 근데 주의라고 하는 것은 좀 맞지 않다고 생각하거든요. 왜냐하면 문학적으로는 몰라도요. 주의는 그 강제성을 동반하거든요. 근데 강제성이 없고 무엇입니까? 그니까 자유죠. 그러니까 한국분들은 사실은 정착을 하고 싶었던 겁니다. 근데 못했던 것이에요. 왜냐하면 반도 국가니까 그리고 할 수 없이 일본으로 건너왔지 않습니까? 근데 이동을 하고 싶다. 말을 바꾸면 그 확대하고 싶다라고 할까요? 확대주의 그러니까 책 보시면 236페이지에 어떤 제가 생각하는 것이 아니라 어떤 학자님이 생각하신 건데요. 한국 사회의 인간관계, 이거 확대주의거든요. 우리 공동체라는 것은 근데. 일본 확대를 하고 싶은데 뭔가 기모노를 많이 겹쳐서 입듯이 뭔가 환경이 또 있어요.

안수현 말을 끊어서 죄송한데 이제 나카가와 선생님은 일본 사회의 인간관계를 이렇게 동심원으로 표시하셨거든요. 벤다이어그램으로. 근데 우리나라는 한국인은 이렇게 겹쳐요. 그래서 이게 과연 어떤 의미일까? 제가 몇 번 이렇게 봐도 물론 중심에는 나라고 하는 게 있는데…

나카가와 아키오 사실은 확대하는 거를 좋아한다고 생각하거든요. 확장하는 것 그래 근데 이어령 선생님 일본 문화를 전에 축소주의라고 하셨어요. 축소 지향주의라고 하셨는데 저는 축소도 아니라고 생각하거든요. 그래서 저도 선생님께서 말씀하신 이동주의, 정착주의를 하위 영역으로 삼을 수 있다고 생각하는데요.

손승철 죄송합니다만 이따가 저녁 식사 시간에 두 분이 논쟁하세요. 예 됐